사찰 문화재 총람

우리 불교 문화재를 만나는 기회가 많아지길 바라며

사찰 문화재 총람

김 환 대 엮음

KSI 한국학술정보㈜

》》》 책머리에

전국에는 많은 사찰들이 있다. 답사차 많이 찾는 사찰에는 지정 문화재인 국보, 보물을 비롯하여 지방 유형문화재 등 전국 곳곳에 우리의 문화재들과 함께 산재해 있다. 이 중에는 알려진 정보만으로는 찾기가 어려워 현지에 가서 직접 확인하지 않으면 안 되는 사찰들도 많다. 특히 최근 들어 외곽 지역의 문화재들을 사찰로 옮겨 보관하거나, 새로이 사찰을 옮겨 위치가 달라진 문화재들도 있다. 지방 문화재들의 경우는 더욱 그러하다.

이 책은 지정된 문화재들을 중심으로 그 지역에서 가장 유명하거나 역사가 깊은 전통 사찰들을 모아서 엮어 놓았다. 소재지는 최근의 자료들을 활용하여 재차 확인 작업을 거치고, 현지인들의 도움을 받아 작성하였다. 이 한 권의 책에 전국 지정 문화재와 사찰은 다 수록하였다.

여러 가지 어려움이 있었지만 현지답사 과정에서 정보를 주신 많은 분들의 도움이 있었기에 이 방대한 작업을 마칠 수 있었다. 현장을 직접 답사하지 못한 몇몇 곳은 사진 자료를 수록하지 못해 아쉬운 점이 있기는 하지만, 이 자료가 전국 사찰을 찾는 데 꼭 필요한 지침이 되고, 문화재를 공부하는 학생들에게는 유용한 학습 자료가 되길 기대한다. 좀 더 가까이에서 우리 불교 문화재를 만날 기회가 많아지길 바라며 앞으로 현장답사에 반영하고자 한다.

마지막으로 조사과정에서 많은 도움을 주신 각 지역의 답사 동호인 여러분에게 감사의 마음을 전한다.

2008년 10월
김환대

》》》 일러두기

1. 이 책은 우리나라 전국의 사찰 중 문화재로 지정되어 있는 사찰을 중심으로 전통사찰을 포함하여 정리하였다.

2. 2008년 9월까지 지정된 문화재(불상·탑·부도·건축물)가 있는 900여 개의 사찰을 대상으로 하였다.

3. 소재지는 책자마다 표기가 다르고, 일부 잘못된 것은 최근 자료를 인용하거나 현지에 계신 답사 동호인의 도움을 받아 작성하였다.

4. 사찰과 관련된 여러 참고문헌을 인용하였으나, 일일이 다 출처를 달지 못하고 일괄적으로 말미에 참고문헌으로 처리하였다.

5. 지역 분류는 행정편의상 서울특별시/경기도/인천광역시, 대전광역시/충청남도, 충청북도, 강원도, 대구광역시/경상북도, 부산광역시/울산광역시, 경상남도, 광주광역시/전라남도, 전라북도, 제주도로 나누어 정리하였다.

6. 지정 문화재 현황은 문화재청 홈페이지와 각 시·군청의 홈페이지를 비교하여 작성하였다.

CONTENTS

서울특별시 · 경기도 · 인천광역시

▶▶ 서울특별시

개운사 開運寺

　서울특별시 성북구 안암동 5가 157 안암산(安巖山) 기슭에 자리하
고 있는 개운사는, 조선 태조 5년(1396) 무학대사(無學大師)가 지금
의 자리 옆에 창건하여 영도사(永導寺)라고 했다. 정조 3년(1779) 정
조의 후궁인 홍빈(洪嬪)의 묘 명인원(明仁園)이 절 옆에 들어서자
인파 축현(仁波 竺鉉)이 지금의 자리로 옮겨 개운사라 개명했다. 산
내 암자로 대원암(大圓庵)과 칠성암, 보타사가 있다. 현재 경내에는
승려들의 교육기관인 중앙승가대학을 비롯하여 대웅전, 명부전, 칠성
각, 독성각, 종각, 선방이 있다. 그 가운데 선방은 서울 근교에서 가
장 큰 규모이며, 대각루(大覺樓)라는 현판이 걸려 있다. 지하철 6호선
안암역 2번 출구로 나와서 골목으로 5분 정도 걸어 올라가면 된다.
　일주문을 지나면 1930~1940년대 걸쳐서 개운사에 토지를 기증했
던 시주와 강원을 새로이 건립할 때 세운 스님들의 공적비가 있다.
2008년 6월 16일 소조명부 존상 중 도시대왕상(시왕중 9대왕)과 금
강역사상 2존의 등을 훼손한 사건이 발생하기도 하였다. 목조아미타
불좌상이 유명하다. 지정 문화재로 유형문화재 제212호 개운사 감로
도, 유형문화재 제213호, 개운사 신중도, 유형문화재, 제214호 개운
사 팔상도, 유형문화재 제215호 개운사 대웅전 지장시왕이 있다.

경국사 慶國寺

서울특별시 성북구 정릉3동 753 삼각산 동쪽 중턱에 있다. 고려 충숙왕 12년(1325) 율사 정자(淨慈)가 창건하여 청암사(靑巖寺)라 했다. 공민왕 1년(1352) 금강산 법기도량(法起道場)을 참배하고 남하한 인도 스님 지공(指空)이 주석한 뒤부터 큰스님들의 수도처이자 호국안민을 위한 기도도량으로서 전승되었다. 조선 중종 1년(1507) 법당을 비롯한 모든 건물이 퇴락된 채 빈 절로 남아 있다가, 인종 1년(1545) 왕실의 도움으로 중건했다. 1546년 명종의 즉위로 문정왕후가 섭정을 하게 되자, 왕실의 시주로 건물을 전면 중수하고 낙성식과 함께 국태민안을 위한 호국대법회를 열고 그때 경국사라 이름을 바꿨다.

현존하는 건물로는 극락보전, 명산전, 명부전, 관음전, 삼성보전, 천태성전, 산신각, 봉향각, 시방선원(十方禪院), 부림정사, 동별당, 요사 등 17동의 건물이 있다. 극락보전에는 아미타 삼존불을 비롯하여 보물 제748호 목각탱화, 신중탱화, 팔상탱화 등이 봉안되어 있다.

서울특별시 유형문화재로 경국사 목관음보살좌상, 경국사 지장시왕도, 경국사 감로도, 경국사 팔상도, 경국사 신중도, 괘불이 있다.

보타사 普陀寺

서울특별시 성북구 안암동5가 7. 지하철 6호선 안암역(고려대학교)에서 가까운 개운사와 200m 떨어진 곳에 있다. 문화재로 서울득빌시 유형문화재 89호 보타사 마애불, 유형문화재 제216호 금동 관음보살 좌상이 있다.

봉국사奉國寺

서울특별시 성북구 정릉2동 637. 정릉(貞陵) 북쪽 삼각산에 있으며 약사사(藥師寺)라고 불렀다. 조선 태조4년(1395) 무학대사(無學 大師)가 창건했다. 세조 14년(1468) 중건했으며, 그 뒤 조선 말기 이전의 역사는 전해지지 않는다. 고종 19년(1882) 임오군란으로 불탄 것을 이듬해 청계(淸溪)와 덕운(德雲)이 중창했다. 현존하는 건물로는 만월보전(滿月寶殿)을 비롯하여 염불당, 용왕각, 명부전, 삼성각, 독성각, 요사채 등이 있다.

봉원사奉元寺

서울특별시 서대문구 봉원동 산1 안산(鞍山)에 있다. 한국불교 태고종의 총본산이다. 신라 진성여왕 3년(889) 도선국사(道詵國師)가 신도의 집을 희사받아 창건하고 반야사라 했다. 그 뒤 고려 공민왕 때(1351~1374) 태고 보우(太古 普愚)가 중건하여 큰 절의 면모를 갖추었으며, 조선 태조 5년(1396)에는 태조의 초상화를 모신 원당 반야암을 이 절에 지어 불교 탄압의 영향을 받지 않게 되었다. 선조 25년(1592) 임진왜란 때 병화로 소실된 것을 지인(智仁)이 크게 중창했고, 효종 2년(1651) 다시 법당과 동서의 요사가 소실되었지만 극령(克齡)과 휴엄(休嚴)이 중건했다. 건물로는 대웅전과 무량수전을 비롯하여 범종각, 명부전 등이 있다.

봉은사 奉恩寺

서울특별시 강남구 삼성동 73 수도산에 있으며, 신라 원성왕 10년 (794) 연회(緣會) 국사가 창건하여 견성사라 했다. 그 뒤 고려시대의 역사는 전해지지 않고 있다. 조선 연산군 4년(1498) 정현왕후(貞顯王后)가 선릉(宣陵, 성종의 능)을 위해 능의 동편에 있던 이 절을 크게 중창했고, 절 이름을 봉은사라 바꿨다. 문화재로는 보물 제321호 향로가 있는데, 고려 충혜왕 5년(1344)의 명문(銘文)이 있는 고려청동루은향로(高麗靑銅縷銀香爐, 일명 烏銅香爐)이다. 사명 유정(四溟 惟政)이 쓰던 것이라고 하며, 현재 서울 동국대학교 박물관에 보관해 두고 있다. 한편 대웅전 편액은 추사 김정희(金正喜)의 글씨이며, 판전(板殿) 편액은 김정희가 죽기 3일 전에 마지막으로 쓴 것이다. 유형문화재 제160호 봉은사 목사천왕입상, 제226호 봉은사 대웅전 목삼세불좌상, 제227호 봉은사 영산전 석가불좌상과 2제자상, 제228호 봉은사 영산전 십육나한상, 유형문화재 제229호 봉은사 대웅전 신중도, 유형문화재 제231호 봉은사 괘불, 제232호 봉은사판전 비로자나불화, 제233호 봉은사 북극보전 칠성도, 문화재자료 제38호 봉은사 영산전 문화재자료 제39호 봉은사 영산전 신중도가 있다.

승가사 僧伽寺

서울특별시 종로구 구기동(병창동) 산1 북한산 동쪽 중턱에 있다. 신라 경덕왕 15년(756) 수태(秀台)가 창건하여, 당나라 고종 때 장안 천복사(薦福寺)에서 대중을 교화하면서 살아 있는 부처님으로 지칭되던 승가(僧伽)를 사모하는 뜻에서 승가사라 했다. 그 뒤 선종 7년 (1090) 구산사(龜山寺)의 주지였던 영현(領賢)이 중수했다. 숙종 4년

(1099) 대각(大覺) 국사 의천(義天)이 숙종과 왕비를 모시고 참배하면서 불상을 개금하고 불당을 중수했다. 그 뒤 여러 차례의 중건, 중수를 거쳐 고종 때(1863~1907) 민비와 엄상궁의 시주를 얻어 새롭게 중건했다.

건물로는 대웅전, 영산전, 약사전, 산신각, 향로각(香爐閣), 동정각(動靜閣), 범종각, 큰방, 요사채 등이 있다. 석굴 안에는 고려 현종 때 조성된 승가사석조승가대사상(보물 제1000호)이 남아 있다. 이 절 서북쪽 인근에는 마애석가여래좌상(보물 제215호)이 부각되어 있는데, 이 마애불과 약사전에 모신 약사여래의 영험, 그리고 약수의 효험 등이 유명하다. 절의 뒤편 비봉에는 진흥왕순수비(眞興王巡狩碑)가 있었는데, 지금은 국립중앙박물관으로 옮겨졌고, 그 자리에는 유지비(遺址碑)가 세워져 있다.

안양암 安養庵

서울특별시 중구 창신동 130-1. 서울특별시 문화재자료 제15호 대웅전 신중도가 있다.

팔정사 八正寺

서울특별시 성북구 성북2동 342. 유형문화재 제184호 팔정사목대세지보살좌상이 있다.

정각사 正覺寺

서울특별시 성북구 삼선동 1가 227-12. 유형문화재 제223호 정각사목아미타불좌상은 높이 29.2㎝의 작은 불상으로 개금 원문(改金願文)에 의하여 아미타불상으로 밝혀진 불상이다. 갸름하게 보이는 얼굴, 약간 긴 상체, 짧은 하체의 결가부좌 자세 등 18세기 초의 목불상의 특징을 잘 보여주고 있다. 문화재자료 제35호 석가모니 불화도 있다.

영취사 靈鷲寺

서울특별시 성북구 정릉동 산1. 문화재자료 제40호 5층석탑은 영취사 대웅전 계단 아래쪽 마당에 위치해 있다. 원래는 요사채 앞쪽에 있던 것을 현 위치로 옮겨 놓은 것이다. 여러 장의 돌을 높게 쌓아 올려 대석을 만든 후 그 위에 2층의 기단과 5층의 탑신을 세웠는데, 기단 아랫부분은 후대에 탑을 세우면서 쌓은 것으로 원래의 탑과는 무관하다

흥천사 興天寺

서울특별시 성북구 돈암동 595. 흥천사는 조선 태조 4년(1395)에 신덕왕후 강씨가 죽자 능을 정릉으로 정한 후 세운 사찰이다. 당시 이 절은 관세음보살상을 모시고 국가와 국민의 안녕을 기원하던 170여 칸 규모의 큰 사찰이었다. 유형문화재 제66호 흥천사극락보전, 제67호 명부전 등이 있다.

만월암 滿月庵

서울특별시 도봉구 도봉동 산29. 만월암은 현재 석굴법당만 남아 있을 뿐이지만 벽에 불상을 만든 연대가 기록되어 있어 석불상 연구에 중요한 자료가 된다. 여기에 남아 있는 기록으로 보아 만들어진 시기는 1700년대 전후로 여겨지며 연대의 하한은 1784년이다. 유형문화재 제121호 만월암 석불좌상이 있다.

도봉사 道峰寺

서울특별시 도봉구 도봉1동 494-1. 유형문화재 제151호 도봉사 철불좌상이 대웅전에 모셔져 있다. 고려 초기 불상으로 추정된다.

삼천사 三川寺

서울특별시 은평구 진관외동 산127-1. 문무왕 1년(661) 원효(元曉)가 고양의 흥국사(興國寺) 등과 함께 창건했다 한다. 고려 현종 때 (1010~1031) 이 절의 승려들이 쌀로써 술을 빚어 먹어 처벌을 받았다는 기록이 『고려사』에 전해진다. 1950년 6·25전쟁 때 불탄 뒤 1960년에 중건했다. 보물 제657호 삼천사지 마애여래입상은 북한산 기슭에 있는 삼천사지 입구의 병풍바위에 얕은 홈을 파고 조각한 높이 3.02m의 여래입상이다. 불상의 어깨 좌우에 큰 4각형의 구멍이 있는 것으로 보아 마애불 앞에 목조가구가 있었던 것으로 보인다.

사현사 沙峴寺

서울특별시 은평구 진관외동 479 - 3. 사현사는 고려 정종 11년(1045)에 창건되었다. 유형문화재 제133호 사현사에 있는 석불좌상은 원래는 홍제동에 있던 사현사에 있던 것을 사현사가 옮겨감에 따라 석불좌상도 함께 옮겨진 것이다.

진관사 津寬寺

서울특별시 은평구 진관외동 1. 유형문화재 제143호 진관사 나한전 소조 석가삼존불상은 나한전의 본존상으로 봉안되어 있다. 중앙의 석가여래좌상을 중심으로 두 보살상이 시립하고 있는데, 현재 복장이 개봉되지 않았고 개금 또한 두터워 정확한 연대를 알기 어려우나 삼존불의 머리 표현과 얼굴 형태, 법의의 주름 등 전체적인 양식적 특징으로 볼 때 16세기 후반의 양식을 보여주는 작품이다. 지정 유형문화재로는 나한전 소조십육나한상, 빈도라바라다바자상, 진관사 나한전 십육나한, 칠성각 칠성도, 칠성각 영정, 진관사 독성각 산신도, 칠성각 석불좌상, 문화재자료 제11호 독성각 소조독성(나반존자)상, 제12호 독성(나반존자)도, 문화재자료 제27호 사신당 무신도부현판, 제33호 진관사 칠성각, 제34호 진관사 독성전이 있다.

수국사 守國寺

서울특별시 은평구 갈현동 314. 유형문화재 수국사 아미타후불화, 제243호 수국사 십육나한도, 제244호 극락구품도, 유형문화재 제245

호 감로도, 제246호 수국사 신중도, 제247호 수국사 현왕도가 있다.

옥천암 沃天庵

서울특별시 서대문구 홍은동 8. 유형문화재 제17호 보도각백불(普度閣白佛)은 거대한 암석에 새겨진 높이 5m의 마애불로 '백불(白佛)' 또는 '해수관음(海水觀音)'이라고 불린다. 현재 불상이 새겨진 바위는 사면을 모두 개방한 각(閣)을 세워 보존하고 있다. 전하는 말에 의하면 이성계가 서울에 도읍을 정할 때 이 마애불 앞에서 기원하였으며, 조선 후기 고종의 어머니도 아들을 위하여 이곳에서 복을 빌었는데 이때부터 하얗게 칠을 하였다고 한다.

환희사 歡喜寺

서울특별시 서대문구 홍제3동 1. 유형문화재 제217호 환희사 목아미타불좌상, 제218호 환희사 판석부조불 입상이 있다.

지장사 地藏寺

서울특별시 동작구 현충로 65(동작동 307). 유형문화재 제75호 지장사철불좌상은 얼굴은 둥글면서도 수척한 모습이고, 상체는 비교적 당당하지만 양어깨를 강조하여 움츠린 모습이다. 왼쪽 어깨만 감싸고 있는 옷은 주름표현이 선명하고, 왼손에는 약그릇을 잡은 것처럼 표현하여 약사불의 손모양을 하고 있다. 고려 초기의 특징을 잘 보여주고 있는 철불좌상이다. 유형문화재 제113호 지장사 괘불, 유형문화재 제114호 대웅전 아미타회상도, 대웅전 극락구품도, 제116호 지장사 대웅전 감로왕도, 제117호 지장사 대웅전 지장십왕도, 유형문화재 제118호 지장사 대웅전 신중도, 제119호 지장사 대웅전현왕도, 제120호 지장사 대웅전팔상도 문화재자료 제3호 지장사 능인보전 후불탱, 문화재자료 제4호 지장사능인보전 신중도, 문화재자료 제5호 지장사 삼성각 칠성도, 문화재자료 제6호 지장사 삼성각 독성도, 문화재자료 제7호 지장사 삼성각 산신도가 있다.

사자암 獅子庵

서울특별시 동작구 상도3동 280. 유형문화재 제200호 사자암 소장 불화가 있다.

불국사 佛國寺

서울특별시 강남구 일원본동 442. 문화재자료 제36호 불국사 석불좌상은 고려 말의 고찰로 알려진 불국사 약사보전에 봉안되어 있는 석불좌상으로 전체 크기는 79.5㎝이다. 신체에 비해 얼굴이 크고, 머리에는 나발이 새겨져 있으며 머리 정상에는 계주가 표현되어 있다. 불상의 저부에 균열이 있고, 전체적으로 호분이 여러 겹 칠해져 있어 불상의 원 상호를 알아보기 어려우나 동그란 얼굴에 이목구비가 섬세한 원만한 얼굴이었을 것으로 추정된다.

학도암 鶴到庵

서울특별시 노원구 중계본동 산3. 유형문화재 제124호 학도암 마애관음 보살좌상은 마애불로, 거대한 바위 면에 돋을새김으로 새긴 높이 13.4m의 관음보살이다. 바위 측면에 새겨진 기록에는 고종 7년(1870) 명성황후가 불심(佛心)으로 만들었다는 내용이 남아 있으며, 고종 15년(1878) 학도암을 고치면서 마애불상을 보강하였다고 적고 있다.

대성사 大聖寺

서울특별시 서초구 서초동 산141-4. 대성사는 서초구 예술의 전당 위쪽에 있는 사찰로, 1950년 6.25 전쟁 때 소실된 것을 1954년에 다시 지었다. 대성사는 백용성 큰스님이 한용운 대사를 앞세워 천도교 손병희 교주, 기독교 길선주 목사, 기독교 이필주 목사 등과 교류하여 3종교가 합심하여 민족중흥과 종교중흥을 도모한 성지로 유명하다. 유형문화재 제92호 대성사 목불좌상은 3·1운동 당시 민족대표 33인 중 한 사람인 백용성 스님이 만들었다고 전해진다.

화계사 華溪寺

서울특별시 강북구 수유동 487. 보물 제11-5호 서울화계사동종은 조선 숙종 때 경기도와 경상도 지역에서 활동한 승려인 사인비구에 의해서 만들어진 조선시대 종이다. 유형문화재 제65호 화계사 대웅전이 있다.

도선사 道詵寺

서울특별시 강북구 우이동 산69. 신라 경문왕 2년(862)에 도선(道詵)이 이 절을 세웠다. 도선은 이곳의 산세가 1천 년 뒤의 말법시대(末法時代)에 불법을 다시 일으킬 곳이라 예견하고 절을 창건한 뒤, 큰 암석을 손으로 갈라서 마애관음보살상을 조각했다고 한다. 그 뒤 조선 후기까지의 자세한 역사는 전해지지 않으나, 북한산성을 쌓을 때는 승병들이 이 절에서 방번(防番)을 서기도 했다. 고종 24년(1887) 임준(任準)이 오층탑을 건립하고 그 속에 석가모니 부처님 진신사리를 봉안했다.

문화재로는 유형문화재 제34호 도선사 석불은 큰 암석을 손으로 갈라서 만들었다고 전해지는 전체 높이 8.43m의 마애관음보살상으로 신체는 원통형으로 되어 있다. 이 석불은 철종 14년(1863)에 나라의 기도도량으로 지정된 바도 있다. 조선 중기의 작품으로 추정된다.

유형문화재 제191호 도선사 목아미타·대세지보살좌상, 유형문화재 제192호 도선사석 나반존자(독성)상, 유형문화재 제259호 도선사 출토 동종 및 일괄 유물이 있다.

호압사 虎壓寺

서울특별시 금천구 시흥2동 234 삼성산(三聖山) 호암(虎巖)의 동쪽에 있다. 조선 태종 7년(1407) 왕명에 의해 창건했다. 태종은 삼성산이 호랑이 형국을 하고 있어 과천과 한양에 호환(虎患)이 많다는 술사(術師)의 말을 듣고, 호랑이의 살기를 누르기 위해 이 절을 창건하고 호압사라 했다 한다. 그 뒤 헌종 7년(1841) 4월 의민(義旻)이 상궁 남(南) 씨와 유(兪) 씨의 시주를 얻어 법당을 중창했고, 1935년 주지 만월(滿月)이 약사전을 중건하여 오늘에 이르고 있다. 현존하는 건물로는 대웅전과 요사채가 있으며, 대웅전 안에는 약사여래좌상과 신중탱화가 있다. 문화재자료 제8호 석약사불좌상은 체구의 표현과 왼팔의 옷주름, 가슴의 띠매듭 등은 조선 전기 불상의 특징을 잘 드러내고 있는 모습이다.

▶▶ 경기도 수원시

용화사 龍華寺

경기도 수원시 권선구 호매실동 905-2 칠보산 자락에 있으며, 불사 중 출토되었다는 고려시대 석불이 있다.

청연암 靑蓮庵

경기도 수원시 장안구 474-1. 1778년 세운 것으로 전해지며, 극락전과 1893년 제작된 신중탱화가 있다.

미륵당 彌勒堂

경기도 수원시 장안구 파장동 23-11 수원여객 운수차고지 정문 인근에 있으며, 화강암으로 조성된 조선시대 미륵입상이 있다.

묘수사 妙壽寺

경기도 수원시 팔달구 복수동 72 장안사거리 북수문 샛길에 있다. 경내에는 요사채가 있다. 한국불교 법화종(法華宗)에 속해 있다.

봉녕사 奉寧寺

경기도 수원시 팔달구 우만동 248 광교산 인근에 있으며, 수원에서 가장 오래된 사찰로, 고려시대의 불상인 석조 삼존불과 대웅전 앞뜰에 수령 800여 년의 향나무가 있다. 고려 희종 4년(1208) 원각(圓覺) 국사가 창건하고 성창사(聖彰寺)라 불렀다. 1400년대 초에 봉덕사(奉德寺)로 이름을 바꾸었고, 조선 예종 1년(1469) 혜각(慧覺) 신미(信眉)가 중수한 뒤 현재의 이름으로 고쳤다.

주요 건물로는 대웅전을 비롯하여 약사전·종각·금강율원·육화당·소요삼장원 등이 있다. 대웅전 안에는 석가모니불상이 있고 불상 뒤로 후불탱화와 신중탱화 등이 걸려 있다. 대웅전에 모셔진 석조삼존불(경기도 유형문화재 제151호)이 있고, 1881년에 제작된 신중탱화와 1878년에 제작된 현왕탱화는 함께 경기도 유형문화재 제152호로 지정되었다.

팔달사 八達寺

경기도 수원시 팔달구 팔달로3가 115. 팔달산에 있는 사찰 중 가장 오래된 사찰로 알려져 있다. 대웅전과 용화전 건물이 있다.

▶▶ 성남시

봉국사 奉國寺

경기도 성남시 수정구 태평2동 216-2. 봉국사는 고려 현종 19년 (1028)에 세우고, 태조 4년(1395)에 수리하였다.

조선 현종 15년(1674)에는 요절한 현종의 두 딸 명선, 명혜 공주의 명복을 빌기 위해 왕비의 주선으로 금강산의 승려 축존에게 중창을 명하여 공주의 무덤이 있는 바깥동리인 이곳 성부산 아래에 절을 짓게 하여 봉국사라 하였다고 한다. 현존 건물로는 경기도 유형문화재 제 101호 대광명전(大光明殿)과 삼성각(三聖閣), 심검당(尋劍堂)이 있다.

망경암 望京菴

경기도 성남시 수정구 복정동 553-1. 이곳에는 경기도 유형문화 재 제102호 마애여래좌상이 있는데, 암벽을 우묵하게 파서 방을 만들고 그 안에 돋을새김으로 불상을 새겼다. 이 암벽에는 그 외에 14곳에 얕은 방을 파고 글을 새겼다. 고려 말에서 조선 초에 이르기까지 역대 임금이 친히 거둥하여 나라와 백성의 평안을 빌었던 곳이라고 한다. 조선 왕실에서는 세종의 7째 아들인 평안대군과 제안대군의 명복을 빌기 위해서 칠성단을 만들었다고 한다. 불상 주위에 새겨진 기록에 의하면 광무 1년(1897)에 이규승이 관음상을 새기고 절을 세웠다.

망월사 望月寺

경기도 의정부시 호원동 호원동 산 91 도봉산에 있다. 제25교구 봉선사의 말사이다. 신라 선덕여왕 8년(639) 해호(海浩)가 창건했다. 선덕여왕은 해호를 존경하여 측근에 머물러 있게 하고자 했으나, 해호는 사양하고 홀로 이 산중에 암자를 지어 나라를 위해 기도드리는 것을 일과로 삼았다. 그러므로 왕은 이 암자가 있는 도봉산 동대(東臺)의 옛 산성 이름이 망월성(望月城)이었기 때문에 이 이름을 따서 이 암자를 망월사라고 했다. 신라 말에는 경순왕의 태자가 이곳에 은거했다고 한다. 고려 문종 20년(1066) 혜거(慧炬) 국사가 중창했다. 조선 숙종 17년(1691) 동계(東溪)가 중건했다. 현존하는 건물로는 석조전을 중심으로 영산전, 칠성각, 낙가암, 범종루 등이 있다. 경기도 유형문화재 제122호 혜거국사 부도를 비롯하여 1793년 세운 천봉태흘(天峰泰屹)의 천봉탑(天峰塔), 1796년 수관(水觀) 거사 이충익(李忠翊)이 새긴 천봉탑비(天峰塔碑), 탑다라니판(塔陀羅尼板) 1매, 청나라 장수 위안스카이(袁世凱)가 쓴 망월사 현판 등이 있다.

광법암 廣法庵

경기도 의정부시 호원동 도봉산에 있다. 망월사(望月寺)에서 30㎞ 떨어진 곳에 있는 부속 암자이다. 1965년 망월사의 주지 춘성(春城)이 망월사의 영산전 앞에 있던 누각을 지금의 위치로 옮겨 창건했다.

회룡사 回龍寺

경기도 의정부시 호원동 411 도봉산 연봉(蓮峰)의 북쪽에 있다.

신라 신문왕 1년(681) 의상(義湘)이 창건하여 법성사라 했다. 경순왕 10년(936) 동진 경보(洞眞 慶甫)가 중창했으며, 고려 문종 24년(1070) 국 혜거(慧炬)가 삼창했다. 우왕 10년(1384) 무학 자초(無學 自超)가 중창을 한 뒤 회룡사라 이름을 바꿨다. 여기에는 조선 태조 이성계(李成桂)와 관련된 설화가 전해진다. 1384년 이성계는 자초와 함께 이 절에 와서 3년 동안 국가 창업 성취를 위한 기도를 했는데, 이때 태조는 지금의 석굴암에서, 자초는 산등선 가까이에 있는 무학굴에서 각각 기도를 드렸다고 한다. 그 뒤 이성계가 동북병마사가 되어 요동으로 출전하자, 무학은 홀로 남아 작은 절을 짓고 손수 만든 관세음보살상을 모시고 그의 영달을 축원했다. 뒤에 왕위에 오른 이성계가 이곳으로 자초를 찾아와 절 이름을 회룡사라 했다고 한다.

현존하는 건물로는 대웅전, 약사전, 삼성각, 선실, 요사채 등이 있다. 문화재로는 대웅전 앞의 경기도 유형문화재 제186호 회룡사 오층석탑이 있는데 석탑의 양식으로 보아 고려시대의 작품으로 추정되고 있다.

약수선원 藥水禪院

경기도 의정부시 호원동 226-54. 현재 경기도 유형문화재 제176호 목조보살입상이 관음전에 모셔져 있다. 이 보살상은 1897년에 지리산 유역의 경상도 사찰에서 이곳으로 옮기면서 칠을 다시 했다. 그 이후에도 칠을 했는데, 이때 보살상에서 광무9년명다라니, 무구정광다라니경, 발원문 및 금판이 발견되었다고 한다. 16세기에 만들어진 것으로 추정된다.

▶▶ 안양시

망해암 望海庵

경기도 안양시 만안구 안양2동 19 관악산에 있다. 신라 때 원효(元曉, 671~686)가 창건했다고 전한다. 태종 7년(1407) 한양의 백호(白虎)에 해당하는 관악산의 산천기맥(山川氣脈)을 누르기 위해 왕명으로 몇몇 절과 함께 중건했다. 순조 3년(1803) 홍대비(洪大妃)의 시주로 중건했으며, 철종 14년(1863) 대련(大蓮)이 중창했다. 1952년 화재로 소실된 것을 다시 중건하여 오늘에 이르고 있다.

현존하는 건물로는 용화전, 관음전, 삼성각, 종각, 요사채 3동이 있다. 용화전 안에는 화강석으로 만든 미륵존불이 봉안되어 있다.

전해지는 이야기로는 조선시대 세종 때 조세를 운반하는 배가 인천 월미도 부근을 지나다가 심한 풍랑으로 뒤집힐 지경에 이르렀다. 선원들이 당황한 채 죽음을 기다리고 있는데, 갑자기 뱃머리에 한 승려가 나타나서 선원들을 진정시키고 인도하여 무사히 위기를 넘겼다. 풍랑이 잠잠해진 뒤, 한 선원이 승려가 살고 있는 절이 어디인가를 묻자 관악산 망해암에 있다고 한 뒤 홀연히 사라졌다. 선원들이 한양에 도착하여 은혜를 갚기 위해 망해암을 찾았으나, 그와 같은 승려는 살지 않고 용모가 아주 닮은 부처님이 법당 안에 봉안되어 있었다. 그들은 깨달은 바가 있어 나라에 상소를 올려서 이 사실을 알렸는데, 이를 가상히 여긴 세종이 매년 한 섬씩 공양미를 불전에 올리도록 했고 이 일은 조선 후기까지 계속되었다고 한다.

삼막사 三幕寺

경기도 안양시 만안구 석수1동 241-54 삼성산 중턱에 있다. 신라 문무왕 7년(677) 원효(元曉), 의상(義湘), 윤필(潤筆) 등 세 큰스님이 관악산에 들어와서 막(幕)을 치고 수도하다가, 그 뒤 그곳에 절을 짓고 삼막사라 했다 한다. 일설로는 원효대사가 창건하고, 도선국사가 중건하여 관음사라 이름을 바꿨는데, 고려 태조가 중수하여 다시 삼막사라고 했다고 한다. 충숙왕 4년(1348) 나옹 혜근(懶翁 慧勤)이 이 절에 머물면서 수도했고, 조선 태조 3년(1394) 무학대사(無學大師)가 이 절에서 국운의 융성을 기원했고, 태조 7년(1398) 왕명에 의해 중건했다. 문화재로는 경기도 유형문화재 제94호 삼막사마애삼존불, 제112호 삼막사삼층석탑, 유형문화재 제125호 삼막사사적비를 비롯하여 현존하는 건물로는 대웅전을 비롯하여 경기도 문화재자료 제60호 삼막사 명부전, 망해루(望海樓), 큰방, 요사, 칠성각 등이 있다. 거북 모양의 감로정석조(甘露井石漕), 자연암석에 양각한 아미타삼존불이 있다.

안양사 安養寺

경기도 안양시 만안구 석수1동 산27. 안양사는 고려 태조에 의해 처음으로 만들어졌다고 하며, 그 당시 태조에 의해 7층 전탑이 건립되었다고 한다. 여러 기록에 따르면, 사내에는 7층 전탑과 더불어 김부식이 글을 지은 비가 있었다고 한다. 아마도 현재 대웅전 앞에 위치하고 있는 귀부가 그 비의 일부일 것으로 추정된다. 이와 같이 안양사는 고려의 중심사찰 중 하나로 중요한 역할을 하고 있었음을 알 수 있다. 조선 태종 11년(1411)에 충남 온양으로 온천욕을 가던 중 왕이 안양사에 들렀다는 기록이 조선왕조실록에 전한다. 문화재로는 경기도 유형문화재 제93호 안양사 귀부(安養寺龜趺)가 있는데 원래 안양사(安養寺) 뒷산의 일명 거북골이라는 곳에 있었으나 지금 안양사 법당 앞에 옮겨져 있다. 비신과 이수는 없어지고 귀부만이 남아 있다. 몇 개의 장대석으로 지대를 구축했고, 고임대와 귀부가 한 개의 돌로 만들어졌다. 귀부는 정상 중심에 비좌(碑座)를 설정하고, 비좌의 각 면을 외겹 연화무늬로 돌렸다. 거북등무늬는 6각형이며, 거북머리는 용의 머리처럼 새겨 사실적이고, 뒤편에 꼬리를 옆으로 새겼다. 전제적인 조각수법으로 보아 고려시대 작품으로 추정된다.

▶▶ 안성시

청룡사 青龍寺

경기도 안성시 서운면 청룡리 28. 청룡사는 원래 고려 원종 6년 (1265) 명본국사가 세워 대장암(大藏庵)이라 불렀던 곳이다. 공민왕 13년(1364) 나옹화상이 크게 넓히면서 청룡사라 이름을 고쳤는데 청룡이 구름을 타고 내려오는 광경을 보고 지었다는 전설이 전한다. 문화재로는 보물 제11-4호 청룡사동종이 있는데, 조선 숙종 때 경기도와 경상도 지역에서 활동한 승려인 사인비구에 의해서 만들어진 조선시대 종이다. 사인비구는 18세기 뛰어난 승려이자 장인으로 전통적인 신라 종의 제조기법에 독창성을 합친 종을 만들었다.

보물 제824호 청룡사 대웅전, 경기도 유형문화재 제170호 금동관음보살좌상, 문화재자료 제59호 청룡사 삼층석탑이 있다.

칠장사 七長寺

경기도 안성시 죽산면 칠장리 764 칠현산(七賢山)에 있으며, 세운 시기를 정확히 알 수 없으나 10세기경에도 절이 있었던 것으로 추정한다. 고려 현종 5년(1014)에는 혜소국사가 왕명으로 넓혀 세웠는데 '칠장사'와 '칠현산'이라는 이름도 국사가 이곳에 머물면서 7명의 악인을 교화하여 선하게 만들었다는 설화에서 유래하였다. 조선시대에는 인조 원년(1623)에 인목대비가 아버지 김제남과 아들 영창대군의 명복을 비는 절로 삼아서 크게 된 곳이기도 하다. 이후 세도가들이 이곳을 장지(葬地)로 쓰기 위해 불태운 것을 초견대사가 다시 세웠으나 숙종 20년(1694) 세도가들이 또다시 절을 불태웠다. 숙종 30년(1704)에 대법당과 대청루를 고쳐 짓고 영조 원년(1725)에 선지대사가 원통전을 세웠다.

혜소국사비에 얽힌 설화가 전해지는데 조선 선조 25년(1592) 임진왜란 때 적장인 가토오(加藤淸正)가 이 절에 왔을 때 어떤 노승이 홀연히 나타나 그의 잘못을 크게 꾸짖었다. 화가 치민 가토오가 칼을 빼어 베니 홀연히 노승은 사라지고 비석이 갈라지면서 피를 흘렸으므로 가토오는 겁이 나서 도망쳤다고 한다. 현재 국사의 비신(碑身) 가운데가 갈라져 있어 이를 뒷받침한다. 문화재로는 국보 제296호 칠장사 오불회괘불탱, 보물 제488호 칠장사혜소국사비, 경기도 유형문화재 제39호 칠장사 당간, 문화재자료 제24호 칠장사 자체가 문화재로 등록되어 있다.

청원사 清源寺

경기도 안성시 원곡면 성은리 397. 청원사에는 경기도 유형문화재 제116호 칠층석탑이 대웅전 앞마당에 서 있다.

내원암 內院庵

경기도 안성시 서운면 청룡리 서운산(瑞雲山)에 있다. 내원암은 고려 공민왕 14년(1365)에 창건했다. 이후 48인의 강사가 계승된 유명한 강원이며, 수백 년 동안 계속되었던 선불장(選佛場)으로도 이름이 널리 알려졌다. 부속 암자로서 서운암(瑞雲庵)을 창건했다.

석남사 石南寺

경기도 안성시 금광면 상중리 508. 석남사는 신라 문무왕 20년(680) 창건했다. 고려 초기에 혜거(慧炬)가 중창했으나, 조선 선조 25년(1592) 임진왜란 때 전소했다. 그 뒤 중건하여 오늘에 이르고 있다. 현존하는 건물로는 대웅전을 비롯하여 산신각, 요사채 등이 있다. 문화재로는 보물 제823호 영산전, 경기도 유형문화재 제108호 대웅전, 제109호 석남사 마애여래입상, 석탑재(石塔材)등이 있다.

대웅전 안에는 삼존불이 봉안되어 있으며, 마애불은 자연 암벽에 양각된 입상으로서 암벽의 균열로 인해 얼굴의 마멸이 심하다.

운수암 雲水庵

경기도 안성시 양성면 덕봉리 85 고령산(古靈山) 무한성(無限城) 안에 있다. 조선 영조 26년(1750) 여신자 장반야명(張般若明)이 창건했다. 구전에 의하면, 과부가 된 반야명은 평생 부처님을 모시고 살아갈 것을 결심하고 무한성 밑에다 터를 닦았는데, 꿈에 성안에 지으라는 부처님의 계시를 받고 터를 찾은 결과 옛 절터를 발견하고 그 자리에 창건했다고 한다. 그 뒤 흥선대원군(1820~1898)이 중건 시주를 하면서 운수암이라는 친필 현판을 주었는데, 지금까지 보관되어 있다. 또한 절이 중건된 지 오래되어 도괴 직전에 있었던 것을 1980년에 부임한 주지 현암(玄巖)이 보수했다. 현존하는 건물로는 대웅전과 요사가 있다. 1986년에 대웅전을 고쳐 짓고 지금의 모습을 갖추었다. 운수암은 경기도 문화재자료 제25호로 지정되어 있다. 문화재로는 경기도 유형문화재 제202호 석조비로자나불좌상이 있다.

법계사 法界寺

경기도 안성시 명륜동 158-3. 법계사에는 현재 경기도 문화재자료 제132호 법계사 화장찰해도, 문화재자료 제131호 법계사 신중도가 지정되어 있다.

▶▶ 동두천시

자재암 自在庵

경기도 동두천시 상봉암동 산1 소요산(逍遙山)에 있다. 봉선사의 말사로 신라 무열왕 1년(654) 원효(元曉)가 창건하여 자재암이라 했다. 고려 광종 25년(974) 각규(覺圭)가 태상왕의 명으로 중창했다. 의종 7년(1153) 화재로 소실된 것을 각령(覺玲)이 대웅전과 요사채만을 복구하여 폐사된 것이나 다름없이 명맥만 이어 왔다. 1872년 중창하여 영원사라고 했다. 1950년 6·25전쟁 때 소실되었으나, 1977년 현재의 건물들을 완성했다. 이 절 근처에는 조선 태조가 즐겨 찾았던 백운대(白雲臺)와 폐정(廢井)이 있다. 백운대 밑에 있는 폭포는 원효가 노닐던 곳이라고 하여 원효대(元曉臺)라고 하는데, 옛날 이곳에는 소요사(逍遙寺)라는 절이 있었다고 한다.

현존하는 건물로는 대웅전·삼성각·나한전·일주문·백운암·요사채가 있다. 1914년 무렵에 그린 칠성탱화만 가장 오래된 작품으로 삼성각에 봉안되어 있다. 유물로는 반야바라밀다심경약소(보물 1211) 언해본 1책이 전한다.

여러 전설적 설화가 전해진다. 조선지지(朝鮮地誌)에는 이곳에 요석궁(瑤石宮)의 옛터가 있다고 했다. 요석궁은 원효가 요석공주(瑤石公主)와 관계를 가졌던 곳이며, 나중에 원효가 이곳에서 설총(薛聰)을 길렀다고 한다. 특히 자재암이라는 이름을 가지게 된 것은 원효가 요석공주와 관계를 가진 뒤 관음보살이 변신한 아리따운 여인의 유혹을 설법을 통해서 물리치고, 다음 날 관음보살을 친견하고 무애자재인(無碍自在人)을 상징하면서 자재암이라 했다고 한다. 또한 제

암과 원공이 서로 다른 꿈을 꾸고 우연히 만나서 절을 중창했다는
영험담도 전해지고 있다.

▸▸ 구리시

대성암 大聖庵

　경기도 구리시 아천동 아차산에 있다. 범굴사(梵窟寺)라고 불렸으
며 태고종 사찰이다. 신라 문무왕 10년(670) 의상(義湘)이 창건하였
다. 고려 우왕 1년(1375) 나옹 혜근(懶翁 慧勤)이 중창한 뒤 이곳에
서 수도했다. 조선 선조 25년(1592) 임진왜란 때 불탄 뒤 중건을 보
지 못하다가 영조 26년(1750) 방지성(方智性)이 초암을 짓고 수도했
으며, 뒤에 운악산의 승려 해붕 전령이 와서 확장했다. 고종 19년
(1882) 불탄 뒤 폐사가 되었으며, 1912년 정념(正念)이 중건했다.
1928년 용성 진종(龍城 震鍾)의 제자 보광(寶光)이 대웅전과 나한전,
요사채 등을 건립한 뒤 대성암으로 이름을 바꾸었다. 2007년 12월 9
일 대성암과 50m 떨어진 곳에서 석탑의 옥개석이 발견되기도 하였
다. 현존하는 건물로는 법당인 대성전(大聖殿)과 삼성각, 종각, 요사
채 등이 있다.
　전해지는 이야기로는 삼국시대 신라의 유명한 승려인 의상대사가
도를 닦던 곳이었다 한다. 의상대사가 이곳에서 수도를 하고 있는데
많은 사람들이 대사의 가르침을 받으려고 찾아왔다고 하는데 수도
자리 뒤의 바위구멍에서 쌀 천공미(天供米)가 나와 많은 사람들에게

공양을 할 수가 있었다. 그런데 밥을 짓는 사람이 하늘이 내려준 이 천공미를 좀 더 많이 얻고자 욕심을 부려 바위구멍을 더 크게 넓히려고 하자 쌀이 하나도 나오지 않고 쌀뜨물과 타버린 쌀이 수삼 일 동안 나오다가 멎었다. 그리고 그 뒤로는 다시는 쌀이 나오지 않았다고 한다.

▶▶ 평택시

만기사 萬奇寺

경기도 평택시 진위면 동천리 548 무봉산(舞鳳山) 중턱에 있다. 고려 태조 25년(942) 남대사(南大師)가 창건했다. 조선 세조 때 왕명으로 중수했으나, 그 뒤 퇴락된 채 명맥만을 이어 왔다. 1972년 주지인 혜송(慧松)이 대웅전과 삼성각, 요사채 등을 중수했다. 1979년 실화로 요사채가 전소되자 1980년 크게 확장, 중건했다.

현존하는 건물로는 대웅전과 삼성각, 극락전, 요사채 등이 있다. 대웅전 안에는 철조여래좌상을 비롯하여 후불탱화, 신중탱화 등이 봉안되어 있다. 보물 제567호 철조여래좌상은 전형적인 고려시대의 불상 양식을 나타내고 있다. 대좌(臺座)는 없고 불신만 남아 있는 상태이며 오른팔과 양손은 새로 만들어 끼운 것이고 원래의 것은 절 안에 따로 보관되어 있다. 머리에는 작은 소라 모양의 머리칼을 붙여 놓았으며 정수리 부근에는 육계가 큼직하게 있다. 갸름한 얼굴의 세부표현은 분명하고 목에는 3줄의 삼도가 뚜렷하게 표현되어 있다.

옷은 오른쪽 어깨를 드러내고 왼쪽 어깨에만 걸치고 있으며 어깨는 거의 수평을 이루면서 넓은 편이다. 어깨 부분에서는 크게 접어 계단식의 주름을 만들었고, 팔과 다리 부분에도 주름을 표현하였는데 매우 형식적이다. 오른손은 무릎 위에 올려 손끝이 땅을 향하고 있으며 왼손은 배 부분에 놓고 있는 모습이다. 도식적인 옷주름의 표현과 단정한 얼굴 등에서 고려시대 불상으로 추정된다.

이 절에는 어정(御井)이라고 불리는 우물이 있다. 세조가 이곳을 지나다가 이 물을 마시게 되었는데, 물맛이 특이했으므로 샘 이름을 감로천(甘露泉)이라고 명명했다. 그러나 후세 사람들이 세조가 마신 우물이라고 하여 어정이라고 불렀다.

수도사 修道寺

경기도 평택시 포승읍 원정 7리 119. 신라 문성왕 4년(842) 염거(廉居)가 창건했다 한다. 원효(元曉)가 문무왕 1년(661) 당나라로 가다가 해골에 괸 물을 먹고 크게 깨달아 이곳에서 마음이 일어서면 갖가지 법이 일어나고, 마음이 사라지면 갖가지 법도 사라진다고 말했다는 설도 있다. 1965년부터는 정암(靜庵)이 중수하여 오늘에 이른다. 현존하는 건물로는 대웅보전을 중심으로 산신각, 삼성각, 요사채 1동이 있다. 절 주위에 석탑재들이 보인다.

약사사 藥師寺

경기도 평택시 안중읍 용성1리 378 비파산(琵琶山)에 있다. 신라 문성왕 4년(842) 염거(廉居)가 창건했다. 고려 태조 10년(927) 해일

(海日)이 중건했다. 현존하는 건물로는 대웅전과 선실, 요사채가 있다. 대웅전 안에는 약사여래상과 관세음보살, 대세지보살상이 봉안되어 있다.

심복사 深福寺

경기도 평택시 현덕면 덕목리 275. 보물 제565호 석조 비로자나불좌상은 능인전 안에 모셔져 있는데, 이 불상은 고려 말에 파주군 몽산포에 살던 천노인(千老人)이 덕목리 앞바다에서 건져 올린 것이라고 전한다. 불상 모실 곳을 찾아 옮기던 중 광덕산에 있는 지금의 심복사 자리에 이르자 갑자기 무거워졌으므로 여기에 모시게 되었다고 한다. 머리에는 작은 소라 모양의 머리칼을 붙여 놓았으며 그 위에 있는 육계는 낮게 표현되어 있다. 둥글고 원만한 얼굴에 귀가 크고 짧은 목에는 삼도(三道)의 표현이 뚜렷하다. 옷은 양어깨를 감싸고 있으며, 옷깃과 소매 깃에는 꽃무늬가 새겨져 있다. 배 부분에는 안에 입은 옷을 묶은 띠매듭이 있는데 매우 사실적으로 묘사되었으며, 옷주름은 규칙적인 계단식 선들로 나타내어 단조롭고 형식적이다. 대좌(臺座)는 상·중·하대로 구성되어 있다. 중대는 두 마리의 사자가 앞발을 들어 상대를 받치고 있는 모습이다. 하대는 8개의 겹잎 연꽃무늬가 새겨져 있다. 10세기에 만들어진 것으로 추정된다.

서천사

경기도 평택시 고덕면 방축 2리 103-1. 경기도 문화재자료 제141호 서천 평택 석조여래좌상이 미륵전에 봉안되어 있다. 땅에 묻혀 있던 것을 1870년 발견한 것이라 한다. 고려 말기의 불상으로 추정된다.

▶▶ 과천시

연주암 戀主庵

경기도 과천시 중앙동 85 관악산(冠岳山) 연주봉 남쪽에 있다. 신라 문무왕 17년(677) 의상(義湘)이 창건하여 관악사라 했다. 조선 태조 1년(1392) 이성계(李成桂)가 의상대를 중건하고 그의 처남인 강득룡(康得龍)이 연주대라는 이름을 지었다 하는데, 강득룡, 서견(徐甄), 남을진(南乙珍) 등이 이곳에서 송도(松都, 개성)를 바라보며 고려왕조를 연모하여 통곡했기 때문이라고 한다. 1396년 연주암을 신축했고, 태종 11년(1411) 효령대군(孝寧大君)이 옮겨서 중건했다. 충녕대군(忠寧大君)에게 왕위를 물려주려는 태종의 뜻을 안 양녕대군(讓寧大君)과 효령대군은 유랑길에 올랐다가 이곳에 머물게 되었는데, 원래의 암자에서는 왕궁이 바로 내려다보여 추억과 동경의 정을 끊을 수 없었으므로 지금의 위치로 절을 옮겼다고 한다. 그 뒤 사람들이 두 왕자의 심경을 기리면서 이곳을 연주암이라고 부르게 되었다. 현존하는 건물로는 대웅전과 금륜보전(金輪寶殿), 응진전(應眞殿) 등이 있다. 현재 대웅전 앞에는 고려시대 양식을 한 삼층석탑이 있는데, 효령대군이 세운 것으로 알려지고 있다. 그 밖에도 비단에 그려진 16나한의 탱화와 고려시대의 작품으로 추정되는 약사여래석상이 있다. 이 약사여래석상은 영험이 크다고 하여 많은 참배객들이 찾고 있으며, 나한도량으로서도 그 이름이 유명하다.

삼층석탑은 조선 태종의 첫째 왕자인 양녕대군과 둘째 왕자 효령대군이 셋째 왕자인 충녕대군에게 왕위를 계승할 것을 부탁한 후 궁궐을 나와 이곳에 머무르며 수도할 때, 효령대군이 세운 탑이라고 전하고 있다. 하지만 기단이 1층이고, 탑신의 지붕돌이 두툼하고 받침수가 줄어드는 등 조성수법에 있어 고려시대 석탑의 특징을 보이고 있어 고려시대의 탑으로 추정된다. 경기도 유형문화재 제104호이다.

연주대 戀主臺

경기도 과천시 중앙동 산12−4. 관악산의 봉우리 중에 죽순이 솟아오른 듯한 모양을 한 기암절벽이 있는데, 그 위에 석축을 쌓고 자리 잡은 암자를 연주대라 한다. 원래는 의상대사가 문무왕 17년(677)에 암자를 세우면서 '의상대'라 이름 지었는데, 고려 멸망 후 조선을 반대하며 고려에 충성을 다하던 유신들이 이곳에 모여, 멀리 개경 쪽을 바라보며 고려를 그리워하여 연주대(戀主臺)로 이름을 고쳐 부르게 되었다고 한다. 또한 조선 태종이 셋째 왕자 충녕대군을 장차 태자로 책봉하려 하자 이를 눈치 챈 첫째 양녕과 둘째 효령대군이 궁을 나와 관악산에 입산수도하면서, 이 연주대에 올라 왕궁을 바라보며 왕좌를 그리워하였다는 전설도 전해진다. 연주대에 얽힌 이러한 이야기들은 모두 연민을 불러일으키는 내용인데, 이것은 연주대 주변 경관이 매우 뛰어난 절경인데다 한눈에 멀리까지 내려다볼 수 있기 때문에 붙여진 것으로 여겨진다. 지금의 건물은 조선 후기에 지어진 것이다. 이곳에는 석가모니와 나한들을 모시는 불당인 응진전이 있다.

보광사 普光寺

경기도 과천시 갈현동 산126 - 21. 경기도 유형문화재 제162호 목조여래좌상이 있다. 본래는 경기도 양평군 용문사에 모셔져 있었는데, 한국전쟁 당시 누군가 여주로 옮겼다가 다시 이곳으로 옮겨 왔다고 한다. 전체적인 양식으로 보아 조선 전기에 만들어진 것으로 추정된다. 경기도 문화재자료 제39호 시흥 문원리 삼층석탑은 인근 관문리의 절터에서 옮겨 온 것이다. 기단(基壇)을 1층으로 두고, 3층의 탑신(塔身)을 쌓아 올린 모습이다. 경기도 문화재자료 제77호 문원리사지 석조 보살 입상은 중절모 모양의 돌이 올려져 있으며, 둥근 얼굴에 눈썹·눈·입을 선으로 새기고, 코를 낮게 돋을새김하여 전체적으로 평평한 모습이다. 짧은 목에 삼도(三道)가 굵게 표현되어 있으며, 양쪽 어깨에 걸치고 있는 옷은 가슴에 넓은 Y 자형의 옷깃을 선으로 새겨 간략화된 옷주름을 보이고 있다. 이 불상은 고려 후기 혹은 조선 전기에 만들어진 것으로 추정된다.

▶▶ 안산시

쌍계사 雙溪寺

경기도 안산시 대부북동 1058. 창건 당시 정수암(淨水庵)이라는 사찰명을 사용하고 있었다. 이에 대해서는 설화가 내려오는데 쌍계사 안내판을 보면 취헐(翠歇) 대사가 이곳을 지나다 산마루 중턱에서 잠시 휴식을 취하다가 깜박 잠이 들었는데 5마리의 용이 하늘로 승천하는 꿈을 꾸고 깨어나 보니 이상하게 생각되어 그 자리를 파헤쳐 보니, 용바위 밑에서 맑은 물이 솟아나와 부처님의 가르침이라 여겨 1660년경 불사를 일으키고 암자를 창건하였는데, 물이 맑다는 뜻에서 정수암(淨水庵)이라 칭하였다. 경기도 유형문화재 제181호 목조여래좌상, 유형문화재 제182호 쌍계사 현왕도, 경기도 문화재자료 제110호 쌍계사 아미타회상도 등이 있다. 삼성각 뒤편으로 나지막한 언덕에 조선시대의 전형적인 석종형부도가 있다.

▶▶ 의왕시

청계사 清溪寺

경기도 의왕시 청계동 산11. 청계사는 통일신라시대에 창건하여 고려 충렬왕 10년(1284)에 중창한 사찰로, 조선 연산군(燕山君)이 도성 내에 있는 사찰을 폐쇄했을 때 봉은사를 대신하여 선종의 본산으로 정해졌던 유서 깊은 곳이다. 이곳에는 조선 숙종 15년(1689)에 세운 청계사적기비가 있고 극락보전과 칠성각·봉향각·삼성각·삼성각, 지장전, 요사 등의 건물이 있다.

보물 제11-7호 청계사동종은 조선 숙종 때 경기도와 경상도 지역에서 활동한 승려인 사인비구에 의해서 만들어진 조선시대 종이다. 18세기의 종의 형태를 잘 보여주고 있다. 경기도 유형문화재 제135호 청계사 소장 목판이 있다.

▶▶ 군포시

수리사 修理寺

경기도 군포시 속달동 329 수리산(修理山) 남서쪽 중턱에 있다. 신라 진흥왕 때(540~576) 창건했다. 그 뒤 여러 차례의 중건·중수를 거쳐 수리산 유일의 고찰로 이어져 왔다. 1950년 6·25전쟁 때 소실된 뒤 1955년 중건했다. 현존하는 건물로는 대웅전을 중심으로 산신각, 칠성각, 종각, 요사채 등이 있다.

▶▶ 하남시

선법사

경기도 하남시 교산동 55-1. 선법사에 있는 보물 제981호 태평2년명 마애 약사불좌상은 바위 남쪽 면에 전체 높이 93㎝로 새겨져 있다. 태평 2년 정축 7월 29일이라는 글을 통해 만든 시기가 고려 경종 2년(977)임을 알 수 있다. 부드러운 얼굴을 하고 있고 옷은 왼쪽 어깨에만 걸쳐 입고 있으며 옷주름 표현에서는 가지런함이 엿보인다. 손바닥을 위로 한 왼손에는 약그릇이 놓여 있으며, 오른손은 손바닥이 정면을 향하고 손가락을 위로 하고 있다. 광배(光背)는 두광과 신광을 계단식으로 새기고 있으며, 주위에는 불꽃무늬가 둘려 있다.

▶▶ 가평군

현등사 懸燈寺

　경기도 가평군 하면 하판리 163. 현등사는 신라 법흥왕 때 인도의 스님 마라하미가 불교의 교리를 전하러 신라로 건너오자, 왕이 그를 위하여 이곳 운악산에 큰 절을 짓도록 하여 세워진 사찰이다. 그 후 황폐해 있던 것을 고려 희종 때 보조국사가 재발견하여 다시 건물을 짓고 '현등사'라 이름하였다. 현재 남아 있는 건물들은 조선 순조 30년(1830) 때 암구대사에 의해 새로 지어진 것들이다. 현존하는 건물로는 극락전과 보광전, 요사채 등이 있다. 극락전 안에 봉안된 아미타불좌상은 영조 35년(1759)에 조성된 것이다.

　문화재로는 경기도 유형문화재 제63호 삼층석탑, 유형문화재 제168호 현등사소장 봉선사종은 조선 광해군 11년(1619) 봉선사에서 제조한 것이다. 유형문화재 제183호 현등사 목조아미타좌상, 제184호 현등사 청동지장보살좌상, 제185호 현등사 아미타회상도, 유형문화재 제193호 현등사 신중도, 제198호 현등사수월관음도, 제199호 현등사 함허당 득통탑 및 석등, 경기도 문화재자료 제17호 가평 하판리지진탑, 문화재자료 제124호 현등사 지장시왕도, 제125호 현등사 칠성정화도, 문화재자료 제126호 현등사 독성도가 있다.

▶▶ 양주시

회암사 檜巖寺

　경기도 양주시 회암동 산14. 회암사는 고려 충숙왕 15년(1328) 원나라를 통해 들어온 인도의 승려 지공이 처음 지었다는 회암사가 있던 자리이다. 그러나 회암사가 지어지기 이전에도 이곳에는 이미 절이 있었던 것으로 추측된다. 조선 전기 이색이 지은 『천보산회암사수조기』에 의하면, 고려 우왕 2년(1376) 지공의 제자 나옹이 "이곳에 절을 지으면 불법이 크게 번성한다."는 말을 믿고 절을 크게 짓기 시작하였다고 한다. 조선 전기까지도 전국에서 가장 큰 절이었다고 하는데, 태조 이성계는 나옹의 제자이면서 자신의 스승인 무학대사를 이 절에 머무르게 하였고, 왕위를 물려준 뒤에는 이곳에서 수도 생활을 하기도 했다. 성종 때는 세조의 왕비 정희왕후의 명에 따라 절을 크게 넓히는 데 13년이나 걸렸다고 한다. 그 후 명종 때 문정왕후의 도움으로 전국 제일의 사찰이 되었다가, 문정왕후가 죽은 뒤에 억불정책으로 인하여 절이 불태워졌다. 이 절이 있던 자리에서 500m 정도 올라가면 지금의 회암사가 있는데, 1977년 대웅전과 삼성각, 영성각(影聖閣) 등을 중건하여 오늘에 이르고 있다. 그 부근에는 중요 문화재들이 남아 있다. 고려시대에 세운 나옹의 행적을 새긴 보물 제387호 회암사지선각왕사비(현 불교중앙박물관 보관)를 비롯하여, 지공의 부도 및 석등(경기도유형문화재 제49호)·회암사지부도(보물 제388호)·나옹의 부도 및 석등(경기도유형문화재 제50호)과 조선시대에 만들어진 쌍사자석등(보물 제389호)·무학대사비(경기도유형문화재 제51호)·회암사지부도탑(경기도유형문화재 제52호)·어

사대비(경기도유형문화재 제82호)·맷돌(경기도민속자료 제1호)과 당
간지주, 문화재자료 제135호 회암사지공선사부도비, 건물의 초석들이
남아 있다.

도솔암 兜率庵

경기도 양주시 백석면 영장리 고령산(高嶺山)에 있다. 진성여왕 8
년(894) 도선국사(道詵國師)가 창건했다. 조선 선조 25년(1592) 임진
왜란 때 전소된 것을 광해군 14년(1622) 설미(雪眉)와 덕인(德仁)이
중건했다. 1919년 3·1운동 때 33인의 한 사람인 용성 진종(龍城 震
鍾)이 1915년부터 이 절에서 3년 동안 천수관음기도를 하여 힘을 얻
고 3·1운동에 참여했다. 1950년 6·25전쟁 때 절의 일부가 파손된
채 빈 절로 남아 있다가 도괴되었다. 1968년 극락전을 신축하여 오
늘에 이르고 있다. 현존하는 건물로는 극락전을 비롯하여 삼성각, 승
당, 요사채 등이 있다. 극락전 안에는 아미타좌상과 관세음보살좌상
을 중심으로 후불탱화, 신중탱화, 미륵불탱화, 지장탱화 등이 봉안되
어 있고, 승당에는 석조미륵보살상이 봉안되어 있다.

▶▶ 여주군

고달사 高達寺

경기도 여주군 북내면 상교리 411-1. 고달사는 통일신라시대 경

덕왕 23년(764)에 창건된 절로, 고려 광종 이후에는 왕들의 보호를 받아 큰 사찰로서의 면모를 유지하기도 하였으나, 언제 문을 닫게 되었는지는 분명하지 않다. 고달사에는 석조 문화재들이 많이 남아 있는데, 모두 고달이라는 석공이 만들었다고 전한다. 고달은 가족들이 굶어 죽는 줄도 모르고 절을 이루는 데에 혼을 바쳤다고 하는데, 절을 다 이루고 나서는 스스로 머리를 깎고 스님이 되었으며, 훗날 도를 이루어 큰스님이 되니, 고달사라 불렀다는 전설이 있다. 문화재로는 국보 제4호 고달사지 부도, 보물 제6호 고달사 원종대사 혜진탑비귀부 및 이수, 보물 제7호 고달사 원종대사 혜진탑, 보물 제8호 고달사지 석불좌 등의 문화재가 고달사 터에 남아 있다.

신륵사 神勒寺

경기도 여주군 북내면 천송리 282. 신륵사는 신라 진평왕 때 원효(元曉)가 창건했다 한다. 이름을 신륵사라 한 것은 미륵 또는 왕사 나옹 혜근(懶翁 慧勤, 1320~1376)이 신기한 굴레로 용마(龍馬)를 막았다는 전설에 의한 것이라는 설이 있다. 또한 고려 고종 때 건너편 마을에 나타난 용마가 걷잡을 수 없이 사나웠으므로 사람들이 잡을 수 없었는데, 이때 대사 인당(印塘)이 고삐를 잡자 말이 순해졌으므로 신력(神力)으로 제압했다 하여 신륵사라 했다는 설도 있다. 또한 이 절은 경내 동대(東臺) 위에 벽돌로 이루어진 다층전탑이 있어서 고려 때부터 벽절이라고도 불렸다. 우왕 2년(1376) 혜근이 이 절에서 입적할 때 오색의 구름이 산마루를 덮고, 구름도 없는 하늘에서 비가 내렸으며, 수많은 사리가 나왔고, 용이 호상(護喪)을 하기도 했다 한다. 3개월 뒤인 이해 8월 15일 절의 북쪽 언덕에 혜근의 정골사리(頂骨舍利)를 봉안한 부도를 세우는 한편, 대대적인 중창을 함께 이루었다. 조선 성종 3년(1472)에는 영릉원찰(英陵願刹)로 삼아 보은사(報恩寺)라고 불렸다.

문화재로는 보물 제180호 조사당, 보물 제225호 다층석탑, 보물 제226호 다층전탑, 보물 제228호 신륵사 보제존자석등, 보물 제229호 신륵사 보제존자석종비, 보물 제230호 신륵사 대장각기비, 보물 제231호 신륵사 보제존자 석종 앞 석등, 경기도 유형문화재 제128호 극락보전, 제195호 신륵사 팔각원당형 석조부도, 문화재자료 제133호 신륵사 삼층석탑, 제134호 원구형 석조부도 등이 있다.

구곡사

경기도 여주군 여주읍 가업리에 있으며, 미륵불 1구가 모셔져 있다.

대성사

경기도 여주군 금사면 외평리 454-1. 경기도 유형문화재 제35호 포초골 미륵좌불이 있다.

▶▶ 화성시

용주사 龍珠寺

경기도 화성시 태안면 송산리 188. 용주사는 사도세자의 묘소를 수호하고 명복을 빌어 주기 위해 세운 절이다. 사도세자의 묘를 화산으로 옮긴 다음 해인 정조 14년(1790)에 세웠다. 원래 이곳은 신라 문성왕 16년(854)에 세워 고려 광종 3년(952)에 소실된 갈양사(葛陽寺)가 있던 것이라 한다. 국보 제120호 용주사범종, 경기도 유형문화재 제16호 대웅전 후불탱화, 경기도 문화재자료 제35호 대웅보전, 문화재자료 제36호 천보루가 있다.

봉림사 鳳林寺

경기도 화성시 남양면 북양리 642 무봉산(舞鳳山)에 있는 사찰로, 신라 진덕여왕 때(647~654) 고구려의 침략을 불교의 힘으로 막기 위해 창건한 호국사찰이다. 당시 궁궐에서 기르던 새가 절 주위 숲에 날아와 춤을 추었으므로 봉림사라 하고, 산 이름도 무봉산으로 바꿨다고 한다. 광해군 13년(1621)에 법당과 종각·요사를 중수하였으며, 숙종 34년(1708)에도 중수한 바 있다. 1978년에 목조아미타여래좌상의 복장(腹藏)에서 사리가 발굴되었고, 1979년 이 사리를 봉안한 탑을 세우면서 봉향각과 종각도 다시 지었다. 보물 제980호 목아미타불좌상, 보물 제1095호 목아미타불좌상 복장전적 일괄이 있다.

경일암 擎日庵

경기도 화성시 의왕읍 내손리 백운산(白雲山)에 있다. 조선 세조 3년 (1457) 임영대군(臨瀛大君)이 창건했다. 세조가 단종을 몰아내고 왕위를 찬탈하자 임영대군은 형의 그릇됨을 탄식하면서 이곳으로 물러나 정사(精舍)를 짓고 살았으며, 매일 뒷산에 올라 해를 맞이했던 자리에 세워진 암자라고 해서 경일암이라고 했다.

▶▶ 파주시

보광사 普光寺

경기도 파주시 광탄면 영장리 13. 보광사는 고령산 자락에 위치하고 있는 전통사찰로 신라 진성여왕 8년(894) 왕명에 의하여 도선(道詵)이 창건한 후 고려 고종 2년(1215) 원진(元眞)이 중창하였고 우왕 14년 (1388) 무학(無學)이 중건하였다. 조선 선조(宣祖) 때 임진왜란으로 소실되어 현종 8년(1667) 지간(智侃), 석련(釋蓮) 두 대사가 사창(四創)하였고 영조 16년(1740)에는 중수하여 인근에 있는 영조(英祖)의 생모 숙빈최씨의 묘소인 소령원(昭寧園)의 기복사(祈福寺)로 삼았다. 대웅보전 앞의 범종은 인조 9년(1631)에 도원(道元)이 범종을 만들기 위하여 모연을 시작하였는데 3년 동안 청동 80근을 모은 뒤 죽게 되자 신관 (信寬)이 그 뒤를 이어 조선 인조 12년(1634)에 설봉자(雪峯子)가 300근의 범종을 완성하였다. 경기도 유형문화재 제158호 숭정칠년명 동종이 있다.

금단사 黔丹寺

경기도 파주시 탄현면 성동리 산406. 금단사는 신라시대 검단조사 (黔丹祖師)가 창건했다고 전해지며 실제로 조선 후기에 그려진 검단 조사영정(黔丹祖師影幀) 1폭이 전해지고 있어 검단조사와 깊은 관련 이 있는 것으로 보인다.

용암사 龍岩寺

경기도 파주시 광탄면 용미리 산11. 용암사는 고려 선종(1083~ 1094)의 후궁 원신공주(元信公主)가 창건했다 한다. 창건 이후의 자 세한 역사는 거의 전해지지 않고 있다. 보물 제93호로 지정된 용미 리 석불입상이 고려시대의 것으로 추정되고 있어 이 시기부터 사찰 이 있었을 것으로 추정된다. 전해지는 설화로 선종은 왕후와 후궁으 로부터 아들을 얻지 못하여 고민했다. 그런데 하루는 후궁인 원신공 주의 꿈에 두 도승(道僧)이 나타나서 파주군 장지산에 산다. 식량이 떨어져 곤란하니 그곳에 있는 두 바위에 불상을 조각하라. 그러면 소원을 이루어 주리라 했다. 기이하게 생각하여 사람을 파견하여 알 아보니 꿈속에서 말한 대로 바위 두 개가 서 있었으므로, 서둘러 불 상을 조성했다. 그때 두 도승이 다시 공사장에 나타나서 좌측은 미 륵불로, 우측은 미륵보살상으로 조성할 것을 지시하고, 모든 중생이 와서 공양하고 기도하면 아이를 원하는 자는 득남하고 병이 있는 자 는 쾌차할 것이리라 말하고 사라졌다. 그 뒤 불상이 완성되고 그 밑에 이 절을 창건하자, 원신공주에게 태기가 있어 한산후물(漢山候勿)을 낳았다고 한다.

용상사 龍床寺

경기도 파주시 월롱면 덕은리 산137-1. 용상사는 고려 성종 12년(993)과 현종 1년(1010)에 이어 1018년에 소배압이 거느린 10만의 거란군이 개성까지 쳐들어오게 되자 현종은 민복차림으로 이곳 월롱산까지 피신하게 되었고 다행히 강감찬(姜邯贊)이 귀주(龜州)에서 승리하면서 나라 안이 평정되자 현종은 이를 기념하기 위하여 절을 짓게하고는 임금이 머물렀다는 뜻으로 용상사라 이름 지었다고 한다. 덕은화주(德隱化主)가 세종 27년(1445)에 사찰을 중건하였으며 이때 소불석상(小佛石像)을 조성해 봉안하였다. 조선 선조 25년(1592) 임진왜란 때에는 승병의 도량이 되었는데 왜군의 시체가 근처 골짜기에 가득하여 한때는 '무덤골'이라 불리기도 했다고 한다.

▶▶ 고양시

태고사 太古寺

경기도 고양시 북한동 산15 북한산성 내에 있다. 태고 보우(太古普愚)가 고려 충혜왕 복위 2년(1341) 삼각산 중흥사(重興寺)의 주지로 임직하면서 개인의 수도처로서 창건한 후 동암이라 했다. 보우는 이곳에서 태고암가(太古庵歌) 등 매우 훌륭한 작품들을 남겼으며, 그가 입적한 뒤 태고암이라 이름을 바꿨다. 그 뒤 수차례의 중건과 중수를 거쳐 명맥을 이어 왔다. 그러나 1950년 6·25전쟁 때 완전히 부서져 절터만 남았던 것을 최근에 대웅전과 요사채를 복구했다.

건물로는 대웅전과 요사채가 있다. 유물로는 보우의 원증국사탑비 (보물 제611호)와 태고국사사리탑(보물 제749호)이 있다. 이 탑비는 우왕 11년(1385) 건립한 것으로 비문은 이색(李穡)이 교지를 받들어 짓고, 글은 명필가 권주(權鑄)가 쓴 것이다. 대웅전 우측 언덕에는 부도 3기가 있다. 원증국사(1301~1382)는 고려 후기의 승려로 13세에 출가하여 회암사의 광지선사에게서 가르침을 받았으며, 이후 여러 사찰을 다니면서 배움에 전념하였다. 46세 때에는 중국에까지 다녀왔는데 이후 다시 중국에 갔을 때에는 순제(順帝)가 그 소식을 듣고 법의를 하사하였다 한다. 공민왕의 스승이 되기도 하였으나 곧 소설사로 들어가 지내었고, 우왕 8년(1382)에 이 절에서 입적하였다.

상운사 祥雲寺

경기도 고양시 덕양구 북한동 370. 상운사는 노적사(露積寺)라고도 불렸으며, 조선 중기 이후 북한치영(北漢緇營)의 승려들이 머물렀던 절로 추정된다. 경종 2년(1722) 승병장 회수(懷秀)가 폐허화한 옛 절터에 중창하고 노적사라 했고, 순조 13년(1813) 승병장 지청(智廳)이 중건했다. 고종 1년(1864) 긍홍(亘弘)이 극락전을, 광무 2년 (1898) 한암(漢庵)이 큰방을 중건했으며, 1942년 주지 법연(法延)과 화주 덕산(德山)이 법당을 중수했다. 현존하는 건물로는 대웅전, 천불전, 산신각, 약사굴, 요사채 등이 있다. 경기도 유형문화재 제190호 목조아미타삼존불좌상이 유명하다. 뒤에 원효(元曉)가 좌선했다는 바위가 있다.

흥국사 興國寺

경기도 고양시 덕양구 지축동 203 한미산(漢美山) 동남쪽 기슭에 있다. 신라 문무왕 1년(661) 원효(元曉)가 창건하여 흥서사.라 했다. 원효가 한산(漢山)의 원효대에서 수행을 하던 어느 날 서쪽 산기슭에서 3일 동안 서기(瑞氣)가 일어 찾아가 보니, 지금의 약사전 자리에서 약사여래좌상이 솟아나 발광하고 있었으므로 이 절을 창건했다고 전해진다. 조선 숙종 12년(1686)에 다시 세웠고 영조 46년(1770) 절 이름을 흥국사로 고친 후 약사전을 보다 크게 지었다.

정조 9년(1785) 당시 남북양산성(南北兩山城)의 승도대장(僧都大將)이었던 관선(觀禪)과 법헌(法軒)이 중창했고, 고종 4년(1867) 약사전을 중건했다. 현존하는 건물로는 약사전, 미타전, 칠성각, 산신각, 선원, 일주문 등이 있다. 약사전의 현판은 영조의 친필이다.

절 서북쪽으로 50미터 떨어진 곳에 부도 3기가 있고, 자연 암반 위에 새겨진 마애불이 있고, 요사 옆으로 삼층석탑 있다.

문화재로는 경기도 유형문화재 제143호 극락구품도, 제189호 흥국사 괘불, 경기도 문화재자료 제57호 약사전, 문화재자료 제104호 목조아미타여래좌상이 있다.

▶▶ 연천군

원심원사 元深源寺

경기도 연천군 신서면 내산리 354 보개산(寶蓋山)에 있다. 흥림사(興林寺)라는 이름으로 불렸으며, 신라 선덕왕 19년(720)에 보개산 인근의 사냥꾼인 이순석(李順碩) 일행이 출가하여 석대암을 창건하였다는 설화로 이어지고 있다. 심원사가 창건된 때로부터 60여 년 후에는 사냥꾼 출신 이순석이 출가하면서 보개산 내에 석대암(石臺庵)이 창건되었던 것이다. 헌안왕 3년(859) 강릉지방에 침범한 왜군을 물리쳤다는 범일 국사가 중창했으나 이후 화재와 전란 등을 겪으며 수차례 소실과 복원을 거듭했다. 조선 건국의 중심인물이었던 무학대사는 태조 2년(1393) 화재로 심원사의 모든 전각이 전소되자 국가의 적극적인 지원 아래 3년에 걸쳐 심원사를 중창, 호국사찰의 위상을 높이기도 했다. 목은 이색이 찬한 보개산 석대암 지장전기(地藏殿記)이다. 여기에는 지장석상의 크기가 자세히 나오며, 석대암의 승려 지순이 지장전(地藏殿)을 새롭게 건축하였음을 전하고 있다. 고려 목종 때의 심원사 대종불사의 관련 설화가 전한다. 1907년 9월 11일 일제에 의해 전소되었고, 1925년 주지 홍월운(洪月雲)은 절 동쪽에 있는 비석 2기와 부도 전부를 절의 입구인 영원교 부근 광장으로 이전하고 주변을 정리하였다. 경기도 유형문화재 제138호 심원사지 부도군이 있다. 2기의 비 중 부도밭 내 오른쪽에 자리하고 있는 것이 제월당 경헌대사비이다. 옆면에 안상(眼象)을 새긴 받침돌 위로, 비 몸을 세운 후 구름과 용을 조각한 4각 지붕돌을 올렸다. 조선 인조 14년(1636) 8월에 세운 것으로, 현재 비문이 심하게 닳아 있다. 가장 왼쪽에 자리한 비는 취운당 대사비로 효종 3년(1652) 8월에 세운 것이다. 군부대가 주둔한 지역으로 2006년부터 복원 불사 작업이 진행 중에 있으며, 극락보전이 있다.

오봉사 五峰寺

경기도 연천군 연천읍 교문리 산78 오봉산(五峰山) 중턱에 있었다. 현재 절터에는 주춧돌과 거대한 부도 1기, 탑비만이 남아 있다.

경기도 유형문화재 제131호 오봉사지 부도는 석종형(石鍾形)으로서 연화문(蓮花文)이 새겨져 있으며, 부도로서는 쉽게 찾아볼 수 없는 조선시대 대형 부도이다. 이 부도 앞에는 부도의 주인공과 관련된 석비가 있으나 마멸이 심해 글씨를 알아볼 수가 없다. 부도와 석비는 조선시대의 작품으로 추정된다.

▶▶ 포천시

신흥사 新興寺

경기도 포천시 관입면 숭1리 신흥사지에 전하던 고려시대 석불상을 모시고 있다.

동화사 東和寺

경기도 포천시 이동면 장암리 대웅전에 소장된 조선시대 후기 목조불상이 있다.

흥룡사 興龍寺

경기도 포천시 이동면 도평리 38 백운산(白雲山)에 있다. 신라 말 연기 도선(烟起 道詵, 827~898)이 창건하여 내원사라 했다. 도선이 이 절터를 정할 때 나무로 세 마리의 새를 만들어서 공중에 날려 보냈더니 그중 한 마리가 백운산에 앉았기 때문에 그곳에 절을 창건했다고 한다. 조선 태조 때(1392~1398) 무학 자초(無學 自超)가 중창한 뒤, 인조 16년(1638) 무영(無影)이 중수했다. 정조 10년(1786) 태천(泰天)이 중건하면서 백운사라 했다가 다시 흥룡사로 고쳤다. 현재는 대웅전과 요사채 건물만이 있다. 옛터에는 지금도 주춧돌이나 돌담이 남아 있고, 청암당부도(淸巖堂浮屠)와 묘화당부도(妙化堂浮屠) 무너진 무영대사부도 등이 있다.

▶▶ 양평군

용문사 龍門寺

경기도 양평군 용문면 신점리 산99-1. 용문사는 신라 신덕왕 2년

(913) 대경대사가 창건하였다고 전하며, 일설에는 경순왕(927~935)이 친히 행차하여 창사하였다고 한다. 고려 우왕 4년(1378) 지천대사가 개풍 경천사의 대장경을 옮겨 봉안하였고 조선 태조 4년(1395) 조안화상이 중창하였다. 세종 29년(1447) 수양대군이 모후 소헌왕후 심씨를 위하여 보전을 다시 지었고 세조 3년(1457) 왕명으로 중수하였다. 성종 11년(1480) 처안 스님이 중수한 뒤 고종 30년(1893) 봉성대사가 중창하였으나, 순종 원년(1907) 의병의 근거지로 사용되자 일본군이 불태웠다. 1909년 취운 스님이 큰방을 중건한 뒤 1938년 태욱 스님이 대웅전, 어실각, 노전, 칠성각, 기념각, 요사 등을 중건하였으며, 1982년부터 지금까지 대웅전, 삼성각, 범종각, 지장전, 관음전, 요사채, 일주문, 다원 등을 새로 중건하고 불사리탑, 미륵불을 조성하였다. 지정 문화재로 보물 제531호 정지국사 부도 및 비와 천연기념물 제30호 은행나무, 경기도 유형문화재 제172호 금동관음보살좌상이 있고, 산신각 동쪽에는 부도 5기가 있다.

사나사 舍那寺

경기도 양평군 옥천면 용천리 304 용문산에 있다. 고려 태조 6년(923) 대경 여엄(大鏡 麗嚴)이 제자 융천(融闡) 등과 함께 창건하고, 삼층석탑을 조성했다. 그 뒤 공민왕 16년(1367) 태고 보우(太古 普愚, 圓證도 호)가 중창했으며, 조선 선조 30년(1597) 정유재란 때 모두 불에 탄 것을 숙종 24년(1698) 덕조(德照)가 소규모로 법당을 재선했다. 1907년 의병과 관군의 충돌로 인해 다시 모두 불에 탔으나, 1909년 계헌(戒憲)이 큰방을 신축했다. 1937년 주지 맹현우(孟玄愚)가 법당인 광명전과 조사전을 신축했다. 현존하는 건물로는 대웅전을 비롯하여 산신각, 함씨각(咸氏閣) 등이 있다. 문화재로는 정도전(鄭道傳)

이 글을 짓고 의문(誼聞)이 글씨를 써서 우왕 12년(1386)에 세운 원증국사탑(경기도 유형문화재 제72호)과 원증국사 석종비(경기도 유형문화재 제73호), 경기도 문화재자료 21호 고려 중기에 세운 삼층석탑이 있다.

상원사 上院寺

경기도 양평군 용문면 연수리 산73 용문산(龍門山) 중턱에 있다. 옛 유물로 보아 고려시대에 창건한 것으로 추정된다. 조선 태조 7년(1398) 조안(祖安) 선사가 중창했고, 무학(無學)대사 자초(自超)가 왕사를 그만둔 뒤 잠시 머물렀다. 세조 9년(1463) 8월 세조가 이곳에 들러 관음보살의 현상(現相)을 친견하고 어명을 내려 크게 중수하게 했는데, 최항(崔恒)에 의해 그때의 모습을 기록한 관음현상기가 지금도 전해지고 있다. 그 뒤 중수되어 면면히 이어 오다가, 1907년의 의병봉기 때 왜병이 불을 질러 겨우 법당만 남게 되었다. 1918년 주지 최화송(崔華松)이 화주 차상원(車祥元)의 도움으로 큰방을 재건했고, 1934년 주지 최경언(崔璟彦)이 객실을 신축했으나, 1950년 6·25전쟁 때 용문산전투를 겪으면서 다시 불에 타 없어졌다.

현존하는 건물로는 대웅전을 비롯하여 용화전, 삼성각, 청학당(淸鶴堂) 등이 있다. 경기도 문화재자료 제119호 철조여래 좌상이 있다.

▶▶ 이천시

영월암 映月庵

경기도 이천시 관고동 산64-1 설봉산(雪峰山)에 있다. 신라 문무왕 (661~681) 때 의상(義湘)이 창건하여 북악사라 했고, 산 이름도 북악산이라 했다. 그 뒤 조선 영조 50년(1774) 영월 낭규(映月 朗奎)가 중창하여 영월암이라 했으며, 1911년에는 보은(普恩)이 중건했다. 1920년 주지 신암(信庵)이 극락전을 옮겨 세웠고, 1937년 언우(彦佑)가 산신각을 중건했다. 1979년 삼층석탑을 복원하여 오늘에 이르고 있다. 현존하는 건물로는 대웅전과 동별당(東別堂), 요사채 3동이 있다. 문화재로는 보물 제822호 마애여래입상이 대웅전 뒤쪽 바위에 새겨져 있다. 이 불상은 법사 산악(山岳)이 새긴 것이라고 전해지는데 높이 7~8m의 자연 암석을 다듬고 바위 면 전체에 꽉 채워 조각한 마애불로 전체적으로 장대하며 힘찬 솜씨를 보이고 있어 고려 초기에 만든 것으로 추정된다. 절 입구에는 수령 500년이 넘은 은행나무가 있다.

용화사 龍華寺

경기도 이천시 설성면 사석리 51. 경기도 문화재자료 제41호 자석리석불입상이 있다. 전체 2개의 돌로 이루어진 이 석불은 머리에 원형의 넓은 갓을 쓰고 있으며, 긴 타원형의 얼굴에 눈·코·입이 작게 표현되어 전체적으로 조화와 균형을 잃고 있다. 간략하게 표현된 옷 주름은 양손의 표현과 더불어 마멸이 심해 정확한 모습을 파악하기 어렵다. 얼굴과 더불어 짧은 목, 몸체에 비해 좁은 어깨, 간략화된 옷 주름 등에서 고려 후기의 불상으로 추정된다.

내원사 內院寺

경기도 이천시 마장면 관리 양각산(羊角山) 남쪽 기슭에 있다. 신라시대에 창건했다고 전한다. 건물로는 대웅전과 산신각, 요사채 등이 있다. 삼층석탑 1기가 있는데, 이중 기단으로 된 상대갑석 위에 옥신과 옥개석이 3개씩 남아 있다. 상륜부에는 노반(露盤)과 복발(覆鉢)이 있으며, 규모는 작은 편이다. 절 주위에는 많은 기와조각과 자기의 파편들이 출토되고 있고 옛 건물의 주춧돌이 남아 있다.

신흥사 神興寺

경기도 이천시 장호원읍 신읍리 설성산(雪城山)에 있다. 신라 내물왕(356~402) 때 설성(雪城)을 축조한 한 장군을 위해 창건하여 설성사라 했다 한다. 지금도 설성이 둥글게 에워싼 중간 지점에 절이 위치하고 있다. 건물로는 대웅전과 산신각, 요사채 등이 있다.

영원사 靈源寺

경기도 이천시 백사면 송말리 원적산(圓寂山) 북쪽 기슭에 있다. 신라 선덕여왕 7년(638) 해법(海法)이 창건하여 영원암이라 했고, 당시 수마노석(水瑪瑙石)으로 약사여래좌상을 조성하여 봉안했다고 한다. 그 뒤 고려 문종 22년(1068) 국사 혜거(惠居)가 중창했다. 조선시대에는 선조 10년(1577) 사명 유정이 중창했고, 숙종 19년(1693) 동계가 중건했으나 그 뒤 폐허화했다. 순조 25년(1825) 인암(仁巖)이 영안부원군(永安府院君) 김조순(金祖淳)의 희사를 받아 절을 중창하고 이름을 영원사라 바꿨다. 건물로는 대웅전, 산신각, 요사채 등이 있다. 대웅전 안에 있는 범종은 영조 45년(1769) 광주 대진사(大眞寺)에서 조성한 전형적인 조선 중기의 범종이다.

옥수암 玉水庵

경기도 이천군 마장면 이평리 와룡산(臥龍山) 서북쪽 기슭에 있다. 옥수암이라는 명칭은 절 뒤에 있는 바위에서 흘러나오는 샘물이 옥과 같이 맑다고 하여 붙여졌는데, 이 샘물은 약수로 유명하다.

고려 원종 14년(1273) 서원(誓願)이 창건했다. 조선 경종 2년(1722) 동래정씨, 남양홍씨, 전주이씨, 재령이씨 등의 문중이 모여 선조들의 명복을 빌기 위해 중창하고 옥지암이라 했다. 정조 4년(1780) 궤성(軌聖) 등이 불전을 중창하고 현재의 이름으로 고쳤다. 건물로는 대웅전과 요사채, 산신각, 법회실 등이 있다.

전하는 이야기로 절을 지을 때 처음에 터를 잡은 곳에서 진드기가 수없이 쏟아져 나와 다른 장소를 물색하던 중, 하루는 큰 대들보 하나가 사라져서 찾아보니 지금의 절터로 와 있었다. 그러므로 이 터에 짓는 것이 부처님의 뜻이라 하여 절을 지었다고 한다.

은선사 隱仙寺

경기도 이천시 부발읍 산촌리 효양산(孝養山) 남쪽 기슭에 있다.

신라 문무왕(661~681) 때 의상(義湘)이 부석사(浮石寺)를 창건한 뒤 이천 지방에 16개의 절을 지을 때 설봉산 영월암(映月庵)과 함께 창건했다 한다. 일설에는 효양산에 있는 서(徐)씨의 시조 서신일(徐神逸)의 묘와 관련시켜 신라가 망하자 이 산속에 은거한 서씨가 지은 절이라고도 한다. 1592년 임진왜란 때 소실된 뒤 문인식(文仁植)이 중건했으나, 그 뒤 다시 폐허화된 것을 영조 40년(1764) 읍민 김(金)씨가 선영을 위해 중창했다. 1979년 주지 김영규(金榮奎)가 대웅전과 요사채를 신축하고 이름도 은선암에서 은선사로 바꾸었다.

▶▶ 용인시

서봉사 瑞峰寺

경기도 용인시 수지읍 신봉리 산111. 서봉사의 창건에 대한 기록은 없고 절터의 크기로 보아 아주 큰 규모의 절로 추정된다. 전하는 말에 의하면, 임진왜란 때 절에서 떠내려 오는 쌀뜨물이 10리나 흘러 내려와 왜적이 물을 따라 올라가서 절을 불태웠다고 한다. 이곳은 탑비의 비각을 세우는 공사를 하던 도중에 기록이 남아 있는 기와조각이 발견되어 서봉사의 옛터임이 밝혀졌다. 보물 제9호 현오국사탑비는 명종 15년(1185)에 세워진 것으로 현오국사(玄悟國師)의 행적을 후대에 알리고자 만들어졌다. 보통 부도와 함께 건립되는데 절터에 부도의 흔적은 없고 이 비석만 남아 있다. 비문에 의하면, 현오국사는 15세에 불일사(佛日寺)에서 승려가 된 후 부석사(浮石寺)의 주지를 거쳐 명종 8년(1178) 53세의 나이로 입적하였다. 왕이 크게 슬퍼하여 국사(國師)로 삼고 시호를 '현오(玄悟)'라 한 뒤 동림산 기슭에서 화장하였다. 그 외에도 글을 지은 이와 건립연대 등이 기록되어 있다. 고려 후기 석비의 새로운 양식을 보여준다.

동도사 東度寺

경기도 용인시 처인구 이동면 어비리 산99-2. 경기도 유형문화재 제194호 어비리 삼층석탑은 임진왜란 때 왜군에 의하여 소실된 사지(寺址)에 있는 것을, 주민들이 파손된 부분을 보수하여 같은 장소에 세웠다가 1963년 저수지 공사로 수몰 되게 되자 동도사(東度寺) 주지(住持) 차장업(車壯業)이 사찰 경내로 이전하여 복원한 것이다.

화운사 華雲寺

경기도 용인시 처인구 삼가동 33-1. 경기도 유형문화재 제200호 목조여래(아미타, 약사)좌상이 있다.

용덕사 龍德寺

경기도 용인시 이동면 묵리 산57. 신라 문성왕 때(839~857) 선시 영거(靈居)가 창건했다. 신라 말기에 연기 도선(烟起 道詵 827~898)이 삼층석탑 1기와 보살상, 철인(鐵人) 3위를 조성하면서 중창했다. 경기도 문화재자료 제111호 석조여래입상은 이동면 천리 75번지 적동저수지 입구에 저수지 하단 제방 좌안 삼분지일의 지점에 있었던 것으로 1960년대 초 저수지 축조 공사를 시작하면서 저수지 입구 좌측으로 옮겨 정면 측면 1칸의 당우에 안치했었고 후에 용덕사로 이전되어 현재에 이르고 있다. 전체적으로 통일신라 후기의 불상인 것으로 추정되고 있다. 전해지는 이야기로 암굴에는 1천 년이 다 되어 여의주를 얻은 용이 아버지의 병을 고치고자 치성을 드렸던 처녀에 여의주를 주어 아버지의 병을 고치게 했다는 설화가 전해지고 있고, 이와 같은 용의 덕을 본 절이라고 해서 용덕사라 했다고 한다.

장경사 長庚寺

경기도 처인구 원삼면 학일리 학일-484-2 쌍룡산(雙龍山)에 있다. 고려 말기의 대선사 백운 경한(白雲 景閑, 1299~1375)이 창건하여 쌍운암이라 했다. 그 뒤 1592년 임진왜란 때 전소되어 폐사가 되었다가, 철종 때(1849~1863) 학일리에 살고 있던 오(吳) 씨가 중창하여 장경사라 했다. 1972년 기봉(基鳳)이 아미타삼존불을 봉안했고, 1976년 주지 영무(英茂)가 법당을 중건했다. 건물로는 극락보전과 요사채가 있다.

조천사 朝天寺

경기도 용인시 처인구 백암면 장평리 진남산(鎭南山)에 있다. 조선 영조 8년(1732) 처사 심(沈)씨가 창건했다. 심씨는 병을 치료하기 위해 매일같이 이 절 부근의 석간수(石澗水)를 마시러 다녔는데, 어느 꿈에 관세음보살이 나타나서 부처님을 봉안하고 휴양하면 병이 나으리라고 했다. 이에 따라 작은 불당을 짓고 불상을 봉안한 뒤 기도하여 병이 나았다는 창건 연기가 전해진다. 1770년 처사 박(朴) 씨가 작은 불당을 헐고 관음전(觀音殿)을 신축한 뒤 신암사라 했으며, 정조 20년(1796) 다시 조천사로 고쳐 부르게 되었다. 건물로는 대웅전과 요사채, 산신각 등이 있다.

백련사 白蓮寺

경기도 용인시 포곡읍 가실리 향수산에 있다. 용인시에서 제일 오래된 사찰로, 애장왕 2년(801) 신응 선사가 창건하였고 전해진다. 고려 말 공양왕 즉위년(1389)에 중수하였으며, 조선 태종 4년(1404) 4월 5일 무학대사가 18개의 나한상을 조성하여 중수하였고, 현종 12년(1671) 6월 7일 또 중수하였다. 정조 15년(1791)에 중수하고 석담대사가 중창하였다. 현재 대웅전과 요사 1동이 남아 있다.

▶▶ 김포시

문수사 文殊寺

경기도 김포시 월곶면 성동리 37 문수산에 있다. 테고종 사찰로 신라 혜공왕 때(765~780) 창건했다. 조선 광해군 6년(1613) 도욱(道旭)이 중건했다. 순조 9년(1809)에 다시 중건했으며, 1936년 남성(南星)이 중수했다. 극락전과 칠성각이 있다. 문화재로는 경기도 유형문화재 제91호 풍담대사부도 및 비, 석탑 등이 있다. 풍담대사는 조선 선조 25년(1592)에 태어나 현종 6년(1665)에 입적한 승려이다.

용화사 龍華寺

경기도 김포시 운양동 831. 용화사는 조선 태종 5년(1405) 정도명(鄭道明)이 창건했다. 정도명이 강화도로부터 세곡물(稅穀物)을 싣고 오던 중 간조가 되어 운양산(雲陽山) 앞에 정박했는데, 그날 밤 꿈에 부처님이 나타나 이 배 밑에 석불이 있으니, 절을 짓고 석불을 모시라 하여 배 밑을 보니 미륵불이 있었다. 이에 선박업을 단념하고 절을 창건했다 한다. 또 일설에는 바다로부터 미륵불이 출현하여 크게 빛을 발했으므로 환희심을 내어 절을 창건했다고도 한다. 그 뒤의 역사는 자세히 전해지지 않는다. 현재 건물로는 대웅전과 칠성각, 요사채 등이 있다.

▶▶ 남양주시

수종사 水鐘寺

경기 남양주시 조안면 송촌리 1060 운길산(雲吉山) 중턱에 있다. 조선 세종 21년(1439) 세워진 정의옹주(貞懿翁主)의 부도가 있는 것으로 보아 그 이전에 창건한 것으로 추정된다. 세조 4년(1458) 왕명으로 크게 중창했다. 세조는 금강산에 다녀오던 길에 이수두(현재의 양수리)에서 1박을 했는데, 한밤중에 종소리가 들려오므로 날이 밝자 산으로 올라갔다. 한 암혈(巖穴) 속에서 16나한을 발견한 왕은 굴속에서 물 떨어지는 소리가 암벽을 울려 마치 종소리처럼 들려온 것임을 알고, 여기에 절을 짓게 하고 수종사라 했다. 이때 5층의 돌계단을 쌓아 터를 닦고 절을 지어 16나한을 봉안하는 한편, 오층석탑을 세우도록 했다. 그 뒤 퇴락한 것을 고종 27년(1890) 풍계(楓溪)가 고종에게 8천 냥을 하사받아 중창했다. 이듬해 다시 4천 냥과 금백홍사를 시주받아 사존불(四尊佛)을 개금했는데, 이때 방광(放光)이 있었다 한다. 서거정(徐居正, 1420~1488)이 '동방의 절 중 제일의 전망'이라고 격찬한 명당으로도 이름이 높다.

현존하는 건물로는 대웅전을 중심으로 나한전, 약사전, 경학원(經學院), 요사채 등이 있다. 문화재로는 보물 제259호 수종사 부도내 유물(불교중앙박물관 보관), 경기도 유형문화재 제22호 오층석탑, 유형문화재 제157호 수종사 부도가 있다.

봉선사 奉先寺

경기도 남양주시 진접읍 부평리 255. 봉선사는 969년 창건 운악산 자락에 있다고 해서 운악사라 불리다가 1469년 정희왕후 윤씨에 의해 봉선사라는 이름으로 바뀌었다. 봉선사(奉先寺)는 세조비인 정희왕후로부터 세조의 영혼을 모시기 위한 절이라는 특별한 목적을 부여받은 곳이다. 보물 제397호 봉선사대종은 선조 25년(1592) 임진왜란 이전에 만든 것 중 몇 개 남지 않은 조선 전기의 동종으로 예종 원년(1469) 왕실의 명령에 따라 만들었다. 경기도 유형문화재 제165호 봉선사 괘불이 있다.

내원암 內院庵

경기도 남양주시 별내면 청학리 578 수락산(水落山)에 있다. 신라 시대에 창건했다고 전한다. 숙종 19년(1693) 숙종은 파계사(把溪寺)의 영원(靈源)을 불러 수락산에서 백일기도를 올리게 한 뒤 영조를 얻었다. 그 뒤 순정왕후(純貞王后)가 왕손을 얻고자 용파(龍波)를 시켜 이 절에서 300일 기도를 올린 뒤 정조 14년(1790) 순조를 출산했으므로, 1794년 칠성각을 짓고 관음전(觀音殿)이라고 쓴 어필을 내렸다. 현존하는 건물로는 법당과 칠성각, 요사채 등이 있다. 경기도 유형문화재 제197호 내원암 괘불도가 있다.

흥국사 興國寺

경기도 남양주시 별내면 덕송리 331. 흥국사는 신라 진평왕 21년(599)에 원광법사가 수락사(水落寺)라는 이름으로 처음 세웠는데, 그 뒤 조선 중기까지 절에 대한 내용은 전하지 않는다. 조선 선조 1년(1568) 왕이 그의 아버지인 덕흥대원군의 명복을 빌기 위해 절 안에 법당을 지었으며 '흥덕사'라는 현판을 내려 절 이름을 고쳐 부르게 되었다. 인조 4년(1626)에 다시 '흥국사'로 고쳤으며 그 후 많은 변화를 거쳐 지금에 이르고 있다. 현존하는 건물로는 대웅전을 비롯하여 영산전, 시왕전, 독성전, 만월보전(滿月寶殿), 만세루, 승방 등이 있다. 경기도 유형문화재 제203호 흥국사 성임당탑, 문화재자료 제56호 대웅보전이 있다.

견성암 見聖庵

경기도 남양주시 진건읍 송능리 3 천마산 서쪽에 있다. 고려의 개국 공신인 시중 조맹(趙孟)이 이곳에 은거하여 도를 닦다가 약사여래를 친견했다고 하여, 고려 중기에 그 후손들이 선조의 유적을 추모하기 위해 창건했다. 철종 11년(1860) 조맹의 후손이며 스님인 혜소(慧昭)가 법당 및 화양루(花兩樓)를 중수했고, 고종 19년(1882) 서린(瑞麟)이 중수했다. 건물로는 화양루, 요사채가 있다. 이 밖에도 조맹이 홀로 수도할 때 마셨다 하여 독정(獨井)이라고 불리는 우물이 있는데, 아무리 가물어도 샘이 마르지 않는다고 하며 이 우물로 인해 독쟁이절이라고도 불리고 있다. 절 부근에는 조맹이 기거했던 수양굴(修養窟)이 있고, 조씨 문중에서 이름 있는 사람이 죽으면 가지가 하나씩 말라 죽는다는 기념송이 있다.

묘적사 妙寂寺

경기도 남양주시 와부읍 월문리 묘적산(妙寂山)에 있다. 신라 문무왕 때(661~681) 원효(元曉)가 창건했다 한다. 그 뒤 조선 초까지의 역사는 전해지지 않으며, 조선 중기에 폐허화했다. 김교헌(金敎憲)이 쓴 묘적사 산신각 창건기에 의하면, 수백 년 동안 소규모의 절로 명맥만 이어 오던 것을 고종 32년(1895) 봄 규오(圭旿)가 와서 시주를 얻어 산신각을 짓고, 오랫동안 이 설에 있었던 산왕신상(山王神像)을 봉안했다 한다. 현존 건물로는 대웅전과 요사채가 있다. 대웅전 안에는 관세음보살상을 중심으로 후불탱화, 산신탱화, 칠성탱화 등이 있다. 주변에 삼층석탑 1기가 있다.

미륵암 彌勒庵

경기도 남양주시 화도읍 구암리 193 부용산(芙蓉山)에 있다. 조선 세조 14년(1468) 이전에 혜암(慧庵)이 창건했다. 구전에 의하면, 세조 때 한 농부가 밭을 갈다가 미륵불상을 발견했다 한다. 이 소식을 들은 세조는 신숙주(申叔舟)에게 명하여 절을 짓게 했으며, 신숙주는 혜암에게 부탁하여 절을 창건하도록 하고 미륵암이라 했다고 한다. 그 뒤 고종 29년(1892)에 중수하여 오늘에 이르고 있다.

현존하는 건물로는 법당과 산신각, 요사채, 열반당 등이 있다. 조선 세조 때 발견한 미륵불이 유명하다.

▶▶ 인천광역시

용궁사 龍宮寺

인천광역시 중구 운남동 667 영종도 백운산 동북쪽 기슭에 자리잡고 있는 용궁사는 신라 문무왕 10년(670)에 원효대사가 세웠다고 전한다. 조선 철종 5년(1854) 흥선대원군에 의해 다시 세워지며 지금의 명칭인 용궁사로 바뀌게 되었다. 용궁사에는 관음전·용황각·칠성각·요사채 등의 건물과 최근에 만든 높이 11m에 달하는 미륵불이 있다.

관음전은 맞배지붕으로 기둥에는 해강 김규진이 쓴 주련이 4개 남아 있다. 내부에는 본래 옥으로 조각한 관음상이 있었다고 하는데,

일제시대에 도난당하고 현재는 청동관음상을 모시고 있다. 요사채에 흥선대원군이 직접 쓴 용궁사라는 편액이 걸려 있다. 경기도 유형문화재 제15호이다. 기념물 제9호 느티나무는 1,300년 정도로 추정된다.

▶▶ 강화군

정수사 淨水寺

인천광역시 강화군 화도면 사기리 467-3. 정수사는 신라 선덕여왕 8년(639)에 회정선사가 세웠고 조선 세종 8년(1426)에 함허대사가 다시 지었는데, 건물 서쪽에서 맑은 물이 솟아나는 것을 보고 이름을 정수사라 고쳤다고 한다. 보문사, 전등사와 함께 강화의 3대 고찰 중 하나이다. 보물 제161호 정수사 법당은 1957년 보수공사 때 숙종 15년(1689)에 수리하면서 적은 기록을 찾아냈다. 기록에 따르면 세종 5년(1423)에 새로 고쳐 지은 것이다.

전등사 傳燈寺

인천광역시 강화군 길상면 온수리 635. 전등사는 정족산성(鼎足山城) 내에 있다. 고구려 소수림왕 11년(381) 아도(阿度)가 창건하여 진종사라 했다고 한다. 고려 중기까지의 자세한 역사는 전해지지 않는다. 그 뒤 원종 7년(1266)에 중창했고, 충렬왕 8년(1282)에 충렬왕의 비인 정화공주(貞和公主)가 승려 인기(印奇)에게 부탁해서 송나라의 대장경을 인출하여 이 절에 보관하도록 했고, 또 옥등(玉燈)을 시주했으므로 이름을 전등사로 고쳤다 한다. 조선 선조 38년(1605)과 광해군 6년(1614)에 큰불이 일어나 절이 모두 타버려, 그 이듬해 다시 짓기 시작하여 광해군 13년(1621)에 원래의 모습을 되찾았다고 한다. 현존하는 건물로는 대웅전을 중앙으로 대조루, 약사전, 명부전, 삼성각, 향로각, 적묵당, 강설당, 범종각 등이 있다. 절 경내에는 70여 년 이래로 은행이 한 톨도 열리지 않았다고 전하는 수령 600년의 은행나무 두 그루가 있다. 문화재로 보물 제178호 대웅전, 보물 제179호 약사전, 보물 제393호 범종, 경기도 유형문화재 제42호 대웅보전 목조삼존불좌상, 제43호 약사전현왕탱, 제44호 약사전 후불탱, 제45호 전등사법화경판, 제46호 전등사 청동수조, 유형문화재 제47호 업경대, 제48호 수미단, 제56호 명부전 지장시왕상 및 시왕도, 제57호 약사전 석불좌상, 문화재자료 제7호 대조루, 제21호 대웅보전 후불탱 등 많은 문화재가 있다.

전하는 이야기로 대웅전 네 귀퉁이 기둥 위에는 여인의 형상이라고 하는 나녀상(裸女像)이 추녀의 하중을 받치고 있는데, 이에 관한 설화가 전해진다. 광해군 때 대웅전의 공사를 맡았던 도편수가 절 아랫마을에 사는 주모에게 돈과 집물을 맡겨 두었는데, 공사가 끝날 무렵 주모는 그 돈과 집물을 가지고 행방을 감추었다. 이에 도편수는 울분을 참을 길이 없어 그 여자를 본뜬 형상을 나체로 만들어 추녀를 들고 있게 했다. 그 까닭은 불경 소리를 듣고 천선하도록 하고, 모든 이로 하여금 그녀를 경고하는 본보기로 삼게 하기 위함이었다.

백련사 白蓮寺

인천광역시 강화군 하점면 부근리 231. 백련사는 고구려 장수왕 4년(416)에 세운 절로 다음과 같은 전설이 전해진다. 삼국시대에 한인도 승려가 절터를 물색하다 강화도 고려산에서 다섯 색깔의 연꽃이 만발한 못을 발견했다. 그는 그 꽃들을 꺾어 공중으로 날리고 떨어지는 곳마다 절을 세웠는데, 흰 꽃이 떨어진 곳을 백련사라 하였다고 한다. 보물 제994호 철아미타불좌상이 있다.

선원사 仙源寺

인천광역시 강화군 선원면 지산리 산133에 있었다. 고려 고종 19년(1232) 강화도로 고려의 도읍을 옮긴 최우(崔瑀)가 대몽 항쟁을 위한 국민 총화의 일환으로 창건했다. 고려의 왕실이 다시 개경으로 환도한 뒤 차츰 쇠퇴하여 조선 초기 이후에 폐허화한 것으로 추정된다. 이 절은 현재 해인사에 있는 고려대장경의 재조사업과 깊은 관계가 있다. 조선왕조실록에는 조선 태조 7년(1398) 이 절에 보관하고 있던 대장경판을 서울로 옮겼다고 기록되어 있다. 그러므로 대장도감(大藏都監)의 본사(本司)가 강화도에 있었고, 승려들이 경판을 필사하고 조각했다는 점 등을 종합해 볼 때 경판을 보관했던 이 절에 대장도감을 설치하고 대장경판을 만들었을 것으로 추정하고 있다.

이 절터(사적 제259호)는 1976년 동국대학교 강화도학술소사단이 강화도 일원에 대한 지표조사에서 처음 발견하였다. 많은 유물들이 출토되었는데 대표적인 것으로는 보상화문전, 명문이 새겨진 막새기와, 치미, 원숭이상 등이다. 이들은 그 양도 풍부하고 질적으로도 상당히 우수한 것으로 평가되고 있으며, 거의가 고려 때 유물로 추정된다. 또한 이 절에는 오백불상이 있었다고 한다.

보문사 普門寺

인천광역시 강화군 삼산면 매음리 629-1. 양양 낙산사와 금산 보리암과 함께 우리나라 3대 해상 관음 기도도량이다. 신라 선덕여왕 4년(635)에 창건한 것으로 전해진다. 유형문화재 제27호 보문사 석실, 제29호 마애 석불좌상, 기념물 제17호 향나무, 민속자료 제1호 보문사 맷돌이 있다.

적석사 積石寺

인천광역시 강화군 내가면 고촌리 산74 고려산에 있다. 고구려 장수왕 4년(416) 인도 승려가 창건했다 한다. 인도 승려는 진나라를 거쳐 우리나라에 들어와서 절터를 물색하다가 강화도 고려산에 이르러 다섯 빛깔의 연꽃이 만발한 연못을 발견했다. 그는 다섯 가지 연꽃을 공중으로 날려 그 연꽃이 떨어지는 곳마다 절을 지었는데, 이 절터에는 붉은 연꽃이 떨어졌으므로 적련사라 했다. 그 뒤 이름을 적석사로 바꾸었으며, 조선 중종 39년(1544)과 선조 7년(1574)에 중수했다. 그러나 선조 25년(1592) 임진왜란 때 소실되었다. 1593년 묘정(妙淨)이 선당을 중건했고, 인조 12년(1634) 계현(戒賢)과 삼창(三昌)이 불전을 중수했으며, 1639년 영윤(靈允)이 승당을 중건했다.

현존하는 건물로는 대웅전, 산신각, 범종각, 요사채 등이 있다.

유형문화재 제38호 적석사 사적비는 숙종 40년(1714)에 세워진 것으로 비신의 상부에 고려산 적석사지비라는 제목이 있다.

청련사 青蓮寺

인천광역시 강화군 강화읍 국화리 550 고려산(高麗山)에 있다. 고구려 장수왕 4년(416) 한 인도 승려가 창건했다고 한다. 그 인도 승려는 진나라를 거쳐 우리나라로 들어와서 절터를 물색했다. 고려산에 이르러 다섯 빛깔의 연꽃이 만발한 연못을 발견하고, 다섯 송이의 연꽃을 꺾어서 공중으로 날려 연꽃이 떨어지는 곳마다 절을 창건했다. 이곳에는 청련이 떨어졌기 때문에 청련사라 했다 한다.

현존하는 건물로는 대웅전을 비롯하여 산신각, 종각, 요사채 등이 있다. 지정 문화재로는 유형문화재 제53호 큰법당 삼장탱, 제54호 큰법당 현왕탱, 제55호 원통암 감로왕탱 등이 있다.

원층사 原層寺

인천광역시 강화군 하점면 이강리 산171에 있었다. 별립산 남쪽 기슭에 자리 잡고 있는 이 절터를 마을 사람들이 아직도 원층골이라 부르고 있는 사실로 보아 강도지(江都誌)에 언급된 원층사 터임을 알 수 있다. 사찰의 규모는 여기저기 흩어져 있는 석재유물로 미루어 꽤 큰 사찰로 생각된다. 석탑 부재들이 많이 남아 있는데 특히 석탑 옥개석은 모두 남아 있으며, 3단의 지붕돌 층급 받침으로 보아 고려시대 작품으로 추정된다. 문화재자료 제9호로 지정되어 있다.

대전광역시 · 충청남도

고산사 高山寺

대전광역시 동구 대성동 산3 식장산에 자리하고 있는 고산사는 통일신라 정강왕 원년(886)에 도선국사가 지었고, 조선 인조 14년(1636)에 수등국사가 다시 지은 것으로 알려져 있다. 현재 대웅전과 극락보전·양성각 등이 있으며, 대웅전 앞 왼쪽에는 부도가 2기 있다. 유형문화재 제10호 대웅전, 제32호 목조석가모니불좌상, 제33호 아미타불화가 문화재로 있다. 대전역에서 금산방향으로 가는 버스를 타고 15분 정도 가면 옥계동과 산내동 갈림길이 나온다. 여기서 하차하시면 고산사 안내판이 보인다.

심광사 心侊寺

대전광역시 동구 천동 106. 심광사는 도심 속에 있는 사찰로 상대웅전, 하대웅전, 요사로 구성되어 있고 불교 학생 운동을 지도하기도 하였다. 유형문화재 제31호 목조석가모니불좌상은 양어깨를 다 덮은 옷에 오른손을 펴 땅을 향한 항마촉지인(降魔觸地印)을 하고 있으며 복장물 중에서 1637년의 조성기가 발견되었다고 하나, 지금은 남아 있지 않고 다만 목판본의 다라니만 발견되었다. 불상의 양식과 목판본 다라니의 지질 등은 17세기 전반의 특징을 보여주고 있다.

대전에 와서 대전 방송을 찾아오면 되므로 조금 편하게 찾아올 수 있는 사찰이다.

보문사 普文寺

대전광역시 중구 무수동 산1 일대에 있었다. 보문산 정상에서 배나무골로 넘어가는 능선에 현재 있다. 절터의 범위는 동서 약 70m, 남북 약 50m 정도로 남쪽을 향한 경사면을 계단식으로 만들어 3단을 이루고 있다. 축대 바로 밑에 괘불 지주 한 쌍이 서 있는 것으로 보아, 제일 위 단이 대웅전 자리임을 알 수 있다. 절터에서 발굴되는 기와조각과 도자기조각은 주로 조선시대의 유물들이다. 문화재자료 제10호 보문사지 석조가 현장에 남아 있다.

중암사 中庵寺

대전광역시 중구 정생동 671. 중암사는 대전과 금산의 경계를 이루는 천비산 중턱에 자리 잡고 있는 사찰로, 예전에는 서산대사·사명대사·영규대사 등의 초상을 모신 영정각이 있었다고 전해지나, 지금은 불당으로 쓰이는 함석지붕의 건물 한 채만 남아 있다. 문화재자료 제11호 부도는 중암사에서 약 50m 떨어진 곳에 자리하고 있는 6기의 부도와 1기의 탑비이다.

봉덕사 奉德寺

대전광역시 유성구 성북동 산11. 산뜸마을 옛 봉소사에는 유형문화재 제5호 진잠 성북리 석조 보살입상이 있는데 신체에 비하여 너무 큰 머리에는 높은 보관(寶冠)을 쓰고 있는데, 보관의 양옆에는 장신구를 매달았던 듯한 구멍이 있으며, 귀에는 귀걸이를 길게 내려뜨리고 화려한 장엄구를 달았다. 천의(天衣)는 왼쪽 어깨를 감싸 흘러내리고 있으며, 오른손은 곧게 아래로 내려 손바닥이 앞을 향하도록 하고, 왼손은 가슴께로 올리고 있는데 무엇인가를 잡고 있는 듯하나 마멸이 심하여 알 수 없다. 양 손목에는 팔찌를 끼고 있다. 돌샘골 절터에서 보살입상의 발이 조각된 받침이 발견되어 봉덕사로 옮겨진 바 있고 진잠 초등학교에 있던 오층석탑과 함께 옮겨져 복원되어 있다.

용화사 龍華寺

대전광역시 대덕구 읍내동 5-1. 유형문화재 제26호 석불입상은 발목 아랫부분은 땅속에 묻혀 있고, 불상과 광배(光背)가 한 돌로 이루어졌다. 10세기 고려 초기의 특징을 보여주는 불상이다.

비래사 比來寺

대전광역시 대덕구 비래동 468. 유형문화재 제30호 목조비로자나불좌상은 개금중수기와 목판본 「대불정수능엄신주(大佛頂首楞嚴神呪)」다라니가 발견되었으며, 바닥에는 1650년에 조성한 사실, 즉 '순치팔년경인……수법화원 무염비구……(順治八年庚寅……受法畵員 無染比丘……)'이 기록되어 있다.

내원사 內院寺

대전광역시 서구 도마 2동 내원사 경내에는 대웅전과 대적광전 및 요사채가 있다. 원래 대웅전이 중심전각이었는데 그 오른쪽으로 대적광전을 새로 지었다. 등산로로 올라가기 전에 부도가 1기 세워져 있다. 대웅전 내부 불단에 석가불상과 관음보살상이 봉안되었다. 불화로는 석가후불탱을 비롯해서 칠성탱·신중탱·산신탱·독성탱이 있고, 동종이 하나 있다.

▶▶ 천안시

홍경사 弘慶寺

충남 천안시 성환읍 대홍리 320 일대에 있던 홍경사는 고려 현종 12년(1021)에 창건된 절이다. 국보 제7호 봉선홍경사사적갈비가 있는데 절 이름 앞의 '봉선(奉先)'은 불교의 교리를 전하고자 절을 짓기 시작한 고려 안종(安宗)이 그 완성을 보지 못하고 목숨을 다하자, 아들인 현종(顯宗)이 절을 완성한 후 아버지의 뜻을 받든다는 의미로 붙인 이름이다. 현재 절터에는 절의 창건에 관한 기록을 담은 이 갈비(碣碑)만이 남아 있다.

천흥사 天興寺

충남 천안시 성거읍 천흥리 234 주변 일대에 터만 있으며, 고려 태조 4년(921)에 창건되었던 사찰이다. 보물 제99호 당간지주, 보물 제354호 오층석탑이 남아 있다.

광덕사 廣德寺

충남 천안시 광덕면 광덕리 640. 광덕사는 신라 선덕여왕 12년 (643) 자장이 지었다는 설과 진덕여왕 6년(652) 자장이 창건하였다는 설이 있으며, 홍덕왕 때 진산조사가 다시 지었다. 임진왜란으로 불타 버리기 전에는 경기도와 충청도 지방에서 가장 큰 절 중 하나였다고 한다. 절 내의 대웅전에서 북쪽으로 약 150m 떨어진 산기슭에 4기 의 부도가 자리하고 있는데, 각각 청상당부도, 적조당부도, 우암당부 도, 무명부도라 일컫는다. 문화재로는 보물 제390호 고려사경(불교중 앙박물관보관), 제1246호 면역사 패교지, 제1247호 조선시대 사경, 제1261호 노사나불 괘불탱, 천연기념물 제398호 호두나무는 전설에 의하면 약 700년 전인 고려 충렬왕 16년(1290) 9월에 영밀공 유청신 선생이 중국 원나라에 갔다가 임금의 수레를 모시고 돌아올 때 호두 나무의 어린 나무와 열매를 가져와 어린 나무는 광덕사 안에 심고, 열매는 유청신 선생의 고향집 뜰 앞에 심었다고 전해진다.

유형문화재 제85호 부도, 제120호 삼층석탑, 문화재자료 제246호 대웅전, 제247호 천불전, 제252호 석사자, 제253호 부도가 있다.

법왕사 태학사

충남 천안시 풍세면 삼대리 산27. 법왕사는 신라 진신대사가 창건 한 해선암의 절터에 새로 지은 사찰로 보물 제407호 천원 삼태리 마애불은 태학산의 해선암 뒷산 기슭 큰 바위에 높이 7.1m나 되는 거대한 불상이 조각되어 있으며 마애불 윗부분의 바위에는 건물이 있었던 흔적이 남아 있다.

용화사 龍華寺

충남 천안시 목천면 동리 178. 용화사에 있는 충청남도 유형문화재 제58호 석조여래입상은 전체적으로 통일신라시대의 불상 양식의 전통을 잘 계승하고 있는 고려시대의 작품이다.

만일사 晩日寺

충남 천안시 성거읍 천흥리 산50-2. 창건 시기는 정확히 알 수 없으나, 법당 안에 모시고 있는 동제관음보살상에 새긴 글로 보아 고려 목종 5년(1002)에 세운 것으로 추정한다. 지금 있는 법당은 1970년에 새로 지은 것이다. 유형문화재 제168호 성거산 천성사명 금동보살입상, 문화재자료 제250호 법당, 제254호 오층석탑, 제255호 마애불, 제256호 석불좌상이 있다.

성불사 成佛寺

충남 천안시 안서동 178-8 태조산에 있는 절로, 고려 태조(918~943) 때 도선국사가 처음 세웠다는 설이 있으나 정확하지 않다. 고려 목종 5년(1002)에 담혜가, 1398년에는 조선 태조가 무학대사의 권유로 고쳐 세웠다고 하는데 이 또한 정확하지 않다.

충청남도 유형문화재 제169호 마애석가삼존 16나한상 및 불입상은 대웅전 뒤편 산자락 끝에 우뚝 서 있는 口골 바위의 양 측면에 마애불이 새겨져 있는데, 암반의 전면(법당 후면 쪽)에는 겨우 형체만 알아볼 수 있는 불입상이, 우측면에는 석가삼존과 16나한상이 각각 부조로 새겨져 있다. 문화재자료 제386호 석조 보살좌상은 연기군 조치원에 위치한 대성천의 준설작업 중 발견된 불상으로 전하며, 15년 전에 현재의 성불사로 이관하여 보존하고 있다.

은석사 銀石寺

충남 천안시 북면 은지리 산1번지 은석산(455m)에 위치한 사찰로, 신라 문무왕 때의 고승 원효대사가 창건하였다고 전하나 확실치 않다. 조선 인조 때의 문장가인 백곡 김득신(金得臣), 월봉 이극태를 비롯해 학촌 권현, 사정 유지림, 도원 김만중, 송정 김대년, 백은 김면, 전은 한빈, 만호 황곡립 등이 은석산 시사를 두고 이곳에 모여 학문을 닦으며 문장을 익히고 강론하였다. 또 국봉 남취흥, 만화 유진한, 무경 김중산 등 시인 묵객들이 찾아와 시와 문학을 공부하며 풍류를 즐기기도 하였다. 천안 독립기념관을 지나 북면 이정표를 따라 가다보면 은석산으로 향하는 이정표가 나온다. 창건 당시는 큰 사찰이었으나 세월이 흐름에 따라 보수하면서 옛날의 모습은 사라지고 작은 사찰로 있다. 목조여래좌상이 유명하며 팽나무가 유명하며 충청남도 문화재자료 제392호 아미타 극락도가 있다.

▶▶ 공주시

갑사 甲寺

충남 공주시 계룡면 중장리 52. 갑사는 신라 진흥왕 원년(887) 무염대사가 중창한 것이 고려시대까지 이어졌으며, 임진왜란 와중에도 융성하였으나 조선 선조 30년(1597) 정유재란으로 많은 전각들이 소실된 것을 선조 37년(1604) 사승 인호, 경순, 성안, 보윤 등이 대웅전과 진해당을 중건했고, 효종 5년(1654)에는 사승(寺僧) 사정, 신징, 경환, 일행, 정화, 균행 등이 중수하였으며, 이 후에도 부분적인 개축과 중수를 거쳐 고종 12년(1875)에 대웅전과 진해당이 중수되고 1899년 적묵당이 신축되어 오늘에 전해지고 있다. 임진왜란 때 승병장 영규대사를 배출한 호국불교 도량이다.

국보 제298호 삼신불 괘불탱, 보물 제256호 철당간 및 지주, 보물 제257호 부도, 보물 제478호 동종, 보물 제582호 선조2년간 월인석보판목, 충청남도 유형문화재 제50호 석조 약사 여래입상, 제51호 석조 보살입상, 제52호 사적비, 제95호 강당, 제105호 대웅전, 제106호 대적전, 제165호 소조삼세불, 충청남도 문화재자료 제52호 표충원, 제53호 갑사 삼성각, 제54호 팔상전, 제55호 중사자암지 삼층석탑 등 많은 문화재가 있다.

마곡사 麻谷寺

충남 공주시 사곡면 운암리 567 태화산(泰華山) 동쪽 산허리에 있는 마곡사는 신라 선덕여왕 9년(640)에 자장(慈藏)이 창건하였다. 고려 명종(明宗) 때 보조국사(普照國師)가 중수하고, 범일(梵日)이 재건하였으며, 순각(淳覺)이 보수하였다. 조선시대에는 세조가 이 절에 들러 '영산전(靈山殿)'이라고 사액(賜額)을 한 일이 있다. 창건 당시에는 30여 칸의 대사찰이었다. 구한말에는 독립운동가 김구와도 인연이 깊었던 사찰이다. 김구는 명성황후 시해에 가담했던 일본인 장교를 죽인 후 인천형무소에서 옥살이를 하다가 탈옥하여 이 절에 숨어서 승려로 지냈는데, 지금도 대광보전 앞쪽에는 김구가 심었다는 향나무가 자라고 있다. 보물 제799호 오층석탑, 제800호 영산전, 제801호 대웅보전, 제802호 대광보전, 제1260호 석가모니불 괘불탱, 충청남도 유형문화재 제20호 동제은입사향로, 제62호 동종, 제135호 심검당 및 고방, 문화재자료 제62호 천왕문, 제63호 국사당, 제64호 명부전, 제65호 응진전, 제66호 해탈문 등 많은 문화재들이 있다.

서혈사 西穴寺

충남 공주시 웅진동 207-3외 3필. 이 일대 절터는 공주 웅진동 우뚝 솟은 망월산의 동쪽에 자리 잡고 있다. 이곳에서 발견된 '서혈사(西穴寺)'라 적힌 기와와 백제의 전형적인 연꽃무늬 와당과 통일신라와 고려시대의 각종 기와류, 석탑부재, 초석들로 보아 백제 때 지은 사찰로 추정된다. 여기에서 발견된 통일신라시대 작품인 3구의 석조불상으로 미루어 보아 통일신라시대에 다시 지어진 것으로 보인다.

보물 제979호 서혈사 석불좌상은 현재 국립공주박물관에 있다.

청량사 清凉寺

충남 공주시 반포면 학봉리 산18 계룡산 중턱에 있던 사찰이다. 보물 제1284호 오층석탑, 1285호 칠층석탑이 남아 있는데, 이 두 탑을 오누이탑 혹은 남매탑이라 부르기도 한다. 옛날에 상원이라는 승려가 어려움에 처한 호랑이를 구해 주자, 호랑이는 이에 대한 보답으로 처녀를 업어다 주었다. 상원은 처녀와 남매로서의 관계만을 유지하며 수도에 정진하였고, 처녀의 아버지가 그 갸륵한 뜻을 기려 두 탑을 세웠다는 전설이 내려온다.

신원사 新元寺

충남 공주시 계룡면 양화리 8. 신원사는 백제 말기 의자왕 11년 (651) 열반종(涅槃宗)의 개조(開祖)인 보덕(普德)이 창건하였다. 고려 충렬왕 때(1298) 무기(無奇)에 의해 중건되었고, 조선 태조 때 무학 (無學)이 삼창을 하면서 영원전(靈源殿)을 지었다. 고종 13년(1876) 보연(普延)이 중수하였다. 국보 제299호 노사나불 괘불탱, 보물 제1293호 계룡산 중악단은 국가에서 계룡 산신에게 제사 지내기 위해 마련한 조선시대의 건축물이다. 무학대사의 꿈에 산신이 나타났다는 말을 듣고 태조 3년(1394)에 처음 제사를 지냈다고 전하며, 효종 2년(1651)에 제단이 폐지되었다. 그 후 고종 16년(1879)에 명성황후의 명으로 다시 짓고 중악단이라 하였다. 충청남도 유형문화재 세31호 오층석탑, 제80호 대웅전 등의 문화재가 있다.

대통사 大通寺

충남 공주시 반죽동 301 일대에 있던 사찰로 현재는 보물 제150호 반죽동 당간지주만 남아 있다.

영은사 靈隱寺

충남 공주시 금성동 산11-3 공산성 내에 있다. 「공산지」에 의하면 조선 세조 4년(1458)에 지은 사찰이며 광해군 8년(1616)에는 이곳에 승장(僧將)을 두어 전국의 사찰을 두어 전국의 사찰을 통치하였다는 기록이 있다. 현재 영은사 내에는 주불전인 원통전(圓通殿)과 강당인 관일루(觀日樓)가 있다. 관일루는 임진왜란 때에는 승병의 합숙소로 사용되었으며 이곳에서 훈련된 승병은 영규대사의 인솔아래 금산 전투에서 참여하였다고 한다. 이 부근에서는 통일신라시대 불상 6구가 출토되어 조선시대 이전에도 이곳에 사찰이 존재했었음을 짐작케 한다. 충청남도 유형문화재 제160호 목조관음보살좌상, 제161호 청동 범종, 문화재자료 제376호 아미타 후불탱화, 제377호 칠성탱화 등이 있다.

남혈사 南穴寺

충남 공주시 금학동 93외 2필 남혈사 터는 서북쪽으로 망월산 서혈사 터와 마주보고 있다. 백제 때 지은 사찰로 여겨지지만 확증할 만한 자료는 없다. 탑터를 중심으로 해서 형성된 땅의 형태로 미루어 보아 동·남 방향으로 완만한 경사를 이룬 밭 일대에 절을 세웠던 것으로 추정된다. 받침돌을 이용하여 축대를 쌓은 흔적이 보이는 3단 정도의 계단식 대지가 펼쳐져 있다. 주변에서 통일신라 이후의 각종 기와조각이 출토되고 있다. 일제 강점기 때 이곳에서 약 20㎝의 보살입상을 발견하였다.

수원사 水源寺

충남 공주시 옥룡동 일대에 있던 사찰로 월성산 서북쪽 산기슭에 자리 잡고 있다. 수원사는 『삼국유사』에 기록된 미륵선화의 내용으로 보아 백제 위덕왕(554~598)시대에 창건된 사찰로 여겨진다.

절터는 현재 밭으로 변하였고, 탑의 석재 일부가 남아 있다. 1967년 공주박물관에서 이곳을 조사할 때 작은 탑, 청동으로 만들어진 풍경, 돌부처의 머리들이 발견되었다.

주미사 舟尾寺

충남 공주시 이인면 주미리 567외 2필 주미산의 중턱에 완만하게 경사진 분지 일대에 자리 잡은 절이다. 주변에는 석등의 바닥돌과 자연 암반 위의 사리공, 탑의 부재, 자연초석, 석굴이 남아 있다. 석굴의 경우 인공의 흔적이 없는 자연동굴로 규모는 4~5명 정도가 앉을 수 있는 작은 규모이다. 출토유물로 보아 통일신라시대로 추정된다. 또한 『신증동국여지승람』에 절 이름이 있는 것으로 보아, 16세기까지 주미사가 존재하였던 것으로 보인다.

구룡사 九龍寺

충남 공주시 반포면 상신리 389외 4필지 법당골, 부도골 등으로 부른다. 마을 주변에서 구룡사라고 찍힌 기와조각이 발견되어 구룡사 터라고 부르고 있다. 입구에는 당간지주가 서 있으며, 주춧돌과 장대석, 부도의 받침돌이 남아 있었는데, 현재 국립공주박물관으로 옮겨 놓았다. 백제와 통일신라시대의 유물들로 보아 백제 후기나 통일신라시대 전기에 만든 것으로 보인다. 유형문화재 제94호 상신리 당간지주가 남아 있다.

동학사 東鶴寺

충남 공주시 반포면 학봉리789. 동학사는 통일신라 성덕왕 23년(724) 상원사라 하여 처음 지은 절이다. 고려 태조 3년(920)에 왕명을 받아 연기 도선국사가 중창하였다.국사가 원당을 건립하고 국운융창을 기원했다 해서 태조의 원당이라 불렸는데, 이 원당은 조선 초에 소각되었고, 태조 19년(936)에 신라가 망하자 신라의 유신으로서 고려 태조 때 대승관 벼슬을 한 유차달이 이 절에 와서 신라의 시조와 신라의 충신 박제상의 초혼제를 지내기 위해 동계사(東鷄士)를 짓고 절을 확장한 뒤 절 이름도 지금의 동학사로 바뀌었다. 절의 동쪽에 학 모양의 바위가 있으므로 동학사라고 했으며, 고려의 충신인 정몽주를 이 절에 제향했으므로 동학사라는 설도 있다. 조선 태조 3년(1394)에 고려의 유신 길재가 동학사의 승려 운선스님과 함께 단을 쌓아서 고려 태조를 비롯한 충정왕·공민왕의 초혼제와 충신 정몽주의 제사를 지냈다. 세조 3년(1457)에 김시습이 조상치·이축·조려등과 더불어 삼은단 옆에 단을 쌓아 사육신의 초혼제를 지내고,

이어서 단종의 제단을 증설했다. 1950년 6.25 전쟁으로 절의 건물이 전부 불타 없어졌다가 1960년 이후 서서히 중건되었다. 충청남도 문화재자료 제57호 삼성각, 제58호 삼층석탑이 있다.

▶▶ 서산시

보원사지 普願寺

충남 서산시 운산면 용현리 105 상왕산 보원마을에 있던 절터이다. 통일신라 후기에서 고려 전기에 창건된 것으로 보고 있다. 그러나 백제의 금동여래입상이 발견되어 백제 때의 절일 가능성도 있다. 법인국사 보승탑비에 승려 1,000여 명이 머물렀다는 기록으로 미루어보아 당시에는 매우 큰 절이었음을 짐작할 수 있다. 보원사지 석조(보물 제102호)·당간지주(보물 제103호)·오층석탑(보물 제104호)·법인국사보승탑(보물 제105호), 법인국사보승탑비(보물 106호) 등 많은 문화재가 남아 있다.

개심사 開心寺

충남 서산시 운산면 신창리 11-5 상왕산(象王山)에 있다. 개심사는 백제 의자왕 14년(654) 혜감국사가 지었다고 한다. 충정왕 2년(1350) 처능(處能)이 중창하고 개심사라 했으며, 성종 6년(1475) 다시 중창되었다. 그 뒤 영조 16년(1740)의 중수를 거쳐 1955년 전면 보수해 오늘에 이르고 있다. 1941년 대웅전 해체 수리 시 발견된 기록에 의해 조선 성종 15년(1484)에 고쳐 지었음을 알 수 있다. 현재 건물은 고쳐 지을 당시의 모습을 거의 유지하고 있다.

보물 제143호 대웅전, 보물 제1264호 영산회괘불탱, 문화재자료 제194호 명부전, 제358호 심검당, 무량수각(無量壽閣), 안양루(安養樓), 팔상전, 객실, 요사채 등이 있다.

문수사 文殊寺

충남 서산시 운산면 태봉리 산40. 문수사가 처음 지어진 연대는 알 수 없으나 1973년 극락보전의 금동여래좌상에서 고려 충목왕 2년(1346)에 만든 문서가 발견되어, 그 이전에 지어진 것으로 보고 있다. 아미타불을 모시는 법당인 극락보전도 고려시대에 세워지고 조선시대에 다시 지어진 건물로 보인다. 충청남도 유형문화재 제13호 극락보전, 제34호 금동 여래좌상(현재 도난 상태)에서 수습된 복장유물 일괄은 경전·다라니 등의 인쇄자료와 발원문 및 물목을 기재한 필사자료 등 다양한 전적류와 함께, 고려 말에 제작된 복식[답호]과 각종 직물류 및 팔엽통(八葉筒) 등의 유물로 이루어져 있다. 이들 복장유물은 국어학, 서지학, 불교사, 미술사 등 다양한 분야에 걸쳐 학술적으로 문화재적 가치가 높아 보물로 지정 예고된 상태이다.

일락사 日樂寺

충남 서산시 해미면 황락리 1 상왕산 남쪽 기슭에 있는 절로, 신라 문무왕 3년(663)에 의현선사가 세웠다. 이 절은 성종 18년(1487)

이후 여러 차례 보수를 하여 오늘에 이르고 있다. 대웅전은 기록으로 미루어 1919년에 고쳐 세운 건물임을 알 수 있다.

충청남도 문화재자료 제193호 대웅전, 문화재자료 제200호 삼층석탑, 철불(충남문화재자료 208호 현재 수덕사 박물관소장), 범종(충남문화재자료 제209호 도난상태) 등이 있다.

부석사 浮石寺

충남 서산시 부석면 취평리 131 도비산(島飛山)에 있다. 신라 문무왕 17년(677)에 의상대사가 지었으며 고려 말의 충신 유금헌(柳琴軒)은 망국의 한을 품고 물러나 이곳에다 별당을 지어 독서삼매로써 소일했는데, 그가 죽자 승려 적감(赤感)이 별당을 절로 개조하고, 이름도 바다 가운데 있는 바위섬이 마치 떠 있는 것처럼 보이므로 부석사라 했다고 한다. 그 뒤 무학대사가 보수하였다고 전한다. 현존하는 건물로는 극락전을 중심으로 심검당(尋劍堂), 요사채, 산신각, 안양루(安養樓) 등이 있다. 극락전 안에 봉안되어 있었던 아미타삼존불은 상호가 빼어난 수작이었으나 1980년 도난당했다. 충청남도 문화재자료 제195호로 지정되어 있다.

천장사 天藏寺

충남 서산시 고북면 장요리 1. 백제 무왕 34년(633) 담화(曇和)가 제자와 함께 수도하기 위해 창건했다 한다. 인법당(因法堂)과 산신각이 있다. 인법당 안에는 관세음보살을 봉안하고 있다. 충청남도 문화재자료 제202호 칠층석탑이 있다.

▶▶ 아산시

세심사 洗心寺

충남 아산시 염치읍 산양리 221 영인산에 있는 절로, 백제 때 창건하였으며 신라 선덕여왕 14년(654)에 자장(慈藏)이 중창하였다고 전한다. 중종 25년(1530)에 편찬한 『신증동국여지승람』에 신심사(神心寺)라는 이름으로 기록이 있는 것으로 보아 조선 후기까지 꾸준히 명맥을 이어 왔음을 알 수 있다. 1968년 일타(日陀)와 도견(道堅)이 절 입구에 있는 세심당(洗心堂)이라는 부도에서 이름을 따와 세심사로 고쳤다. 현존하는 건물로는 대웅전을 비롯하여 영산전·산신각·범종각·요사채가 있다. 충청남도 유형문화재 제167호 불설대보부모은중경판, 문화재자료 제231호 다층탑이 있다.

관음사 觀音寺

충남 아산시 영인면 아산리 235. 충청남도 문화재자료 제232호 관음사 석탑, 제233호 석조여래 불상이 있다.

인취사 仁翠寺

충남 아산시 신창면 읍내리 84. 충청남도 문화재자료 제235호 석탑은 원래는 3층 이상이었을 것으로 짐작되며, 각부 양식과 수법으로 고려시대의 탑으로 추정된다.

봉곡사 鳳谷寺

충남 아산시 송악면 유곡리 595. 봉곡사는 봉수산의 동북계곡에 있는 절로, 기록에 따르면 신라 진성여왕 원년(887)에 도선국사가 세웠다고 전한다. 이후 여러 차례 고쳐지었으며 선조 25년(1592) 임진왜란 때 폐허가 된 것을 인조 24년(1647)에 다시 세우고 정조 18년(1794) 고쳐 세웠다. 이때까지는 절 이름이 석암사였으나 고쳐 지으면서 봉곡사로 이름을 바꾸었다. 그 뒤 고종 7년(1891) 법당과 요사를 고쳐 지어 오늘에 이르고 있다. 충청남도 문화재자료 제323호 대웅전 및 고방, 제242호 불화가 있다.

▶▶ 보령시

성주사 聖住寺

충남 보령시 성주면 성주리 72 성주산 남쪽 기슭에 있는 구산선문의 하나인 성주사가 있었다. 백제 법왕 때 처음 지어졌는데 당시에는 오합사(烏合寺)라고 부르다가, 신라 문성왕 때 당나라에서 돌아온 낭혜화상이 절을 크게 중창하면서 성주사라고 하였다. 산골에 자리 잡고 있는 절이지만 통일신라시대의 다른 절과는 달리 평지에 자리하는 가람의 형식을 택하였다. 발굴조사 결과 건물의 초석, 통일신라시대의 흙으로 빚은 불상의 머리, 백제·통일신라·고려시대의 기와 등 많은 유물이 출토되었다. 국보 제8호 낭혜화상백월보광탑비,

보물 제19호 오층석탑, 보물 제20호 중앙 삼층석탑, 제47호 서삼층석탑, 충청남도 유형문화재 제26호 동삼층석탑, 제33호 석등, 문화재자료 제140호 석계단, 제373호 석불입상 등 많은 문화재가 있다.

영수암

충남 보령시 웅천읍 수부리 13. 충청남도 유형문화재 제32호 수부리 귀부 및 이수는 근처의 절터에 있던 것을 수습하여 이곳으로 옮겨 놓은 것이다. 글씨는 적혀 있지 않다. 화려하고 세련된 조각 양식으로 보아 고려시대의 작품으로 보인다.

금강암 金剛庵

충남 보령시 미산면 용수리 산59. 현재 극락전, 미륵전, 산신각이 있으며, 충청남도 유형문화재 제158호 석불 및 비편 있다.

금강암 석불은 얼굴은 인자한 미소를 짓고, 귀가 유난히 크게 조각되어 있는 것이 돋보이며 머리에 꼭지가 있는 6각의 석재 모자를 쓰고 있는 것이 특징이며, 모자는 부도의 상륜부 부재를 후에 얹어 놓은 것으로 추정되며 조각 양식으로 보아 고려시대 작품으로 보인다.

비편은 청석의 재질 판석에 총17줄 세로로 각자한 비석편으로 조선 태종 12년(1412) 궁주권씨원당, 영락십년임진동계상한이란 내용으로 보아 당시 건립된 것으로 보인다.

왕대사 王臺寺

충남 보령시 내항동 산97. 신라 마지막 왕인 경순왕이 이곳에서 머물렀다고 하여 왕대산이라 부르게 되었다고 하며, 사찰의 이름도 여기서 유래한 것이다. 충청남도 문화재자료 제317호 마애불은 풍화가 심해 세부표현을 정확히 알 수 없다.

백운사 白雲寺

충남 보령시 성주면 성주리 산35. 충청남도 문화재자료 제374호 부도는 조선시대 유행하던 석종형 부도로 보이며 사각형 좌대에 상부에 보주가 모각되어 있는 부도를 건립하였다. 전면에 정연당(淨蓮當)이라 새겨져 백운사 고승의 사리를 모신 승려탑으로 보인다.

▶▶ 계룡시

천마사

충남 계룡시 금암동 33-1. 충청남도 문화재자료 제85호 봉안사 옥석불은 원래 충남 금산군 봉안사 대웅전에 있던 삼존불(三尊佛) 가운데 본존불을 1984년에 이곳으로 옮겨 온 것이다. 석고로 만들었으나 옥으로 조각한 것과 같은 느낌이 들 만큼 정밀하고 사실감을 준다고 해서 '옥석불'이라고 불린다. 조선 후기에 만들었다고 전해지는 작품으로 제작 수법이 뛰어나다.

▶▶ 금산군

보석사 寶石寺

충남 금산군 남이면 석동리 711. 통일신라 헌강왕 12년(886)에 조구대사가 처음 세운 역사 깊은 절이다. 처음 세울 당시 절 앞에서 캐낸 금으로 불상을 만들었기 때문에 절 이름을 보석사라고 하였다. 그 뒤 임진왜란(1592) 때 불타 버린 것을 고종(1863~1907) 때 명성황후가 다시 세웠다. 충청남도 유형문화재 제143호 대웅전 내부에는 석가모니불·관세음보살·문수보살을 모셨는데 조각수법이 정교하고 섬세하며 얼굴 표정이 자비로운 조선시대 불상이 있다. 천연기념물 제365호 은행나무는 나이가 약 1,000살 이상 될 것으로 추정된다. 보석사 창건(886년) 무렵 심었다고 전해지고 있으며, 1945년 광복 때와 1950년 6.25 전쟁 때, 1992년 극심한 가뭄 때 소리 내어 울었다고 전해진다.

신안사 身安寺

충남 금산군 제원면 신안리 52 신음산에 자리 잡은 신안사는 신라 진평왕 5년(583)에 무염선사가 세운 절이다. 신라의 마지막 왕이었던 경순왕(재위 927～935)은 이 절에 가끔 들렀는데, 주위의 경관과 어울려 몸과 마음이 편안하다고 하여 이름을 신안사라 하였다고 한다. 세울 당시에는 대광전·극락전을 비롯하여 호화롭고 장엄한 건물들이 많았으나, 오랜 세월 동안 불타 없어지고 무너져 지금은 대광전·극락전·요사채만이 남아 있다. 충청남도 유형문화재 제3호 대광전, 제117호 극락전이 있다.

태고사 太古寺

충남 금산군 진산면 행정리 산29. 태고사는 원효대사가 세운 절이다. 절터를 본 원효대사가 너무 기뻐 3일 동안 춤을 추었다고 했을 만큼 주변 경관이 뛰어나며, 우암 송시열 선생이 공부하던 곳으로도 유명하다. 1950년 6.25 전쟁 때 소실된 것을 1974년부터 복원하였는데 대웅전(문화재자료 27호)을 비롯하여 무량수전, 관음전, 선방 등을 새로 지었다.

석종형 부도 3기와 경내로 들어서는 암문에는 우암 송시열의 석문(石門)이라는 글씨가 새겨져 있다.

▶▶ 연기군

비암사 碑岩寺

충남 연기군 전의면 다방리 4 운주산(雲住山)에 있는 비암사는 통

일신라 말에 도선국사가 처음 지은 절이라고 전한다. 유형문화재 제
79호 극락보전과 유형문화재 제119호 삼층석탑이 있는데 고려시대
에 세운 것으로 1960년 탑 꼭대기에서 계유명전씨 아미타불 삼존석
상(국보 제106호), 기축명 아미타여래 제불보살석상(보물 제367호),
미륵반가사유석상(보물 제368호)을 발견하여 국립중앙박물관에 보관
하고 있다. 이 밖에 부도 3기가 있다.

▶▶ 논산시

관촉사 灌燭寺

  충남 논산시 관촉동 254 반야산(般若山) 기슭에 있는 절로, 광종
19년(968)에 혜명(慧明)이 창건하였고, 법당은 우왕 12년(1386)에 건
립하였으며, 선조 14년(1581) 백지(白只)가 현종 15년(1674)에는 지
능(知能)이 중수하였다. 보물 제218호 석조미륵보살입상은 우리나라
에서 제일 큰 불상으로 흔히 '은진미륵'이라고 불리며 고려 광종 19
년(968)에 만든 관음보살상이라 전해진다. 문화재로 보물 제232호
석등, 유형문화재 제53호 배례석, 문화재자료 제79호 석문 등이 있
다. 은진미륵에 얽힌 설화는 한 여인이 반야산에서 고사리를 꺾다가
아이 우는 소리를 듣고 가 보았더니 아이는 없고 큰 바위가 땅속으
로부터 솟아나고 있었다. 이 소식을 들은 조정에서는 바위에 불상을
조성할 것을 결정하고 혜명에게 그 일을 맡겼다. 혜명은 1백여 명의
공장과 30여 년 동안 공사를 벌여 1006년에 불상을 완성했다. 그러

나 불상이 너무 거대하여 세우지 못하고 걱정하던 어느 날, 사제총에서 동자 두 명이 삼등분 된 진흙 불상을 만들며 놀고 있었다. 먼저 땅을 평평하게 하여 그 본을 세운 뒤 모래를 경사지게 쌓아 그 중간과 윗부분을 세운 다음 모래를 파내었다. 혜명은 돌아와서 그와 같은 방법으로 불상을 세웠다. 그런데 그 동자들은 문수보살과 보현보살이 화현하여 가르침을 준 것이라고 한다. 불상이 세워지자 하늘에서는 비를 내려 불상의 몸을 씻어 주었고, 서기가 21일 동안 서렸으며, 미간의 옥호(玉毫)에서 발한 빛이 사방을 비추었다 한다. 중국의 승려 지안(智眼)이 그 빛을 쫓아와 예배했으며, 그 광명의 빛이 촛불의 빛과 같다고 하여 절 이름을 관촉사라 했다 한다. 이 밖에도 이 불상에 얽힌 많은 영험담이 전하고 있다. 중국에 난이 있어 적병이 압록강에 이르렀을 때, 이 불상이 노립승(蘆笠僧)으로 변하여 옷을 걷고 강을 건너니 모두 그 강이 얕은 줄 알고 물속으로 뛰어들어 과반수가 빠져 죽었다. 중국의 장수가 칼로 그 삿갓을 치자 쓰고 있던 개관(蓋冠)이 약간 부서졌다고 하며, 그 흔적이 아직도 남아 있다고 한다. 또한 국가가 태평하면 불상의 몸이 빛나고 서기가 허공에 서리며, 난이 있게 되면 온몸에서 땀이 흐르고 손에 쥔 꽃이 색을 잃었다는 등의 전설이 전해지고 있다.

개태사 開泰寺

충남 논산시 연산면 천호리 108. 개태사는 고려 태조가 후백제와 최후의 결전을 벌인 후 이를 기념하기 위해서 태조 19년(936) 격전지에다 세운 사찰이다. 정법궁, 삼성각, 우주정, 용화대보궁 등의 건물이 있으며, 보물 제219호 석불입상은 고려 초기 당시에 만들어진 것으로 추정된다. 민속자료 제1호 철확(鐵鑊)은 승려들의 식사를 위해 국을 끓이던 것이다. 문화재자료 제274호 오층석탑, 문화재자료 제275호 석조가 있다.

용화사 龍華寺

충남 논산시 연산면 천호리. 유형문화재 제91호 연산 천호리 비로자나 석불은 공양보살상으로 불리며 개태사 터로부터 800m 떨어진 암자에서 발견된 석불이다. 발견 당시에는 머리가 파손되어 있었으며, 근래에 다시 만들었다.

쌍계사 雙溪寺

충남 논산시 양촌면 중산리 21(신기리 3). 쌍계사는 언제 세웠는지 확실히 알려지지 않았으나 현재 남아 있는 유적으로 미루어 보면 고려시대에 세운 것으로 추정된다. 조선 영조 15년(1739)에 세운 비가 남아 있어 그 당시 절을 고쳐 지은 것으로 보인다. 보물 제408호 대웅전은 조선시대 후기 건물로 꽃 창살이 유명하며, 문화재자료 제80호 부도가 있다.

송불암 松佛庵

충남 논산시 연산면 연산리 489. 송불암은 조그마한 사찰로 인법당과 요사채로 구성되어 있으나 제문석불이라는 미륵불과 파괴된 석탑재들을 볼 때 사찰의 연대는 고려시대로 올라간다.

▶▶ 부여군

정림사지 定林寺址

충남 부여군 부여읍 동남리 254. 백제가 부여로 도읍을 옮긴 시기 (538~660)의 중심 사찰이 있던 자리다. 발굴조사 때 강당 터에서 나온 기와조각 중 태평 8년 무진 정림사 대장당초(太平八年 戊辰 定林寺 大藏唐草)라는 기와가 발견되어, 고려 현종 19년(1028) 당시 정림사로 불렀음을 알 수 있다. 고려시대에 백제사찰의 강당 위에 다시 건물을 짓고 대장전이라 했던 것으로 보인다. 국보 제9호 오층석탑, 보물 제108호 석불좌상이 남아 있다.

무량사 無量寺

충남 부여군 외산면 만수리 166 만수산(萬壽山) 남쪽 기슭에 있는 절로, 통일신라 말 통효(通曉)국사 범일(梵日, 810~889)이 창건했다. 고려시대에 크게 중창했다. 조선시대에는 설잠 김시습(雪岑, 金時習)이 말년을 보내다가 성종 24년(1493) 입적했다.

보물 제185호 오층석탑, 제233호 석등, 보물 제1265호 미륵불괘불탱, 보물 제1565호 소조 아미타여래 삼존좌상, 유형문화재 제25호 김시습 부도, 제57호 당간지주, 제64호 심시습 영정, 유형문화재 제162호 동종, 제163호 극락전 후불탱, 제177호 삼전패 등 많은 문화재가 있다.

대조사 大鳥寺

충남 부여군 임천면 구교리 761. 6세기 초에 건립된 백제시대 사찰로 그 뒤 고려 원종 때 장로(長老)인 진전(陳田)에 의해 중창 여러 차례 중수가 이루어졌다.

전설에 따르면 한 스님이 큰 바위 아래서 수도 중에 관음조(觀音鳥) 한 마리가 날아와 그 바위 위에 앉자 놀라 잠을 깨니, 바위가 미륵보살상으로 변해 있어서 절 이름을 대조사라 하였다고 한다.

보물 제217호 석조 미륵보살 입상은 논산에 있는 관촉사 석조 미륵보살 입상(보물 제218호)과 쌍벽을 이루는 고려시대 작품으로 높이가 10m나 되는 거구이다.

오덕사 五德寺

충남 부여군 충화면 오덕리 금계산(金鷄山)에 있다. 신라 경덕왕 18년(759) 원효(元曉)가 창건했다고 전한다. 창건 당시 뒷산인 금계산에 다섯 가지 덕이 있다고 하여 이름을 오덕사라 했으며, 나한전, 명부전, 관음암(觀音庵), 청계암(淸溪庵), 성수암(聖壽庵)을 비롯하여 정문, 금강문, 법왕문, 승방 등이 있었다고 한다. 고려 공민왕 때(1351~1374) 나옹 혜근(懶翁 慧勤)이 8방(房)과 9암(庵)을 중건하고 보덕루(普德樓)를 신축했으며 조선 선조 때(1567~1608)에는 선조가 어필(御筆)과 용포(龍袍)를 하사했는데, 이를 봉안하기 위해 어필각(御筆閣)을 신축했다고 한다. 보물 제1339호 괘불탱은 조선 영조 44년(1768년)에 만든 것이다. 어필각은 충청남도 향토유적 제9호로 지정되어 있다. 대웅전 왼쪽에 있는 선조대왕 태실비는 충청남도 문화재자료 제117호로 지정되어 있다.

고란사 皐蘭寺

충남 부여군 부여읍 쌍북리 산1. 고란사는 부소산(扶蘇山) 낙화암(落花岩) 아래 백마강(白馬江)이 한눈에 내려다보이는 위치에 있다. 백제 제17대 아신왕대(阿莘王代)에 창건했다고 전해지기도 하며, 또는 백제시대 낙화암에서 목숨을 던진 삼천궁녀들의 원혼을 추모하기 위해 고려 현종 19년(1028)에 지은 고란사(高蘭寺) 사찰이라고도 한다. 현존하는 건물은 은산면의 숭각사(崇角寺)로부터 옮겨 지은 것이며, 상량문에 의하면 정조 21년(1797)에 중건된 것으로 알려지고 있다. 절 뒤 바위틈에 고란정(皐蘭井)이 있으며 그 위쪽 바위틈에 고란초(皐蘭草)가 나 있다. 일설에 의하면 이 절은 원래 백제의 왕들을 위한 정자였다고 하며 또 궁중의 내불전(內佛殿)이었다고도 전한다. 주위에는 낙화암, 조룡대(釣龍臺), 사비성(泗沘城) 등이 있다.

금지암 金池庵

충남 부여군 내산면 금지리 43 월명산 자락에 있다. 대웅전과, 요사채, 석조 반가사유상이 대웅전 오른쪽 암벽 아래에 있으나 시대는 알 수 없다.

조왕사 朝王寺

충남 부여군 부여읍 동남리 산18-1. 충청남도 유형문화재 제23호 금성산 석불좌상이 있다. 금성산(錦城山) 남쪽 기슭 옛 절터에 매몰되어 있던 불상으로 1913년에 발견하고, 1919년 조왕사(朝王寺)에 불당을 건립하고 안치하였다. 비로자나불로 조각수법이 간결하며 제작 연대는 고려시대로 추정된다. 주변에는 석탑의 각종 부재들이 있다.

▶▶ 서천군

봉서사 鳳棲寺

충남 서천군 한산면 호암리 195. 마곡사의 말사로 봉서사는 기산 면 영모리에 있었으나 1954년 건지산성내로 옮겨졌다. 문화재자료 제334호 소조삼존불상이 극락전에 모셔져 있는데, 좌측에는 관세음 보살, 우측에는 대세지보살이 있다. 1994년 내부를 조사하면서 영락 (永樂) 18년(1420) 구월산 장불사에서 판각한 목판본과 함께 만력(萬 曆) 46년(1618)의 연대가 있는 발원문이 출토되어 불상의 조성연대 를 이 시기로 짐작케 하고 있다. 현존 건물로는 극락전, 심검당, 삼 성각 등이 있으며, 한말 애국자 월남 이상재 선생이 소년 시절 머물 며 수학하던 곳이다.

▶▶ 청양군

장곡사 長谷寺

충남 청양군 대치면 장곡리 15 칠갑산에 있는 장곡사는 문성왕 12년(850)에 보조선사(普照禪師) 체징(體澄)이 창건하였다고 한다.

조선 정조 원년(1777) 고쳐 짓고 고종 3년(1866)과 1906년, 1960년에 크게 고쳐 지어 오늘에 이르고 있다.

국보 제58호 철조약사여래좌상부 석조대좌, 국보 제300호 미륵불괘불탱, 보물 제162호 상대웅전, 제174호 철조 비로자나불 좌상부 석조대좌, 제181호 하대웅전, 보물 제337호 금동약사 여래좌상, 유형문화재, 제151호 설선당 등 많은 문화재를 보유하고 있다.

운장암 雲藏菴

충남 청양군 남양면 온암리 50−1. 보물 제986호 운장암 금동보살좌상은 운장암 앞 골짜기의 길가에 있던 것을 1900년경 암자를 다시 세우면서 이곳에 옮겨 보관하고 있다. 아미타불의 손모양을 나타내고 있는 이 보살상은 대승사 금동보살상과 비슷한 양식을 보여주어 고려 말 조선 초에 만들어진 것으로 추정된다. 이 불상은 운장암 철보살 좌상으로 알려졌으나 2006년 1월 국립문화재연구소의 성분 분석에서 청동이 주된 재료로 사용되었음이 밝혀짐에 따라 운장암 금동 보살좌상으로 명칭을 변경하였다.

도림사 道林寺

충남 청양군 장평면 적곡리 667외 일대에 있던 사찰이다. 기념물 제100호 도림사지는 칠갑산의 남향한 언덕 계곡 쪽에 있다. 『동국여지승람』에 의하면 도림사는 고려시대의 사찰이었던 것으로 짐작되며, 주변에서 발견되는 기와조각으로 보아 조선시대까지는 맥을 이어 왔던 것으로 추정된다. 절터 내에는 삼층석탑(충청남도 유형문화재 제27호)과 석불입상 1구가 상반신이 파손된 채 남아 있는데, 고려시대에 조성된 것으로 보인다. 주변에서 도림사(道林寺)라 새겨진 기와조각이 발견되었고 1973년경 탑을 보수할 때 사리장치를 발견하여 국립부여박물관에 보관하고 있다.

계봉사 鷄鳳寺

충남 청양군 목면 본의리 675. 계봉사는 백제 성왕 때 지었다고도 하며, 통일신라 문성왕 때 지어졌다고 하나 연대는 확실하지 않다.
조선 헌종 때 불에 타 버린 것을, 옛 이름을 따서 작은 규모로 새로이 짓고 정원을 꾸며 오늘에 이르고 있다. 문화재자료 제147호 고려시대 오층석탑이 있다.

정혜사 定慧寺

충남 청양군 적곡면 화산리 486 칠갑산 남쪽 기슭에 자리 잡고 있는 절로, 신라 문성왕 3년(841)에 혜조국사가 지었다고 전한다. 1907년 큰 화재로 소실되었는데, 1908년 월파 스님이 다시 지었다.

현재 대웅전과 산신각, 중암, 서암 등 암자가 있다. 정혜사의 현판은
3·1운동의 33인 중 한 분인 오세창 선생이 직접 쓴 것이다.

▶▶ 홍성군

고산사 高山寺

충남 홍성군 결성면 무량리 492. 고산사는 신라 말 도선국사가 지
었다고 전하고 석불과 석탑들로 미루어 고려시대의 절로 짐작된다.
보물 제399호 대웅전이 있다.

용봉사 龍鳳寺

충남 홍성군 홍북면 신경리 산80. 용봉사는 백제 말에 창건되었다
고 전해진다. 조선 후기까지는 수덕사에 버금가는 큰 절이었으나
1906년 평양조(趙)씨 가문에서 절을 부수고 절터에 공조참판을 지낸
조희순(趙羲純)의 묘를 썼다. 이때 마을 주민들이 현재의 위치로 절
을 옮겼다. 1980년에 법당을 중수하고, 1982년 대웅전을 새로 지었
으며 1998년에 산신각과 극락전을 복원하여 오늘에 이른다.

보물 제1262호 영산회괘불탱은 숙종대왕의 아들이 일찍 죽자 거대
한 불화를 그려 아들의 명복을 빌기 위해 제작된 것이다. 조선 숙종
16년(1690)에 승려화가 진간이 그렸는데, 영조 1년(1725)에 그림을 고
쳐 그리면서 적어 놓은 글이 그림의 아랫부분에 있다. 유형문화재 제

118호 용봉사 마애불은 용봉사(龍鳳寺) 입구의 서쪽에 서 있는 바위에 돋을새김을 한 불상이다. 불상의 왼쪽에 정원십오년기묘사월일인부(貞元十吳年己卯四月日仁符)□불원대백사원오법사(□佛願大伯士元烏法師)□□도관인장진대사(□□徒官人長珍大舍)라는 명문이 있어 신라 소성왕 원년(799)에 만들었다는 것을 알 수 있다. 충청남도 문화재자료 제162호 석조, 제168호 부도가 남아 있으며, 홍성여자고등학교 정원에도 이 절에 있던 삼층석탑이 옮겨져 있다.

용주사 龍株寺

충남 홍성군 홍성읍 내법리 178-5 아미산 동쪽에 있으며, 충청남도 문화재자료 제161호 광경사지 석불좌상은 원래는 홍성읍 대교리 광경사에 있었던 것으로 1975년 이곳으로 옮겨 왔다.

구절암 九節庵

충남 홍성군 구항면 지정리 산101-2. 충청남도 문화재자료 제361호 구절암 마애불이 있다.

▶▶ 예산군

수덕사 修德寺

충남 예산군 덕산면 사천리 20 덕숭산에 있는 절로, 절에 남겨진 기록에는 백제 후기 숭제법사가 처음 짓고 고려 공민왕 때 나옹이 다시 고친 것으로 기록되어 있고, 또 다른 기록에는 백제 법왕 1년(599)에 지명법사가 짓고 원효가 다시 고쳤다고도 전한다.

국보 제49호 대웅전은 고려 충렬왕 34년(1308)에 지은 건물로 우리나라에서 오래된 목조건물로 알려져 있다. 보물 제1263호 노사나불괘불탱, 보물 제1381호 목조삼세불좌상 일괄, 제1543호 상교정본자비도량참법권제 9~10, 유형문화재 제103호 삼층석탑, 문화재자료 제181호 칠층석탑이 있고, 근역 성보박물관에는 충청남도 유형문화재 제170호 개심사명 청동은입사향완, 제171호 향천사 범종, 제172호 삼길암 목조관음보살좌상 및 복장유물 일괄, 제173호 문수사 지장시왕 탱화 및 복장 유물 일괄, 문화재자료 제384호 수덕사소장 소조불상좌상, 문화재자료 제385호 개심사 금동여래좌상이 있다.

보덕사 報德寺

충남 예산군 덕산면 상가리 277 서원산 남쪽 기슭에 있는 보덕사는 본래 옥양봉 남쪽 기슭에 있던 가야사의 뒤를 이어 고종 8년(1871)에 처음 지어졌다. 가야사에는 금탑이라 불리는 지극히 빼어난 석탑이 있었고, 그 탑의 4면에는 돌로 만든 방이 있어 각각 돌부처가 모셔져 있었다. 그러나 이 절의 터가 왕손을 낳게 한다는 풍수설에 따라 흥선대원군이 철종 11년(1860)에 가야사를 불사르고 아버지인 남원군의 묘를 썼다. 그 뒤 아들 고종(1863~1907)이 왕위에 오르게 되었으므로 은혜를 갚는다는 뜻에서 지금의 위치에 절을 짓고 보덕사라고 하였다. 아미타불을 모시는 극락전(유형문화재 제145호)을 중심으로 왼쪽에 서별당, 정면에 주지실, 오른쪽에 동별당이 있고, 연못이 있다. 전체적으로 튼 ㅁ 자형이다. 충청남도 문화재자료 제175호 예산읍 삼층석탑은 원래는 근처의 가야사 터에 있었으나, 1914년 일본인이 몰래 반출하려던 것을 보덕사 주지의 항의로 돌려받아 남아 있게 되었다. 극락전 앞에는 충청남도 문화재자료 제183호로 지정된 석등이 있고 옆으로 관음전이 있다.

송림사 松林寺

충남 예산군 대흥면 대율리 53-9. 충청남도 유형문화재 제180호 송림사 부도가 있다.

향천사 香泉寺

충남 예산군 예산읍 향천리 60. 향천사는 백제 의자왕 12년(652)에 일본으로 건너갔던 백제 승려 의각이 처음 세웠다고 전해지고 임진왜란 당시 화재로 전소되었다가 멸운에 의해 중건되었다. 극락전, 나한전, 천불전과 더불어 많은 요사채를 갖추고 있으나, 오랜 세월 잦은 보수와 증축으로 사찰의 원형이 많이 사라졌다.

충청남도 문화재자료 제173호 천불전, 제174호 구층석탑, 문화재자료 제179호 향천사부도가 있는데, 부도는 천불전에서 서쪽으로 약

70m 정도 떨어진 곳에 자리하고 있는 이 2기의 부도는 각각 백제 말 이 절을 창건하였던 의각 스님의 사리와 조선 임진왜란 당시 승병을 모아 금산전투에 참여하였던 멸운 스님의 사리를 모시고 있다.

대연사 大蓮寺

충남 예산군 광시면 동산리 11. 대연사는 백제 의자왕 16년(656)에 고승인 의각과 도침이 세운 절로 고려시대의 역사는 전하지 않고, 조선시대에 여러 차례 보수하고 고쳐 세운 기록이 남아 있다. 현존 건물로는 원통보전(극락전)을 비롯하여 노전, 산신각, 요사채가 있다. 충청남도 문화재자료 제177호 원통보전은 1975년 보수 당시 건물에 관해 기록한 상량문과 극락보전이라고 쓰인 현판을 발견하여, 인조 25년(1647)에 보수되었고 그 뒤 한 차례 더 수리하였음을 알게 되었다. 현재 원통보전의 현판은 극락전으로 되어 있다. 문화재자료 제178호 삼층석탑이 있다.

▶▶ 당진군

안국사 安國寺

충남 당진군 정미면 수당리 산102-1. 안국사는 창건된 해가 분명하지 않고, 다만 절 안에서 발견된 유물들을 통해 고려시대에 창건되었을 것으로 보고 있다. 이후 조선시대에 폐사되었던 것을, 1929

년 승려 임용준이 주지가 되어 다시 일으켜 세웠으나 곧 다시 폐사되어 현재는 터만 남아 있다. 절터에는 보물 제100호 안국사지 석불입상과, 제101호 석탑이 남아 있다.

영탑사 靈塔寺

충남 당진군 면천면 성하리 560. 영탑사는 신라 말에 도선국사가 창건하였다고 전해진다. 고려 때 보조국사 지눌이 지금의 대방(大房) 앞에 오층석탑을 세우고 영탑사라 했다고 한다. 그 뒤 무학대사가 사찰을 둘러보니 기이한 바위가 빛을 내고 있어 심상치 않게 여겨 여기에 불상을 조각해 나라의 평안을 빌었다는 전설이 전해진다. 현존하는 건물로는 대웅전을 비롯하여 유리광전·산신각·요사채가 있다.

보물 제409호 금동삼존불은 8각형의 연꽃무늬의 대좌 위에 본존불인 비로자나불이 있고 양옆으로 협시보살이 있는 삼존불 구도이다.

유형문화재 제111호 약사여래상과 문화재자료 제216호 칠층석탑, 제219호 범종은 조선 영조 37년(1760) 가야사 법당에 있는 금종을 녹여 만들었다고 쓰여 있다.

신암사 申菴寺

충남 당진군 송악면 가교리 550 신암산(申庵山)에 있는 신암사는 고려의 중신이었던 구예(具藝)의 부인 아주(鵝洲)신(申)씨가 남편의 극락왕생을 위해 창건했다. 고려 충숙왕 때 능성구씨 가문의 원찰로, 절 이름 신암은 신씨가 세운 암자라는 뜻이다. 창건 당시에 인도에서 가져온 불상을 모셨다고 하며, 고려 말까지 세금과 부역이 면제되는 등의 혜택을 받았다고 한다. 현존하는 건물로는 극락전과 산신각·요사채 등이 있다. 보물 제987호 금동불좌상은 14세기 전반에 같은 지역에서 만들어진 장곡사나 문수사의 불상과 같은 유파의 작품으로 추정된다. 대웅전 앞에는 고려시대 석탑을 따른 칠층석탑이 있다.

영랑사 影浪寺

충남 당진군 고대면 진관리 259. 영랑사는 신라 진흥왕 25년(564)에 아도화상이 세웠다는 설과 백제 의자왕 8년(648)에 당나라 아도화상이 세웠다는 두 가지 설이 있다. 고려 선종 8년(1091) 대각국사 의천이 크게 수리하면서 사찰의 면모가 갖추어진 것으로 보인다. 조선 숙종 4년(1678)에 보수하였고, 일제시대에도 대웅전을 수리하였다.

유형문화재 제15호 대웅전 안에는 나무로 만든 석가모니불과 동자불상 등을 모시고 있다. 문화재자료 제221호 범종은 건륭 24년 기묘춘 당진 영랑사 금종(乾隆二十四年己卯春唐津影浪寺金鐘)이라는 명문(銘文)이 새겨져 있어 영조 35년(1759)에 조성된 종이다. 종의 아래쪽에는 화주, 시주인, 공인들의 이름이 기록되어 있다.

태을암 太乙庵

충남 태안군 태안읍 동문리 산42. 고려시대에 창건된 것으로 추정되며 현재 국보 제307호 마애삼존불이 인근에 있다. 백화산(白華山) 기슭의 태을암에서 동쪽으로 30m 정도 떨어진 바위에 돋을새김으로 새겨져 있는데 삼국시대 백제의 대표적 불상이다. 좌우 여래입상과 중앙에 보살입상을 배치하여 조각한 삼존불이다.

흥주사 興住寺

충남 태안군 태안읍 상옥리 산1154 백화산 줄기의 동남편 산중턱에 자리한 고려시대 절이다. 대웅전과 만세루, 요사채가 있다. 유형문화재 제133호 만세루는 흥주사의 중문으로 중종 25년(1527)에 처음 지어지고 흥주사에서 가장 오래된 건물이며 임진왜란(1592) 때는 승병들이 무기저장고로 사용했다고 한다. 그 후 4차례에 걸쳐 다시 지었고, 1944년에 해체·복원하여 지금에 이르고 있다.

흥주사에는 이 외에 고려시대에 세워진 것으로 추정되는 충청남도 유형문화재 제28호 삼층석탑과 나이가 900년 정도로 추정되는 기념물 제156호 은행나무가 있다.

은행나무는 전설에 의하면 먼 길을 가던 노승이 백화산 산기슭에서 잠시 쉬고 있는데 꿈인 듯 하얀 산신령님이 나타나 노승이 가지고 있던 지팡이를 가리키며 이곳은 장차 부처님이 상주할 자리이니 지팡이로 이곳에 표시를 하라는 말을 듣고 깜짝 놀라 깨어 보니 꿈이었다. 기이한 일이구나 생각한 노승은 꿈에 산신령님이 가리킨 지팡이를 그곳에 꽂아두고 불철주야 기도를 하니 신비스럽게도 지팡이에서 은행나무 잎이 피기 시작하였고 노승은 예사로운 일이 아닌 것을 짐작하고 더욱더 기도에 정념하니 또다시 산신령님이 나타나 말씀하시길 이 나무에 자식 없는 자 기도를 하면 자식을 얻게 되고 태어나 자식들이 부귀영화를 얻어 부처님을 모실 것이니라 하며 사라지셨다. 그 후 몇 십 년 후 산신령님 말씀대로 그 자손들에 의해 사찰이 지어졌고 이 나무에 주렁주렁 열린 탐스런 은행과 항상 푸름처럼 부처님의 손길이 자손만대에 전해지길 바라는 마음으로 그 노승은 절의 이름을 흥주사라 이름하였다 한다.

충청북도

용화사 龍華寺

충북 청주시 흥덕구 사직동 216-1. 용화사는 법당 상량문(上樑文)에 의하면 이곳은 1902년에 만든 절로, 엄비(嚴妃)의 꿈에 청주에서 7구의 석불이 나타나 집을 지어달라고 간청하자, 사람을 보내어 청주 서북쪽의 냇가에서 이들 석불을 발견하였다는 유래가 있다. 그리하여 용화사를 세우고 미륵보전에 7구의 석불을 모시게 된 것이다. 보물 제985호 용화사 석불상군이 있다.

용화사 창건에 얽힌 설화가 『용화사사적』에 언급되어 있는데, 그 내용은 다음과 같다.

조선왕조의 마지막 임금인 순종(純宗)의 비 엄비(嚴妃)가 하루는 꿈을 꾸었다. 꿈속이지만 갑자기 일진광풍이 일어 문풍지를 때리므로 방문을 열고 내다보니 하늘에 오색영롱한 안개를 몰고 7색 무지개가 내당 쪽으로 뻗쳐 있었다. 깜짝 놀란 엄비는 황급히 일어나 옷매무새를 고치고 바로 앉아 하늘을 우러러 보니 선녀들에게 둘러싸인 일곱 미륵이 내당으로 들어왔다. 엄비가 어인 일이시냐고 미륵 앞에 삼배를 올리니 맨 처음에 자리한 미륵이 말하기를, "우리는 청주 땅에 있는데 우리 몸이 지금 위태로운 처지에 놓여 있으니, 어서 우리를 구하여 집을 짓고 안치해 달라." 하는 것이었다.

그런데 같은 시각에 청주군 지주로 있던 이희복이 이와 비슷한 꿈을 꾸었다. 꿈에서 수행승 한 분이 방문을 조용히 열고 들어왔다. 그 스님을 살펴보니 가사 장삼은 물에 흠뻑 젖어 있었고 목에는 이끼가 끼어 있었으며 깨진 이마에서는 피가 흐르고 있었다. 이희복은 놀라서 어찌된 일이냐고 물으니 수행승은 늪에 빠져 곤욕을 당하고 있으니 구해 달라고 애원하는 것이었다. 꿈에서 깬 이희복은 이상히 여기고 방안을 살피니 꿈에서 본 스님이 앉아 있던 자리에 물이 고여 있었다. 그는 더욱 괴이하게 여기고 꿈을 되새기며 날을 밝혔다.

그런 일이 있은 후 이틀이 지난 뒤에 한양으로부터 엄비의 전교가 전해 왔다. 그것은 엄비의 꿈 이야기와 함께 불사(佛事)에 관한 일을 소상히 살피어 상계하라는 내용이었다. 이에 이희복은 생각되는 바 있어 무심천변으로 사람을 보내어 살펴보니 청주 서북쪽에 있는 황량한 개울가 늪에 빠져 있는 석불이 발견되었다. 그는 사람을 동원하여 늪으로부터 7체의 석불을 건져 내고 즉시 그 사연을 엄비에게 보고하였다. 청주군 지주 이희복으로부터 상계문을 받은 엄비는 매우 흡족하게 여기고 내탕금을 내리어 이희복으로 하여금 사찰을 이룩하고 7체 석불을 안치하도록 명하였다. 이에 이희복은 상당산성 안에 있는 보국사를 민력으로 옮기어 석불이 발견되었던 늪 근처에 새로이 절을 짓고 7체 석불을 봉안하여 용화사라 하였다 한다.

보살사 菩薩寺

충북 청주시 상당구 용암동 7. 보살사는 신라 진흥왕 28년(567)에 의신이 처음 지었으며, 청주 근교에서 가장 오래된 유서 깊은 절이다. 아미타불을 모신 극락보전은 조선 초기에 지은 것으로 선조(1567~1608) 때 수리하였으며, 고종 9년(1872)에 나시 지었다.

보물 제1258호 영산회 괘불탱은 조선 인조 27년(1649)에 경기도·충청도 등지에서 활약했던 신겸, 덕희, 경윤 등이 그린 것임을 알 수 있다. 유형문화재 제24호 석조이존병립여래상은 고려시대의 석조병존불입상이다. 제56호 극락보전, 제65호 오층석탑은 탑신의 2층 몸돌의 한 면에 강희계미(康熙癸未)라 새긴 기록을 통해 조선 숙종 29년(1703)에 세웠음을 알 수 있다.

용암사 龍岩寺

충북 청주시 상당구 우암동 3. 청주대학교 안에 있는 용암사에는 충청남도 유형문화재 제23호 비로자나불 좌상이 있다. 광배는 없고 대좌와 불신만이 남아 있는 통일신라 후기의 전형적인 불상이다.

서기사 瑞氣寺

충북 청주시 상당구 율량동 91. 충청북도 유형문화재 제174호 석조약사여래좌상이 있는데, 고려 중기 불상으로 추정된다.

봉황사 鳳凰寺

충북 청주시 상당구 용담동 산22-5. 충청북도 유형문화재 제270호 목우사지 석조여래입상이 있는데, 고려 초기의 불상으로 추정된다.

▶▶ 충주시

청룡사 靑龍寺

충북 충주시 소태면 오량리 산32. 고려 말의 사찰로 추정되며, 국보 제197호 보각국사 정혜원륭탑, 보물 제656호 보각국사 정혜원륭탑전 사자석등, 보물 제658호 보각국사 정혜원륭탑비, 유형문화재 제242호 청룡사위전비, 문화재자료 제54호 석종형부도 등이 있다.

억정사 德政寺

충북 충주시 엄정면 괴동리 360. 보물 제16호 억정사대지국사비가 있는데 대지국사가 고려 충숙왕 15년(1328)에 태어나 14세에 출가하고 공양왕 2년(1390) 입적할 때까지의 행적을 기록하고, 대사의 인품과 학력을 기리는 내용이 실려 있다.

정토사 淨土寺

충북 충주시 동량면 하천리 177-1. 보물 제17호 법경대사자등 탑비가 있다. 법경대사는 통일신라 헌강왕 5년(879)에 태어나 어려서부터 불교의 법을 배워 20세에 불가에 입문하였다. 906년에 당나라에 들어가 도건 대사에게 가르침을 받고, 924년에 귀국하였다. 경애왕은 그를 국사로 대우하여 정토사의 주지로 임명하였고, 고려 태조 24년(941)에 63세로 입적하자 태조는 시호를 법경, 탑 이름을 자등이라 내렸다. 태조 26년(943)에 그의 공덕을 위해 이 비를 세웠다.

대원사 大圓寺

충북 충주시 지현동 269. 대원사 약사전에 보물 제98호 철불좌상이 있는데 단호사 철불좌상(보물 제512호)과 같은 양식이며 엄격미가 강조 고려시대 불상이다.

단호사 丹湖寺

충북 충주시 단월동 455. 단호사는 창건연대를 알 수 없으나 조선 숙종 때 중건하여 약사(藥寺)라 하였고, 1954년에 단호사로 이름을 바꾸어 사용하고 있다. 보물 제512호 철불좌상과 유형문화재 제69호 삼층석탑이 있다.

백운암 白雲庵

충북 충주시 엄정면 괴동리 223-2. 백운암은 1886년 무당의 신분으로 진령군이라는 작호를 받아 여자 대감이 된 윤씨에 의하여 창건된 사찰로 전해진다. 보물 제1527호 철조여래좌상은 원래 이곳에서 전하던 불상은 아닌데, 인근에 고려시대 대규모 사지인 억정사지(億政寺址)가 있어서 아마도 이곳에서 옮겨 온 것이 아닌가 추정되고 있다.

미륵리사지 彌勒里寺址

충북 충주시 상모면 미륵리 58. 통일신라 후기에서 고려 전기의 사찰로 추정된다. 보물 제 95호 오층석탑, 보물 제96호 석불입상·석등·당간지주 등 중요한 문화재들이 남아 있다. 전설에 의하면 신라 경순왕의 아들 마의태자가 나라가 망함을 슬퍼해 금강산으로 갔는데, 도중에 누이인 덕주 공주는 월악산에 덕주사를 지어 남쪽을 바라보도록 돌에 마애불을 만들었고, 태자는 이곳에서 석굴을 지어 북쪽을 향해 덕주사를 바라보게 하였다고 한다.

숭선사지 崇善寺址

충북 충주시 신니면 문숭리 862-2외. 숭선사는 고려 광종 5년(954)에 광종이 어머니인 신명순성왕후의 명복을 빌기 위하여 세운 절이다. 절터 부근에서 발견된 숭선사(崇善寺)라고 쓰인 기와를 토대로 이곳이 숭선사였음을 알 수 있다. 충북대학교 박물관의 3차(2000~2002)에 걸친 발굴조사 결과, 금당 외 탑지, 회랑지 등의 유구가 확인되었다. 초창 이후 3차례에 걸쳐 중수된 것으로 추정된다. 마을 입구에 충청북도 문화재자료 제43호 당간지주가 남아 있다.

오갑사지 烏岬寺址

충북 충주시 앙성면 모점리 392. 유형문화재 제144호 석불좌상이 있는데, 이 절터[寺址]에서 중국 금(金)나라 연호(年號)인 명창3년임자(明昌三年壬子)와 오갑사(烏岬寺)라는 명문(銘文)이 새겨진 평와

(平瓦)가 출토되었다.

선조사 宣朝寺

충북 충주시 신니면 원평리 108-1. 유형문화재 제18호 원평리 미륵석불, 유형문화재 제235호 삼층석탑이 남아 있다.

신흥사 新興寺

충북 충주시 엄정면 신만리 산3-6. 충청북도 문화재자료 제50호 석조 나한상이 있는데 상반신부터 하반신까지 이목구비, 삼도, 의문 등의 표현이 섬세하게 드러난 나한상으로 조선시대 불상 양식 연구에 귀중한 자료이다.

창룡사 蒼龍寺

충북 충주시 직동 366. 충청북도 문화재자료 제56호 다층 청석탑은 충주 지역에서는 유일한 것이다.

덕주사 德周寺

충북 제천시 한수면 송계리 산1-1. 덕주사는 신라 진평왕 9년 (587)에 세워졌다고 전하며 한편으로 마의태자의 누이인 덕주 공주가 세운 절이라고 전해진다. 보물 제406호 마애불, 충청북도 유형문화재 제196호 약사여래 입상이 있다.

장락사 長樂寺

충북 제천시 장락동 65-2. 현재 보물 제459호 칠층 모전 석탑이 있다. 장락사지는 일부 학자들이 석탑의 형태 등으로 미루어 통일신라 혹은 고려시대에 사찰이 창건됐을 것으로 추정하기도 했으나, 삼국시대에 처음 세워진 사찰의 터로 2008년 6월 발굴조사결과 확인되었다. 석탑도 고려시대로 알려졌으나 통일신라시대에 만든 것으로 확인되었다.

신륵사 神勒寺

충북 제천시 덕산면 월악리 803-5. 신륵사는 신라 진평왕 4년 (582) 아도가 지었다고 전한다. 그 뒤 신라 문무왕(661~681) 때 원효가 고쳤다고 하며, 조선 선조(1567~1608) 때 사명대사가 다시 지어 오늘에 이르고 있다. 유형문화재 제132호 극락전은 아미타불을 모시고 있다. 경내에는 보물 제1296호 삼층석탑이 있다.

고산사 高山寺

충북 제천시 덕산면 신현리 1653 와룡산에 자리 잡고 있는 고산 사는 통일신라 말 도선국사가 창건하였다고 전한다. 충청북도 유형 문화재 제194호 석조 관음보살 좌상은 응진전에 모셔져 있으며 조 선 중기에 만든 것으로 추정된다. 제195호 석조 나한상도 있다.

정방사 淨芳寺

충북 제천시 수산면 능강리 산52 금수산 정상 가까운 곳의 거대 한 암벽 아래 자리 잡은 사찰로, 신라 때 의상대사가 창건하였다고 전하나 확실하지 않다. 충청북도 유형문화재 제206호 목조관음보살 좌상 및 복장유물은 발원문(發願文)에 강희이십팔년……(康熙二十八 年……)이라 기록되어 있어 조성연대가 조선 숙종 15년(1689)임을 알 수 있다.

무암사 霧岩寺

충북 제천시 금성면 성내리 산1 금수산에 있는 사찰로, 신라시대 에 지어졌다고 하나 정확한 창건연대는 알 수 없다.

충청북도 유형문화재 제214호 목조아미타여래좌상은 극락전을 건 립할 때에 함께 조성된 불상으로 추정된다. 이 외에도 청동 보살머 리, 전패(殿牌) 등이 전한다.

백련사 白蓮寺

충북 제천시 봉양읍 명암리 산325. 충청북도 유형문화재 제217호 목조아미타여래좌상은 복장기(腹臟記)에 의하면 본래 단양군 서면 금수산에 있던 조계사(曹溪寺) 극락전에 봉안되었던 삼존불 가운데 주불(主佛)이었는데 후대에 백련사로 이전하여 봉안되었다. 복장기(腹臟記)에 의해서 건륭(乾隆) 원년(元年 1736년, 영조 2년)에 조성되었음을 알 수 있다. 복장유물 중에서 대불수능엄신주(大佛首楞嚴神呪) 다라니경이 수습되었다.

한산사 寒山寺

충북 제천시 남천동 1020. 충청북도 문화재자료 제45호 석조여래입상은 고려 말 조선 초기 불상으로 추정된다.

▶▶ 청원군

안심사 安心寺

충북 청원군 남이면 사동리 271. 안심사는 통일신라 혜공왕 11년(775)에 진표율사가 지었다고 하는데 편안한 마음으로 제자를 길렀다 해서 안심사라는 이름을 붙였다고 한다. 고려 충숙왕 12년(1325)에 원명국사가 다시 짓고 인조 4년(1626)에 송암 대사가 수리하였다고 하며 한말에 고쳐 세워 오늘에 이르고 있다.

보물 제664호 대웅전은 1979년 해체·수리 때 발견한 기와의 기록으로 미루어 조선 인조 때의 건물로 보인다. 제297호 영산회 괘불탱은 조선 효종 2년(1652)에 만들어진 것으로 청주의 보살사 괘불이 조성된 지 3년 후의 작품이다. 충청북도 유형문화재 제27호 세존사리탑, 제112호 비로전 등이 있다.

월리사 月裡寺

충북 청원군 문의면 문덕리 5. 월리사는 신라 무열왕(654~661) 때 의상대사가 지은 절이다. 의상은 이 절에서 열심히 수도하여 성불하였다고 한다. 대사가 이 절에 있을 때 하늘의 달빛이 해와 같이 밝게 비추는 것에 감탄하여, 절의 이름을 월리사라고 지었다 한다. 충청북도 유형문화재 제58호 대웅전은 조선시대 다포계 건물로 내부에는 조선시대 범종이 소장되어 있다. 부도와 사적비가 전해진다.

동화사 東華寺

충북 청원군 남이면 문동리 150. 태고종 사찰로 구전에 신라시대에 창건했다고 한다. 절터에서 수습된 유물로 보아 통일신라 말에서 고려 초 사이에 창건한 것으로 추정되며, 대적광전 내에 봉안된 비로자나불상이 시대를 뒷받침하고 있다. 조선 선조 25년(1592) 임진왜란 때 완전히 소실된 것을 약 300년 전 성(成)씨 문중에서 중창하고 매몰된 불상을 발굴하여 봉안했다고 한다. 대적광전 석조비로자나불상(충청북도 유형문화재 168호)은 석조불이라 하나 금박 개금이 되어 있고 얼굴도 좀 이상하다고 표현해야 하나 정면을 바라보지 않고 약간 틀어져 있는데 이는 임진왜란 당시의 전설로 알려져 있다. 임진왜란 당시 왜병이 이곳을 지나가는데 말굽이 떨어지지 않아 주위를 보니 석불이 있었다고 하며 이에 왜장이 칼로 석불의 목을 쳐서 사불을 만들었다고 한다. 이때 석불의 목에서는 붉은 피가 흘러나왔다고 전해지며 하늘에 먹구름이 끼면서 뇌성벽력과 함께 소나기가 퍼붓기 시작했다고 한다.

▶▶ 보은군

법주사 法住寺

충북 보은군 속리산면 사내리 209. 법주사는 신라 진흥왕 14년 (553)에 인도에서 공부를 하고 돌아온 승려 의신(義信)이 처음 지은 절이다. 이곳 산세의 웅장함과 험준함을 보고 불도(佛道)를 펼 곳이라 생각하고, 큰 절을 세워 법주사라 하였다고 전해진다. 성덕왕 19년(720)중수, 혜공왕 12년(776)에 진표율사(眞表律師)가 중창(重創)하였고, 다시 조선 인조(仁祖) 2년(1624) 벽암선사(碧巖禪師)가 재중건을 하여 오늘에 이르고 있다.

지정 문화재로는 국보 제5호 쌍사자 석등, 제55호 팔상전(捌相殿), 제64호 석연지(石蓮池), 보물 제15호 사천왕 석등, 제216호 마애여래의상, 보물 제848호 신법천문도병풍, 제915호 대웅전, 제916호 원통보전, 제1259호 괘불탱, 보물 제1360호 소조삼불좌상, 제1361호 목조

관음보살좌상, 제1413호 철확, 보물 제1416호 복천암 수암화상탑, 제1417호 희견 보살상, 제1418호 복천암 학조등곡 화상탑, 천연기념물 제103호 속리 정이품송, 제207호 속리산 망개나무

충청북도 유형문화재 제11호 순조대왕태실, 제16호 세존사리탑, 제46호 사천왕문, 제70호 석조, 제71호 벽암대사비, 제79호 자정국존비, 제167호 속리산사실기비, 제200호 속리산 금강골쌍탑, 제204호 석옹, 제232호 능인전, 제233호 선희궁원당, 제234호 궁현당, 제236호 가경구년명 범종, 제237호 중사자암 동종, 제238호 선조대왕어필병풍, 제239호 주서무일편병풍 등 많은 문화재와 건물들이 있다.

비마라사 毘摩羅寺

충북 보은군 속리산면 북암리 38-8. 비마라사는 속리산 서쪽 부처바위골에 1999년에 창건된 절이다. 충청북도 유형문화재 제240호 석조 보살입상은 주지 스님이 인근에서 수습하였다 하는데 전혀 알려지지 않았던 불상이다. 불신(佛身)과 대좌(臺座)가 전하고 광배(光背)는 없어졌다. 불신은 목과 허리 부분이 절단된 것을 다시 붙여 놓은 상태이다. 머리 위에는 보관(寶冠)을 썼는데 삼면관(三面冠)으로 중앙에 화불(化佛)이 배치되어 있어 관세음보살(觀世音菩薩)임을 알 수 있다. 통일신라시대에 조성된 것으로 보인다.

▶▶ 옥천군

용암사 龍岩寺

충북 옥천군 옥천읍 삼청리 51-4. 용암사는 장령산에 있는 사찰로 법주사의 말사(末寺)이며, 신라 진흥왕 13년(552)때 의신(義信)이 세웠다고 전한다. 용처럼 생긴 바위가 있어서 용암사라고 이름 지었으나, 일제시대 일본인에 의해 용바위가 파괴되어 현재는 그 흔적만이 남아 있다. 신라의 마지막 왕자인 마의태자가 금강산으로 가던 도중 용바위에서 서라벌이 있는 남쪽 하늘을 보며 통곡하였다는 설이 있다. 현재 건물로는 대웅전·천불전. 산신각·용왕각·요사채·범종각이 있다. 보물 제1338호 쌍삼층석탑, 충청북도 유형문화재 제17호 마애불, 제193호 목조아미타여래좌상이 있다. 대웅전에 아미타여래 좌상은 1880년 불상 복장 속에서 순치 8년 신묘년(효종 2년, 1651)에 만들어진 다라니경이 발견되었는데, 다라니경에 인쇄된 내용으로 보아 경북 문경의 오정사에서 만들어 이곳으로 옮겨진 것으로 보인다.

가산사 佳山寺

충북 옥천군 안내면 답양리 543. 가산사는 임진왜란 때 기허 영규대사와 중봉 조헌 선생이 이곳에서 승군과 의병을 일으켜 훈련하였다 하여 호국도장으로 잘 알려져 있다. 영규대사와 조헌 선생은 힘을 합하여 청주성을 탈환하고 금산전투에서 왜군을 맞아 싸우다 순절하였다. 가산사에서는 영정각을 짓고 영규대사와 조헌 선생의 영정을 봉안하였는데 지금은 위패만 모셔져 있다. 충청북도 기념물 제115호로 영정각 및 산신각이 지정되어 있다.

▶▶ 영동군

영국사 寧國寺

충북 영동군 양산면 누교리 1397. 통일신라시대 사찰로 추정되며, 고려시대 중기에 원각(圓覺) 국사 덕소(德素, 1119~1174)에 의해 중창되었다. 고려 고종 때(1213~1259) 감역(監役) 안종필(安鍾弼)이 왕명을 받아 탑과 부도 및 금당을 중건하고 절 이름을 국청사(國淸寺)라고 불렀고 산 이름을 천주산(天柱山)이라 했다. 뒤에 다시 공민왕(1351~1374)에 의해 영국사로 불리게 되었다. 공민왕 때 홍건적의 난이 일어나 홍건적들이 황해도를 건너서 개경까지 육박했다. 왕은 이 절로 피난하여 국태민안의 기도를 계속하는 한편, 이원(伊院) 마니산성에 근위병을 포진하여 놓았다. 이 절의 맞은편에는 팽이를 깎아 놓은 듯한 뾰족한 봉우리가 있는데, 왕은 그 봉우리 위에 왕비를 기거하도록 하고 옥새를 맡겨 두었다. 그 뒤 마니산성의 근위병들이 홍건적을 함정에 빠뜨려 무찌르고 개경을 수복하여 난을 평정했다. 이에 공민왕은 부처님께 감사드린 뒤 평군민안(平君民安)이 되었으니 절 이름을 영국사로 바꾸라 하고 현판을 써 준 뒤 떠났다.

현재 보물 제532호 부도, 제533호 삼층석탑, 제534호 원각국사비, 보물 제535호 망탑봉 삼층석탑, 천연기념물 제223호 은행나무, 충청북도 유형문화재 제61호 대웅전, 제184호 석종형 부도, 제185호 원구형 부도 등 많은 문화재가 있다.

반야사 般若寺

충북 영동군 황간면 우매리 152 지장산(地藏山) 기슭에 있다. 법주사의 말사로 신라 성덕왕 19년(720) 의상(義湘)의 10대 제자 중 한 사람인 상원(相願)이 창건했다고 전하며, 일설에는 문무왕 때(661~681) 원효(元曉)가 창건했다는 설도 있다. 조선 세조 10년(1464) 크게 중창되었다. 세조는 속리산 복천사(福泉寺)에 들러 9일 동안의 법회를 끝낸 뒤, 혜각 신미(慧覺 信眉) 등의 청으로 이 절의 중창된 모습을 살피고 대웅전에 참배했다.

반야사라고 한 것은 이 절 주위에 문수보살이 상주한다는 신앙 때문에 문수의 반야를 상징한 것이다. 보물 제1371호 삼층석탑은 원래 반야사 북쪽의 석천계곡 동쪽 500m 지점의 탑벌에 있던 것을 1950년에 지금의 자리로 이전한 것이라 한다. 현존하는 건물로 대웅전과 요사채가 있다. 대웅전 안에는 석가여래좌상을 중심으로 그 좌우에 문수보살상과 보현보살상이 봉안되어 있는데, 이들은 모두 경주 옥석으로 제작하여 개금한 것이다. 전해지는 이야기로 세조가 복천사 법회를 마친 뒤 이 절에 들렀을 때의 설화가 전해진다. 세조가 대웅전에 참배했을 때 문수동자가 세조에게 따라오라 하면서 절 뒤쪽 계곡인 망경대(望景臺) 영천으로 인도하여 목욕할 것을 권했다. 문수동자는 왕의 불심이 갸륵하여 부처님의 자비가 따른다는 말을 남기고 사자를 타고 사라졌다 한다. 세조는 황홀한 기분으로 절에 돌아와서 어필(御筆)을 하사했다고 한다. 극락전 앞에 있는 배롱나무는 조선 건국 당시 무학대사가 주장자를 꽂아 둔 것이 둘로 쪼개져서 쌍배롱나무로 생겨났다는 이야기가 전해온다.

중화사 重華寺

충북 영동군 영동읍 화신리 32-1 천마산(天摩山)에 있는 중화사는 신라 진평왕 때 의상조사(義湘祖師)가 창건하고 용화사(龍華寺)라 했으며, 당시에는 남각산(南角山) 기슭에 있었다. 그 뒤 고려 원종 1년(1260) 보각(普覺) 국사 일연(一然)이 중창했다. 조선 중종 25년(1530) 폐사가 되자 명종 때(1545~1567) 현재의 위치로 옮겨 중건하고 이름을 중화사라고 했다. 건물로는 대웅전과 나한전, 삼성각, 요사채 등이 있다. 충청북도 문화재자료 제33호 대웅전은 조선 순종 8년(1808)에 백의선사(白衣禪師)가 지은 것으로 전해진다. 안에는 아미타삼존불이 봉안되어 있는데, 중앙의 아미타불과 좌측의 관세음보살상은 목불(木佛)로 조선 중기 것이다. 후불탱화로 지장탱화, 신중탱화, 독성탱화, 산신탱화 등이 봉안되어 있다.

▶▶ 진천군

보탑사 寶塔寺

충북 진천군 진천읍 금암리 483. 보물 제404호 진천 연곡리 석비가 경내 주변에 있다.

영수사 靈水寺

충청북도 진천군 초평면 영구리에 있으며, 918년 두타산 자락에 증통국사가 창건하고 조선 인조 2년(1624) 벽암대사가 중건하였다. 순조 31년(1831) 지방민의 후원을 받아 중수하고 1947년에 중건하였다. 사찰 뒤편에 있는 영천(靈泉) 약수가 만병통치라고 알려진 데서 사찰명이 유래한다고 하며 보물 제1551호 영산회 괘불탱이 있다.

용화사 龍華寺

충북 진천군 진천읍 신정리 584-4. 신라 성덕왕(702~737) 때 창건되었다고 전한다. 조선시대 이후 폐사된 채 있다가 1946년에 중창하였다. 미륵이 머무는 절이라고 해서 용화사라고 한다.

충청북도 유형문화재 제138호 석불입상은 높이 7m의 커다란 불상으로 고려시대 지방화된 불상이다. 전하는 이야기로는 신라 말에 김유신(金庾信) 장군의 덕을 기리기 위해 조성했다고 한다.

문수암 文殊庵

충북 진천군 진천읍 지암리 267-1. 문수암(만성사) 충청북도 유형문화재 제216호 지암리 석조여래 입상은 미륵산(彌勒山) 산봉우리 가까이 숲속에 드러나 있던 것을 1970년대에 수습하여 현재의 위치에 세운 것으로 높이 180㎝이다. 고려시대 초기의 석불로 진천 지역 불상 조성의 중요한 자료로 평가된다.

성림사 成林寺

충북 진천군 덕산면 산수리 산98. 태고종 사찰로 연화납골당으로 이용되고 있는데 1965년 마애불이 있던 터에 지은 사찰이다. 현재 극락전 뒤편에는 문화재자료 제20호 고려시대 조성된 산수리 마애여래좌상이 있다. 이 마애불은 얼굴 생김새는 원만한 인상이며, 귀는 길게 늘어져 있고, 목에는 삼도(三道)가 표현되어 있다. 얼굴 위로 연꽃줄기 위에 앉아 있는 3구의 작은 부처를 배치하고 있는 점이 특이하다. 하반신을 조각하지 않은 점 또한 특이하다.

▶▶ 괴산군

각연사 覺淵寺

충북 괴산군 칠성면 태성리 38. 각연사는 신라 법흥왕(514~540) 때 유일이 세운 절로 지었을 당시의 설화에 의하면 현재의 칠성면 근처에 자리를 잡고 공사를 시작했는데, 갑자기 까마귀 떼가 나타나서 대팻밥과 나무 부스러기를 물고 날아가 작은 연못에 떨어뜨렸다고 한다. 유일이 물속을 들여다보니 불상 하나가 있었음으로 깨달음을 얻어 못을 메우고 절을 지어서 각연사라 하였다 한다. 고려 전기에 다시 지었으며, 혜종(943~945) 때 수리하였다. 그 뒤 여러 차례의 수리를 거쳐 오늘에 이르고 있다. 보물 제433호 석조 비로자나불좌상, 제1295호 통일대사탑비, 제1370호 통일대사부도, 충청북도 유형문화재 제125호 비로전, 제126호 대웅전, 제212호 석조 귀부 등 많은 문화재들이 있다.

보안사 寶安寺

충북 괴산군 청안면 효근리 385－2. 보안사는 조선 성종 12년(1481)에 편찬된『동국여지승람』에는 수암사(水庵寺)라는 이름으로 기록되어 있다. 현재 대웅전에 충청북도 문화재자료 제22호 석조여래좌상과 주변 조금 떨어진 마을에 보물 제1299호 삼층석탑이 있다.

보광사 寶光寺

충북 괴산군 사리면 사담리 산1. 보광사는 봉학사지가 주변에 있는 절로 고려 28대 충숙왕 때 창건되어 조선 헌종 때 폐사된 것으로 전한다. 충청북도 유형문화재 제29호 봉학사지 오층석탑과 대웅전에는 유형문화재 제30호 봉학사지 석조여래좌상이 모셔져 있다.

전해지는 말에 의하면 석탑 주변에 있는 김 참판의 묘 자리는 봉학사의 대웅전이 있던 자리로 이 터가 금계포란형으로 천하에 드문 명당자리라 참판을 지낸 김 아무개의 자손들이 세도를 등에 업고 절을 허물어 이 명당자리에 김 참판의 묘를 썼다 한다. 봉학사가 철거된 지 여러 해 지난 후 괴승이 나타나 앞산의 물길을 둑을 쌓아 돌리도록 하여 후손을 잇지 못하게 했다는 얘기가 전해온다.

개심사 開心寺

충북 괴산군 괴산읍 동부리 428-1. 충청북도 유형문화재 제173호 목조여래좌상과 목조관음보살좌상은 조선시대에 불상으로 극락보전의 주존불로 있으나 칠성 두천리의 도덕암에 봉안되어 있던 것을 1930년대 도덕암이 폐사될 때 개심사로 이안하여 봉안한 것이다.

채운암 彩雲庵

충북 괴산군 청천면 화양리 412. 채운암은 고려 충렬왕 3년(1277) 도일 스님이 창건하여 수도암이라 하던 것을 혜식 스님이 이름을 고쳐 부른 것이라고 한다. 충청북도 유형문화재 제191호 목조여래좌상이 모셔져 있는 대웅전(문화재자료 제30호)은 6·25 때 인민군이 3번이나 불태우려 했지만 타지 않자 겁을 먹고 물러갔다는 일화가 전해진다. 불상은 오른손을 들어 손바닥을 밖으로 하고, 왼손은 무릎 위에 올려 설법인을 하고 있다. 조선 경종 3년(1723)에 만들었다는 기록이 있어 조선 후기 불상 연구의 기준이 될 수 있는 불상이다.

공림사 空林寺

충북 괴산군 청천면 사담리 산2-1. 공림사는 신라 경문왕 때 자정선사(慈淨禪師)가 수도하던 암자에 경문왕이 선사의 인물됨을 알고 국사(國師)의 존호(尊號)와 주석(住錫)하는 절에 공림사의 이름을 지어 공림사(空林寺)라 쓴 현판을 내렸다고 전한다. 조선 정종 원년 1399년에 함허당(涵虛堂) 득통화상(得通和尙)이 폐사된 절을 중창하고 주석하였으며, 이후 인조 때 다시 중창하였고, 1688년에는 사적비를 세웠다. 극락전과 일주문, 요사채 등이 있다. 주변 일대에는 천연기념물 제266호 망개나무가 있다. 충청북도 유형문화재 제213호 공림사 사적비, 문화재자료 제35호 부도 2기가 있다.

백운사 白雲寺

충북 괴산군 사리면 소매리 산20. 백운사는 고려 충숙왕 8년(1321)에 창건되어 처음에는 대흥사(大興寺)라고 했다고 한다. 실제로 주변에서 대흥사라는 명문이 적힌 기와가 발견되기도 했다고 한다. 후에 조선 영조(1725~1776) 연간에 폐사되었다고 하는데, 1933년 대흥사 절터에서 위로 200m가량 올라와 새로 지었으나 1960년 화재로 전소되었다가 후에 다시 중건하였다고 한다. 충청북도 문화재자료 제18호 부도군(5기)이 있다.

▶▶ 증평군

광덕사 光德寺

충북 증평군 도안면 광덕리 산21-2. 충청북도 유형문화재 제75호 석불입상은 전체 높이 4.8m, 불상 높이 4m나 되는 거대한 불상이다. 미륵당이라 마을에서 불렀으며 긴 얼굴에 눈은 반쯤 뜨고 정면을 바라보며, 목에는 삼도(三道)가 있고, 귀는 긴 편이다. 고려 초기 10세기의 작품으로 추정된다.

미륵사 彌勒寺

충북 증평군 증평읍 송산리 산1-5. 충청북도 유형문화재 제198호 미암리 사지 석조 관음 보살입상은 지장전 동쪽 50미터 떨어진 느티나무 앞 보호각에 모셔져 있다. 옷주름 등 조각수법으로 보아 고려 중기 불상으로 추정된다.

남하리사지 南下里寺址

충북 증평군 증평읍 남하리 35-2 일대에 있으며, 충청북도 유형문화재 제141호 삼층석탑, 제197호 마애불상군, 제208호 석조 미륵보살 입상 등이 주변에 있다.

▶▶ 음성군

미타사 彌陀寺

충북 음성군 소이면 비산리 산74-1. 미타사는 신라 진덕여왕 8년 (630) 원효(元曉)가 창건하였다고 전한다. 조선 선조 25년(1592) 임진왜란 때 불에 탄 것을 인조 14년(1636) 병자호란 때 각성(覺性)이

의병 3천여 명으로 적군을 물리치자 나라에서 그 공로를 인정하여 크게 중수하였으나 영조 18년(1742)에 불이 난 뒤 폐사가 되었다고 한다. 절에서 800미터 입구 쪽에 충청북도 유형문화재 제130호 마애여래입상이 있다. 고려 중기의 작품으로 추정된다. 현재 극락전과 삼성각, 선방이 있으며, 삼성각에는 고려시대 후기로 추정되는 석조여래 좌상이 모셔져 있다.

가섭사 迦葉寺

충북 음성군 음성읍 용산리 산11. 법주사의 말사로 고려 우왕 2년(1376) 나옹화상 혜근(惠勤)이 창건하였다. 조선 선조 25년(1592) 임진왜란 때 불에 탄 것을 인조 2년(1624) 벽암(碧巖) 각성(覺性)이 중건하였다. 현존하는 건물로는 극락보전과 삼성각, 요사채가 있고 조선시대 석조가 남아 있다.

대경사 大京寺

충북 음성군 소이면 비산리 537. 인법당만 남아 있는 절이나 고려시대 삼층석탑이 남아 있다.

▶▶ 단양군

구인사 救仁寺

충북 단양군 영춘면 백자리 52-3. 대한불교 천태종의 총본산으로 1945년에 건립되었으며, 1966년 현대식 콘크리트식으로 지은 이색적인 건물이다. 국보 제257호 초조본대방광불화엄경주본<권제29>, 제279호 초조본대방광불화엄경주본<권제74>, 보물 제1013호 대방광불화엄경소, 제1014호 진실주집, 제1015호 인천안목, 제1016호 대방광원각략소주경<권상의2>을 비롯하여 보물 8점과 충청북도 유형문화재 제209호 금동구층소탑, 제210호 아미타회상탱화, 제211호 청자소문발우, 제251호 묘법연화경, 제252호 어제관무량수불경 등 많은 지방 문화재가 소장되어 있다.

보국사지 輔國寺址

충북 단양군 대강면 용부원 2리 산41 죽령 중턱에서 연화봉으로 오르는 산기슭에 위치하는 절터[寺址]로 있다. 죽령 마루턱에서 용부원리 옛 도로를 따라 마을 쪽으로 내려오다가 우측산 기슭 약 200평가량의 터를 만나게 되는데, 이곳이 보국사지이다.

보국사는 신라가 고구려를 침공하고 영토를 확장할 때 치도위민 (治道爲民)하기 위하여 지었다는 설이 있으며, 고구려를 공격하기 위하여 주둔시켰던 최전방의 군사와 문물, 행정을 총괄하기 위하여 세웠던 사찰이라는 설도 있다. 『삼국유사』권2에 효소왕대 죽지랑조에 보면 술종공이 죽지랑이라는 거사를 위하여 돌미륵을 모셔 주었다는 기록이 나온다. 이 장육불입상(丈六佛立像)은 장대한 원각석불(圓刻石佛)인데 지금 남아 있는 신라의 불상 가운데 최대의 석불로서 중원군 상모면 미륵리의 미륵불(彌勒佛)과 연결하여 볼 때, 보국사가 당시에는 교통과 관계되는 중요한 사찰이었음을 짐작할 수 있다.

석불의 조각수법이나 기와조각의 문양 또는 축대의 구조 상태로 보아 대체로 9세기경의 것으로 추측하고 있다. 장육불상은 몸체, 좌대, 지대석 등 3개의 돌로 조성되었는데, 몸 전체가 네 부분으로 파손된 채 쓰러져 있는 것을 일으켜 세워 놓았다. 머리를 제외한 몸 전체의 길이는 400㎝이고 머리[佛頭]까지 합하면 550㎝(16.6尺) 정도로서 죽령 이북에는 유일한 장육불상이다. 오른손은 가슴까지 올려 펼친 여원인(輿願印), 왼손은 착의수인(着衣手印)하였다.

단양군에서 1984년, 1985년 두 차례에 걸쳐 보국사지에 대한 지표조사를 실시했다. 보국사는 9세기경 죽령 정상 부근에 세워진 절로, 각종 사료는 충주 미륵사와 함께 통일신라가 국가 차원에서 운영하던 사찰이라고 적고 있다. 그 결과, 일대 지표와 땅속에서 원형 돌기둥, 대나무 문양 돌기둥(일명 죽절문 석주), 연화(蓮華) 첨차석, 연화석, 기둥 머릿돌[柱頭石], 난간석주, 초석, 옥개형(屋蓋形) 석재, 연화문 석대 등 석조 유물과 다량의 기와편이 발견됐다. 이 중 '죽절문 석주'(竹節紋 石柱, 직경 30㎝ 정도)는 지명 '죽령'을 직접적으로 고증하고 또 대나무를 매우 사실적으로 조형화, 문화재적 가치가 매우 큰 것으로 평가받았다. 그러나 현재 죽령고개 풍기 쪽 휴게소 경북 영주시 풍기읍 수철리 '○○주막' 화단 조경석으로 현재 사용되고 있다.

강원도

청평사 淸平寺

강원도 춘천시 북산면 청평리 675. 청평사는 고려 광종 24년(973) 승현선사가 세워 백암선원이라 불렀다고 한다. 문종 22년(1068)에 중건하고 보현원(普賢院)이라 했다. 선종 6년(1089) 이자현(李資玄)이 벼슬을 버리고 이곳에 은거하자 도적이 없어지고 호랑이와 이리가 자취를 감추었다고 한다. 이에 산 이름을 청평산(淸平山)이라 하고 절 이름을 문수원(文殊院)이라 한 뒤 크게 중창했다. 조선 명종 5년(1550) 허응 보우(虛應 普雨)가 이곳에 와서 청평사로 다시 이름을 바꿨다. 그 뒤 1950년 6·25전쟁 때 구광전(九光殿)과 사성전(四聖殿) 등이 소실되었다. 1988년 대웅전을 중수하여 오늘에 이르고 있다.

현존하는 건물로는 대웅전을 중심으로 극락보전, 삼성각, 회전문, 서향원, 청평루, 적멸보궁, 해탈문, 큰방, 요사채 등이 있다.

문화재로는 보물 제164호 회전문(廻轉門)이 있는데, 이것은 사천왕문을 대신하는 것으로, 중생들에게 윤회전생을 깨우치려는 의미의 문이다. 강원도 문화재자료 제8호 삼층석탑과 이자현의 진락공부도(眞樂公浮屠), 환적 의천(幻寂 義天, 1603~1690)의 환적당부도(幻寂堂浮屠) 등이 있고, 고려시대에 관직에 있던 이자현이 벼슬을 버리고 숨어 지내던 문수원과 영지가 남아 있는데, 이곳은 고려시대의 정원을 알 수 있는 중요한 유적이다.

삼층석탑에 얽힌 설화가 있는데 원나라 순제(順帝)의 공주는 상사뱀에 몸이 얽혀 갖은 고생을 다 했다. 그러던 중 이 절에 와서 가사불사(袈裟佛事)를 행한 뒤 상사뱀을 떨쳐 버리게 되었다. 이 소식을 들은 순제가 은혜를 보답하기 위해 이 탑을 세웠다 한다. 그래서 이 탑을 공주탑이라고도 한다.

조면사지 造麵寺址

강원도 춘천시 서면 월송2리 666－1. 강원도 문화재자료 제9호 월송리 삼층석탑이 있다.

상원사 上院寺

강원도 춘천시 서면 덕두원리 185 삼악산(三岳山)에 있다. 신라시대 의상대사가 창건했다고 전한다. 조선 철종 9년(1858) 금강산에서 온 풍계(楓溪)가 부속 암자인 고정암(高精庵)을 중건하여 상원사라 편액을 바꾸어 걸었다. 1930년 주지 보련(寶蓮)이 운송(雲松)과 함께 중건했으나, 1950년 6·25전쟁 때 전소되었다. 그 뒤 1954년 보련이 인법당(因法堂)과 칠성각을 중건했고, 1984년 대웅전을 세웠다. 현존하는 건물로는 대웅전을 중심으로 삼성각, 요사채 등이 있다.

▶▶ 원주시

법천사지 法泉寺址

　강원도 원주시 부론면 법천리 629 일대에 있으며, 『고려사』, 『신증
동국여지승람』, 『동문선』 등 문헌에 전하는 법천사(法泉寺)는 신라
말에 산지 가람으로 세워져 고려시대에 이르러 대대적으로 중창된
사찰이다. 특히 화엄종과 더불어 고려시대 양대 종단이었던 법상종
의 고승 정현이 주지로 있어 법상종 사찰로 번성하였으며, 국사(國
師)였던 지광국사 해린이 왕실의 비호하에 법천사로 은퇴하면서 크
게 융성하였다가 조선 임진왜란 때 전소되었다.

　법천사에는 지광국사현묘탑(국보 제101호)과 탑비(국보 제59호)가
문종에 의해 세워졌는데, 그중 탑은 일제에 의해 경복궁으로 옮겨져
있다. 2001년부터 2004년에 걸쳐 실시한 4차례의 발굴조사 결과 통
일신라시대부터 조선시대에 이르는 다양한 시기의 건물지 19동과 우
물지 3개소, 석축 및 담장유구, 계단지를 비롯하여 금동불입상, 연화
대석, 각종 기와류 및 자기류 등의 유물이 확인되었다.

　국보 제59호 지광국사 현묘탑비는 고려 선종 2년(1085)에 세워진
작품으로 거북등의 조각수법과 머릿돌의 모양 특징이다. 강원도 문
화재자료 제20호 당간지주가 현장에 남아 있다.

거돈사지 居頓寺址

　강원도 원주시 부론면 정산리 189. 거돈사지는 발굴조사 결과 신
라 후기인 9세기경에 처음 지어져 고려 초기에 확장·보수되어 조선

전기까지 유지된 것으로 밝혀졌다. 절터에는 중문터, 탑, 금당터, 강당터, 승방터, 회랑 등이 확인되었는데, 금당의 규모는 앞면 5칸·옆면 3칸으로 2층 건물이었을 것으로 보인다. 중문지 북쪽의 3층석탑(보물 제750호)은 처음 세워질 때 만들어진 것으로 신라 석탑의 전형적인 양식을 따르고 있다. 보물 제78호 원공국사 승묘탑비는 거돈사지에서 동쪽으로 약 100m 정도 떨어진 곳에 세워져 있는데 고려 현종 16년(1025)에 세운 것이다.

흥법사지 興法寺址

강원도 원주시 지정면 안창리 517-2 일대. 흥법사는 『고려사』에 기록된 내용으로 보아 신라 때 세워진 것을 알 수 있으며, 선조 25년(1592) 임진왜란 때 없어진 것으로 추측된다. 이곳에는 염거화상탑, 진공대사부도(보물 제365호), 진공대사탑비가 있었는데, 1931년 일본인들에 의해 강제로 반출되었다가 지금은 국립중앙박물관에서 보관하고 있다. 현재는 보물 제463호 진공대사탑비 귀부 및 이수, 보물 제464호 삼층석탑만이 남아 있다.

상원사 上院寺

강원도 원주시 신림면 성남리 1060. 상원사는 신라 문무왕 때(661~681) 의상(義湘) 대사가 창건했다고 한다. 그러나 경순왕(927~935)의 왕사였던 무착(無着)이 당나라에서 귀국하여 오대산 상원사(上院寺)에서 수도하며 관법(觀法)으로 이 절을 창건했다는 설도 있다. 고려 말에는 나옹 혜근(懶翁 慧勤, 1320~1376)이 중창했다. 꿩이 이 절의 종을 울려서 스님을 살려 은혜를 갚았다는 전설이 내려오고 있다. 강원도 문화재자료 제18호 대웅전은 고려 말 나옹 스님에 의해 새롭게 지어졌으나 1950년 6·25 당시 소실된 것을 1968년에 다시 지은 후에 1988년 현재의 위치로 이전하여 중창하였다. 대웅전 앞에는 도선국사가 조성하였다고 전하는 삼층석탑 2기가 있고 심우당, 심검당, 범종각, 요사채 등이 있다. 강원도 유형문화재 제25호 석탑 및 광배가 있다. 전해지는 전설로 치악산 기슭에 수행이 깊은 승려가 있었는데, 어느 날 산길에서 큰 구렁이가 새끼를 품고 있는 꿩을 감아 죽이려는 것을 보고 지팡이로 구렁이를 쳐서 꿩을 구했다. 그 날 저녁 승려는 폐사가 되다시피 한 구룡사(龜龍寺)에 도착해 잠이 들었다. 한밤중에 승려는 가슴이 답답하여 눈을 떴는데, 구렁이 한 마리가 자신의 몸을 칭칭 감고 노려보고 있었다. 네가 나의 먹이를 먹지 못하게 했으니 대신 너라도 잡아먹어야겠다. 전생엔 나도 사람이었으나, 성낼 만한 일이 아닌데 성낸 죄로 구렁이의 몸을 받았다. 전생을 생각해 살생을 금하려 했으나 너무 배가 고파 꿩을 잡아먹으려 했던 것이다. 그러나 날이 새기 전에 이 산중에서 종소리를 들을 수 있다면 나는 이고득락(離苦得樂)할 수 있다. 승려는 막막했다. 산 위 30리 지경의 상원사에 가야만 종이 있었는데, 날 새기 전 거기에 도달하기는 도저히 불가능했다. 승려는 죽음을 기다리며 고요히 염불만을 할 수밖에 없었다. 그런데 새벽 세 시가 되자 기적처럼 먼 곳에서 종소리가 들렸다. 구렁이는 기뻐하면서 이것이 부처님의 뜻이므로 다시는 원한을 품지 않겠다는 말을 남기고 사라졌다. 승려는 상원사로 올라가 보니 종루 밑에 두 마리의 꿩이 머리가 깨져 피투성이가 된 채 죽어 있었다. 이와 같이 꿩이 죽음으로 보은했다고 하여 이 산을 치악산으로 불렀다고 한다.

용운사지 龍雲寺址

강원도 원주시 호저면 용곡리 402-1. 탑 주변에서 '용운사'라 새긴 기와가 발견되어 절 이름을 알게 되었다. 예전에는 행정구역이 횡성군서원면 압곡리였다. 강원도 유형문화재 제42호 석조 비로자나불좌상과 제43호 삼층석탑이 남아 있다. 전해지는 이야기로 옛 절터가 수해되자 온 마을 사람들이 질병이 만연하였는데, 정(鄭) 모 씨가 부처님을 현몽에 꺼내니 질병이 바로 없어졌다고 전한다.

보문사 普門寺

강원도 원주시 행구동 산105 치악산 자락에 있는 보문사는 신라 경순왕 때(927~935) 무착(無着)이 창건했다 한다. 1930년 승려 강상준이 중건하고, 1971년 주지 이백련화(李白蓮華)가 중창했다. 현존 건물로는 대웅전과 약사전, 산신각, 천일기도도량, 범종각, 요사채 등이 있다. 대웅전 안에는 아미타삼존불이 봉안되어 있다.

강원도 유형문화재 제103호 청석탑은 보문사 터로 알려진 곳에 지금의 절을 새로 지을 때 땅속에서 발견된 탑으로, 점판암으로 이루어진 것이다.

구룡사 龜龍寺

강원도 원주시 소초면 학곡리 1029. 구룡사는 신라 문무왕 8년(668) 의상(義湘)이 구룡사(九龍寺)라 이름 지어 창건했다. 연기 도선(烟起 道詵, 827~898), 무학 자초(無學 自超, 1327~1405), 청허 휴정(淸虛 休靜, 西山, 1520~1604) 등의 큰스님들이 머물면서 영서 지방 수찰(首刹)로서의 지위를 지켜 왔다. 그러나 조선 중기 이후부터 사세가 기울어지자 이름을 구룡사(龜龍寺)라 고쳤다. 숙종 32년(1706) 중건했으며, 1966년부터 중수했다.

유형문화재 제145호 보광루는 구룡사의 불이문 역할을 하는 건물이다. 마루에는 한때 우리나라에서 가장 큰 멍석이 깔려 있었다고 하나, 지금은 장판으로 대신해 놓았다. 강원도 기념물 제30호 학곡리 황장금표는 치악산 내의 구룡사로 들어가는 입구 왼쪽에 놓여 있는 것으로, 황장목(黃腸木)의 보호를 위하여 일반인의 벌목을 금지하는 경계의 표시이다. 전하는 설화로 원래 지금의 절터 일대는 깊은 소(沼)로서 거기에는 아홉 마리의 용이 살고 있었다 한다. 의상이 절을 지으려 하자, 용들은 이를 막기 위해서 뇌성벽력과 함께 비를 내려 산을 물로 채웠다. 이에 의상이 부적 한 장을 그려 연못에 넣자 갑자기 연못물이 뜨거워져 부글부글 끓어올라 그중 용 한 마리는 눈이 멀어 구룡폭포 아래 용소에 머물었고, 나머지 여덟 마리는 황급히 동해로 도망치느라 구룡사 앞산을 여덟 조각으로 갈라놓고 도망쳤다. 의상은 절을 창건한 뒤 이러한 연유를 기념하기 위해서 절 이름을 구룡사(九龍寺)라 했다고 전한다. 그러나 조선 중기 이후부터 승려들의 욕심 때문에 사세가 기울어지자 이름을 구룡사(龜龍寺)라고 바꾼 내력을 담은 설화도 전해진다. 치악산에서 나는 산나물은 궁중의 진상품이었으며, 그 관리 책임을 구룡사 주지가 맡았다. 그래서 인근 사람들은 나물 값을 제대로 받기 위해 주지에게 뇌물을 바치기까지 했으므로, 절은 물질적으로 풍요하여 수행 풍토가 크게 흐려졌다. 그러던 중 어떤 노인이 나타나 수행 풍토를 회복할 묘안으로 "절 입구의 거북바위 때문에 절의 기가 쇠약해졌으니 그 혈(血)을 끊으라." 일러 주었다. 이에 따라 거북바위 등에 구멍을 뚫어 혈을 끊었지만 사세는 계속 쇠퇴하여 폐사 직전에까지 이르렀다. 그때 도승 한 분이 나타나 '절의 운을 지켜 주는 거북의 혈맥을 끊었기 때문'이라 하는 수 없이 거북바위의 혈을 다시 잇는다는 뜻에서 절 이름을 구룡사(龜龍寺)로 고쳤다 한다.

입석사 立石寺

강원도 원주시 소초면 흥양리 산1. 입석사는 신라시대 의상(義湘)이 토굴을 지어 창건하고 수도했다고 전한다. 건물로는 요사채 2동과 대웅전이 있다. 강원도 문화재자료 제19호 삼층석탑 조선 태종(1400~1418)이 옛 스승인 운곡 원천석(元天錫)의 학문과 덕을 흠모하여 등극 후 여러 차례 벼슬을 권했으나 치악산에 은거하여 응하지 않으므로 그를 기리기 위해 세웠다 한다. 이 밖에도 영천(靈泉)이 있는데, 1300년 전 발견된 이래 극심한 가뭄에도 마르는 법이 없으며, 치악산 산신이 즐겨 마셨다는 전설이 있다.

황산사지 黃山寺址

강원도 원주시 귀래면 주포리 25-2. 강원도 문화재자료 제22호 주포리 미륵불 및 삼층석탑이 있다.

부흥사지 富興寺址

강원도 원주시 소초면 흥양리 1164-4. 강원도 문화재자료 제122호 부흥사지 석탑재는 아래층 기단(基壇)과 위층 기단 일부, 몸돌 1

개, 지붕돌 2개가 남아 있다. 고려시대 석탑으로 추정되며, 기단 면
석에 새겨진 팔부중상이 주목된다.

▶▶ 강릉시

한송사 寒松寺

  강원도 강릉시 남항진동 산 12-11. 신라 때 창건했다고 전한다.
문수사(文殊寺)라고도 불렀다. 전성기에는 200여 칸의 큰 규모 절이
었다고 하며, 고려 말 이전에 폐사한 것으로 추정된다. 현재는 옛터
에 다시 지은 작은 규모의 절이 남아 있다. 절터 주위에는 기와와
그릇 파편들의 잔해가 많이 발견된다. 이 절터에서 발견된 유물로는
강릉시립박물관에 보관되어 있는 석불상(보물 제81호)과 국립춘천박
물관에 보관되어 있는 석조보살좌상(국보 제124호)이 있다.

신복사지 神福寺址

  강원도 강릉시 내곡동 403-2. 신복사는 통일신라 문성왕 12년(850)
에 범일(梵日)국사가 처음 세웠다. 원래 이 절의 이름은 심복사 또
는 신복사(神伏寺)로 표기되었으나, 1936년과 1937년 신복(神福)이라
고 쓴 기왓장이 발견되어 명칭을 통일하여 부르게 되었다. 현재 보
물 제84호 석불좌상과 보물 제87호 삼층석탑이 있다.
  설화로는 임영지(臨瀛志)에는 신라 말기에 어느 처녀가 우물에 비

친 햇빛을 보고 그 물을 마시자 임신을 했다. 집안사람들이 낳은 아기를 얼음판 위에 내다 버렸으나, 나는 새가 아기를 품었고, 서광이 주위를 맴돌았으므로 괴이하게 여겨 다시 데려와서 이름을 범(梵)이라 하여 길렀다. 범은 어려서 출가하여 큰스님이 되었으며, 고향에 신복사와 굴산사(掘山寺)를 창건했다고 한다.

굴산사지 掘山寺址

강원도 강릉시 구정면 학산리 597외. 굴산사는 신라 문성왕 13년(851)에 범일국사(梵日國師, 810~889)가 창건한 사찰로, 구산선문(九山禪門) 중의 하나인 사굴산문의 중심 사찰이었다.

고려시대에는 지방호족들의 지원하에 번성한 후 조선 초 이후의 문헌에는 등장하지 않는 것으로 보아 조선 초 이후에는 폐사된 것으로 추정된다. 이 마을에 살던 한 처녀가 어느 날 석천으로 물을 길러 갔다가 물을 한 바가지 마셨는데, 이날 이후부터 차츰 배가 불러갔다. 14개월 만에 처녀는 옥동자를 낳았으나, 수치심으로 부근의 학바위에 버렸다. 3일 후 모성애를 이기지 못하여 찾아가 보니, 여러 학이 아이를 감싸주고 열매를 먹이고 있었다. 처녀는 아이가 범상치 않음을 깨닫고 다시 집으로 데려와 키웠다. 이 아이가 바로 범일이라 한다. 지금도 마을 뒷산의 송림 속에 학바위가 있다.

현재 이곳에는 보물 제85호 굴산사지 부도, 우리나라에서 가장 큰 보물 제86호 당간지주, 강원도 문화재자료 제38호 석불좌상 등이 남아 있어 굴산사 당시의 규모를 짐작할 수 있다.

보현사普賢寺

강원도 강릉시 성산면 보광리 544. 신라 진덕여왕 4년(650)에 자장율사가 세운 절이라 전한다. 신라시대에 보현보살이 직접 창건했다는 전설이 있으며, 신덕왕 2년(913) 낭원 개청(朗圓 開淸)이 크게 중창하고, 지장선원(地藏禪院)을 열어 전국의 학승들을 가르치다가 930년 입적했다. 현존하는 건물로는 대웅전과 영산전, 삼성각, 만월당, 범종각, 요사채가 있다.

창건에 얽힌 설화가 전해지는데 신라 때 천축국(天竺國 인도)에서 문수보살과 보현보살이 강릉의 동남쪽 남항진(南項津) 해변에 당도하여 문수사(文殊寺, 지금의 寒松寺)를 세웠다. 이때 보현보살은 한 절에 두 보살이 함께 있을 필요가 없으니, 내가 활을 쏘아 화살이 떨어진 곳을 절터로 삼아 떠나겠다 하고 시위를 당기니 보현사 터에 화살이 떨어졌으므로 이 절을 창건했다고 한다. 보물 제191호 낭원대사 오진탑, 제192호 낭원대사 오진탑비, 강원도 문화재자료 제37호 대웅전이 있다.

낙가사洛伽寺

강원도 강릉시 강동면 정동진리 산7-3 괘방산(掛榜山) 중턱에 있다. 신라 선덕여왕 때(632~647) 자장(慈藏)이 창건하여 수다사라 했다. 자장은 북쪽의 고구려와 동쪽의 왜구가 쉼 없이 침범하여 변방을 어지럽히므로 이를 막기 위해 부처님 사리를 모신 3기의 탑을 건립하고 이 절을 창건했다 한다. 신라 말기의 병화로 소실된 뒤 고려 초기에 중창하여 등명사라 부르기도 했다.

현존하는 건물로는 오백나한전(일명 영산전), 극락전, 약사전, 범종각, 요사채 등이 있다.

설화로는 자장이 이 절에 머무를 때, 꿈속에서 중국 오대산의 북대(北臺)에서 보았던 스님이 나타나 말하기를 "내일 저 큰 소나무 밑에서 꼭 만나자."고 했다. 이튿날 그 자리로 갔더니 문수보살을 친견할 수 있었다고 한다. 등명사라 한 것은 풍수지리에 입각하여 볼때 이 절이 강릉 도호부 내에서는 암실(暗室)의 등화(燈火)와 같은 위치에 있고, 이곳에서 공부하는 학도가 3경(三更)에 등산하여 불을 밝히고 기도하면 급제가 빠르다고 한 데서 연유했다는 전설이 있다.

강원도 유형문화재 제37호 등명사지 오층석탑이 있다.

송라사 松蘿寺

강원도 강릉시 연곡면 방내리 356-1. 강원도 유형문화재 제36호 고려 초기의 것으로 추정되는 삼층석탑, 제129호 석조 약사여래좌상은 1936년 강릉시 연곡면 방내리의 방현사(方縣寺) 터에서 출토되었다고 한다. 고려 전기 10세기 후반에서 11세기 전반경에 제작된 것으로 추정된다. 또한 2위의 철불이 발굴되어 인근의 청송사(靑松寺)와 송라사(松蘿寺)에 봉안되어 있다.

청송사로 옮겨간 철불에 얽힌 설화가 전해지는데 절터에 남아 있던 이 철불을 촌민들이 오대산의 절로 옮기던 중 청송사 앞에 이르자 갑자기 무거워져 더 이상 옮길 수가 없었다 한다. 또한 마침 그때 비구름이 몰려오면서 소나기가 뿌렸으므로 불상의 인연처가 청송사임을 깨닫고 여기에 봉안했다. 그때부터 이 불상에 기도하면 반드시 영험이 있다 하여 참배객이 끊이지 않았다. 일제강점기에는 일본인이 이 불상을 반출하기 위해 주문진까지 옮겨 갔으나 배에 실으려다가 갑자기 풍랑이 크게 일어 포기했다. 그때 1917년 청송사를 중창했던 춘담(春潭)이 동해안을 여행하다가 이 불상의 소문을 듣고 찾아와 예불을 드리고 돌아갔는데, 그 뒤 3년 동안 시름시름 앓게 되었다. 어느 날 이 불상이 나타나서 "왜 나를 봉안하지 않느냐."라고 꾸짖기에 이곳에 와서 절을 중창하고 이 불상을 봉안하니 병이 나았다고 전한다. 상당히 영음하고 효험이 있다고 알려져 있다.

청학사 青鶴寺

강원도 강릉시 구정면 구정리 29. 청학사는 조선시대에 세조가 중창했다. 세조 3년(1457) 세조가 상원사(上院寺)에 들렀을 때 꿈을 꾸었다. 흰옷을 입은 노인이 세조 앞에 나타나 "동대(東臺) 동쪽 기슭의 50리쯤 되는 곳에 청학사가 있고, 매일 새벽 그곳에서 관세음보살이 32응신(應身)을 나타내어 중생을 교화하고 있습니다. 그러나 지금 그 절이 퇴락했으니 왕이 그곳을 중창하여 부처님의 가르침을 널리 펴는 데 도움이 되게 해 주십시오."라고 말했다. 세조는 즉시 사람을 보내 그 절을 조사하게 한 뒤 중창하도록 했다. 정조 7년(1783) 겨울 원인 모를 화재로 모두 소실되어 터만 남았었는데, 최근 옛터 근처에 다시 작은 규모의 절을 창건했다. 강원도 유형문화재 제146호 석조 관음보살상 및 복장 유물이 있다. 강원도 문화재자료 제142호 청동불 입상, 제143호 청동 보살입상이 소장되어 있다.

관음사 觀音寺

강원도 강릉시 금학동 29. 월정사의 말사로 1922년 강원도의 대본산이었던 금강산 유점사와 고성 건봉사, 오대산 월정사가 공동 출자

하여 강릉 불교포교소로서 창건했다. 현존하는 건물로는 극락전을 비롯하여 종각, 요사채가 있다. 강원도 유형문화재 제149호 목조관음보살좌상은 강원도 지역에서는 매우 희귀한 조선 전기의 윤왕좌 목조 보살상이다. 제150호 관음사 동종은 종신의 건륭(乾隆)59년 명문을 통해 제작연대가 정조 18년(1794)이라는 사실을 알 수 있고, 원래는 강릉 보천사(普天寺)에 있던 것을 옮겨 온 것이라 한다. 옥천동 석탑재도 원래 1940년 신라의 옛 사찰인 무진사 터로 전하는 곳에서 발견되어 관음사 경내로 옮겼다가 1992년 강릉시립박물관으로 옮겨져 있다.

용연사 龍淵寺

강원 강릉시 사천면 사기막리 821. 용연사는 현종 11년(1670)을 전후하여 왕장대사가 창건하였다고 전한다. 한때 많은 승려들이 수도하였고 6·25때 완전히 소실되었으며 1953년 한 비구니에 의하여 대웅전과 요사채가 중건되었고, 1983년 원통보전과 삼성각을 건축하여 오늘에 이른다. 석탑은 원래부터 있었던 기단부를 그대로 이용하여 만들었다. 탑의 옆에 있는 귀부(龜趺)는 이 절에서 가장 오래된 석물들 중 하나이다. 대웅전 안에는 석가모니불, 문수보살, 보현보살이 봉안되어 있고, 목각후불탱화도 있다. 절 아래쪽 언덕에는 8기의 석종형 부도가 있는데, 모두 조선 후기의 양식을 띠고 있다. 강원도 문화재자료 제139호 석탑, 제141호 석조 관음보살좌상이 있다.

삼화사 三和寺

　강원도 동해시 삼화동 산172 두타산(頭陀山)에 있다. 신라 선덕여
왕 11년(642) 자장(慈藏)이 당(唐)나라에서 귀국하여 이곳에 절을 짓
고 흑련대(黑蓮臺)라 하였다. 구산선문(九山禪門) 중 하나인 사굴산
문의 국사 범일(梵日, 810~889)이 창건하여 삼공사라 했다고도 전
한다. 신라 말에 세 사람의 신인(神人)이 있었는데, 그들은 각각 많
은 무리들을 거느리고 이곳에서 무엇인가 열심히 논의했다. 그들이
떠나가자 그 지방 사람들은 그곳을 '삼공(三公)'이라 했으며, 얼마
뒤 범일이 여기에 절을 지었다. 오랜 세월이 지난 뒤 조선의 태조가
칙령을 내려 이 절의 이름을 문안(文案)에 기록하고 후사(後嗣)에
전하게 하면서 신인이 절터를 알려 준 것이니 신기한 일이라고 하
고, 그 옛날 신성한 왕이 삼국을 통일한 것은 부처님 영험의 덕택이
었으므로 이 사실을 기리기 위해 절 이름을 삼화사로 고쳤다고 한
다. 이후 조선 선조 25년(1592) 임진왜란 때 왜구의 병화로 소실되
었으며, 조선 후기에 여러 차례 중수했다. 영조 23년(1747) 홍수와
산사태로 무너지자 옛터에서 조금 위로 옮겨 지었고, 순조 20년
(1820) 화재가 나서 1824년 중건했으며, 1907년 삼척지방의 의병들
이 이 절을 거점으로 삼고 봉기하자 왜병들이 방화하여 대웅전, 선
당 등 200여 칸이 소실되었다. 그 이듬해 대웅전, 요사채, 칠성당 등
일부를 건축했다. 1977년에는 이 절 일대가 쌍용양회동해시멘트공장
의 채광권 안에 속하게 되자, 이해 8월 옛 개국사(開國寺) 터인 현
재의 자리로 옮겨서 중건했다. 현존하는 건물로는 대웅전, 삼성각,

범종각, 약사전, 육화료(六和寮), 천왕문, 일주문, 요사채 등이 있다. 창건에 얽힌 설화로 약사삼불인 백(伯), 중(仲), 계(季) 삼형제가 서역에서 동해로 돌배[石舟]를 타고 유력했다. 그러다가 우리나라에 와서 첫째는 흑련(黑蓮)을 가지고 흑련대에, 둘째는 청련(靑蓮)을 가지고 청련대에, 막내는 금련(金蓮)을 가지고 금련대(金蓮臺)에 각각 머물렀다고 하며, 이곳이 지금의 삼화사, 지상사(池上寺), 영은사(靈隱寺)라고 전해진다. 또 약사삼불은 용을 타고 왔는데 그 용이 변하여 바위로 되었으며, 바위 뒤쪽에는 약사삼불이 앉았던 자리가 완연한 형태로 남아 있었다고 한다. 또한 약사삼불의 손은 외적(外賊)이 잘라 땅속에 묻었다고도 한다.

보물 제1277호 삼층석탑은 9세기 후반에 조성된 것으로 1997년 4월 대웅전 앞에서 지금의 자리로 옮기면서 해체하여 복원하였는데, 이때 위층 기단 안에서 나무 궤짝이 발견되었다. 그 안에는 곱돌로 만든 소형탑 25기와 청동제 불대좌 조각 2점, 철 조각 6점, 문서를 기록한 종이 1매 등이 들어 있었다. 보물 제1292호 철조 노사나불좌상은 복원과정 중 오른쪽 등판면에서 약 10행 161자로 된 글이 발견되었다.

▶▶ 태백시

장명사 長明寺

강원도 태백시 장성동 228-1. 강원도 유형문화재 제144호 장명사 목불 좌상은 원래 금강산의 한 사찰에서 모시다가 해방 이후 이곳에 모시게 되었다고 한다. 이 불상은 통견의 결가부좌로 손모양으로 보아 석가모니불로 생각된다. 조선 후기 17세기 중반 경에 만들어진 불상인 것으로 추정된다. 주변은 금강 소나무 숲으로 유명하다.

본적사지 本寂寺址

강원도 태백시 황지동 467-10. 강원도 문화재자료 제126호 본적사지 삼층석탑재는 30여 년 전 이한묵 씨가 절터에 밭을 개간할 때 현재 집터 뒤에 묻혀 있던 것을 발견하여 다른 곳에 옮겨 놓았다가, 그 후 주변에 집들이 들어서면서 흩어져 하수도 뚜껑, 방 구들장, 주춧돌, 담장 등으로 쓰이기도 하였다. 현재 태백석탄박물관에 보관 중이다.

▶▶ 속초시

향성사지 香城寺址

강원도 속초시 설악동 산11-2. 보물 제443호 삼층석탑은 속초에서 설악산으로 들어가는 설악동 어귀에 세워져 있는데, 1966년 해체하여 보수공사를 하였는데, 사리장치나 유물은 이미 없었다. 통일신라 말 9세기경에 만들어진 것으로 추정된다.

신흥사 神興寺

강원도 속초시 설악동 170. 신흥사는 신라 진덕여왕 6년(652)에 자장이 향성사(香城寺)라는 이름으로 세웠으나 효소왕(孝昭王) 7년(698)에 화재로 불타 버렸다고 한다. 효소왕 10년(701) 의상대사(義湘大師)가 이곳에서 북쪽으로 약 2㎞ 떨어진, 지금의 내원암(內院庵) 터에 사찰을 중건하고 선정사(禪定寺)라 개칭(改稱)하였으나 조선 인조(仁祖) 20년(1642) 화재를 당하여 그 2년 뒤 영서(靈瑞), 혜원(惠元), 연옥(蓮玉) 세 스님이 이곳에 중건하고 신흥사라 하였다. 영서 스님의 꿈에 신인(神人)이 나타나 절을 다시 일으키라 하여 사찰을 중건하고 신흥사(神興寺)라 하였다 한다. 조선 후기에도 많은 건물들이 중건, 중수되었으나 1950년 6·25로 많은 피해를 당하였다. 1971년 일주문, 사천왕문 등을 복원하였다. 현존하는 건물로는 극락보전, 명부전, 영산전, 보제루 등을 비롯하여 3개의 문(門)과 여러 부속 암자가 있다. 강원도 유형문화재 제14호 극락보전은 현종 5년(1664)년에 세운 건물로 팔작지붕이다. 유형문화재 제15호 경판, 제104호 보제루는 조선 영조 46년(1770)에 세워진 것으로 휴정 등 고승 60여 분의 영정을 모시고 있다. 제143호 목조 아미타 삼존불좌상 및 복장유물은 극락보전 내 모셔진 삼존불 좌상은 중앙의 아미타불을 중심으로 관음보살(향우(向右))과 대세지보살(향좌(向左))이 협시불로 봉안되어 있으며 불상 바닥의 묵서명(墨書銘)과 관음보살 복장에서 발견된 축원문에 의해 1651년(순치(順治)8年, 효종 2년) 무염(無染) 스님에 의해 조성되었음을 알 수 있다. 명부전에는 지장보살을 모셨다. 강원도 문화재자료 제115호 부도군은 조선 인조 22년(1644)에 신흥사가 중건된 이후 역대 고승들의 부도를 단일 장소에 조성한 것으로 19개의 부도이다. 대원당탑(大圓堂塔) 등 3개가 원당

모양의 부도이며, 성곡당탑(聖谷堂塔) 등 16개가 석종 모양인데, 주인을 알 수 있는 것이 12개이다. 부도와 함께 신흥사의 유래를 알수 있는 신흥사사적비(神興寺事蹟碑)를 비롯하여 강세황(姜世晃)이 쓴 용암당대선사비(龍巖堂大禪師碑) 등 6개의 비석이 있는데, 1764년부터 1827년 사이에 세워진 것이다.

▶▶ 삼척시

영은사 靈隱寺

강원도 삼척시 근덕면 궁촌리 924. 영은사는 통일신라 진성여왕 6년(892)에 범일(梵日 810~889) 조사가 처음 지은 절로, 이때에는 궁방사(宮房寺)라 하였다. 명종 22년(1567) 사명 유정(泗溟 惟政)이 머물면서 지금의 위치로 옮겨 중창하고 운망사(雲望寺)라 했다. 선조 18년(1585)에 사명대사가 지금의 자리로 다시 옮겨 지으면서 영은사라고 이름을 바꾸었다. 선조 25년(1592) 임진왜란 때 병화로 전소하고 그 뒤 산불로 절이 모두 불탄 것을 순조 5년(1805)에 다시 지었다고 전한다. 1810년 학송(鶴松)이 석가여래삼존불을 봉안했고, 철종 6년(1855) 서암(西巖)이 괘불(掛佛)을 조성했다. 그 뒤 고종 1년(1864) 심검당(尋劍堂)을 지어 오늘에 이르고 있다.

현존하는 건물로는 대웅보전과 팔상전, 심검당, 설선당, 칠성각, 요사채 등이 있다. 강원도 유형문화재 제76호 대웅보전은 순조 5년(1805)에 다시 지었다고 전하며 내부에는 석가모니삼존불상을 모시고 있고 5폭의 탱화가 있다. 제77호 팔상전은 조선 인조 19년(1641)에 지었다고 하는데, 건축 양식은 조선 후기 건물이다. 내부에는 영조 36년(1760)에 그린 탱화 8점이 모셔져 있다. 제108호 괘불은 철종 7년(1856)에 제작되어 영은사 팔상전에 봉안했다는 기록이 있어 영은사를 중건한 후 제작한 것으로 보인다.

천은사 天恩寺

강원도 삼척시 미로면내 미로리 785 두타산(頭陀山) 동쪽에 있다. 신라 경덕왕 17년(758) 두타삼선(頭陀三仙)이 백련(白蓮)을 가지고 이곳으로 와 절을 창건한 뒤 백련대(白蓮臺)라 했다. 문성왕 1년(839) 통효(通曉) 국사 범일(梵日)이 극락보전 등을 건립하고 규모 있는 절로 만들었으며, 고려 충렬왕 때(1274~1308) 이승휴(李承休)는 두타산 아래에 용안당(容安堂)이라는 별장을 짓고 10여 년 동안 인근 삼화사(三和寺)의 대장경을 빌려 공부했다. 그는 이 절의 용계(龍溪)에서 『제왕운기(帝王韻紀)』를 저술했고, 충렬왕 30년(1304) 71세 되던 해에는 용안당을 간장암(看藏庵)으로 바꾼 뒤, 이 절에 전답 등을 시주했다고 한다. 조선 선조 31년(1598)에는 청허 휴정서산대사(淸虛 休靜, 西山)가 중건하고, 절의 서남쪽에 있는 봉우리가 검푸른 것을 보고 흑악사라고 이름을 바꿨다. 숙종 32년(1706) 화재로 소실되자 이듬해 중건했고, 순조 31년(1831)과 1897년에도 중수했다. 광무 3년(1899) 태조 이성계(李成桂)의 4대조인 목조(穆祖)의 능을 수축하고 이 절을 목조의 원당으로 삼았는데, 이때부터 천은사로 고쳐 부르게 되었다. 1950년 6·25전쟁 때 불탄 뒤 명맥만 유지해 오다가 1976년 주지 문일봉(文一峰)이 부임해와 법당과 육화전(六和殿), 영월루(暎月樓), 삼성각 등을 신축했고, 요사채를 중수하여 오늘에 이르고 있다. 강원도 유형문화재 제147호 목조 아미타삼존불좌상은 1779년(정조 3) 개금된 불상을 1976년 다시 개금할 때 복장에서 『법화경』이 나왔다. 또한 1985년 사찰에서 발견한 금동 약사여래입상이 있는데, 통일신라 후기의 작품으로 추정된다. 절로 들어가는 마을 입구의 천은사 기실비(天恩寺記實碑)는 심지황(沈之潢)이 글을 써서 세운 사적비이다. 또한 절 아래에는 고려 때부터의 도요지 자리가 있어 청자 파편과 청기와 등이 출토되고 있다.

신흥사 新興寺

강원도 삼척시 근덕면 동막리 1332. 신흥사는 진덕여왕(眞德女王) 3년(889) 범일국사(梵日國師)가 창건하여 지흥사(池興寺)라 하였다고 한다. 혹은 민애왕 원년(838), 진성여왕 3년(892)이라는 설도 있다. 이후 조선 현종(顯宗) 15년(1674) 현 위치로 이전하여 광운사(廣雲寺)라 하였고, 후에 다시 운흥사(雲興寺)로 개칭하였다. 영조(英祖) 46년(1770) 화재로 소실된 것을 중건하고 순조(純祖) 21년(1821) 신흥사(新興寺)라 개명하였다. 철종 14년(1863) 중수하면서 이헌규의 은덕을 기려 은중각(恩重閣)이라는 사당을 짓고 1년에 한 번씩 제사를 지냈다. 1983년 주지 재황(載璜)이 학서루(鶴棲樓)를 세워 오늘에 이르고 있다. 부속 암자로는 청련암(靑蓮庵)이 있다. 현존하는 건물로는 대웅전과 설선당(說禪堂), 산신각, 심검당(尋劍堂), 학서루, 요사채, 산문 등이 있다. 이 중 대웅전에는 삼존불을 비롯하여 탱화 6점이 봉안되어 있는데, 5점은 건륭(乾隆) 연간(1736~1795)의 것이고, 1점은 철종 12년(1861)에 조성한 것이다.

강원도 문화재자료 제108호 설선당 및 심검당은 요사(寮舍)로 설선당에는 정종 20년(1796)과 1875년에 각각 조성한 탱화가 있다.

심검당에는 종파(從波), 침파(枕波), 몽은(夢隱), 해운(海雲), 벽파(碧波) 등 10점의 큰스님 진영이 봉안되어 있었다. 절의 입구에 있는 부도 전에는 4기의 부도와 2기의 비가 있다. 부도는 영조 47년(1771) 세운 화운(華雲)의 부도 등이 있으며, 비는 1860년 세운 영담 대사비와 1771년 세운 화운당 대사비가 있다.

▶▶ 홍천군

수타사 壽陀寺

강원도 홍천군 동면 덕치리 9. 수타사는 신라 성덕왕 7년(708)에 세워 일월사(日月寺)로 불렸다고 전한다. 조선 선조 2년(1569) 공잠 대사가 현 위치로 옮겨 지으면서 수타사(水墮寺)로 이름을 바꾸었다고 한다. 지금 있는 절은 고종 15년(1878) 크게 고친 것으로, 대부분의 건물을 이때 고쳐 지었고 이름도 수타사(壽陀寺)로 바꾼 것이라고 한다. 보물 제11-3호 동종은 사인비구에 의해서 만들어진 조선시대 18세기 종이다. 강원도 유형문화재 제17호 대적광전 내부에는 비로자나불을 모시고 있다. 유형문화재 제121호 소조사천왕상, 제122호 영산회상도, 제123호 지장시왕도, 강원도 문화재자료 제11호 삼층석탑, 문화재자료 제15호 홍우당부도가 있으며, 작은 전시관에는 보물 제745-5호 월인석보(권17, 18) 등이 전시되고 있다.

물걸리사지 物傑里寺址

강원도 홍천군 내촌면 물걸리 589-1. 통일신라시대의 홍양사가 있던 것으로 전해진다. 현재 문화재로는 석조여래좌상(보물 제541호), 석조비로자나불좌상(보물 제542호), 대좌(보물 제543호), 대좌 및 광배(보물 제544호), 삼층석탑(보물 제545호)이 보존되어 있다.

쌍계사 雙溪寺

강원도 홍천군 내촌면 서곡리 18. 쌍계사는 신라 때 서곡대사가 창건했다고 전한다. 강원도 유형문화재 제126호 동해 지상사 철불좌상은 원래 지향사 터에 방치되어 있던 것을 1908년 남쪽으로 500m 떨어진 지금의 지상사에 모셔 놓은 전체 높이 1.1m의 불상이다. 왼손과 오른손 일부, 오른쪽 무릎, 귀의 일부, 머리 부분 등 신체 대부분이 파손되어 새로 보수한 것이다. 현재 대웅전에 모셔져 있으며 만들어진 시기는 고려 초기로 추정된다.

전해지는 이야기로 서곡대사가 절터를 보면서 계란을 묻어 닭이 울어야 명당이라고 했는데, 밤중에 계란을 묻었더니 과연 새벽에 닭 두 마리가 홰를 치면서 울었다고 한다. 이런 연유로 쌍계사(雙鷄寺)로 이름 지었다가 43년 전 서울 수정사에서 온 강월하 스님이 두 줄기의 물 흐름을 보고 쌍계사(雙溪寺)로 이름을 고쳤다. 또 서곡대사는 주민들의 병고를 덜어주고 풍흉을 예언하였는데, 어느 날 촌부 한 사람이 대관령에서 대사를 만났는데, 대사가 촌부에게 '쌍계사에 가서 내 장례를 지내 달라.'고 하였다. 돌아오는 길로 절에 가 보니 정말로 서곡대사의 시체가 있었다. 사람들은 후하게 장례를 지낸 후 서곡대사가 생불이 되었다고 믿게 되었다. 주변에는 석종형 부도가 있다.

▸▸ 횡성군

성덕사지 成德寺址

강원 횡성군 공근면 상동리 495-1. 강원도 유형문화재 제20호 상동리 석불좌상, 제21호 상동리 삼층석탑이 남아 있다.

봉복사 鳳腹寺

강원도 횡성군 청일면 신대리 239(138) 덕고산(德高山) 남쪽 기슭에 있다. 신라 진덕여왕 1년(647) 자장(慈藏) 율사가 창건했다. 진덕여왕 6년(652)에 천진암(天眞庵)을 건립하였다. 당시의 절터는 현재 삼층석탑이 세워져 있는 곳이었다. 문무왕 9년(669) 화재로 소실되자 원효(元曉)가 중창하기 위해 재목을 구해 공사를 시작하려 했다. 그러나 장소가 마땅하지 않아서인지 어느 날 밤사이에 부처님이 재목 등을 지금의 자리로 옮겨 절터를 계시했다고 한다.

절의 전성기에는 승려가 100인이 넘게 머물렀고, 산내 암자도 낙수대(落水臺), 천진암(天眞庵), 반야암(般若庵), 해운암(海雲庵) 등 9개였다고 한다. 영조 23년(1747) 서곡선사가 다시 중건하였고, 1901년 일본군과 싸우던 의병들의 방화로 불탄 뒤 1907년 주지 취운(翠雲)이 중건하여 봉복사(奉福寺)를 지금의 이름으로 바꿨다. 1950년 6·25전쟁 때 다시 불탄 뒤 중건했다. 현존하는 건물로는 인법당(因法堂)을 비롯하여 삼성각, 국사당(國祠堂), 요사채 등이 있다. 문화재로는 강원도 유형문화재 제60호 신대리 삼층석탑이 사찰에서 40미터 떨어진 옛 절터에 있고, 입구에는 7기의 부도가 있다.

▶▶ **영월군**

흥녕선원지 興寧禪院址

강원도 영월군 수주면 법흥리 385. 흥녕사는 자장율사가 세웠다고 전해지며, 선종 9산문 중의 하나인 사자산문의 징효대사에 의하여 크게 번창하였다. 그 후 진성여왕 4년(891)에 전쟁으로 불에 타 없어져 고려 혜종 원년(943)에 다시 세웠으나, 계속되는 재해로 폐허가 되고 현재는 선원지만 남아 있다. 전해오는 이야기에 의하면 흥녕선원지의 길을 가리키는 3개의 안내 석탑과 1개의 불상이 있었다고 한다.

석탑은 충북 제천시 장락에 있는 석탑과 무릉리의 삼층석탑, 주천리의 삼층석탑이고, 입구 옆에 있는 돌에 새긴 마애여래좌상은 흥녕사의 수호불이라고 전해진다.

법흥사 法興寺

강원도 영월군 수주면 법흥리 422-1. 월정사의 말사로 자장이 선덕여왕 12년(643) 당나라에서 돌아와 오대산 상원사, 태백산 정암사, 영취산 통도사, 설악산 봉정암 등에 부처의 진신사리를 봉안하고, 마지막으로 이 절을 창건하여 역시 진신사리를 봉안했으며 흥녕사라고 이름 붙였다. 헌강왕 때 절중이 중창하여 선문구산(禪門九山) 중 사자산문(獅子山門)의 중심 도량으로 삼았으며, 진성여왕 5년(891)에 불에 타고 혜종 1년(944)에 중건했다. 그 뒤 다시 불에 타서 천 년 가까이 작은 절로 명맥만 이어 오다가 1902년 비구니 원각 스님이 중건하고 법흥사로 이름을 바꾸었다. 1930년에 중건했으며, 1931년 산사태로 옛 절터의 일부와 석탑이 유실되었다.

문화재로 보물 제612호 흥녕사 징효대사탑비, 강원도 유형문화재 제72호 징효국사 부도, 진신사리를 봉안했다는 강원도 유형문화재 제73호 부도(사리탑), 당나라에서 사리를 넣어 사자 등에 싣고 왔다는 강원도 유형문화재 제109호 석분(石墳) 등이 있다. 현재 진입로 오른쪽에는 종모양의 부도 1기와 사리탑의 기단석으로 보이는 돌이 나란히 놓여 있고, 주위에는 주춧돌 10여 개가 묻혀 있다

보덕사 報德寺

강원도 영월군 영월읍 영흥리 1110. 보덕사는 신라 문무왕 8년(668)에 의상조사가 창건하고 지덕사(旨德寺)라 했다고 한다. 그 후 고려 의종 15년(1161)에 운허선사(雲虛禪師)와 고려 명종 때 원경국사(元敬國師)가 극락보전, 사성전, 염불암, 고법당, 침운루 등을 증축하였다고 한다. 1457년 단종이 노산군으로 강봉되어 유배되었을 때는 사찰 이름을 노릉사(魯陵寺)로 고쳐 부른 때도 있었다. 영조 2년(1726)에 태백산 보덕사로 개칭하고 장릉(莊陵)의 능찰(陵刹)이 되었다. 경내 건물로는 극락보전, 사성전, 칠성각, 산신각 등이 있다.

강원도 문화재자료 제23호 극락보전은 고려 의종 15년(1161) 운허선사와 원경국사가 지었다고 전한다. 문화재자료 제132호 해우소(解憂所)가 있는데, 해우소는 '근심을 해결하는 상소'로 화장실을 이르는 말이다. 상량문을 통해 조선 고종 19년(1882)에 세운 건물이다.

금몽암 禁夢庵

강원도 영월군 영월읍 영흥리 1117. 보덕사의 부속 암자로 통일신라 문무왕 20년(680)에 의상조사가 '지덕암'이라 이름 지어 세운 것이다. 그 뒤 이곳 암자를 단종이 꿈에서 보았다 하여 금몽암이라 고쳐 불렀으며, 임진왜란 때 소실된 것을 새로 세웠다. 숙종 24년(1698) 단종이 복위되고 보덕사가 원찰이 되자 이 암자는 자연히 폐쇄되었고, 영조 21년(1745) 당시 단종의 무덤인 장릉을 관리하던 나삼이 다시 옛터에 암자를 지어 '금몽암'이라 하였다. 강원도 문화재자료 제25호로 내부에 석조여래입상을 모시고 있다.

서곡정사 瑞谷精舍

강원도 영월군 서면 쌍용 1리 140－2. 강원도 유형문화재 제128호 석조 약사여래입상은 원래 쌍용사로 불리던 절터에 있었으나 1980년경 광산 개발로 인하여 서곡정사로 옮겨 약사전에 봉안되었다. 고려시대 불상으로 추정된다. 주변에는 3층석탑이 있는데 원위치는 쌍룡역 뒤편의 폐사지에 있었다고 전해지나, 쌍룡양회에서 석회석광산으로 개발하는 과정에서 현 위치로 이전 복원하였다고 한다.

상원사 上院寺

강원도 평창군 진부면 동산리 산1 오대산(五臺山)의 중대(中臺)에 있다. 신라 성덕왕 4년(705) 보천(寶川)과 효명(孝明)이 창건하여 진여원이라 했다. 원래는 자장(慈藏)이 신라 선덕여왕 12년(643) 당나라에서 귀국한 뒤 태백산 정암사(淨岩寺)를 비롯하여 영축산 통도사(通度寺), 설악산 봉정암(鳳頂庵), 사자산 법흥사(法興寺), 그리고 이 절의 위치에 부처님 진신사리를 봉안하고 잠시 머물렀던 적이 있었다. 고려 말에 이 절은 극도로 황폐해 있었으나 나옹 혜근(懶翁 慧勤, 1320~1376)의 제자 영령암(英靈庵)이 오대산을 유람하던 중 터만 남은 이 절을 보고 판서 최백청(崔伯淸)과 그의 부인 김(金)씨의 시주로 우왕 2년(1376) 중창에 착수하여 이듬해 가을 낙성을 보았다. 태종 1년(401) 봄 이 절의 사자암(지금은 중대암)을 중건할 것을 권근(權近)에게 명하여 불상을 봉안하고, 스님들의 거처로 사용할 집과 목욕소를 만들었다. 또한 그해 11월 태종은 사자암에 행차하여 성대한 법요식과 낙성식을 베풀었다. 이때 태종은 다시 권근에게 명하여, "먼저 떠난 이의 명복을 빌고, 후세까지 그 이로움이 미치게 하여 남과 내가 고르게 부처님의 은혜를 받게 하고자 하니, 경은 기록을 남겨 오래도록 후세에 알게 하라."고 했다. 또한 세조(1455~1468)는 이 절에서 문수동자를 만나 괴질을 치료받고, 고양이에 의해 자객의 습격을 피하기도 했다. 그러므로 세조는 혜각 신미(慧覺 信眉)와 학열(學悅)의 권유로 이 절을 중창했다. 세조 11년(1465) 학열이 공사의 총감독을 맡았고, 인수대비(仁粹大妃)는 쌀 5백 석과 비단 천 필을 함께 내어 공사비에 충당하게 했다. 예종은 세조의 뜻을 따르기 위해 예종 1년(1469) 세조의 원찰로 삼고, 전대에 하사한 전답에 대해서는 조세하는 것을 금했다. 1946년에 건물이 전소되어 1947년에 월정사 주지 지암 종욱(智庵 鍾郁)이 금강산 마하연사(摩訶衍寺)의 건물을 본떠 중창했다.

현존하는 건물로는 선원을 중심으로 소림초당(少林草堂), 영산전, 종각인 동정각(動靜閣), 후원 등이 있다.

이곳에는 설화로 문수동자상에 얽힌 설화가 유명하다. 괴질에 시달리던 세조가 월정사를 거쳐 상원사로 가던 중 시종들을 멀리하고 계곡 물에 들어가 목욕을 했다. 이때 동자 하나가 숲속에서 걸어 나오자, 세조는 동자에게 시원하게 등을 밀어 달라 부탁했다. 이어 세조가 "그대는 누구에게도 임금의 옥체를 씻어 주었다고 말하지 말라."고 하자, 동자는 "임금도 어디 가서 문수보살을 만났다 말하지 말라."고 했다. 말을 마친 동자는 홀연히 사라져 버렸고, 세조는 몸에 났던 종기가 씻은 듯이 나았다. 세조는 감격하여 화공에게 명하여 문수동자의 모습을 그리도록 했으며, 이어 나무로 문수동자상을 조각하도록 하여 상원사에 봉안했다. 또한 이 절에는 고양이 석상이 있는데, 세조가 고양이 때문에 자객으로부터 살아남을 수 있었다 하는 설화를 간직하고 있다. 오대산에서 괴질을 고친 세조는 곧바로 법당으로 올라가 예배를 올리고자 했다. 그런데 어디선가 고양이 한 마리가 나타나 세조의 옷자락을 물고 잡아당겼다. 이상히 여긴 세조는 병사들을 시켜 법당 안팎을 샅샅이 조사하게 했다. 뜻밖에도 불탄 밑에 자객이 숨어 있었다. 세조는 자신의 목숨을 구해 준 고양이의 은혜에 보답하기 위해 고양이를 위한 밭(猫田)을 하사하고, 한 쌍의 고양이를 돌로 새겼다. 이후 세조는 서울 근교에도 여러 군데 묘전을 설치하고 고양이를 길렀다. 지금도 이 절에는 법당의 돌계단 옆에 한 쌍의 고양이 석상이 있다.

『삼국유사』에 의하면, 보천(寶川)과 효명(孝明) 두 왕자가 오대산에 들어가 형인 보천은 중대 남쪽 진여원 아래의 푸른 연꽃이 핀 곳에 암자를 짓고 살았으며, 아우 효명은 북대(北臺) 남쪽산 끝의 푸른 연꽃이 핀 곳에 암자를 짓고 살았다. 이 두 형제는 오대에 나아가 항상 정성을 다해 예배하고 염불했으며, 날마다 이른 아침에 골짜기의 물을 길어 차를 달여 1만 진신(眞身)의 문수보살에게 공양했다. 마침 신라의 왕이 죽자 나라 사람들이 오대산에 와서 두 왕자를 서라벌로 데려가려 했으나 보천은 울면서 돌아가려 하지 않자, 효명만 서라벌로 돌아가 왕위에 추대됐다. 그 뒤 20여 년이 지난 705년 3월 8일 진여원을 처음으로 세웠다. 보천은 오대산을 나라를 돕는 신행결사도량으로 만들 것을 유언했다. 유언에 따라 진여원에 문수보살상을 모시고 낮에는 『반야경』과 『화엄경』을 독송하게 했으며, 밤에는 문수예참(文殊禮懺)을 행하게 했다. 또 결사의 이름은 화엄사(華嚴社)라고 했고 복전(福田) 7인을 두었으며, 그 경비는 가까운 주현(州縣)에서 주었다고 한다. 문화재로는 국보 제36호 동종은 신라 성덕왕 24년(725)에 만들어졌다. 국보 제48호 팔각구층석탑, 보물 제139호 석조보살좌상, 제221호 목조문수동자좌상, 보물 제793호 목조 문수동자좌상 복장유물, 보물 제1375호 팔각구층석탑 내 발견유물일괄, 강원도 유형문화재 제28호 적멸보궁, 성보박물관에는 강원도 유형문화재 제52호 목조보살좌상, 제53호 육수관음상과 제130호 영원사 목불좌상 및 복장유물, 제131호 북대 고운암 목조 석가여래좌상 및 복장유물, 제132호 운흥사 목조아미타불좌상 및 복장유물, 제133호 용다사 동종, 제134호 영원사 비로자나불후불탱화, 제135호 영원사 감로탱화, 제136호 구룡사 삼장탱화 및 복장유물, 제137호 운수암 관음변상탱화, 제138호 운흥사 천룡탱화, 제139호 보덕사 사성전

후불탱화 및 복장유물, 제140호 영은사 범일국사진영, 제141호 영은사 사명당 대선사진영, 제148호 삼척 천은사 금동약사여래입상, 문화재자료 제134호 오대산 중대불량문, 제135호 오대산 중대불량계원수복문, 입구에 문화재자료 제42호 월정사 부도군 등이 있다.

수정사 水精寺

강원도 평창군 진부면 동산리 오대산(五臺山)에 있으며 월정사의 산내 암자이다. 신라시대에 왕자 효명(孝明)과 보천(寶川)이 창건했다. 이들은 오대산에 들어가 수도하다가 20여 년이 지난 뒤 성덕왕 4년(705) 상원사(上院寺)를 창건했으므로 이 무렵 이 절도 창건한 것으로 추정된다. 그 뒤 이곳에 미타방(彌陀房)을 두어 백색의 원상 무량수불(圓像無量壽佛)을 중심에 두고 1만의 대세지보살을 그려 봉안했으며, 낮에는 『법화경』을 염하고 밤에는 미타예참(彌陀禮懺)을 염했다. 태조 1년(1392) 가을 원인을 모르는 화재로 전소되자 조계운(曹溪雲), 석나암(釋懶庵), 유공 목암(游公 牧庵) 등이 시주를 받아서 1393년 봄 한강의 시원지라고 하는 우통수(于筒水) 옆에 절터를 잡아 중건에 착수했다. 공사가 시작된 며칠 뒤 그 자리의 흙을 파자 창건 당시의 주춧돌이 발견되어 사람들은 서로 경하하면서 "하늘이 화재를 내어 옛터를 계시한 것"이라고 했다. 그해 가을 법당과 욕실을 낙성하고 미타 8대 보살을 그려 법당에 봉안했다.

▶▶ 정선군

정암사 淨岩寺

강원도 정선군 고한읍 고한리 산214. 정암사는 자장(慈藏)이 선덕여왕 5년(636)에 당(唐)나라에 들어가 문수도량(文殊道場)인 산시성[山西省] 운제사(雲際寺)에서 21일 동안 치성을 올려 문수보살을 친견(親見)하고, 석가의 신보(神寶)를 얻어 귀국한 후 전국 각지 5곳에 이를 나누어 모셨는데, 그중 한 곳이 이 절이었다고 한다. 숙종 39년(1713) 자인(慈忍), 일종(一宗), 천밀(天密)이 수마노탑을 중수했으나, 이해 8월 낙뢰로 탑의 일부가 파손되자 1719년 천밀이 다시 중수했다. 정조 12년(1788) 적멸보궁(寂滅寶宮)을 중창하고 탑을 보수했다. 철종 9년(1858)에는 해월(海月), 대규(大圭)가 적멸보궁과 탑을 중수했다. 1919년 절을 새롭게 중창했으며, 1972년 낙후된 수마노탑을 다시 중수했다. 통도사, 법흥사, 상원사, 봉정암의 적멸보궁과 더불어 우리나라 5대 적멸보궁의 하나로 유명하다.

보물 제410호 정암사 수마노탑은 적멸보궁 뒤의 산비탈에 세워진 7층의 모전석탑이다. 모전석탑이란 전탑을 모방한 탑으로, 돌을 벽돌 모양으로 깎아 쌓아 올린 탑을 말한다. 파손이 심해서 1972년에 해체·복원되었는데, 이 과정에서 탑을 세운 이유를 담은 탑지석(塔誌石) 5개와 금·은·동으로 만들어진 사리구가 발견되어 조선 후기에 이르기까지 여러 차례 보수되었음을 알 수 있다. 강원도 문화재자료 제32호 적멸보궁은 석가모니불의 진신사리를 모셔놓은 건물로 신라 선덕여왕 때 자장율사가 석가모니불의 사리를 정암사에 수마노탑을 세워 안치하고 이를 지키기 위해 세운 것이다. 영조 47년(1771)에 고쳐 지은 것으로 미루어 18세기 초에 세운 것으로 추정되며, 이 후에도 여러 차례 보수하였다.

▶▶ 철원군

도피안사 到皮岸寺

강원도 철원군 동송읍 관우리 450 화개산(花開山)에 있으며, 신라 경문왕 5년(865) 연기 도선(烟起 道詵)이 향도(香徒) 1천 명과 함께 이 절을 창건하고 삼층석탑과 철조비로자나불좌상을 봉안했다. 1898년 봄 화재로 전소된 뒤, 주지 월운(月運)이 강대용(姜大容)의 도움을 받아 법당을 짓고 불상을 봉안했으며, 승료(僧寮)와 누헌(樓軒) 등을 중수했다. 1927년에는 모든 건물을 새롭게 보수했다. 1950년 6·25전쟁 때 소실된 뒤, 1959년 보병 제15사단 사단장 이명재(李明載) 장군이 중건하여 1985년까지 그 관리를 군에서 맡아 했다. 1988년 대적광전과 삼성각, 요사채를 신축하여 오늘에 이르고 있다. 국보 제63호 철조비로자나불좌상은 도선대사가 만들어 철원의 안양사(安養寺)에 모시려고 했으나 운반 도중에 불상이 없어져서 찾아보니 도피안사 자리에 앉아 있었다고 한다. 그래서 이곳에 절을 세우고 불상을 모셨다고 한다. 신라 말에서 고려 초에는 철로 만든 불상이 크게 유행했는데, 이 작품은 그 대표적인 예로, 불상 뒷면에 신라 경문왕 5년(865)에 만들었다는 내용의 글이 남아 있다.

보물 제223호 도피안사 삼층석탑은 기단구조가 특이한데 보통 4

각의 돌을 이용하는 데 비해 여기에서는 8각 모양의 돌로 높게 2단을 쌓았다. 아래층 기단의 8면에는 안상(眼象)이 조각되어 있다. 높은 고임 형식은 9세기 통일신라의 석탑에서 볼 수 있는 특이한 수법이다.

▶▶ 화천군

계성사지 啓星寺址

강원도 화천군 하남면 계성리 594 일대에 있던 사찰로, 현재 보물 제496호 화천 계성리 석등은 일제강점기에 절터에서 약 200m 밑으로 강제로 옮겨진 것으로 정확한 원래의 위치는 알 수 없다. 현재까지 알려진 6각형 석등은 북한 지역에 2기를 포함하여 모두 4기가 남아 있는데, 이 석등도 그중의 하나이다. 현재 2군단 쌍용포병 사격부대 내에 있어 일반인들은 출입할 수 없다. 화천민속박물관에 모형이 전시되어 있다. 또한 주변 절터에 있던 석탑 부재들은 일부는 원천 초등학교 내에 있다가 화천민속박물관 개관으로 야외에 옮겨져 있다. 화천군청 내에 부재도 이곳의 탑 부재라고 한다.

성불사지 成佛寺址

강원도 화천군 간동면 유촌리 산20−2 용화산성 주변 일대. 강원도 유형문화재 제115호 성불사지 석불입상은 성불사 절터에 있는 불상으로, 현재 머리와 목 부분을 잃어버린 상태이다. 상체와 하체는 딴 돌로 만들어져 분리될 수 있다. 강원도 민속자료 제5호 석장승은 성불사지에서 600m 떨어진 암자터 옆에 서 있다. 장승의 허리 부분이 부러져 아랫부분은 오랫동안 땅에 묻혔다가 최근에 발견되었고, 1993년 5월 마을 주민에 의해 지금의 모습으로 복원되었다.

▶▶ 양구군

심곡사 深谷寺

　　강원도 양구군 양구읍 송천리 11 공작산(孔雀山)에 있다. 신라 헌강왕 5년(879) 도선(道詵)국사가 창건했다. 고려 광종 10년(959) 수백 칸의 건물이 소실되자, 이듬해 도민(道敏), 지현(智賢) 등이 중창했다. 조선 숙종 43년(1717) 다시 불타자 경종 1년(1721) 체선(體洗), 각심(覺心), 청원(淸元), 법능(法能) 등이 내원암(內院庵)을 중창하고 심곡사라 했다. 이때 땅을 파자 다수의 기와가 출토되었는데, 이곳이 곧 예맥시대에 창건된 건봉사(乾鳳寺)였다고 한다. 아울러 대웅전과 산신각도 중건했다. 그 뒤 영조 46년(1770) 혜철(惠哲)과 만진(萬珍) 등이 중수했고, 영조 51년(1775) 지순(智詢)이 중수했다. 이어 고종 15년(1878) 긍찬(肯讚)이, 1915년 주지 안정전(安定典)이, 1923년 각각 중수했다. 6·25전쟁을 거치면서 소실되었으며 새로이 건물로는 대웅전과 산신각, 요사채 등이 있다.

　　절 입구에는 부도군이 있는데 경운당탑(慶雲堂塔), 송암당탑(松巖堂

塔), 설경당탑(雪境堂塔), 서파당탑(西坡堂塔), 청암당탑(靑巖堂塔), 허당봉골탑(盧堂封骨塔), 월암당탑(月巖堂塔) 등과 함께 몇몇 신도들의 탑명(塔銘)도 있다. 강원도 유형문화재 제125호 목조 아미타 삼존불 좌상 및 복장유물이 있는데, 이 불상은 조선 후기 불교 조각의 특징을 잘 보여주는 뛰어난 작품으로 같이 나온 유물을 통해 조선 숙종 42년(1716)에 만들어졌음을 알 수 있다.

▶▶ 인제군

백담사 百潭寺

강원도 인제군 북면 용대 2리 690 설악산(雪嶽山)에 있다. 신라 진덕여왕 1년(647) 자장(慈藏)이 설악산 한계리에 창건하여 한계사라 했다. 신문왕 10년(690) 소실되어 성덕왕 18년(719) 낭천현(狼川縣)의 비금사(琵琴寺)를 옮겨 재건했다. 원성왕 1년(785) 다시 불탔으며, 종연(宗演) 등이 790년 아래쪽 30리 지점으로 이건하고 운흥사라고 이름을 바꿨다. 고려 성종 3년(984) 다시 불탔으므로 준희(俊熙) 등이 북쪽 60리 지점에 이건하고 성종 6년(987) 심원사(深源寺)라고 했다. 그 뒤 별다른 변화 없이 전승되다가 조선 세종 14년(1432) 네 번째 화재로 전소되었다. 1447년 서쪽 1리 지점에 다시 절을 세우고 영축사라 했다. 세조 1년(1445) 김시습(金時習, 법명은 雪岑)이 관음암에서 출가했으며, 이해 화재로 소실되어 재익(載益) 등이 위쪽 20리 지점에 중건하고 백담사라고 이름을 바꿨다. 영조

51년(1775) 겨울 다시 불에 탔지만, 최붕(最鵬) 등이 인법당(因法堂)을 짓고 심원사(尋源寺)라 이름을 바꿨으며, 6년 동안 법당과 향각(香閣) 등을 중건했다. 정조 7년(1783) 최붕과 설담(雪潭)이 중건하고, 심원사를 다시 백담사로 바꿨다. 1905년 용운 만해(龍雲 萬海)가 이 절에 출가한 이래 여기서 『불교유신론(佛敎維新論)』과 『십현담주해(十玄談註解)』, 『님의 침묵』을 집필하여 이른바 만해사상의 고향이 되었다. 1950년 6·25전쟁 때 다시 소실되었으며, 1957년 재건하여 오늘에 이르고 있다. 1988년 12월에는 전두환(全斗煥) 전 대통령이 2년 동안 은거하며 참회 기도를 하기도 했다. 현재 부속암자로는 봉정암, 오세암, 영시암, 원명암 등이 있다.

현존하는 건물로는 극락보전을 중심으로 산령각, 화엄실, 법화실, 요사채 등이 있다. 보물 제1182호 목조 아미타불좌상 부복장유물은 동국대학교박물관 보관 중이다. 극락보전 안에 모셔져 있는 아미타불좌상은 조선 영조 24년(1748)에 만들어졌다.

한계사지 寒溪寺址

강원도 인제군 북면 한계리 90-4. 통일신라시대 때 세워 조선시대 때 폐사된 것으로 추정된다. 1984년의 발굴결과 앞면 3칸·옆면 3칸의 금당터와 부속 건물터를 확인하였다. 통일신라시대의 석탑, 석등, 석불 등의 재료와 고려·조선시대의 명문기와가 많이 발견되고 있어, 한계사가 신라시대부터 조선시대까지 여러 차례 중건을 거듭하였다.

보물 제1275호 남삼층석탑, 제1276호 북삼층석탑이 남아 있다.

봉정암 鳳頂庵

강원도 인제군 북면 용대리 산76. 강원도 유형문화재 제31호 석가사리탑은 설악산에서 제일 높은 곳에 자리하고 있다. 거대한 바위 위에 5층의 탑신(塔身)을 올린 모습으로, 일반적인 탑과 달리 기단부(基壇部)가 없어 마치 바위를 뚫고 높이 솟아오른 듯하다. 신라 선덕여왕 때 자장율사가 중국 당나라에서 석가모니의 사리를 모셔와 이곳에 탑을 세우고 사리를 봉안하였다고 전해지고, 통일신라 문무왕 13년(673) 원효대사를 비롯한 여러 승려들이 암자를 새로 보수한 후 이 탑을 보존하였다고 한다. 현재 탑의 양식으로 보아 고려시대의 작품으로 추정된다.

백련정사 白蓮精寺

강원도 인제군 인제읍 상동 3리 383. 신라시대에 의상대사가 창건했다고 전한다. 절의 위쪽 2㎞ 지점에는 용천(龍泉)이 있는데, 그 물이 계곡을 이루어 절 앞을 지나가므로 '용천수가 흐르는 계곡에 있는 절'이라는 뜻에서 이름을 천곡사(泉谷寺)라 했다 한다. 한말에 용천 곁으로 옮겨 짓고 신수리사(新修理寺)로 이름을 바꾸었다. 1950년 6·25전쟁 때 완전히 소실되어 폐사되었으나, 1966년에 중건했다. 1968년 주지로 취임한 강효진(姜曉進)이 천일관음기도를 행한 뒤 이름을 백련정사로 바꾸었으며, 법당 등을 신축하여 오늘에 이르고 있다. 건물로는 대비전(大悲殿)과 인법당(因法堂)인 관음전이 있다. 대비전 안에는 관세음보살상과 후불탱화 등이 봉안되어 있다. 강원도 문화재 자료 34호 삼층석탑과 석불좌상이 있다. 원래 이 두 문화재는 인제군 남면 신남 1리의 한 암자 옆에 있었으나, 소양댐 건설로 1972년 12월 23일 이 절로 이전 안치했다. 양식상으로 볼 때 둘 다 고려시대에 조성된 것으로 추정된다.

▶▶ 고성군

건봉사 乾鳳寺

강원도 고성군 거진읍 냉천리 38. 건봉사는 전국 4대 사찰의 하나로, 신라 법흥왕 7년(520) 때 아도화상(阿道和尙)이 지은 절이다. 처음에는 '원각사(圓覺寺)'라고 불렸으나, 이 절의 서쪽에 새모양으로 생긴 바위가 있어 건(乾)과 봉(鳳)을 합쳐 '건봉사'로 바뀌게 되었다. 경덕왕 17년(758)에 발징화상이 고쳐 지었고, 고려 공민왕 7년(1358)에 나옹화상(懶翁和尙)이 다시 고쳤다고 한다. 세조 10년(1464)에는 어실각(御室閣)을 짓고 역대 임금의 원당(願堂)으로 삼았고 그 뒤, 사명대사(四溟大師)의 사리와 치아를 봉안하였다. 선조 25년(1592) 임진왜란 때 서산대사(西山大師)가 선조(宣祖)의 명(命)을 받들어 팔도십육종도총섭(八道十六宗都摠攝) 겸(兼) 의병대장(義兵大將)의 직책을 받게 되자 그 제자인 사명대사(四溟大師)가 승병(僧兵)을 모집하였는데 모두 6,000여 명의 승병이 이곳에 합집, 왜적(倭敵)을 무찔렀다 한다. 1950년 6.25 전쟁 때 불타 지금은 옛 절터만 남아 복원하였다. 보물 제1336호 능파교는 대웅전 지역과 극락전 지역을 연결하고 있는 무지개 모양의 다리이다. 강원도 문화재자료 제35호 불이문(不二門)은 해탈문이라고도 하는데 1920년에 세운 것이다.

기둥에는 금강저 문양을 새겨 놓았으며 앞면 처마 밑에는 불이문 (不二門) 현판이 걸려 있는데 해강 김규진이 쓴 것이다.

화암사 禾岩寺

강원도 고성군 토성면 신평리 산136-11. 신라 혜공왕 5년(769) 진 표율사(眞表律使)가 화암사(華嚴寺)라는 이름으로 세운 절이다. 조선 인조 1년(1623)에 소실되었다가 인조 3년(1625)에 고쳐 짓는 등 여 러 차례 소실과 재건을 반복하였다. 고종 1년(1864)에는 지금 있는 자리인 수바위 밑에 옮겨 짓고 이름도 수암사(穗岩寺)라 하였다가 1912년에 다시 화암사(禾岩寺)로 이름을 바꾸었다. 1915년에 화재로 중건하였고 1950년 6·25전쟁 때도 소실되어 중건하는 등 수차례에 걸쳐 화재와 중건을 거듭하였다. 정조가 하사한 관음보살상 6첩 서 병과, 진표의 진영을 비롯한 16점의 진영이 있었다는 기록이 있으나 해방 후 사라졌고, 절 현판과 탱화 등도 도난당했다. 1991년 세계 잼버리대회 준비를 위해 기존 건물을 철거하고 새로 지어 오늘에 이 르고 있다. 현존하는 건물로는 일주문, 대웅전, 삼성각, 명부전, 요사 채 등이 있으며, 조선 후기에 만들어진 것으로 보이는 부도군(浮屠 群)이 남아 있다.

▶▶ 양양군

진전사지 陳田寺址

강원도 양양군 강현면 둔전리 산 37번지 일대. 진전사는 신라 선덕왕 5년(784)에 창건하였다. 우리나라에 선종을 들여온 도의(道義) 선사가 헌덕왕 13년(821) 귀국한 뒤 40년간 머물다 입적한 것으로 알려져 있다. 『삼국유사』를 지은 일연 스님이 14세 때 출가한 절로 이름나 있다. 주변에서 진전(陳田)이라 새겨진 기와조각이 발견되어 절의 이름이 밝혀졌다. 진전사는 대웅전과 요사채 각 1동을 마련해 옛터 주변에 2006년 복원하였다. 국보 제122호 삼층석탑과 보물 제439호 부도가 남아 있다.

선림원지 禪林院址

강원도 양양군 서면 서림리 424 미천골에 있는 절터로, 원래 절은 신라 애장왕 5년(804) 순응(順應)이 창건했다. 1948년 이 절터에서 출토된 범종이 804년 주조된 것으로 기록되어 있다. 경문왕 때(861~875) 홍각(弘覺)이 이 절에 옮겨 왔고, 헌강왕 때(875~886) 그가 크게 중창했다. 고려시대에 산사태로 매몰된 것으로 추정되며, 그 뒤 중창이 이루어지지 못했다. 보물 제444호 삼층석탑, 제445호 석등, 제446호 홍각선사탑비(귀부 및 이수) 보물 제447호 부도가 남아 있다.

성국사지 城國寺址

강원도 양양군 서면 오색리 산1-21. 보물 제497호 양양 오색리 삼층석탑은 완전히 쓰러져 있던 것을 1971년에 복원한 탑이다.

낙산사 洛山寺

강원도 양양군 강현면 전진리 55. 낙산사는 신라 문무왕 16년(661) 의상(義湘)이 창건하였다. 당나라에서 유학을 마치고 귀국한 의상은 기도를 하다가 관세음보살을 만나 보살이 가르쳐 준 곳에 법당을 지어 낙산사라 하였다. 낙산은 범어 보타락가(補陀洛伽)의 준말로서 관세음보살이 항상 머무르는 곳을 말한다. 헌안왕 2년(858) 사굴산파의 개조 통효 범일(通曉 梵日)이 이곳에서 정취보살(正趣菩薩)을 친견한 뒤 낙산 위에 건물을 지어 불상을 봉안했다. 고려 초기에 산불로 소실되었으나, 관음보살과 정취보살을 모신 불전만은 화재를 면했다 한다. 그 후 여러 차례에 걸쳐 다시 지었는데, 현재 원통보전을 비롯하여 종각·일주문·천왕문·선실·승방 등의 건물이 남아 있다.

3대 관음기도도량 중의 하나이며, 또한 관동팔경(關東八景)의 하나로 유명하다. 2005년 4월 6일에 일어난 큰 산불로 대부분의 전각이 소실되었다. 보물 제499호 칠층석탑은 창건 당시 3층이던 것을 세조 13년(1467)에 이르러 현재의 7층으로 조성한 탑이나. 이때 수정으로 만든 염주(念珠)와 여의주를 탑 속에 봉안하였다 한다. 보물 제1362호 건칠 관음보살좌상은 원통보전에 모셔져 있는데, 근처의 영혈사에서 모셔 왔다고도 전해진다. 강원도 유형문화재 제33호 낙산사 홍예문, 제75호 사리탑이 남아 있다.

홍련암 紅蓮庵

강원도 양양군 강현면 전진리 산5-2. 우리나라 3대 관음도량 중 하나인 낙산사는 해변에 자리 잡은 특이한 구조를 갖춘 절이다. 낙산사 옆쪽에 있는 이 불전은 신라 문무왕 16년(676) 의상대사가 세웠고 광해군 12년(1619)에 고쳐 세운 기록이 남아 있으나 지금 있는 건물은 고종 6년(1869)에 고쳐 지어 오늘에 이르고 있다. 의상대사가 붉은 연꽃 위에 나타난 관음을 직접 보고, 대나무가 솟은 자리에 홍련암을 지었다는 설화가 전해 내려오고 있다. 법당 안에는 조그만 관음보살좌상을 모시고 있고 '보타굴'이라는 현판이 붙어 있다.

홍련암은 송강 정철(1536~1593)의 『관동별곡』에 소개된 관동팔경 가운데 하나로 동해 일출로 매우 유명한 곳이다.

명주사 明珠寺

강원도 양양군 현북면 어성전리 488 만월산(滿月山)에 있다. 고려 목종 12년(1009) 혜명(惠明)과 대주(大珠)가 창건하여 그들의 이름을 한 자씩 따서 명주사라 했다. 창건 때 비로자나불좌상을 모신 것으로 보아 화엄종 계통의 절로 추정된다. 인종 1년(1123) 청련암(青蓮庵)과 운문암(雲門庵)을 창건했으며, 선조 14년(1673) 수영(秀瑩)이 향로암(香爐庵)을 창건했다. 숙종 27년(1701)에는 벽옥루(碧玉樓)를 건립했고, 정조 5년(1781)에는 연파 영주(蓮坡 永住)가 원통암(圓通庵)을 창건하고 관세음보살상을 봉안했다. 조선 철종 12년(1861) 화재로 소실되자 중건했다. 고종 16년(1879) 또다시 불탄 뒤 1880년에 중건했다. 광무 1년(1897) 다시 불타자 원통암으로 옮겼다. 1917년에 중건했으며, 1923년에 중수했다. 1950년 6·25전쟁 때 폐허가 되어 한동안 방치되어 있던 것을 1963년 법당과 삼성각, 추성각(秋聲閣)을 중건하여 오늘에 이르고 있다. 현존하는 건물로는 법당과 삼성각, 요사채가 있다. 강원도 유형문화재 제64호 명주사 동종은 조선 숙종 30년(1704)에 만들어진 높이 83㎝의 전형적인 조선 후기 범종이다. 강원도 문화재자료 제116호 명주사 부도군은 부도밭에는 모두 12기의 부도가 자리하고 있으며, 4기의 비석도 함께 남아 있다. 원래는 여러 곳에 흩어져 있었는데, 1994년 지금의 자리로 모두 모아 보존하고 있다. 중봉당선사탑(中峯堂禪師塔)은 현재의 절에서 500m 아래에 있는데, 그 앞의 논이 옛 절터라고 한다.

서림사지 西林寺址

강원도 양양군 서면 서림리 74-1. 강원도 문화재자료 제119호 석조비로자나불좌상은 현재 서림리 상평초등학교 현서분교 교정에 3층 석탑과 함께 보존되어 있는데, 1965년 가까운 논에서 발견되어 옮겨 놓은 것이다. 강원도 문화재자료 제120호 삼층석탑도 원래는 이곳에서 동쪽으로 약 200m 떨어진 논에 있던 것을 1965년 석조비로자나불좌상 옆으로 옮겨 보존하고 있다.

대구광역시 · 경상북도

동화사 桐華寺

대구광역시 동구 도학동 36 팔공산(八公山) 남쪽 기슭에 있다.

동화사는 대한불교조계종 제9교구 본사로 신라 소지왕 15년(493) 극달(極達)화상이 창건하여 유가사라 했다 한다. 그 뒤 심지(心地) 왕사가 중창했는데, 그때가 겨울철인데도 절 주위에 오동나무꽃이 만발했으므로 동화사로 고쳐 불렀다 한다. 그러나 『삼국유사』에는 심지가 이 팔공산에 와서 영심(永深)에게서 받은 불간자(佛簡子)를 던져 떨어진 곳에 절을 이룩한 것이 곧 동화사라 전해지고 있다. 명종 20년(1190) 보조(普照) 국사 지눌(知訥)이 중창했으며, 충렬왕 24년(1298) 국사 홍진(弘眞)이 중건했다. 조선 선조 39년(1606)사명 유정(四溟 惟政)이 중창했고, 숙종 3년(1677) 상숭(尙崇)이 중건했다. 한때는 이 절에서 유정이 영남 도총섭으로서 승군을 지휘했으며, 서 사원(徐思遠)이 격문을 지어 많은 의병들을 모집하여 훈련시키는 등 호국의 본거지가 되기도 했다. 영조 8년(1732) 관허(冠虛), 운구(雲丘), 낙빈(洛濱) 등이 중창하여 오늘에 이르고 있다.

부속 암자로는 금당암(金堂庵), 비로암(毘盧庵), 내원암(內院庵), 부도암(浮屠庵), 양진암(養眞庵), 염불암(念佛庵) 등이 있다.

현존하는 건물은 대웅전을 비롯하여 연경전(蓮經殿), 천태각(天台閣), 영산전, 봉서루(鳳棲樓), 심검당(尋劍堂), 응향각(凝香閣), 천안문(天安門) 등이 있다. 문화재로는 보물 제243호 동화사 입구 마애불좌상, 보물 제244호 비로암 석조비로자나불좌상, 제247호 비로암 삼층석탑, 제248호 금당암 삼층석탑, 제254호 당간지주, 제601호 도학동 부도, 제1505호 사명당 대장진영, 제1563호 대웅전과 유형문화재 제11호 극락전, 제12호 부도군, 문화재자료 제16호 수마제전이 있다. 이 외 성보박물관에는 많은 문화재들이 소장되어 있다.

전해지는 설화로 『삼국유사』에는 심지가 이 절을 창건할 당시의 설화가 전하고 있다. 심지는 중악(中岳)에서 수도하던 중 속리산 길상사(吉祥寺)에서 영심이 그의 스승 진표로부터 계법(戒法)을 전해 받고 점찰법회(占察法會)를 연다는 소식을 듣고 찾아갔다. 그러나 때가 늦어 당(堂)에 올라가서 참례할 수 없었으므로 땅에 엎드려 참례했다. 법회 7일 만에 진눈깨비가 심하게 내리는데 심지의 둘레 10자 안에는 눈이 내리지 않았다. 모두들 이를 신기하게 여겨 심지를 당으로 안내했다. 여기서 그는 열심히 수도하여 진표가 영심에게 준 법통을 계승하는 불간자를 영심으로부터 전해 받았다. 그 뒤 팔공산으로 돌아와 산꼭대기에서 간자를 날려 떨어진 곳, 즉 현재 이 절의 첨당(籤堂) 북쪽 우물이 있는 곳에 절을 짓고 간자를 모셔 동화사의 개조가 되었다고 한다.

염불암 念佛庵

대구광역시 동구 도학동 산124-1. 동화사의 부속 암자로 신라 경순왕 2년(928) 선사 영조(靈祖)가 창건했다. 고려 중기에 보조(普照)국사 지눌(知訥)이 중창했으며, 조선 세종 20년(1438) 다시 중창했다. 이어 광해군 13년(1621) 중창했고, 숙종 44년(1718)과 순조 3년(1803), 헌종 7년(1841)에도 각각 중수했으며, 근대에 이르러서는 1962년 혜운(慧雲)이 중건했다. 현존하는 건물로는 극락전과 동당(東堂), 서당(西堂), 산령각 등이 있다.

대구광역시 유형문화재 제14호 마애여래좌상 및 보살좌상은 통일신라시대 말기에서 고려 초기에 만든 것으로 추정된다. 유형문화재 제19호 청석탑은 현재 유리각에 보호 중이다.

마애불상에 얽힌 설화가 전해진다. 옛날 이 절에 있던 한 승려가 이 바위에 불상을 새길 것을 발원했다. 그러던 어느 날 절 주변에 안개가 끼어 걷힐 줄을 몰랐다. 7일 만에 안개가 걷힘과 동시에 법당에서 나온 승려가 바위 곁에 가 보니 발원했던 불상이 바위 양쪽에 새겨져 있었다고 한다. 이 불상의 조각은 문수보살이 했다고 전해진다.

염불암이라는 이름은 이 불상이 새겨진 바위에서 염불소리가 들렸기 때문에 붙여진 이름이라 한다. 또한 청석탑에는 이 절 일대에 칡덩굴을 찾아볼 수 없는 이유와 관련된 전설이 있다. 지눌이 이 탑을 쌓기 위해 나무로 말을 만들어 타고 서해의 보령과 대천에서 수마노석을 운반해 돌아오던 도중에 산길을 오르던 목마의 다리가 칡덩굴에 걸려 부러지고 말았다. 지눌은 이에 크게 노하여 산신을 불러서 절 부근의 칡덩굴을 모두 없애라고 명령했는데, 그 이후로 이 절 아래의 양진암에서 상봉에 이르는 산등성이에는 칡이 자라지 않고 있다.

북지장사 北地藏寺

대구광역시 동구 도학동 620. 북지장사는 신라 소지왕 7년(485) 극달화상이 세웠다고 전하는 절이다. 이 절에 지장사유공인영세불망비(地藏寺有功人永世不忘碑)가 있는데, 이 비문에도 신라시대의 절이라 기록되어 있다. 옛날에는 팔공산 동화사를 말사로 거느렸었다 한다. 보물 제805호 대웅전은 조선 인조 원년(1623)에 지은 건물로 원래 극락전 또는 지장전으로 사용했던 건물로 추정하고 있다.

내부에는 유형문화재 제15호 석조지장 보살좌상이 모셔져 있으며,

유형문화재 제6호 삼층석탑 2기가 있다.

파계사 把溪寺

대구광역시 동구 중대동 7. 파계사는 통일신라 애장왕 5년(804)에 심지왕사가 세운 절로, 조선 선조 38년(1605)과 숙종 21년(1695) 등 두 번에 걸쳐 다시 지어 오늘에 이르고 있다. 부속 암자로 금당암(金堂菴), 성전암(聖殿庵), 칠성암(七星菴)이 있다.

보물 제992호 건칠관음보살좌상 및 복장유물불상은 유리 상자를 씌워 단독으로 원통전에 모시고 있다. 보물 제1214호 영산회상도, 유형문화재 제7호 원통전(圓通殿), 문화재자료 제7호 설선당(設禪堂), 제8호 산령각(山靈閣), 제9호 적묵당(寂默堂), 제10호 진동루(鎭洞樓), 제11호 기영각(祈永閣) 등 많은 문화재가 있다.

부인사 夫人(符仁)寺

대구광역시 동구 신무동 356 일대. 부인사에는 선덕여왕(632-647)을 기리는 선덕묘(善德廟)라는 사당이 있었던 것으로 추정되며, 고려 때에는 약 2천 명의 승려가 수도했다고 한다. 고려 현종 때(1010~1031)부터 문종 때(1046~1083)에 이르기까지 이곳에 도감(都監)을 설치하여 완성했던 고려 초조대장경(初彫大藏經)의 판각처가 널리 알려져 있다. 초조대장경은 고종 19년(1232) 몽고의 침입 때 대부분 불타 없어지고, 몽고의 침입 이후 중건되었다가 조선 선조 25년(1592) 임진왜란 때 다시 소실되었다. 현재의 건물은 원래의 위치에서 서북쪽으로 약 400m에 위치한 암자 터에다 1930년대 초 비구니 허상득(許相得)이 중창한 것이다. 절터에는 축대, 초석, 당간지주 등 당시의 석조물이 많이 남아 있고, 주변에는 건물초석, 석탑, 석등들이 흩어져 있다. 문화재로 대구광역시 유형문화재 제16호 석등, 제17호 부인사 서탑, 제28호 부도, 문화재자료 제22호 일명암지 석등이 있다. 선덕묘(善德廟)에서는 지금도 음력 3월 보름 선덕제를 지낸다.

법장사 法藏寺

대구광역시 남구 봉덕동 산148. 법장사는 신라시대에 창건되었다고 전한다. 대구광역시 문화재자료 제5호 삼층석탑은 통일신라 석탑의 일반적인 양식을 따르고 있으며, 탑신의 1층 몸돌이 폭에 비해 지나치게 높아 불안정한 비례를 보이고, 지붕돌 층급받침이 4단으로 줄어들어 있다. 탑이 있는 이곳은 원래 고산사(高山寺)가 자리 잡고 있었던 곳인데 조선 선조 25년(1592) 임진왜란(壬辰倭亂)을 겪으면서 사찰은 모두 불에 타고 탑만이 무너진 채 방치되어 오다가 1961년 법장사를 새로이 지을 때 탑도 함께 복원한 것이다. 창건에 얽힌 설화로 신라 말의 한 왕에게는 대를 이을 왕자가 없었다. 어느 날 왕의 꿈에 백발노인이 나타나서 "서쪽으로 수백 리 되는 곳에 산 좋고 물 맑은 곳이 있으니 그곳에 절을 짓고 정성을 다하면 소원을 이루리라."고 했다. 그 뒤 왕명을 받은 신하들이 보름 만에 고산골에 이르렀는데, 앞뒤가 산으로 포근히 둘러싸인데다 옥 같은 물이 흐르고 있었다. 보고를 받은 왕은 그곳에 절을 짓고 고산사라 했으며, 왕비와 시녀를 보내 백일기도를 드리게 했다. 백일기도 후 왕비의 몸에는 태기가 있어 왕자를 낳았고, 이듬해에도 두 번째의 왕자를 낳았으므로 이 경사를 기뻐한 왕은 이 절에 삼층석탑을 세우도록 했다. 그 뒤로 이 절에는 자식 없는 부녀자들의 기도 행렬이 끊이지 않았다고 한다. 그러나 임진왜란 때 불에 타고 삼층석탑만 남게 되었다. 절을 불태운 왜병들이 석탑 속의 보물을 훔치기 위해 탑을 헐려고 하자, 갑자기 소나기가 쏟아지고 뇌성벽력이 쳐서 왜군이 크게 놀라 물러갔다 한다.

용연사 龍淵寺

대구광역시 달성군 옥포면 반송리 865. 용연사는 신라 신덕왕 3년(914)에 보양(寶壤)이 창건했다. 조선 세종 1년(1419)에 천일(天日)이 중건했다. 선조 25년(1592) 임진왜란 때 소실되자, 선조 36년(1603)에 사명 유정(四溟 惟政)이 인잠(印岑), 탄옥(坦玉), 경천(敬天) 등에게 명하여 중창하도록 했다. 광해군 12년(1621) 범종각을 건립했고, 효종 1년(1650) 다시 불이 나서 법당과 요사 등이 모두 소실되었다. 1653년 대웅전과 명부전을 건립했다. 보물 제539호 용연사 석조계단(戒壇)은 계(승려가 지켜야 할 계율)를 수여하는 식장으로, 이곳에서 승려의 득도식을 비롯한 여러 의식이 행해진다. 임진왜란(1592) 때 난을 피해 묘향산으로 옮겼던 통도사의 부처사리를 사명대사의 제자 청진이 다시 통도사로 옮길 때 용연사의 승려들이 그 일부를 모셔와 이곳에 봉안하였다 한다. 조선 광해군 5년(1613)에 계단이 완성되었다. 대구광역시 유형문화재 제41호 극락전과 문화재자료 제28호 삼층석탑이 있나.

청련암 青蓮庵

대구광역시 달성군 가창면 우록리 865. 남지장사는 통일신라 신문왕 4년(684)에 양개조사가 세운 절이라고 전한다. 조선시대에 고승무학대사가 수도한 곳이기도 하며, 선조 25년(1592) 임진왜란이 일어나자 사명대사가 승병들의 훈련장으로 사용하기도 하였다. 그 뒤 효종 4년(1653) 인혜대사가 청련암과 함께 다시 세웠으나, 순조 6년(1806)에 또 화재가 나서 2년 뒤 다시 세웠다고 한다. 대구광역시 유형문화재 제34호 남지장사 청련암(青蓮庵)은 법당과 생활공간의 기능을 겸한 특이한 평면을 가진 건물로, 앞면 3칸·옆면 2칸 규모이다. 그러나 실제로 법당의 기능보다 강당의 기능을 가진 건물로 '인법당'으로도 부르고 있다.

대견사지 大見寺址

대구광역시 달성군 유가면 용봉리 산1 비슬산(琵瑟山) 산정에 있다. 신라 흥덕왕 때(826~836) 창건했다고 전해지며, 조선 태종 16년(1416) 2월 29일과 세종 5년(1423) 11월 29일 이 절에 있던 장육관음석상(丈六觀音石像)이 땀을 흘려 조정에까지 보고되었고, 당시에 속했던 종파는 교종(敎宗)이었다. 전성기에 이 절은 비슬산의 중심적인 절이었다고 한다. 선조 25년(1592) 임진왜란 전후로 폐사된 것으로 알려져 있으며, 그 뒤 1900년 영친왕의 즉위를 축하하기 위해 이재인(李在仁)이 중창했으나, 1909년에 다시 폐사되었다.

대구광역시 유형문화재 제42호 삼층석탑은 비슬산 중턱의 높은 벼랑 끝에 서 있는 탑으로 이중 기단(基壇) 위에 3층의 탑신(塔身)을 올린 모습으로, 1988년에 복원한 것이다.

유가사 瑜伽寺

대구광역시 달성군 유가면 양리 144. 유가사는 신라 흥덕왕 2년 (827) 도성(道成)이 창건했다고 전한다. 진성여왕 3년(889) 원잠(垣岑)이 중창했고, 고려 문종 1년(1047) 학변(學卞)이 중수했으며, 조선 문종 2년(1452) 일행(逸行)이 중수했다. 선조 25년(1592) 임진왜란의 전화로 소실되었다. 숙종 2년(1682) 도경(道瓊)이 대웅전을 보수했으며, 다시 낙암(洛巖)이 중수하여 오늘에 이르고 있다. 부속 암자로는 수도암(修道庵)과 도성암(道成庵)이 있다.

대구광역시 유형문화재 제50호 석조여래좌상은 용화전에 모셔져 있으며 불상과 대좌가 모두 같은 석질의 화강암으로 조성된 것으로, 얼굴 전면과 양 무릎을 시멘트로 보수하였다. 방형 대좌에 보살상이 새겨져 있어 주목되는 고려시대 초기 불상이다.

도성암 道成庵

대구광역시 달성군 유가면 양리 비슬산(琵瑟山) 유가사의 정상에 있다. 신라 혜공왕 때(765~780) 도성(道成)이 창건했다. 도성은 이곳에 머물면서 남쪽 고개에 있는 관기(觀機)와 교우했다. 또한 그는 평소에는 뒤편 바위 위에서 좌선했는데, 하루는 좌선하던 바위 사이로 빠져 공중으로 날아가서 행방을 감추었다 한다. 그 뒤 고려 성종 1년(982) 성범(成梵)이 중창하고 만일미타도량(萬日彌陀道場)을 개설하여 50여 년간 계속했는데, 여러 가지 상서로운 일이 있었다고 한다. 또한 당시 이 지방 신도 20여 명이 해마다 결사(結社)하여 향나무를 채취한 뒤 절에 바쳤는데, 그 향나무가 밤에 촛불과 같은 빛을 발했다고 한다. 1975년 증축 불사로 선원 등을 신축했고, 통일신라시대 후기 삼층석탑이 있으며, 도성국사 나무라 전하는 수령이 400년 된 느티나무가 있다. 전해지는 이야기로 비슬산에 도성과 관기 두 스님이 숨어 살았는데, 관기는 암자에 있었다. 도성의 안부가 궁금할 때에는 나무와 풀들이 북쪽을 향해 드러눕고, 도성이 관기를 보고자 하면 남쪽을 향해 누워 의사를 전달하였다고 한다. 절 서쪽 편 산 위에는 도성이 수도하여 도를 통했다는 도통바위가 있다.

소재사 消災寺

대구광역시 달성군 유가면 용리 4. 소재사는 최초 창건 시기는 신라 시대로 전해지고 있다. 고려 공민왕 7년(1358)에 진보(眞寶)가 중창했고, 조선 세조 3년(1457)에 중건했다. 중종 5년(1510)에 중건했으며, 철종 8년(1857)에 다시 중수하여 오늘에 이르고 있다. 이 절 근처에는 피부병과 고질병에 좋다는 약수가 솟는 금물정(金物井)이 있다.

대구광역시 문화재자료 제43호 대웅전은 2000년 대웅전 보수 시 확인된 상량문의 내용에는 1673년에 명부전과 함께 지었으며, 철종 8년(1857)에 법로(法盧)화상이 중수하였다는 기록이 전하고 있다. 대구광역시 문화재자료 제44호 목조지장보살좌상은 명부전에 봉안되어 있으며 최근 개금불사에서 출토된 복장품에서 강희12년 계축4월일(1674)에 조상했고 건륭6년 신유3월20일(1741)에 중수개금을 시작하여 4월 6일에 마쳤다고 하는 복장기를 확인하였다.

인흥사지 仁興寺址

대구광역시 달성군 화원읍 본리리 남평문씨 세거지 일대에 있었다. 고려 원종 5년(1264) 오어사(吾魚寺)에 있던 무극 일연(無極 一然)이 옮겨 와서 11년간 주지로 있었고, 충렬왕 1년(1275) 중창한 뒤 인흥사(仁弘寺)로 이름을 바꿨다. 이에 충렬왕은 친필의 액(額)을 내리기도 했다. 또한 공민왕이 쓴 현판도 있었다 하며, 고려 말에는 이숭인(李崇仁, 1349~1392)이 이곳에서 공부했다. 선조 25년(1592) 임진왜란 때 소실된 뒤 복원되지 못했다.

현재 절터에는 탑재(塔材)들과, 주춧돌, 돌유구 등이 있다. 원래 이곳에는 삼층석탑 2기가 있었으나, 1기는 1959년 경북대학교 야외로 옮겼고 1기는 수암정사 앞에 허물어진 채 흩어져 있다 복원되었다. 이 절에서 간행된 경전으로는 충렬왕 4년(1278) 간행한 『불설장수멸죄다라니경(佛說長壽滅罪陀羅尼經)』과 1293년 간행한 『대비심다라니계청(大悲心陀羅尼啓請)』이 전해지고 있다. 인흥사지 관련 기록은 대구읍지(1924년)에 있다.

운흥사 雲興寺

대구광역시 달성군 가창면 오리 151 최정산 중턱에 자리 잡고 있는 운흥사는 신라 흥덕왕 4년(829)에 창건했다고 전해진다. 창건 당시에는 동림사(桐林寺)라고 불렀다. 조선 광해군 12년(1620)에 무념 스님이 중건하였고 영조 27년(1757)에 치화 스님이 재건했다고 전해지고 있다. 1965년에 보수하여 오늘에 이른다. 절이 3개 군의 경계에 있어서 사람들의 왕래가 많아 당사 주지가 절을 조용한 곳으로 옮기려고 하였더니 한 노인이 나타나 절 앞의 연못을 메우면 된다고 하였다. 이에 연못을 메웠으나 신도들이 하나도 오지 않자 절을 곡산(谷山)으로 옮기고 수암사(燧巖寺)라 하였다. 그러나 역시 신도가 없어서 현재의 위치로 옮기고, 동화사 산외 말사가 되면서 절 이름을 운흥사로 바꿨더니 번창했다고 한다. 경내에는 정면 3칸, 측면 2칸의 맞배지붕으로 된 대웅전에는 아미타 삼존불을 모시고 있다.

용화사 龍華寺

대구광역시 달성군 유가면 쌍계리 460. 용화사는 1940년 주변 논을 갈다가 나온 석불 3구가 현재 대웅전에 모셔져 있다. 대웅전 기단에는 또한 석룡이 있는데, 금수암 담장에도 1기가 같은 것으로 있다.

화장사 華臟寺

대구광역시 달성군 화원읍 천내리 516-1. 화장사는 1525년에 김보연이 부처님의 계시를 받아 동화사 화원포교당으로 삼았다가 화장사로 했다. 꿈속에 나타난 한 노인이 김보연에게 어느 산 밑에 돌 일곱 개가 있는데 그 돌 가운데 제일 끝에 있는 돌 근처에 절을 지으라고 일러 주어 그곳에 지체 없이 절을 지어 열심히 불공을 올리며 일생을 보냈으며, 죽은 후 일곱 개의 사리가 나왔다고 한다. 화장이란 화장세계를 말하며 극락세계란 뜻을 가지고 있으며, 건물규모는 1919년에 지어진 원통전은 정면 3칸 측면 2칸 팔작지붕으로 되어 있다. 사찰 주위로는 천내리 지석묘와 부도가 남아 있다.

용문사 龍門寺

대구 달성군 화원읍 본리리 1137-1. 인흥사와 관계가 깊었던 고찰로 추측된다. 이 절에 간직된 유물은 법고뿐인데 법고의 몸통인 나무의 결이나 만든 솜씨로 봐서 상당히 오래된 것으로 짐작된다. 절로 들어가는 오른쪽 산기슭에 부도 두 기가 놓여 있다. 이 부도는 넓은 자연석 받침 위에 종 모양의 탑신을 앉힌 것으로 탑신에는 연꽃 모양이 아주 간결하게 조각 돼 있다. 극락전 쪽으로 놓인 부도에 용문사 창건주 수월당대사라고 기록되어 있는 것으로 보아 이 절을 지은 스님의 부도임을 알 수가 있다. 현재 극락전과 산신각만 남아 있다.

연화사지 蓮花寺址

대구광역시 달성군 논공면 노이 1리 마을에 이층 기단의 3층석탑이 남아 있다.

▶▶ 포항시

보경사 寶鏡寺

경북 포항시 북구 송라면 중산리 622. 보경사는 내연산(內延山) 동쪽 기슭에 있다. 신라 진평왕 25년(602) 지명(智明)법사가 창건했다.

지명은 왕에게 "동해안 명산에서 명당을 찾아 자신이 진나라의 어떤 도인으로부터 받은 팔면보경(八面寶鏡)을 묻고 그 위에 불당을 세우면 왜구의 침입을 막을 뿐만 아니라 이웃 나라의 침략도 받지 않으며 삼국을 통일할 것"이라고 했다. 왕이 기뻐하여 그와 함께 동해안 북쪽 해안을 거슬러 올라가다가 해아현(海阿縣) 내연 아래 있는 큰 못 속에 팔면보경을 묻고 못을 메워 금당을 건립한 뒤 보경사라 했다. 성덕왕 22년(723) 각인(覺仁)과 문원(文遠)이 절이 있으니 탑이 없을 수 없다 하면서 시주를 얻어 금당 앞에 오층석탑을 조성했다. 경덕왕 4년(745) 중창했고, 고려 고종 1년(1214) 주지 원진(圓眞) 국사 승형(承逈)이 승방 4동과 정문 등을 중수했다. 조선 숙종 3년(1677) 도인(道仁) 등이 중창을 시작하여 숙종 21년(1659) 가을에 준공했으며, 삼존불상과 영산전의 후불탱화도 조성했다. 1917년 명부전을 중수했고, 1932년 대웅전과 상지전(上持殿)을 중수했다. 1975년 단청 불사를 거쳐 오늘에 이르고 있다. 보물 제252호 원진국사비, 제430호 보경사 부도, 경상북도 유형문화재 제203호 오층석탑, 제254호 적광전, 경상북도 문화재자료 제231호 대웅전이 있다.

대웅전은 숙종 3년(1677)과 1932년에 고쳐 지었다는 기록이 있다.

서운암瑞雲庵

경북 포항시 북구 송라면 중산리 622. 보경사 산내 암자로 가장 가까운 암자인데 보물 제11-1호 서운암 동종은 조선 숙종 때 경기도와 경상도 지역에서 활동한 승려인 사인비구가 만든 조선시대 종이다.

경상북도 유형문화재 제367호 후불탱화 및 신중탱화, 입구에는 경상북도 문화재자료 제479호 부도군이 있다.

오어사 吾魚寺

경북 포항시 남구 오천읍 항사리 34 운제산에 있다. 신라 진평왕 때(579∼632) 창건하여 항사사(恒沙寺)라 했다. 그 뒤 원효(元曉)와 혜공(惠空)이 함께 이곳의 계곡에서 고기를 잡아먹고 방변(放便)하자 고기 두 마리가 나와서 한 마리는 물을 거슬러 올라가고 한 마리는 아래로 내려갔는데, 올라가는 고기를 보고 서로 자기 고기라고 했다는 설화에 의해 오어사라 했다 한다. 절의 북쪽에 자장암과 혜공암, 남쪽에 원효암, 서쪽에 의상암 등의 수행처가 있어 자장(慈藏)과 혜공, 원효, 의상(義湘)의 네 조사가 이 절과 큰 인연이 있었음을 알 수 있다. 현존하는 건물로는 대웅전을 중심으로 나한전, 설선당(說禪堂), 칠성각, 산령각 등이 있다. 경상북도 문화재자료 제88호 대웅전은 조선 영조 17년(1741)에 고쳐 지은 것이다. 현재 유물 전시관에는 원효대사가 사용하였다는 삿갓이 유명한데 높이는 1척이고 지름은 약 1.5척이며, 뒷부분은 거의 삭아 버렸지만 겹겹으로 붙인 한지에는 글씨가 새겨져 있다. 마치 실오라기 같은 풀뿌리를 소재로 하여 짠 보기 드문 것이다. 보물 제1280호 동종은 고려 고종 3년(1216) 주조되었고, 무게가 300근이고 오어사에 달았다는 기록이 남아 있다.

법광사 法光寺

경북 포항시 북구 신광면 상읍 2리 967 일원. 법광사는 신라 진평왕(579∼631) 때 건립된 사찰이다. 임진왜란 때 불타 없어졌으며, 현재의 건물들은 1952년에 다시 지은 것이다. 현재 법광사 터에는 석가불사리탑(삼층석탑), 연화 석불대좌, 쌍두귀부, 당간지주 등의 유물이 남아 있으며, 조선 영조 때에 세운 사리탑 중수비가 있다. 원통전에는 통일신라시대 석불좌상이 모셔져 있으나 개금되었다. 법광사 북쪽 방향 150m에는 신라 제26대 진평왕의 위패를 모신 숭안전(崇安殿)이 있다. 법광사(法廣寺) 폐사(廢寺)에 전해지는 이야기로 웅장하던 옛 법광사가 토호의 부탁을 받은 초부가 방화를 하여 소실되었는데 전하는 말에 의하면 조선 철종 14년(1863)의 일이라 한다. 법광사가 소실되기 3개월 전, 신광면 죽성동(대골)에 거주하던 박기래 소년이 어느 날 밤 마당에 나갔다가 이상한 일을 목격하였다. 법광사 쪽에서 큰 불덩이가 비학산 꼭대기까지 치솟아 그 일대를 대낮같이 밝히더니 남쪽으로 날아가 버렸다. 소년은 이튿날 풍수인 서씨 노인에게 이 광경을 얘기하였다. 소년의 이야기를 들은 노인은 크게 탄식하며 말했다. 이제 법광사 기운이 다한 모양이구나. 법광사는 곧 폐사가 될 것이고 양산 통도사가 융창하게 될 것이다. 노인은 이어서 앞일을 예측하기를 예부터 비학산을 중심으로 한 신광지형을 학포안호지지형 국학포안호지지형국, 즉 학이 호숫가에 알을 품고 있는 형국이라 하였다. 그런데 호리등 계곡의 호수를 메워 분지를 조성한 지천여 년이 지났으니 호수 변에 서식하는 새인 학이 호수가 없어진 곳에서 머물지 않는다는 얘기였다. 즉 비학산의 지운과 지정이 바로 불덩이 현상으로 보였다는 것이었다. 그 지정이 남으로 날아가 버렸다는 것은 산강 수다한 통도사로 옮겨 갔다고 하였다. 그러므로 법광사는 틀림없이 폐사된다는 것이다. 이런 일이 있은 지 3개월 후에 법광사가 불에 타서 폐사되었다.

천곡사 泉谷寺

경북 포항시 북구 흥해읍 학천 1리 796 도음산(禱陰山)에 있다.

신라 선덕여왕 때(632~647) 자장(慈藏)이 창건했다고 한다. 숙종 5년(1689) 중수가 있었고, 1950년 6·25전쟁 이전까지는 13동의 건물이 있었던 큰 절이었다. 현재는 대웅전과 독성각, 요사채만이 남아 있고, 대웅전 왼쪽 언덕 위에 모두 10기의 부도가 남아 있다.

선덕여왕이 목욕한 우물이라 전해지는 소천(素泉) 석정(石井)이 유명하며 또 이 절에는 세조의 어필(御筆)이 있었다고 하나 현존하지는 않는다. 창건에 얽힌 전설이 있는데 선덕여왕이 피부병으로 고생하여 좋다는 약은 모두 써 보았으나 효력이 없었는데, 신하의 권유에 따라 동해안 천곡령(泉谷嶺) 아래에서 약수로 며칠간 목욕한 뒤 완쾌되었다고 한다. 여왕은 약수의 효력에 감복하여 서라벌로 돌아와서 자장에게 절을 짓도록 하고 이름을 천곡사라 했다.

대성사 大聖寺

경북 포항시 북구 용흥1동 534. 임진왜란 때 승병을 이끌고 왜군을 물리친 사명대사(1544~1610)가 품고 다녔던 금동여래좌상(호신불)과 묵서명(墨書銘 사명대사의 친필로 추정)이 2007년 10월에 발견되어 주목되었다. 이 불상은 높이가 10㎝가 안 되는 고려 말 라마계 양식의 작은 불상으로 사명대사가 항상 몸에 지니고 다녔던 것으로 알려져 있다. 호신불은 1800년 남공철이 저술한 사명대사 기적비를 통해 그 존재가 드러났고, 조선총독부가 1912년 금강산 건봉사 낙서암에서 촬영한 유리원판 사진 이후 행석이 묘연했있다. 호신불 안에서 발견된 묵서는 가로세로 21㎝ 크기로 사명대사가 한지에 '만력갑신(1584년) 12월 16일 제자 유정이 석가모니 부처님의 가르침에 귀의한다.'는 등의 내용을 붓으로 직접 쓴 글이다. 연화대좌 위에 편단우견(偏袒右肩)의 대의(大衣)를 입고 결가부좌하였다. 나발의 머리에 육계가 높이 솟았으며, 육계 정상에 연꽃봉오리 모양의 계주가 표현되어 있다. 왼손은 선정인(禪定印) 모양을 하고 있으며 오른손은 무릎 아래로 내려 촉지인(觸地印)을 결하고 있다. 대좌는 앙련(仰蓮)과 복련(覆蓮)이 연접한 연화좌인데 꽃잎 가장자리는 선각하여 사실감을 강조하고 있고 꽃잎 사이에 다시 둥근 꽃잎무늬를 양출하여 입체감 있게 표현하였다. 이러한 이중의 연화좌는 고려 말에 유입된 라마교 불상 양식의 영향이다. 이 외 경상북도 문화재자료 제515호로 지정된 석조관음보살좌상이 있다.

고석사 古石寺

경북 포항시 남구 장기면 방산 2리 877 묘봉산(妙峯山)에 있다.

신라 선덕여왕 7년(638) 왕이 창건했다고 전한다. 옛 바위에서 서광이 발하였다고 하여 절 이름을 고석암이라 명명하여 전하여 오다가 1962년 고석사라 개칭하였다. 현존하는 건물로는 보광전(普光殿)과 지장전, 삼성각, 산신각, 요사채가 있다. 보광전은 처음 숙종 37년(1711)에 창건하였고 1984년에 원형에 충실하게 중건한 건물로 안에는 자연석을 깎아 조각한 높이 2m의 약사여래상이 봉안되어 있다. 양식으로 보아 고려시대 작품으로 추정되며 석고로 보형(補形)해 놓았다가 본래의 모습이 다소 변형되어 2007년 호분을 다 벗겨 내었다.

지금은 의자에 앉은 이른바 의좌상(倚坐像)이지만 의좌 옆으로 불의(佛衣)가 길게 늘어진 상현좌(裳懸坐)의 흔적이 보이기도 한다.

지장전은 2002년에 건립되었고 안에는 지장보살좌상을 중심으로 좌우에 도명존자와 무독귀왕 입상이 봉안되어 있고, 지장보살좌상 500위가 함께 조성되어 있다.

이 절에는 창건 설화가 전하는데 선덕여왕은 동쪽으로부터 세 줄기 서광이 3일 동안 궁전을 비추는 것을 보고 이상히 여겨서 그 빛의 발원지를 찾게 했는데, 지금의 이 절 바위에서 발하는 빛이었다. 왕이 태사관에게 점을 치게 하자, 그 바위를 다듬어서 불상을 만들고 절을 지으면 길하다고 했다. 이에 불상을 조각하고 이 석불을 모실 법당인 보광전을 지었다고 한다. 주변의 유적지로는 장기면 읍내리에 자리한 장기읍성이 있다.

임허사 臨虛寺

경북 포항시 북구 흥해읍 옥성리 131. 임허사는 1910년대 지금의 사찰이 이루어진 것이다. 대웅보전과 산령각, 요사가 있는 비교적 단출한 사찰이다.

선암사 船岩寺

경북 포항시 남구 동해면 공당 1리 73-6. 선암사는 전각을 모시는 북편 바위 생김새가 위와 아래는 밋밋하게 수직에 가깝지만 기묘하게도 가운데가 불룩하게 튀어나와 마치 임신한 여성의 배처럼 생겨 이 바위를 임신바위라고 부르며 이곳에서 치성으로 기도드리면 아이를 갖게 된다는 전설이 있어 효험 있는 기도처이다.

▶▶ 경주시

불국사 佛國寺

경북 경주시 진현동 15. 불국사는 토함산 기슭에 위치한다. 대한불교 조계종 제11교구 본사로 1995년 12월 6일 석굴암과 더불어 유네스코 세계문화유산 목록에 등록되었다. 신라 경덕왕(景德王) 10년(751)에 재상 김대성(金大城)이 발원하여 개창되고, 혜공왕(惠恭王) 10년(774)에 완성되었다. 조선 선조(宣祖) 26년(1593) 임진왜란 때 의병의 주둔지로 이용되어 일본군에 의해 건물이 모두 불타 버렸다. 선조 37년(1604)부터 복구와 중건이 시작되어 순조 5년(1805)까지 40여 차례에 걸쳐 국가적으로 또는 승려들에 의하여 부분적인 중수(重修)가 이루어졌으며 1805년 비로전 중수를 끝으로 그 이상의 기록은 찾을 수 없다. 그 후 일제강점기인 1923년에 범영루가 개수되었고, 1924년에 대규모의 개수공사를 실시하였으며, 1925년에는 다보탑이 수리되는 등 1936년까지 여러 차례 정비가 이루어졌다. 1966년 석가탑의 해체 복원 등 부분적 보수가 있었다가 1969년에서 1973년 처음 건립 당시의 건물터를 발굴조사하고 대대적으로 복원하여 현재의 모습이 되었다. 당시의 건물들은 대웅전 25칸, 다보탑·석가탑·청운교(青雲橋)·백운교(白雲橋), 극락전 12칸, 무설전(無說殿) 32칸, 비로전(毘盧殿) 18칸 등을 비롯하여 무려 80여 종의 건물(약 2,000칸)이 있었다고 하며 대규모의 사찰이었음을 짐작할 수 있다.

주요 문화재로는 다보탑(국보 제20호), 불국사 삼층석탑(국보 제21호), 청운교와 백운교(국보 제23호), 연화교와 칠보교(국보 제22호), 금동아미타여래좌상(국보 제27호), 금동 비로자나불좌상(국보 제26호),

불국사 사리탑(보물 제61호), 불국사 석조(보물 제1523호) 등이 있다.

석굴암 石窟庵

경북 경주시 진현동 891. 석굴암은 신라 경덕왕 10년(751)에 김대성(金大城)이 창건했다. 『삼국유사』에 김대성은 현세의 부모를 위해 불국사를 세우고, 전생의 부모를 위해 석불사를 세워서 신림(神琳)과 표훈(表訓)을 청해 각각 머무르게 했다 한다. 숙종 29년(1703) 종열(從悅)이 석굴을 중수하고 굴 앞의 돌계단을 쌓았으며, 영조 34년(1758)에 대겸(大謙)이 중수했다. 1912년 조선총독부는 세 차례의 중수를 했는데 제3차는 1920~1923년에 이루어졌다. 1945년 8·15해방 후에는 거의 버려진 상태에 있었다. 1961년에 조사가 이루어졌고, 1962년부터 1964년까지 전면적으로 중수했다. 석굴암 석굴은 국보 제24호로 지정되었고, 1995년 12월 불국사와 함께 유네스코 세계문화유산으로 등록되었다. 보물 제911호 삼층석탑이 있다.

분황사 芬皇寺

경북 경주시 구황동 313. 분황사는 신라 선덕여왕 3년(634) 용궁(龍宮)의 북쪽에 건립했다. 선덕여왕 12년(643) 자장(慈藏)이 당나라로부터 대장경 일부와 불전(佛殿) 일부를 가지고 귀국하자, 선덕여왕은 그를 이 절에 머무르게 했다. 그 뒤 원효(元曉)는 이 절에 머물면서 『화엄경소』, 『금광명경소』 등의 수많은 저술을 남겼다. 또 원효가 죽은 뒤 아들 설총(薛聰)은 원효의 유해로 소상을 만들어서 이 절에 안치하고 죽을 때까지 공경하고 사모하는 뜻을 다했는데, 언젠가 설총이 옆에서 절을 하자 소상이 갑자기 고개를 돌렸다는 설화도 전해진다. 일연(一然)이 『삼국유사』를 저술할 때까지는 원효의 소상이 남아 있었으며, 그때까지도 소상이 고개를 돌린 채 있었다고 한다. 이 밖에도 솔거(率居)가 그린 관음보살상이 있었고, 좌전(左殿) 북쪽 벽에 있었던 천수대비(千手大悲) 그림은 영험이 있기로 유명하였다. 경덕왕 14년(755) 본피부(本彼部)의 강고내말(强古乃末)이 약사여래입상을 만들어서 이 절에 봉안했는데, 그 무게는 30만 6천700근이었다. 고려 숙종 6년(1101) 8월 숙종의 명으로 평장사(平章事) 한문준(韓文俊)이 지은 원효의 화쟁국사비(和諍國師碑)가 건립되었다. 그 뒤 몽고의 침략과 임진왜란 등으로 이 절은 크게 손상을 입었다. 현존하는 건물로는 보광전이 있고 문화재로는 석탑(국보 제30호)과 화쟁국사비부(경상북도 유형문화재 제97호), 경상북도 문화재자료 제9호 석정(石井), 제319호 약사여래입상 등이 있다.

황룡사지 皇龍寺址

경북 경주시 구황동 320-1 월성(月城)의 동쪽 용궁 남쪽에 있다. 신라 진흥왕 14년(553) 새로운 대궐을 본궁 남쪽에 짓다가 거기에서 황룡이 나타났으므로 이를 절로 고쳐 황룡사라 하고 17년 만인 569년에 완성했다. 진흥왕 35년(574) 3월 서천축(西天竺)의 아쇼카왕(阿育王)이 보냈다 하는 금과 철로 장륙상(丈六像)과 두 보살상을 주조했는데, 무게는 3만 5007근으로 황금이 1만 198분이 들었고, 두 보살은 철 1만 2천 근과 황금 1만 136분이 들었다고 한다. 아쇼카왕은 철 5만 7천 근과 황금 3만 분을 모아 석가삼존불을 주조하려 했으나 뜻을 이루지 못했다. 이에 배에 실어 바다에 띄우고 인연 있는 국토에 가서 장륙존상으로 이루어질 것을 발원했으며, 1불과 2보살의 모형까지도 같이 실어 보냈다 한다. 그 뒤 당나라로 유학 갔던 자장(慈藏)이 태화지(太和池) 옆을 지날 때 신인(神人)이 나와서, "황룡사 호국룡은 나의 장자로 범왕(梵王)의 명을 받아 그 절을 보호하고 있으니, 본국에 돌아가서 그 절에 구층탑을 이룩하면 이웃 나라가 항복하여 구한(九韓)이 와서 조공하고, 왕업이 길이 태평할 것이다. 또 탑을 세운 뒤 팔관회(八關會)를 베풀고 죄인을 구하면 외적이 해치지 못할 것이다."라고 했다. 자장은 선덕여왕 12년(643) 귀국하여 탑을 세울 것을 왕에게 청했다. 이에 백제의 아비지(阿非知)가 목재와 석재로써 건축하고, 용춘(龍春)이 소장(小匠) 200명을 거느리고 일을 주관했으며, 자장은 부처님의 사리 100과를 탑 속에 봉안해 645년에 탑을 완성했다. 또한 역대의 왕은 국가에 큰일이 있을 때마다 이 절의 강당에 행차하여 100명의 큰스님이 모여 강설하는 백고좌강회(百高座講會)를 열어 불보살의 가호를 빌었다. 효소왕 7년 (698) 구층탑이 벼락을 맞고 불에 탔으며, 경덕왕 13년(754) 경덕왕이 황룡사 대종을 주조했다. 이후 다섯 차례의 중수를 거듭했다. 그러나 고려 고종 25년(1238) 몽고군의 병화로 가람 전체가 불타는 참화를 겪었으며, 이때 장륙상과 구층탑도 소실되었다. 1976년부터 시작한 발굴조사에서 금동불입상·풍탁·금동귀걸이 등 4만여 점의 유물이 출토되었으며, 높이 182㎝에 이르는 대형치미는 건물의 웅장한 규모를 짐작하게 한다.

황복사지 皇福寺址

경북 경주시 구황동 103. 신라 때 창건했다고 전하며 절 이름으로 보아 창건이 왕실과 관계되는 것으로 추정된다. 진덕여왕 6년(652) 의상(義湘)이 출가했으며, 현재 절터에는 남아 있는 삼층석탑(국보

제37호)은 신라 석탑의 전형적인 형태를 갖추고 있으며, 효소왕 1년
(692)에 건립되었다. 1943년 이 탑을 해체·수리할 때, 2층 지붕돌
안에서 금동 사리함과 순금의 여래입상과 여래좌상을 비롯하여 많은
유물을 발견되어 현재 국립중앙박물관에 소장중이다. 탑의 동서쪽에
는 머리가 잘린 귀부(龜趺) 2기가 있는데, 이는 탑비(塔碑) 또는 가
람비(伽藍碑)의 귀부로 추정되며, 이 근처에서 비편(碑片)들도 발견
되었다. 이 밖에도 당간지주 일부가 있다.

호원사지 虎願寺址

경북 경주시 황성동 일대에 있다. 신라 원성왕 때(785~798) 김현
(金現)이 창건했다고 전한다. 황성공원 일대에 호원사로 추정되는 곳
민가 내에는 현재 쌍탑지가 남아 있고, 초석이 산재하여 있다.

『삼국유사』에 이 절과 관련된 설화가 전해진다. 원성왕 때 젊은
귀공자 김현이 밤늦게 흥륜사의 전탑(殿塔)을 돌다가 한 처녀를 만
나 관계했다. 이 여인은 호랑이의 이류(異類)로서 집안의 재앙을 홀
로 막고자 자기 몸을 희생하되 김현의 칼에 죽기를 원했다. 이튿날
호랑이는 성중에 들어가 심히 날뛰었고 아무도 이를 상대하지 못하
자, 왕은 호랑이를 잡는 자에게 2급의 벼슬을 주겠다고 했다. 김현
이 벼슬을 얻기 위해 숲속으로 들어갔더니 호랑이는 낭자로 변해 김
현을 반가이 맞이하면서 자기를 위해 절을 세우고 불경을 강해 주기
를 간절히 원했다. 그리고 자기의 발톱에 상처를 입은 자는 흥륜사
의 간장을 상처에 바르고 그 절의 나발 소리를 들으면 모두 나으리
라는 비방까지 알려 주었다. 이어서 그 낭자는 김현의 칼을 뽑아 제
목숨을 끊었으며, 그러자 곧 호랑이가 되었다. 그 뒤 김현은 서천(西
川)가에 절을 짓고 호원사라 했으며, 항상 『범망경』을 강해 호랑이

의 명복을 빌어서 그를 성공시킨 은혜에 보답했다.

흥륜사지 興輪寺址

경북 경주시 사정동 281-1. 신라 눌지왕 때(417~458) 신라에 불교를 전파하기 위해 온 최초의 승려 아도(阿度)가 창건한 신라 최초의 절이라 전해진다. 미추왕이 죽자 절은 곧 폐허가 되었고, 그 후 법흥왕 14년(527)에 이차돈의 순교로 다시 짓기 시작하여 진흥왕 5년(544)에 완성되었다. 진흥왕은 이 절을 '대왕흥륜사'라 하고 백성들이 중이 되는 것을 허락하였으며, 왕 자신도 만년에는 스스로 삭발하여 법운이라는 법명을 받고 절의 주지가 되었다. 이후 흥륜사는 대법회를 열고 왕실과 국가의 평안을 기원하는 신라의 큰 절이 되었다. 『삼국유사』에 의하면, 불국사와 석굴암을 창건한 김대성이 전생에 밭을 보시한 절이 흥륜사이고, 김현(金現)이 호랑이와 인연을 맺었다는 절도 이곳이라고 기록되어 있다. 금당 안에는 선덕여왕 때(632~647)의 승상 김양도(金良圖)가 만들었다는 미륵 삼존불상이 모셔져 있고, 금당에는 신라 십성(十聖)의 상을 그린 벽화가 있었다. 동쪽 벽에는 아도, 이차돈, 의상(義湘), 혜숙(惠宿), 안함(安含)이, 서쪽 벽에는 표훈(表訓), 원효(元曉), 자장(慈藏), 혜공(惠空), 사파(蛇巴) 등의 상이 그려져 있었다고 한다. 금당지 앞에는 8각 탑지와 서쪽의 경루가 있고 이를 둘러싼 회랑지가 조사되었다. 흥륜사의 남문은 길달문이라고 불렀는데, 귀신인 길달(吉達)이 시었다고 하여 붙여진 이름이다. 신라 말 반란군에 의해 불탄 것을 경명왕 5년(921)에 다시 지었으며, 조선시대에 화재로 불타 폐사되었다. 절터에는 신라시대의 석조물 가운데 가장 큰 석조와 배례석이 있었는데, 현재 국립경주박물관에 보관되어 있다. 또한 신라의 미소로 일컫는 웃는 얼굴 모양의 수막새가 출토되었다. 이 절에 대한 발굴 작업은 1972년과 1977년 6월에 실시되어 금당터 부근 일부가 발굴되었다. 1980년대에 새로 지은 흥륜사가 자리하고 있으며, 영묘사라고 새겨진 기와 조각이 출토되어 선덕여왕 때 창건된 영묘사 터로 보기도 한다.

기림사 祇林寺

경북 경주시 양북면 호암리 420 함월산(含月山) 기슭에 있다. 신라 선덕여왕 12년(643) 천축국(天竺國)의 승려 광유(光有)가 창건하여 임정사(林井寺)라 했다. 그 뒤 원효(元曉)대사가 중창하여 머물면서 기림사로 이름을 바꿨는데, 기림사란 부처님 생존 당시 세워졌던 인도의 기원정사(祇園精舍)를 뜻한다. 신라 신문왕(681~692)은 대왕암(大王巖)에 다녀오던 길에 이 절의 서쪽 계곡에서 점심을 들었으며, 그 뒤 조선 선조 11년(1578) 축선(竺禪)이 중건했고, 정조 때(1777~1800)에는 경주 부윤 김광묵(金光默)이 사재를 희사하여 크게 중수했다. 철종 13년(1862) 대화재로 113칸의 건물이 소실되었으나, 이듬해 봄에 절의 승려들이 부윤 송우화(宋迂和) 등의 시주를 받아 공사를 시작하여 가을에 복원했다. 그 뒤 고종 15년(1878)의 중수를 거쳐 1905년 혜훈(慧訓)이 다시 중수했다. 일제 강점기의 31본산 시대에는 경주 지역 일대를 관장했으나, 현재는 불국사에 그 자리를 물려주었다. 조선시대에 이 절은 대적광전(大寂光殿)을 중심으로 동쪽에 약사전, 서쪽에 오백나한전과 정광여래사리각(正光如來舍利閣)인 삼층전(三層殿)이 있었으며, 남쪽에는 무량수각과 진남루(鎮南樓)가 있었다. 현존하는 건물로는 대적광전을 중심에 두고, 왼쪽에 약사전, 오른쪽에 응진전(應眞殿), 앞쪽에 진남루가 사각의 성지를 이루고 있고, 뜰에는 삼층석탑이 있고 조금 떨어져 명부전, 삼성각, 관음전, 산신각 등이 있으며, 그 밖에 김시습의 매월당 사당도 있다. 대적광전에는 보물 제958호 소조 비로자나 삼존불상을 모시고 있다. 이 절에는 원래 오정수(五井水)가 유명했다고 한다. 그중 장군수(將軍水)는 마시면 힘이 용솟음친다 하여 인근에 널리 알려졌는데, 조선시대에 어떤 사람이 이곳에서 역적모의를 하다가 발각된 뒤 나라에서 샘을 메워 버렸다고 한다.

백률사 栢栗寺

경북 경주시 동천동 406-1 백률사는 자추사(刺楸寺)라고도 부르는데, 대웅전 안에 이차돈(異次頓)의 공양석당(供養石幢)이 봉안되어 있었던 것으로 보아, 이차돈을 기리기 위하여 창건된 사찰로 추정된다. 현재 국립경주박물관으로 옮겨진 국보 제28호 금동약사여래입상은 불국사에 있는 금동 아미타여래좌상과 금동 비로자나불좌상과 함께 통일신라시대의 3대 금동불상으로 알려져 있다. 경상북도 문화재자료 제4호 대웅전은 임진왜란 때 불타버렸고, 지금 있는 건물은 조선 선조 때인 1600년경에 재건된 것이다. 대웅전 앞에는 바위에 마애 삼층석탑이 새겨져 있고 주변에는 석조물들이 남아 있다.

사천왕사지 四天王寺址

경북 경주시 배반동 935-2 낭산(狼山) 기슭 신문왕릉(神文王陵) 옆에 있다. 신라 문무왕 19년(679) 명랑(明朗) 법사가 낭산 남쪽 신유림(神遊林)에 창건했다. 당나라는 674년 신라가 그들의 도독부 군사를 공격한다는 핑계로 50만 대병을 일으켜 신라를 공격했으며, 신라는 부처님의 힘으로 그들을 퇴치하기 위해 이 절을 창건했다. 674년 2월 당나라에서 머물던 의상(義湘)은 김인문(金仁問)에게서 신라가 당나라의 도독부 군사를 공격한다는 핑계를 내세워 곧 신라에 대한 당군의 침입이 있을 것이라는 말을 듣고 즉시 귀국하여 문무왕에게 이 사실을 알렸다. 이에 문무왕은 명랑에게 적을 막을 계책을 묻자, 명랑은 신유림에 사천왕사를 세우고 도량을 열 것을 권했다. 그러나 50만 대병을 일으킨 당나라의 침략으로 절을 완성시킬 시간적 여유가 없어, 명랑은 채백(彩帛)으로 절을 짓고 풀로써 오방(五方)의 신상(神像)을 만든 뒤 유가(瑜伽)에 밝은 승려 12인과 더불어 밀교의 비법인 문두루(文豆婁) 비법을 썼다. 그러자 당군과 신라군이 접전하기도 전에 풍랑이 사납게 일어 당나라 배가 모두 침몰했다. 그 뒤 5년 만에 절을 완성하여 사천왕사라 했다. 경덕왕 때(742~765)의 월명(月明)은 이 절에서 도솔가(兜率歌), 제망매가(祭亡妹歌) 등의 향가를 지었고, 피리를 잘 불어 달이 그를 위해 가기를 멈출 정도였다 한다. 그리하여 당시 사람들은 이 절의 앞 동네를 월명리(月明里)라 불렀다. 선덕왕 때(780~785)의 양지(良志)는 이 절에서 천왕상(天王像), 팔부신중상(八部神衆像) 등을 조성했으며, 현재 국립중앙박물관과 국립경주박물관에 전시 중이다. 입구에는 당간지주와 머리가 잘린 귀부(龜趺) 2기가 남아 있다.

망덕사지 望德寺址

경북 경주시 배반동 956 낭산(狼山) 기슭에 있는 절터로 사천왕사와 마주하고 있다. 신라 문무왕 또는 신문왕 때 창건된 걸로 전한다. 『삼국유사』에 의하면 문무왕 19년(679)에 중국 당나라가 침입하자 부처의 힘으로 물리치고자 사천왕사를 짓게 되었다고 한다. 그 소문이 당나라에 전해지자 당에서는 사신을 파견하여 이를 확인하려 하였는데, 신라에서는 사천왕사 건너편에 이 절을 지어 보여주었고, 당나라의 덕을 우러른다는 의미에서 망덕사(望德寺)라 하였다고 한다.

경덕왕 14년(755)에 탑이 흔들렸는데, 마침 중국에서 안록산의 난이 일어났으므로 신라 사람들은 당나라를 위해 지은 절이어서 그렇다고 하였다 한다. 또한 『삼국유사』에는 절을 지은 후 잔치를 베풀 때 효소왕이 진신석가를 알아보지 못하여 조롱을 당했다는 이야기와, 『반야경』을 베껴 쓰다가 죽은 승려 선율이 불경의 완성을 위하여 다시 살아났다는 이야기도 전한다. 절터에는 동·서 목탑터와 그 북쪽으로 금당터와 강당터, 남쪽으로 중문터, 그리고 이를 둘러싼 회랑터가 남아 있어 통일신라시대 전형의 쌍탑 가람배치를 볼 수 있다. 이밖에 중문터 남쪽에 계단터가 잘 남아 있고 그 서쪽으로는 보물 제69호 당간지주가 남아 있다.

보리사 菩提寺

경북 경주시 배반동 산66-1 남산 미륵곡(彌勒谷)에 있다. 통일신라시대에 창건했다. 대웅전, 요사채만 있었는데, 1980년부터 중건했다. 문화재로는 보물 제136호 미륵곡 석불좌상, 경상북도 유형문화재 제193호 보리사 마애불이 있다. 석불좌상은 경주 남산의 불상 가운데 가장 우수한 불상으로 평가되는 통일신라 불상이다.

천룡사 天龍寺

경북 경주시 내남면 용장리 875-2 남산 고위산(高位山) 천룡곡(天龍谷)에 있다. 신라 때 창건했다고 전한다. 천녀(天女)와 용녀(龍女)라는 두 딸을 가졌던 부모가 딸을 위해 창건하고 딸 이름을 한 자씩 따서 천룡사라 했다고 한다. 현존하는 유물로는 보물 제1188호 삼층석탑이 있는데 1990년 부족한 부분을 보충하여 새로이 복원한 것이다. 이 외에 귀부(龜趺), 석조(石槽), 석종형 부도 2기, 왕맷돌 등이 옛 절터에 산재되어 있다.

나원사 羅原寺

경북 경주시 현곡면 나원리 672. 국보 제39호 나원리 오층석탑이 남아 있는데 경주에 있는 석탑 가운데 감은사지삼층석탑(국보 제112호)과 고선사지삼층석탑(국보 제38호)과 비교되는 거대한 규모를 자랑한다. 천 년의 세월이 흐른 지금까지도 순백의 빛깔을 간직하고 있어 나원 백탑(白塔)이라 부르기도 한다. 통일신라시대인 8세기 후반경에 세웠을 것으로 추정된다.

정혜사지 淨惠寺址

경북 경주시 안강읍 옥산리 1654. 현재 국보 제40호 십삼층석탑이 남아 있는데, 통일신라시대에서는 그 비슷한 예를 찾아볼 수 없는 독특한 모습으로 9세기경에 세워졌을 것으로 추정된다.

용장사지 茸長寺址

경북 경주시 내남면 용장리 산1. 용장사는 매월당 김시습이 『금오신화』를 쓰며 머물던 곳으로 잘 알려져 있으며 현재 몇 군데의 석축(石築)이 남아 있어 절터였음을 짐작하게 해 줄 뿐이다. 보물 제186호 삼층석탑, 187호 석불좌상, 제913호 마애여래좌상이 있다.

골굴암 骨窟庵

경북 경주시 양북면 안동리 304. 보물 제581호 마애여래좌상은 높은 암벽에 있는 자연굴을 이용하여 만든 12개의 석굴 중 가장 윗부분에 있는 마애불이다. 조선시대 겸재(謙齋) 정선이 그린 '골굴석굴'에는 목조전실이 묘사되었으나 지금은 바위에 흔적만 남아 있다. 옷주름 표현과 광배(光背) 등 불꽃무늬를 통해 통일신라 9세기 후반에 조성된 것으로 추정된다.

신선사 神仙寺

경북 경주시 건천읍 송선리 산89 단석산(斷石山) 정상 바로 아래에 있다. 신라시대에 창건했다고 전해지며 김유신(金庾信, 595~673) 장군이 이곳에서 삼국통일의 염원을 신명(神明)에게 기도했다 한다. 1969년 한국일보사가 주관한 신라오악조사단이 상인암에 새겨진 명문을 통해 상인암을 중심으로 이루어진 석굴의 본래 이름이 신선사임을 밝혀냈다. 국보 제199호 단석산 신선사 마애불상군은 동남북 삼면이 병풍처럼 둘러쳐져 자연적으로 조성된 이 석굴은 암벽 삼면에 10구의 불보살을 조각한 천연의 수도장으로서 고대 석굴사원의 중요한 일면을 보여주고 있다. 조성연대는 삼국시대 말 7세기 전반기의 불상 양식을 보여주며 우리나라 석굴사원의 시원(始原) 형식을 보여주는 작품으로 추정된다.

주사암 朱砂庵

경북 경주시 서면 천촌리 1195 오봉산(五峰山)에 있다. 신라 문무왕 때(661~681) 의상(義湘)이 창건하여 주암사라 했다. 이 절에는 석가모니불과 16나한을 봉안한 영산전과 산신·칠성·독성을 모신 삼성각이 있다. 이 절과 관련된 설화가 전해지는데 신라시대의 한 도인이 이곳에서 신중삼매(神衆三昧)를 얻고 스스로 말하기를, "적어도 궁녀가 아니면 내 마음을 움직이지 못할 것이다."라고 했다. 귀신의 무리들이 이 말을 듣고 궁녀를 훔쳐 새벽에 갔다가 저녁에 돌려보내고 했는데, 궁녀가 두려워하여 임금에게 아뢰니, 임금이 가서 자는 곳에 붉은 모래로 표시하게 하고 이어 갑사(甲士)에게 명령하여 찾게 했다. 오랜 수색 끝에 이곳에 이르러서 보니, 단사(丹砂)의 붉은 흔적이 바위 문에 찍혀 있고, 늙은 승려가 바위에 한가로이 앉아 있었다. 임금이 그의 요괴하고 미혹한 행위를 미워하여 용맹한 장졸 수천 명을 보내 죽이고자 했으나, 그 승려가 마음을 고요히 하고 눈을 감은 채 한 번 주문을 외우니 수만의 신중이 산과 골에 늘어섰으므로 군사들이 두려워 물러갔다. 임금은 그가 이인(異人)임을 알고 궁궐 안에 맞아들여 국사(國師)로 삼았다고 한다. 이 설화에 의해 절 이름이 주사암이 되었다. 영산전 내 삼존불상은 경상북도 문화재자료 제522호로 지정되어 있다.

보문사지 普門寺址

경북 경주시 보문동 848-6 일대 있는 신라시대 절터로, 신라 경문왕 11년(871) 이전에 세워진 것으로 추정된다. 절터의 대부분은 넓은 논으로 이용하고 있으나, 발견되는 석재들로 미루어 당시에는 많은 건물들이 있었을 것으로 생각된다. 일제 강점기 때 보문사(普門寺)라 새긴 기와가 발견되어 절 이름을 확인할 수 있었다. 보물 제64호 석조, 보물 제123호 당간지주를 비롯해 탑 부재, 석물들이 남아 있다.

천관사지 天官寺址

경북 경주시 교동 244 도당산 서쪽 기슭 논 가운데에 있는 절터로, 현재 석재와 기와조각들만 남아 있다. 통일신라 전기에 있던 절로, 김유신과 천관이라는 기생의 이야기가 전해온다. 청년 시절에 김유신은 천관이라는 기생과 사랑에 빠져 지내다가, 어머니의 꾸중으로 다시는 만나지 않겠다고 맹세를 한다. 어느 날 말이 술에 취한 유신을 천관의 집 앞으로 데려가자, 유신은 말의 목을 베고 냉정하게 천관을 뿌리친다. 이를 슬퍼한 천관이 자살을 하고, 후에 유신은 천관이 살던 집에 천관사를 지어 그녀의 명복을 빌어 주었다고 한다. 2001년 국립경주문화재연구소에서 발굴조사하였다.

인용사지 仁容寺址

경북 경주시 인왕동 344-6 일대에 있다. 인용사는 신라의 장군이며 외교가였던 김인문이 중국 당나라 감옥에 갇혀 있을 때, 그의 안녕을 빌기 위해 신라 사람들이 세운 절이라고 한다. 김인문은 신라 제29대 태종무열왕의 둘째 아들로 당나라에서 22년간 생활하면서 많은 벼슬을 했다. 무열왕 7년(660)에는 당나라 장수 소정방과 함께 백제를 멸망시켰고, 문무왕 8년(668)에는 고구려를 통합하여 신라가 삼국을 통일하는 데 크게 공헌하였다. 현재 절터에 남아 있는 석물들로 당시에 쌍탑식 가람배치였음을 짐작할 수 있다. 2002년부터 2008년 현재까지 국립경주문화재연구소에서 발굴조사 작업 중에 있다.

금곡사지 金谷寺址

경북 경주시 안강읍 두류리 9-1. 경상북도 문화재자료 제97호 원광법사(圓光法師) 부도탑이 남아 있다. 원광법사(?~630)는 화랑도의 생활신조인 세속오계를 제정한 인물로, 불교사상뿐만 아니라 문장에도 능하여『걸사표』를 지어 중국 수나라에 보내기도 하였다. 진평왕 52년(630) 황룡사에서 돌아가시어 명활산에서 장사를 지낸 후 이곳에 그의 사리탑을 세웠다.

원원사지 遠願寺址

경북 경주시 외동읍 모화리 2 봉서산에 있다. 신라 신인종(神印宗)의 개조인 명랑(明朗)의 후계자 안혜(安惠), 낭융(朗融) 등과 김유신(金庾信, 595~673), 김의원(金義元), 김술종(金述宗) 등이 함께 뜻을 모아 세운 호국사찰이다. 명랑이 세운 금광사(金光寺)와 더불어 통일신라시대에 있어서 문두루(文豆婁) 비법의 중심도량으로서 역할을 했다. 보물 제1429호 삼층석탑과 부도 4기, 석조가 남아 있다.

숭복사지 崇福寺址

경북 경주시 외동읍 말방리 산23－1. 『삼국유사』와 최치원(崔致遠)이 지은 비문에 의하면, 신라 선덕왕(780~785) 이전에 파진찬(波珍飡) 김원량(金元良)이 창건하여 곡사(鵠寺)라 했다. 그러나 원성왕 14년(798) 원성왕이 죽자 이곳에 능을 만들고 지금의 위치로 절을 옮겼다. 그 뒤 861년 경문왕이 즉위해 꿈에 원성왕을 보고 이 절을 증축한 뒤 능원 수호와 명복을 빌게 했다. 헌강왕 때(875~886) 이름을 대숭복사로 했다고 하나, 이후의 역사는 전해지지 않고 있다. 언제 폐사가 되었는지도 알 수 없다. 경상북도 문화재자료 제94호 삼층석탑은 동서로 서 있는 쌍탑으로, 두 탑 모두 이중 기단(基壇) 위에 3층의 탑신(塔身)을 올린 것으로 상층 기단에는 기둥 조각 사이의 면마다 8부중(八部衆)의 모습을 조각하였다. 최근에는 금동제 금구(金口)와 비석 조각 3개 발견되어 국립경주박물관에 보관되고 있고 쌍두귀부(龜趺)도 국립경주박물관에 옮겨져 있다. 당간지주도 있었다고 하나 지금은 보이지 않는다.

삼랑사지 三郞寺址

경북 경주시 성건동 425 서천(西川) 옆에 있었다고 전한다. 신라 진평왕 19년(597)에 창건했다. 삼랑이라는 절 이름은 세 사람의 화랑을 지칭하는 뜻이라고 짐작되지만, 그 유래에 대한 기록은 찾을 수 없다. 신문왕(681~692)은 즉위하면서 경흥(憬興)을 국사로 삼고 그를 이 절에 머물게 했으며, 경흥은 이 절에서 저술에 힘썼으며, 두 번씩이나 대성(大聖)의 교시(敎示)를 받았다고 한다. 또한 경흥이 비구니의 해학적인 춤을 보고 병이 나았다는 설화와 문수보살이 말을 타고 다니는 것을 경책한 설화가 전해지고 있다. 보물 제127호 당간지주만이 남아 있다.

애공사지 哀公寺址

경북 경주시 효현동 420 일대에 있으며, 법흥왕을 이 절의 북쪽에서 장사지냈다는 기록으로 보아 법흥왕의 명복을 빌기 위해 세운 것으로 추정된다. 보물 제67호 효현리 삼층석탑이 남아 있다.

무장사지 鍪藏寺址

경북 경주시 암곡동 산1 일대에 있으며, 『삼국유사』에 의하면 신라 원성왕(785~798)의 부친 효양(孝讓)이 그의 숙부를 추모하여 창건했다고 한다. 태종무열왕이 삼국을 통일한 뒤 병기와 투구를 이 골짜기 안에 감추었기 때문에 무장사라 이름 지었다. 이 절에 있었던 미타전은 이 절에 살던 한 늙은 승려가 어떤 진인이 이 절 석탑의 동남쪽 언덕에 앉아서 서쪽을 향해 많은 대중들에게 설법을 하고 있는 꿈을 꾼 뒤 건립한 것이다. 미타전 안에는 소성왕의 비인 계화왕후(桂花王后)가 먼저 세상을 떠난 왕의 죽음을 슬퍼하다가 아미타불에게 지성으로 귀의하면 구원을 받을 수 있다는 말을 듣고 재산과 재물을 다 희사하여 명장(名匠)에게 만들게 한 아미타불상과 신중(神衆)이 봉안되어 있었다 한다. 일연(一然)이 『삼국유사』를 저술할 때까지 절은 남아 있었으나, 미타전은 허물어졌다고 한다. 현재 이곳에는 미타상을 조성한 인연을 적은 비문인 아미타불조상사적비(보물 제125호)의 이수 및 귀부와 1963년 복원한 삼층석탑(보물 제126호)이 있다. 이 밖에도 석등의 지붕돌과 초석이 남아 있다.

감은사지 感恩寺址

경북 경주시 양북면 용당리 55-1. 감은사는 신라 신문왕 1년(681) 신문왕이 부왕 문무왕의 뜻을 이어 창건했다. 문무왕은 바닷가에 이 절을 세워 부처님의 힘으로 왜구를 격퇴시키려 했으나, 절을 완공하기 전에 위독하게 되었다. 문무왕은 지의(智義) 스님에게 "내가 죽은 후 나라를 지키는 용이 되어 부처님의 법을 받들고 나라를 지킬 것이다."라고 유언하고 죽었다. 이에 따라 화장한 뒤 동해에 안장했으며 신문왕이 부왕의 뜻을 받들어 절을 완공하고 감은사라 했다. 이때 금당 아래에 용혈을 파서 용으로 변한 문무왕이 해류를 타고 출입할 수 있도록 배려를 했다. 682년 5월 신문왕은 동해의 호국룡이 된 문무왕과 삼십삼천(三十三天)의 아들로 태어난 김유신(金庾信)으로부터 나라를 지킬 보물인 신비스러운 피리 만파식적(萬波息笛)을 얻었다.

절터에는 국보 제112호 삼층석탑 2기가 있는데, 제일 윗부분인 찰주(擦柱)의 높이까지를 합하면 13.4m로 우리나라에서 현존하는 석탑 중에서 가장 큰 것이다. 1979년부터 1982년에 걸쳐 전면 빌굴조사를 실시하여 창건 당시의 건물 기초대로 노출하여 정비한 것이다.

장항리사지 獐項里寺址

경북 경주시 양북면 장항리 1081 토함산 동남쪽 계곡의 비교적 높은 곳에 자리하고 있다. 통일신라시대의 절터로 절을 지은 연대나 절의 이름은 전해지지 않고, 장항리라는 마을 이름을 따서 장항리사지라 불러오고 있다. 절터에는 국보 제236호 서오층석탑과 파괴된 동탑의 석재, 그리고 석조불 대좌가 남아 있다. 석조 불상은 여러 조각으로 파괴된 것을 복원하여 현재 국립경주박물관에 있다.

영묘사지 靈妙寺址

경북 경주시 성건동 남천(南川)의 끝부분에 있었다. 신라 선덕여왕 4년(635) 선덕여왕이 창건했다. 칠처가람(七處伽藍)의 하나로서 일찍이 아도(阿度)가 과거칠불(過去七佛) 중 제5구나함불(拘那含佛)이 머물렀던 곳이라고 지명했던 곳이라 하며, 원래 큰 연못이었는데 선덕여왕 때 두두리(頭頭里)라는 귀신의 무리가 하룻밤 사이에 못을 메우고 절을 창건했다고도 전해진다. 창건 후 선덕여왕이 이 절에서 개구리가 3, 4일 동안 계속해서 운다는 소리를 듣고 백제의 복병이 여근곡(女根谷)에 숨어들었음을 감지했다는 유명한 일화가 전해진다. 또한 사천왕사(四天王寺)와 더불어 양지(良志)의 작품이 가장 많이 간직되었다. 금당에 모셔져 있던 장륙삼존불(丈六三尊佛)을 비롯하여 천왕상(天王像)과 목탑, 기와, 편액의 글씨도 모두 양지가 만든 것이었다. 장륙삼존불을 만들 때는 신라 사람들이 다투어 불상을 만들 진흙을 운반하면서 향가인 '풍요(風謠)'를 지어 불렀다고 하며, 이것이 노동요(勞動謠)의 시초였다고 한다. 성덕왕 11년(712)에는 김유신(金庾信)의 아내가 비구니로 출가하여 법정(法淨)이라 이름하고 이 절에 머물렀다. 그 뒤 경덕왕 23년(764) 이 절의 장륙삼존불을 개금했으며, 조선 세조 6년(1460) 봉덕사의 신종(神鐘)을 이 절로 옮겨 안치했다. 근처의 민가에는 절터의 주춧돌들이 남아 있다.

담암사지 曇巖寺址

경북 경주시 탑동 67 일대 오릉(五陵) 남쪽에 있었다. 신라시대의 전불칠처가람(前佛七處伽藍) 가운데 일곱 번째에 해당하는 서청전(壻請田)에 해당하는 곳이다. 신라 신문왕 때(681~692) 창건한 것으로 추정된다. 조선시대에 이르러 폐사가 되었다. 당간지주, 초석 등이 남아 있었는데, 일제강점기에 절터 중앙을 관통하는 길을 내면서 거의 파괴되었다. 또 당간지주와 초석 등은 숭덕전(崇德殿)을 건립할 때 사용했으며, 파손된 탑의 부재중 팔부신중(八部神衆)은 국립경주박물관에 옮겨져 전시되고 있다.

감산사지 甘山寺址

경북 경주시 외동읍 괘릉리 5. 감산사는 신라 성덕왕 18년(719) 2월 중아찬(重阿飡) 김지성(金志誠)이 감산에 있는 장전(莊田)을 희사하여 아버지 인장(仁章) 일길간(一吉干)과 어머니 관초리(觀肖里) 부인의 명복을 빌고, 국왕과 그 일족의 안녕을 기원하기 위해 창건했다. 창건 후 어머니를 위해 미륵보살상 1구를, 아버지를 위해 아미타불상 1구를 조성하여 봉안했다. 이 절터에 있던 석조 미륵보살 입상(국보 제81호)과 석조 아미타불 입상(국보 제82호)이 1915년 서울로 옮겨져 현재 국립중앙박물관에 보관되어 있다. 현재 절터에는 삼층석탑(경상북도 문화재자료 제95호) 석조 비로자나불 좌상(유형문화재 제318호)이 남아 있다.

석장사지 錫杖寺址

경북 경주시 석장동 일대 마을에 있었다. 신라 선덕여왕 때(632~647) 양지(良志)가 창건했다. 조선 초기까지는 존재해 있었던 것으로 추정된다. 절터에서는 1940년 5월 보물 1411호로 지정된 임신서기석(壬申誓記石)이 발견되었다. 1985년부터 동국대학교 경주캠퍼스 박물관이 발굴 조사하여 다양한 불상 등 많은 유물들이 출토되었다. 출토유물은 현재 동국대 경주박물관에 보관 전시 중이다.

양지와 관련된 설화가 『삼국유사』에 전해진다. 그는 신기한 도술을 부릴 줄 아는 승려로서 석장(錫杖) 끝에 포대를 걸어 놓으면 석장이 저절로 날아다니며 시주할 집에 가서 시주를 받았다. 지팡이가 시주할 집 대문 앞에 와서 목탁 소리를 내면 그 집에서는 미리 양지가 보낸 것인 줄 알고 포대에 시주를 담아 주었는데, 이렇게 해서 포대가 가득 차면 다시 날아서 돌아갔다고 한다. 이 때문에 양지가 거처했던 이 절을 석장사라고 불렀다.

고선사지 高仙寺址

경북 경주시 암곡동 일대에 있었다. 신라 무열왕(654~661) 이전에 창건한 것으로 추정된다. 한때 원효(元曉)대사가 머물렀다. 『삼국유사』에 의하면 원효가 이곳에 살 때, 경주 만선북리(萬善北里)에 살고 있던 사복(蛇卜)이 찾아와 "그대와 내가 옛날 경(經)을 신고 다니던 암소가 죽었으니 함께 가서 장사 지내자."라고 하여 예를 갖추고 장례를 지냈다. 그때 원효가 "나지를 말지어다, 그 죽음이 괴롭도다. 죽지를 말지어다, 그 태어남이 괴롭도다."라고 했다. 이에 사복이 시가 너무 번거롭다 하므로 원효는 다시 "죽는 것도 나는 것도 모두 괴롭구나."라고 했다 한다. 원효 이후 이 절에 관한 신라시대 사료는 전해지지 않는다. 고려시대에는 현종 12년(1021) 5월 현종이 상서좌승 이가도(李可道)에게 명하여 이 절에 있던 금라가사(金羅袈裟)와 불정골(佛頂骨), 창림사(昌林寺)의 불아(佛牙)를 가져오게 하여 내전에 안치했다. 1913년 절터에서 서당화상비(誓幢和尙碑) 조각이 일본인 학자에 의해 발견되었다. 이 비는 원효가 686년 3월 30일 혈사(穴寺)에서 입적했다는 것을 고증할 수 있는 유일한 자료이다. 절터에는 삼층석탑(국보 제38호)과 석등 대석(臺石), 귀부(龜趺) 등이 있었는데 1975년 덕동댐 공사로 인해 모두 현재 국립경주박물관 야외로 이전되었다. 삼층석탑은 통일신라시대 7세기 후반에 작품으로 추정된다.

굴불사지 掘佛寺址

경북 경주시 동천동 4 금강산 기슭 백률사(栢栗寺) 아래에 있다.

신라 경덕왕(742~765) 때 창건했다고 한다. 절터에는 사면석의 각 면에 불상이 조성된 사면석불(四面石佛, 보물 제121호)만이 남아 있다. 『삼국유사』에 의하면 신라 경덕왕이 백률사를 찾았을 때 땅속에서 염불 소리가 들려왔다고 한다. 땅을 파 보니 이 바위가 나와서 바위의 사방에 불상을 새기고 절을 지어 굴불사라 하였다고 한다.

1985년 국립경주박물관 발굴조사에서 고려시대의 건물터가 확인되었다. 출토 유물 가운데 고려시대에 만들어진 금고(金鼓)는 현재 국립경주박물관 미술관에 전시 중이다.

미탄사지 味呑寺址

경북 경주시 구황동 황룡사지 남쪽 들판에 있다. 미탄사에 대한 기록은 『삼국유사』와 『삼국사기』에 기록이 보이는데 『삼국유사』에서는 육부 중의 하나인 본피부(本彼部)로, 『삼국사기』에서는 사량부로 기록되어 있다. 현재 미탄사지로 추정되는 곳에는 1980년대에 복원된 미탄사지 3층석탑이 있다. 주변 돌무더기 제거 작업 중에 당삼채 도침편·석재 불두·석탑 상륜부편·보상화문 전돌·이형금동제품·평안도에서 주조한 상평통보(1651~1695) 등이 발견되었다. 출토 유물과 탑의 양식을 종합해 볼 때 9세기의 작품으로 추정된다.

금강사지 金剛寺址

경북 경주시 탑동 장창골(長倉谷) 일대에 있었다. 신라시대에 신인(神印) 조사 명랑(明朗)이 창건했다고 전한다. 금광사(金光寺)라고도 부르며 언제 폐사되었는지도 알 수 없다. 1960년대 초 금광못의 물을 퍼내자 못 속에서 큰 절터가 발견되었다. 주춧돌이 정연하게 남아 있고, 법당을 오르는 계단석과 아름다운 귀꽃을 새긴 연화대석, 경석(經石), 석불상, 석탑재 등이 발견되었다. 현재 국립경주박물관 야외에 출토유물 석재들이 옮겨져 있다. 『삼국유사』에 의하면 명랑은 당나라에서 유학을 마치고 배편으로 귀국하는 도중 서해 용왕의 청으로 용궁으로 들어가서 설법했다 한다. 이에 용왕이 황금 1천 근을 시주했다. 귀국한 뒤 명랑은 옛집을 헐고 그 자리에 절을 창건했는데, 법당을 중심으로 그 앞에 탑을 세우고 종루와 명경루(明鏡樓), 강당, 중문 등의 건물을 신축했다. 이어 서해 용왕에게서 시주받은 금을 모든 건물과 탑에 입혔으며, 절이 금빛으로 눈부시게 찬란하였으므로 사람들이 금광사라고 불렀다. 또한 『삼국유사』에 의하면 선율(善律)이 명부(冥府)에 끌려갔다가 연(緣)이 다하지 않아서 생계(生界)로 돌아오던 중 한 여인을 만났다 한다. 여인은 "부모가 금강사의 수전(水田)을 훔친 죄 때문에 지옥에서 중고를 당한다."고 말하며, 속히 그 밭을 절에 돌려주게 해 달라고 청했다. 또한 그녀가 살아 있을 때 호마유(胡麻油)를 상 밑에 묻고 곱게 짠 비단을 침상 밑에 감추어 두었는데, 그것으로 부처님께 공양을 올려 주면 고맙겠다고 덧붙여 청했다. 선율이 돌아온 뒤 그 부모에게 훔친 금강사의 밭을 돌려주게 하고 기름과 비단으로 부처님께 공양했다. 그러자 여인이 그 날 밤 꿈에 나타나서 지옥에서 벗어나게 되었다고 말했다 한다.

창림사지 昌林寺址

경북 경주시 배동 남산(南山) 기슭에 있다. 신라 원성왕 때 창건된 것으로 전한다. 현재의 절터는 상·중·하 3단으로 나누어져 있으며, 주변에 초석들이 남아 있다. 이곳에는 삼층석탑과 쌍두귀부(雙頭龜趺) 등이 남아 있다. 삼층석탑은 경주 남산 일대에서는 가장 큰 것으로 조선 순조 28년(1828) 무구정광대다라니경(無垢淨光大陀羅尼經)의 머리 부분과 무구정탑원기(無垢淨塔願記)가 발견되었다. 폐탑으로 남아 있던 탑은 1979년 복원되었다. 이중 기단의 상층에는 팔부신중(八部神衆)을 조각했는데, 사실적 기법을 띠고 있는 우수한 작품이다.

쌍두귀부는 신라시대 작품으로 귀부 위의 비신(碑身)은 파손되어 잃어버렸으나 당대의 최고의 명필 김생의 글이었다고 전한다. 탑 부재들은 현재 국립경주박물관에 전시 중이다.

남간사지 南澗寺址

경북 경주시 탑정동 858-6 남산(南山) 서쪽 기슭에 있다. 신라 문무왕 때(661~680)의 큰스님 혜통(惠通)의 집이 있던 은천동(銀川洞)이었다. 신라 애장왕 때와 헌덕왕 때에 이 절의 승려로 있던 일념(一念)이 촉향분예불결사문(觸香墳禮佛結社文)을 지은 것으로 볼 때 헌덕왕(809~826) 이전에 창간되었음을 알 수 있다. 현재의 남간 마을에는 논 길가에 당간지주(보물 제909호)를 비롯하여 8각의 대좌와 석정(경상북도 문화재자료 제13호), 초석 등이 남아 있다. 당간지주는 8세기경에 만들어진 것으로 추정되며 꼭대기에는 십(十)자 모양으로 되어 있어 다른 곳에서 찾아볼 수 없는 특이한 형태이다. 초석과 축대 등은 민가에서 사용되고 있고 석정은 마을에 있으나 찾기가 어렵다.

석가사지 釋迦寺址

경북 경주시 내남면 용장리 남산(南山) 서쪽 비파곡(琵琶谷)에 있다. 신라 경덕왕 16년(757)에 창건했다고 한다. 『삼국유사』에 의하면, 757년 망덕사(望德寺)의 낙성회를 열어서 경덕왕이 친히 공양을 베풀었는데, 그때 누추한 모습을 한 비구승이 찾아와서 재(齋)에 참석하게 해 줄 것을 요청했다. 왕은 말석에 첨례할 것을 허락한 뒤 재를 마치려 할 때, 그를 희롱하고자 사는 곳을 물었다. 그가 비파암

(琵琶庵)에 산다고 하자 왕은 "돌아가서 다른 사람에게 국왕이 친히 불공하는 재에 참석했다고 말하지 말라."고 했다. 비구는 웃으면서 "왕 또한 다른 사람에게 진신석가(眞身釋迦)를 공양했다는 말을 말라." 하고 몸을 솟구쳐서 남쪽을 향해 날아가 버렸다. 왕은 놀랍고 부끄러워 동쪽 산에 달려 올라가서, 그가 사라진 방향을 향해 절하고 사람들에게 가서 찾게 했다. 그는 남산 참성곡(參星谷)이라는 곳에 이르러 바위 위에 지팡이와 바리때를 놓아두고 숨어 버렸다. 사자(使者)가 와서 복명하니 왕은 이 절을 비파암 아래에 세우고 불무사(佛無寺)를 그의 자취가 없어진 곳에 세워 지팡이와 바리때를 나누어 봉안하게 했다고 한다. 절터에는 석탑재들이 많이 남아 있다. 자연석의 기단 옆에 몸돌과 지붕돌[屋蓋石]이 있으며, 그 아래에도 깨어진 지붕돌이 있다. 주변에는 복원된 잠늠골 석탑이 있다.

장수사지 長壽寺址

경북 경주시 마동 101-2 토함산(土含山) 기슭에 있다. 경덕왕 10년(751) 김대성(金大城)이 창건했다. 신라시대에는 우수한 불상이 봉안되어 있었고, 표훈(表訓), 신림(神琳)의 부도연지(浮屠連池) 및 금하(金河), 옥천(玉泉), 석조(石槽), 찰간(刹竿) 등이 있었다고 한다. 조선 말에 폐허화했다. 1970년에 조그마한 암자가 있었으나 지금은 없다.

보물 제912호 삼층석탑이 남아 있다. 이 삼층석탑은 7세기 후반이나 8세기 초기의 전형적인 신라 석탑 형식을 갖추고 있다. 창건 설화로 김대성은 원래 사냥을 좋아했다. 어느 날 토함산에 올라가 곰을 잡은 뒤 산 밑의 마을에서 유숙했는데, 꿈에 곰의 귀신이 나타나서 환생하여 원한을 갚겠다고 하므로 두려워서 용서를 빌었다. 이에 곰의 귀신은 자신을 위해 절을 세워 달라고 했다. 그 뒤 김대성은 곰을 발견했던 곳에 웅수사(熊壽寺)를, 곰을 잡았던 곳에 이 절을 창건했다고 한다.

도림사지 道林寺址

경북 경주시 구황동 모전석탑지가 남아 있는 곳으로, 현재 절터에는 석탑의 지붕돌과 금강역사상이 있다. 그중 2구의 금강역사상은 국립경주박물관 미술관 입구에 옮겨져 있다.

연지암 蓮池庵

경북 경주시 외동읍 활성리 482. 연지암의 창건은 알려진 내용이 거의 없고, 근대에 들어서 김연지화(金蓮池華) 보살이 창건하였다고 한다. 1987년에 대웅전을 중건하였다. 대웅전과 요사만의 매우 단출한 규모로만 이루어져 있다. 현재 경상북도문화재자료 제96호로 지정된 활성리 석불입상이 대웅전에 모셔져 있다. 배[舟] 모양의 광배를 가진 입상으로, 머리와 몸 뒤에 두광과 신광이 돋을새김되어 있으며, 두광과 신광 외부에는 불꽃무늬가 조각되어 있다. 불의는 통견이며 육계가 있고, 왼손에는 약합(藥盒)을 들고 있어 이 불상이 약사여래임을 알 수 있다. 얼굴 위를 부분적으로 보수한 흔적이 있으나 원만한 상호는 9세기 후반의 불상으로 추정된다.

영지암 影池庵

경북 경주시 외동읍 괘릉리 1297-1. 현재 이곳에는 경상북도 유형문화재 제204호 영지 석불좌상이 있는데 대좌(臺座)와 광배(光背)가 있는 불상으로 전체적으로 심하게 닳아서 형태를 알아보기 조금 어렵다. 오른손은 손끝이 땅을 향하게 하며, 왼손은 왼쪽 무릎 위에 놓고 손바닥이 밖을 향하게 하였다. 광배에는 번잡한 불꽃무늬 안에 작은 부처가 새겨져 있고 아사녀가 아사달을 찾아와 기다리다 몸을 던져 죽은 후 아사달이 그녀를 위하여 만들었다고 전한다.

용문사 龍門寺

경북 경주시 내남면 명계리 산161-2. 경상북도 유형문화재 제206호 백운대 마애불 입상이 있다. 암벽 위에 높이 4.6m에 달하는 커다란 불상으로 미완성으로 조각되었다. 민머리 위에는 크고 둥근 상투 모양의 머리묶음이 있으며, 귀는 길게 늘어져 있다. 목에는 삼도(三道)가 있으며, 양쪽 어깨에 걸쳐진 옷은 왼쪽 팔목에 3가닥의 층을 이룬 주름만이 있을 뿐 미완성이다. 오른손은 손바닥을 정면으로 하고 손가락을 위로 향하게 했으며, 왼손은 손바닥을 정면으로 한 채 손가락은 모두 아래로 향했다. 통일신라 9세기 후반 작품으로 추정된다.

용운사 龍雲寺

경북 경주시 안강읍 근계 2리 산131. 현재 경상북도 문화재자료 제98호 근계리 입불상이 용화전에 모셔져 있다. 높이 176㎝의 불상으로 배[舟] 모양의 타원형 광배(光背) 앞면에 정면으로 꼿꼿이 서 있는 여래상을 매우 도드라지게 새겼다. 특징으로 광배 뒷면에 3층 탑이 조각되어 있고 아래에는 여래좌상이 새겨져 있다. 통일신라 후기 9세기 불상으로 추정된다. 주변 용화사 대웅전에도 비지정이긴 하나 사각 대좌에 공양상이 새겨진 석불 좌상이 남아 있다.

성주암 聖住菴

경북 경주시 율동 산60-1. 벽도산 서쪽에 현재 보물 제122호 두 대리 마애석불 입상이 있다. 서방 극락세계의 아미타불을 가운데에 새기고, 양쪽에 관음보살과 대세지보살을 새겼다. 얼굴은 볼에 살이 올라서 매우 풍만하게 보이며 미소가 남아 있다. 어깨는 넓고 반듯하며 양어깨를 감싸고 있는 옷은 얇게 표현되어 몸의 굴곡을 잘 드러낸다. 오른손은 내리고 있고 왼손은 가슴에 들어 엄지와 가운데 손가락을 맞대고 있다. 조각수법으로 보아 8세기 후반의 작품으로 추정된다.

망월사 望月寺

경북 경주시 배동 490. 망월사는 원효종 사찰로 1967년 사찰의 규모를 갖추었다고 한다. 대명전(大明殿), 대웅전(大雄殿), 비석(碑石), 삼성각(三聖閣)과 일부 부재들이 섞인 채 복원된 삼층석탑이 남아 있다. 주변에는 삼불사와 배리 석불 입상이 있다.

삼불사 三佛寺

경북 경주시 배동 65. 창건 연대는 알려져 있지 않다. 건물로는 법당과 산신각·요사채 등이 있고, 주변에는 보물 제63호로 지정된 배리 석불 입상과 복원된 석탑이 있다. 석불 주변 담장은 2008년 3월에 정비되었다.

보덕암 普德庵

경북 경주시 양남면 나산리 161. 보덕암은 신라 선덕여왕 때 지었다고 알려지는 암자로 경순왕(敬順王)이 난을 피해 피신했다고 전해온다. '국구암(國求庵)', '구국암(求國庵)', '굴굴암'이라고 불렀으나 일제시대에 보덕암으로 고쳤다고 한다. 보덕(報德)은 관세음보살의 여러 이름 가운데 하나이다. 2005년에 현재의 모습으로 다시 중수했다고 한다.

도덕암 道德庵

경북 경주시 안강읍 옥산리 1706. 신라 35대 경덕왕(742~765) 때 세운 고찰로 전해진다. 주변에는 자옥사 부도가 남아 있다.

소광사

경북 경주시 천북면 오야리 산31 황악산(독단산)에 있다. 현재 경상북도 문화재자료 제93호 오야리 삼층석탑이 있는데 자연암반을 바닥돌로 하여 세우고 아래·윗면이 모두 층단을 이루고 있는 독특한 통일신라시대 일종의 모전석탑이다.

표충사 表忠寺

경북 경주시 황용동 611-3. 신라 문무왕 때 창건된 것으로 전하며 현재 인근 절터에서 옮겨진 석탑의 지붕돌 1점이 남아 있다.

▶▶ 김천시

직지사 直指寺

경북 김천시 대항면 운수리 216. 직지사는 대한불교 조계종 제8교구본사(本寺)이며 신라 눌지왕(訥祗王) 2년(418) 아도화상(阿道和尙)에 의하여 도리사(桃李寺)와 함께 창건되었다. 그 사명(寺名)을 직지(直指)라 함은 직지인심 견성성불(直指人心 見性成佛)이라는 선종(禪宗)의 가르침에서 유래되었다 한다. 또 일설에는 창건주(創建主) 아도화상이 일선군(一善郡, 善山) 냉산(冷山)에 도리사를 건립하고 멀리 김천의 황악산을 가리키면서 저 산 아래도 절을 지을 길상지지(吉祥之地)가 있다고 하였으므로 하여 직지사(直指寺)라 이름했다는 전설도 있다. 선덕여왕 14년(645)에 자장법사(慈藏法師)가 중수하였고, 경순왕 4년(930)에는 천묵대사(天默大師)가 중수하였다. 태조 19년(936)에 능여(能如)가 고려 태조의 도움을 받아 중건하였는데, 조선 정종원년(定宗元年, 1339) 정종의 어태(御胎)를 절의 북봉(北峰)에 봉안함으로써 새로운 전기를 마련하였고, 조선시대에도 줄곧 사세를 유지할 수 있었다. 임진왜란 때 불에 거의 타버려 광해군 2년(1610)에 일부 복구하였고, 순조 5년(1805) 이후부터 사세가 차츰 퇴락을 거듭하게 되었다. 현대에 1966년부터 1981년 10월까지 10동의 건물을 중건하고 대대적인 불사 작업을 진행하여 오늘에 이른다. 현존 건물로는 대웅전, 천불전을 비롯하여 극락전, 응진전, 명부전, 사명각(泗溟閣), 범종각, 일주문, 금강문, 사천왕문, 천불선원(天佛禪院)과 요사채 등이 있다. 대웅전은 1735년 중창한 조선 후기의 대표적인 건물로 내부에는 약사·석가·아미타불의 세 불상을 모시고 있고 영조 20년(1744)에 만들어진 불화도 있다. 천불전은 비로전이라고도 하는데, 조선시대에 경잠(景岑)이 경주의 옥석(玉石)으로 만든 천불상과 철종 3년(1852) 조성한 석가모니불, 비로자나불, 약사여래, 고종 23년(1886) 조성한 신중탱화가 모셔져 있다. 천불상 가운데에는 나아상(裸兒像)이 있는데, 첫눈에 이 나아상을 보면 아들을 낳는다고 한다. 지정 문화재로는 보물 제606호 대웅전 앞 삼층석탑, 제607호 비로전앞 삼층석탑, 제1186호 청풍료 앞 삼층석탑, 보물 제670호 대웅전 삼존불 탱화, 보물 제1576호 대웅전이 있다. 대웅전 현판 글씨는 2008년 친일파 이완용의 글씨로 최근 알려져 화제가 되었다.

성보박물관에는 국보 제208호 금동육각 사리함, 보물 제11-2호 문경 긴룡사 동종, 보물 제319호 석조약사 여래좌상, 보물 제670호 영산회상탱화와 아미타회상탱화, 약사회상탱화, 보물 제1141호 한천사 출토 금동자물쇠외 일괄, 제1241호 예념미타도량참법(권제6~10), 제1303호 백지금니금강보문발원합부, 제1306호 묘법연화경 등이 있다.

갈항사지 葛項寺址

경북 김천시 남면 오봉리 65. 갈항사는 신라 효소왕 1년(692) 당나라에서 귀국한 화엄법사 승전(勝詮)이 창건했다. 경덕왕 17년(758)에는 남매 사이였던 영묘사(靈妙寺)의 언적(言寂)과 문황태후(文皇太后), 경신태왕(敬信太王)이 삼층석탑 2기를 건립했다. 절터에 남아 있던 삼층석탑(국보 제99호) 2기는 1916년 서울 경복궁으로 옮겨졌고 현재는 국립중앙박물관 야외에 있다. 주변에는 보물 제245호 오봉동 석조 석가여래 좌상이 보호각에 있는데, 둥근 얼굴에 신비스런 미소를 띠고 있으며 눈·코·입의 표현이 사실적이다. 오른손은 손바닥을 무릎에 대고 아래를 가리키고 있고 삼층석탑 건립된 경덕왕 17년(758) 무렵에 조성된 것으로 추정된다.

청암사 青巖寺

경북 김천시 증산면 평촌리 685. 청암사는 신라 헌안왕 2년(858) 도선(道詵) 국사가 창건했다. 구산선문 동리산문 개조인 혜철(惠哲: 785~861)이 머물렀다고 한다. 조선 중기에 율사 의룡(義龍)이 중창했고, 인조 25년(1647) 화재로 소실되자 벽암 각성(碧巖 覺性,1574~1659)이 허정(虛靜)을 보내 중건했다. 정조 6년(1782)에 중건했다. 고종 34년(1897) 폐사되어 대중이 흩어졌으나, 1900년대 초 극락전을 건립해 다시 명맥을 이었다. 1912년 다시 건물을 건립하여 오늘에 이르고 있다. 부속 암자로 수도암(修道庵)과 백련암(白蓮庵)이 있다. 현존하는 건물로는 대웅전을 비롯하여 육화전(六和殿), 진영각(眞影閣), 정법루(正法樓), 일주문, 사천왕문, 비각, 객사 등이 있다. 이 중 육화전은 과거에 강원으로 이용되었던 건물이고, 정법루는 현재 종각으로 사용되고 있다. 절 입구에는 부도군이 있는데 각성의 사리탑을 비롯하여 태감(泰鑑), 지정(智性) 등의 공덕비가 있다. 지정 문화재로는 경상북도 문화재자료 제120호 대웅전, 제121호 다층석탑, 제288호 보광전이 있다. 다층석탑은 전하는 말에 따르면, 성주군 어느 논바닥에 있던 것을 청암사 주지였던 대운대사가 지금의 자리로 옮겨 놓았다고 한다.

보광전은 조선 숙종 15년(1689) 인현왕후가 장희빈 때문에 폐위되어 이곳 극락전에 은거하였는데, 이때 극락전 서쪽에 인현황후의 복위를 빌기 위해 보광전을 세웠다고 한다. 조선 정조 6년(1782)에 고쳐 세운 기록이 있고, 광무 9년(1905)에 다시 세웠으나 1911년 화재로 소실되었고 이듬해 다시 지어 오늘에 이르고 있다.

수도암 修道庵

경북 김천시 증산면 수도리 512. 수도암은 신라 헌강왕 3년(859)에 도선(道詵) 국사가 창건하였다. 도선은 청암사를 창건한 뒤 수도처로서 이 터를 발견하고 기쁨을 감추지 못하여 7일 동안 춤을 추었다고 한다. 도선국사가 이 도량을 보고 앞으로 무수한 수행인이 나올 것이라 하여, 산과 도량 이름을 각각 수도산, 수도암이라 칭하였다는 데에서 유래되었다. 그러나 백여 년 전부터 부처님의 영험과 이적이 많다 하여 불영산이라고도 부르게 되었다. 인조 27년(1649)에 벽암각성(碧巖覺性)이 중창했으며, 동학농민운동 당시 암사의 일부가 소실된 것을 광무 3년(1649) 포응이 다시 중창했다. 6·25전쟁 때 빨치산 소탕 작전으로 일부 건물을 제외하고 불타 버렸다. 1969년 크게 중수하여 큰 가람으로 변모했다. 대적광전(大寂光殿)에는 통일신라 후기 불상, 약광전(藥光殿)에는 고려 초기 불상, 나한전(羅漢殿)

에는 조선시대 불상이 모셔져 있다. 해발 1,000미터의 고지에 샘이 있지만 1천1백 년 동안 단 하루도 마른 적이 없다고 하는 물 생명수(生命水)가 유명하다. 현존하는 건물로는 대적광전 · 약광전 · 수도 선원 · 관음전 · 나한전 · 서전(西殿) · 낙가전(洛伽殿) 등이 있다.

나한전에 나한(羅漢)을 모신 것은 무학(無學)대사가 권유를 하고, 이성계가 지시를 해서 그랬다고 전한다.

문화재로는 약광전의 석불좌상(보물 296), 삼층석탑(보물 297) 2기, 대적광전의 석조 비로자나불 좌상(보물 307)이 있다.

용화사 龍華寺

경북 김천시 봉산면 덕천리 502-2. 용화사는 근처의 가까운 골짜기에 있던 석불을 1927년에 현재 위치로 옮겨 와 관음전을 세우고 모시고 있다. 이곳으로 옮겨진 석불상에 비바람을 막으려고 관음전을 지어 그 안에 봉안하니 용화사이다. 경상북도 유형문화재 제250호 금릉 덕천리 석조관음 보살입상은 머리에는 보관(寶冠)을 썼고, 얼굴에는 눈 · 코 · 입 등이 도식적으로 표현되었지만 온화한 표정을 짓고 있다.

광배(光背)는 가장 자리에 불꽃무늬를 새기고 안쪽에는 꽃무늬를 장식하였다. 이 보살상 양쪽에는 손에 약 항아리를 들고 있는 동자상을 새겼는데 다른 곳에서는 볼 수 없는 독특한 형식으로 주목받고 있다.

시대는 고려시대 초기로 보나 일부에서는 시대 편년을 할 수 없는 토속적인 미륵불로 보고 있다.

문암사 文岩寺

경북 김천시 어모면 옥률리 995. 경상북도 문화재자료 제311호 금릉 옥률리 석조 아미타 여래입상은 문암사 극락전에 모셔져 있다. 원래는 이 불상은 마을 뒤에 방치되어 있던 것을 도현(道玄) 스님이 사찰을 세워 극락전에 안치하였다. 하나의 돌에 불상과 광배(光背)를 함께 조각하였는데, 전체적으로 불상이 기울어져 있다. 손모양은 오른손은 아랫배에 내려져 있고, 왼손은 별도의 돌로 끼우게 되었으나 지금은 없어졌다. 전체적으로 많이 닳아 세부 표현을 자세히 확인할 수 없으나 통일신라 9세기 후반에 만들어진 것으로 추정된다.

미륵암 彌勒庵

경북 김천시 남면 월명리 203－1. 미륵암은 1999년에 7세기 후반 나당 연합군의 백제 및 고구려 정벌에 참여했던 것으로 추측되는 당의 장수인 시(柴)장군의 비(碑)가 이곳에서 출토됨에 따라 이 암자의 유래가 오래된 것임을 짐작할 수 있을 뿐이다. 경상북도 문화재자료 제420호 석조 미륵불 입상은 1997년에 조사되었는데 원위치에서 후방으로 약 2㎝가량 이동되었고, 하반부 확인 당시 불상의 연화문 좌대는 지하 약 2㎝ 지점에서 발견되어 세척 후 1999년 현상과 같이 복원되었다. 상부의 중앙에는 갓처럼 높이 솟은 모습이 특이하다. 얼굴은 풍만한 편이며 소발(素髮) 머리 중앙부에 높이 솟은 육계로써 보관을 받치고 있다. 백호와 귀 부위는 보수된 것이다. 목에는 삼도(三道)가 선명하며 양손은 오른손을 가슴에 대었고 왼손은 복부에 붙이고 있는데 역시 보수되었다. 조각수법으로 보아 고려시대 초기 불상으로 추정된다.

개운사 開雲寺

경북 김천시 황금동 196－3. 개운사는 1918년 춘담화상(春潭和尙)에 의하여 창건된 이후, 1926년 당시 본사인 문경 김룡사 소속의 포교당으로 운영되어 오다가 현재 직지사 김천지역 포교당으로 있다.

1943년경 당시 일본인들이 증산면 청암사(靑巖寺)의 명부십왕상(冥府十王像)을 김천 시내로 옮겨 전시한 것이 계기가 되어 개운사 내에 명부전을 건립하게 되었다. 경상북도 문화재자료 제440호 지장보살좌상 및 십왕상이 있다. 개운사 앞을 학사대라 부르는데 고운(孤雲) 최치원(崔致遠)이 학문을 강론하고 소요하던 곳이라 전해지고 있다.

고방사 高方寺

경북 김천시 농소면 봉곡리 485 백마산에 있는 고방사는 절에 전래하는 현판기문에 따르면 아도화상이 직지사와 함께 418년에 창건했다고 되어 있다. 원래 고방사는 지금의 자리에서 동남쪽으로 약 1㎞ 떨어진 골짜기에 있었는데, 그곳에 있는 약수가 유명하여 약수터라고도 불린다.

이 약수는 100일간 기도를 올리고 부정, 육식, 다툼 등 금기사항을 엄수해야만 효험이 있다는 것이다. 이를 어기고 약수를 마신 사람은 피를 토하고 급사한다고 전한다. 1636년에 옥청산인이 적묵당을 현철상인이 설선당을 그리고 1656년에는 학능 선인이 청원루 5간을 창설하였고 지금의 절은 1719년에 계현 수천대사가 중창했다는 것이다. 1981년 관음전, 삼성각, 향로실, 사천왕문, 범종각, 청원루 등을 신축하고 보광명전을 복원했다. 유물로는 1.8m 지름의 홍고

가 있었으나 파손되고 경판 52장이 관음전에 보관되고 있다.

봉곡사 鳳谷寺

경북 김천시 대덕면 조룡 2리 882. 봉곡사는 신라 선덕여왕 13년 (644) 자장율사가 창건하고 고려 태조 5년(922) 도선국사가 중건하였다. 도선의 창건설화가 전하는데, 도선이 산 너머 구성면 연곡(燕谷)에 절터를 닦고 목수를 불러 나무를 다듬는데, 까마귀들이 날아와 재목 조각을 자꾸 물어갔다. 도선이 까마귀들을 따라가 보니 지금의 절터에 물어온 재목을 쌓아두는 것이었다. 도선이 주변을 자세히 둘러보니 과연 명당자리인지라 자신이 새만도 못하다고 한탄하면서 이곳에 절을 지었다고 한다. 그 후 선조 25년(1592) 임진왜란 때 소실된 후 소규모로 중건되어 오늘에 이르고 있다. 현존하는 건물로 대웅전과 명부전·동상실(東上室)을 비롯하여 부속 건물 2동이 있다. 대웅전은 숙종 33년(1707)에 세 번째의 중수를 거쳐 1916년에 단청과 함께 중수되었으며, 명부전은 1690년에 승려 대완(大完)이 중건하였고, 1908년에 중수하였다.

봉곡사 주변에는 천연기념물 제300호인 600년 된 조룡리 은행나무(섬계서원 은행나무)가 있다. 섬계서원은 조선 순조 2년(1802)에 문신 김문기(金文起) 선생의 제사를 지내기 위해 금릉김씨 집안에서 세운 것으로, 서원이 세워진 후에 은행나무가 심어졌으리라고 생각된다.

계림사 鷄林寺

경북 김천시 개령면 동부리 434 감문산에 있다. 계림사는 신라 눌지왕 3년(419) 아도화상의 창건으로 전해진다. 계림사 사적기(1954년 현판 필사) 등이 중요 사적으로 있을 뿐이다. 이들 기록에 따르면 민간에 전해지는 계림사 일대의 지형은 호형이므로 이를 진압하기 위하여 계림사를 건립하였다고 하였다. 순조 4년(1804) 대웅전을 비롯하여 요사, 즉 방랑과 공루를 확정하고 향연각 등을 건립하였고, 순조 23년(1832) 성일(性日)이 중창하였고, 1922년 춘담(春潭)이 중건하여 오늘에 이른다. 현존 건물로는 대웅전과 응향각, 칠성각, 요사가 있다.

대웅전에는 석가여래 삼존좌상과 후불탱 그리고 신중탱이 봉안되어 있다. 삼존좌상은 석가여래를 중심으로 좌우에 문수보살·보현보살이 협시하고 있는데, 석가여래상의 복장기에 의해 영조 4년(1728)에 봉안하였음을 알 수 있다. 계림사 괘불은 높이 7.1m, 폭 3.27m로 관민들의 시주로 1809년에 제작되어 개령 쌍룡사에 봉안되었다가 이곳으로 옮겼다고 한다. 아무리 가물어도 마르는 법이 없다는 쌍샘 (개령 동부동 마을 입구에 있는 샘)가에 걸어 모셔 놓고 기우제를 지냈다고 하며, 현재 그 괘불은 직지사 성보박물관에 보관하고 있다.

동부리 마애보살 좌상은 마을 산 어귀에 묻혀 있었던 것으로 대홍수 때 발견되었는데, 동부리 연당(체육공원) 북쪽 산 아래에 있다가 2004년 3월에 계림사에 옮겨 놓았다. 고려시대 불상으로 추정된다.

신흥사 新興寺

경북 김천시 농소면 봉곡 1리 485. 신흥사는 신라 흥덕왕 9년(834)

에 도의선사에 의하여 건립되었다 전하며, 그 후의 내력은 자세하지 않으나 1901년에 소실되었다가 1959년에 복구되었다. 현재 대웅전, 극락전과 산신각, 칠산각, 요사채가 있다. 대웅전 안에는 석가여래좌상, 약사여래좌상, 철조 비로자나여래좌상의 삼불상의 주불과 후불탱이 봉안되어 있다. 극락전에는 아미타불, 관세음보살, 대세지보살, 지장보살탱, 신중탱이 있고, 칠산각(七山閣)이라는 전각 명칭은 아주 드물다.

▶▶ 안동시

봉정사 鳳停寺

경북 안동시 서후면 태장리 901 천등산 기슭에 있는 봉정사는 신문왕 2년(682) 의상(義湘)대사가 창건했다고 한다. 부석사를 세운 의상대사가 부석사에서 종이로 봉황새를 만들어 날려 보냈는데, 그 새가 내려앉은 자리에 절을 짓고 봉정사라 이름 지었다고 하며, 일설에는 의상이 화엄기도를 드리기 위해서 이 산에 오르니 선녀가 나타나 횃불을 밝혔고, 청마(靑馬)가 앞길을 인도하여 지금의 대웅전 자리에 앉았기 때문에 산 이름을 천등산이라 하고, 청마가 앉은 것을 기념하기 위해서 절 이름을 봉정사라 했다고도 한다. 1950년 6·25 전쟁 때 인민군이 머무르면서 절에 있던 경전과 사지(寺誌) 등을 모두 불태운 까닭으로 역사를 자세히 알 수가 없다. 부속 암자로는 퇴락한 영산암(靈山庵)과 지조암(智照庵)이 있다.

현재 지정 문화재로 우리나라에서 가장 오래된 목조 건축물로 알려져 있는 극락전(국보 제15호), 대웅전(보물 제55호), 화엄강당(보물 제448호), 고금당(古今堂, 보물 제449호), 안정사 석조여래좌상(경상북도 유형문화재 제44호), 삼층석탑(경상북도 유형문화재 제182호), 만세루(유형문화재 제325호) 문화재자료 제404호 동종(銅鍾) 등이 있고, 경판고(經板庫)에는 대장경 판목이 보관되어 있다. 이 중 안정사 불상은 안정사에 있었던 것인데, 안동댐 건설로 인해 안정사가 없어지면서 봉정사로 옮겨 보관하고 있다.

영산암 靈山庵

영산암은 봉정사의 동쪽에 있는 부속암자로 응진전·영화실·송암당·삼성각·우화루·관심당 등으로 이루어져 있다. 봉정사 영산암 향로전 창건기와 봉정사 영산전 중수기 등의 사료로 보아 19세기 말에 지어진 것으로 추정된다. 문루에는 초서로 우화루(雨花樓)라는 현판이 걸려 있다. 영화 달마가 동쪽으로 간 까닭은 촬영 장소로 아름다운 암자로 전국에 손꼽히는 것이다.

개목사 開目寺

경북 안동시 서후면 태장리 888. 개목사는 원래 흥국사(興國寺)로 통일신라 신문왕(681~692) 때 의상대사가 세웠다고 한다. 전설에 따르면 의상대사가 절 뒤에 있는 천등굴에서 천녀(天女)의 기적으로 도를 깨치고 절을 세웠다고 하는데 '개목사'라는 절 이름은 조선시대에 바꾼 이름이라고 전한다. 일설로 의상대사가 출가하여 이 산 정상 부근의 큰 바위 밑에서 수도를 했는데, 하늘에서 큰 등불을 내려 비춰 주었다. 의상은 99일 만에 도를 깨치고 지금의 터에 99칸의 절을 창건했으며, 하늘의 등으로 불을 밝혔다 하여 천등사라 절 이름을 지었다 한다. 고려시대에는 정몽주(鄭夢周)가 이 절에서 공부했으며, 조선 초기에는 맹사성(孟思誠)이 안동부사로 부임하여 안동 지방에 맹인이 많은 것을 알고, 맹인이 안 생기게 해달라는 뜻에서 중수한 뒤 개목사라 개칭했다고 한다.

현존하는 건물로는 원통전(보물 제242호)과 요사채, 종루가 있다. 원통전은 1969년 해체 수리할 때 발견한 기록에 '천순원년(天順元年)'이라는 글귀가 있어 세조 3년(1457)에 건립한 것으로 추정된다. 건물 전면은 마루로 깔았고, 후면에는 온돌방을 만들었으며, 중앙의 후벽에 불단을 설치했는데, 법당에 온돌방을 만든 것으로는 조선 초기 건물 중 아주 희귀한 것이다.

석불사 石佛寺

경북 안동시 안기동 152 – 13. 현재 보물 제58호 안동 안기동 석불좌상이 미륵전 안에 모셔져 있는데, 불상의 머리는 후대에 새롭게 붙여 놓은 것으로 발견 당시에는 몸통과 대좌만 있었다. 오른손을 무릎 위에 올리고 손끝이 땅을 향하도록 하고 있는 항마촉지인(降魔觸地印)이다. 부드럽게 흘러내린 옷주름 표현과 사실적인 모습을 볼 때 통일신라 후기 석불로 추정된다. 인근에는 경상북도 문화재자료 제18호 안기동 삼층석탑이 있다.

연미사 燕尾寺

경북 안동시 이천동 산2 영남산(領南山) 연미원(燕尾院)에 있다.

신라 선덕여왕 때(632~647) 창건했다고 전한다. 보물 제115호 이천동 석불상은 흔히 제비원 마애불로 불리며 고려시대에 유행하던 지방화된 거구의 불상 가운데 우수 작품이다. 경상북도 유형문화재 제99호 삼층석탑도 조금 떨어진 곳에 있다.

전설에 따르면, 마애 석불을 조각할 때 당시 이름난 석공에게 의뢰했다 한다. 그러나 그의 제자가 더욱 조각 솜씨가 뛰어났다. 샘이 난 스승은 제자가 절벽에 사닥다리를 딛고 올라가서 열심히 일하고 있을 때 사닥다리를 치워 버렸다. 그러자 그 제자는 한 마리의 제비가 되어 하늘로 날아갔다. 이 전설에 의해 이곳의 지명이 연미원, 즉 제비원이 되었다 한다. 이 밖에도 이 마애불에는 임진왜란 때 명장(明將) 이여송(李如松)이 당시의 재상이었던 유성룡(柳成龍)과 이 앞을 말을 타고 지나가다가 말발굽이 땅에 붙어 떨어지지 않아 예불을 올린 뒤에 지나갔다는 전설이 있다.

황산사 黃山寺

경북 안동시 임동면 수곡리 563. 황산사는 신라 선덕여왕 13년 (644)에 창건되었다고 하는데, 누가 세웠는지는 알려지지 않고 옛 이름은 봉황사이다. 전에는 극락전·관음전·범종각·만세루 등 많은 건물이 있었다고 한다. 그러나 임진왜란(1592) 때 모두 불에 타 지금은 석가모니를 모신 대웅전과 스님들이 생활하는 요사채만 전해진다.

경상북도 유형문화재 제141 대웅전은 앞면 5칸·옆면 3칸의 규모이며, 공포는 다포식이며 팔작지붕이다. 건물 양식이 간결한 것 등으로 보아 조선 중기 이후에 다시 지어진 것으로 보인다.

전설에 의하면 이 대웅전의 단청은 봉황이 칠했다고 한다. 단청을 칠할 때 사람이 쳐다보지 않도록 하였는데, 앞면을 칠한 다음 뒷면을 칠할 때 사람들이 쳐다보자 일을 다 하지 않고 날아갔다고 한다. 이 전설로 인해 사람들이 이 절을 봉황사라 부르기도 한다.

옥산사 玉山寺

경북 안동시 북후면 장기리 산146. 현재 경상북도 유형문화재 제181호 옥산사 마애약사 여래좌상은 이중으로 된 연꽃무늬 대좌(臺座) 위에 앉아 있다. 마애여래좌상을 중심으로 양옆에 보살이 있는 삼존불(三尊佛)로 추정된다. 마애불에서는 드물게 삼존불 형식으로 만든 것으로 통일신라 후기 불상으로 추정된다. 주변에는 전탑지가 남아 있어 오랜 역사를 알 수 있다.

광흥사 光興寺

경북 안동시 서후면 자품리 813 학가산(鶴駕山)에 있다. 신라 문무왕 때(661~681) 의상(義湘)이 창건했다고 전한다. 근대에 절이 방치된 채로 남아 있었다. 1946년 화재로 대웅전이 소실되었고, 1954년 극락진이 도괴되었으며, 1962년 학서루(鶴棲樓)와 큰방이 무너졌다. 현존하는 건물로는 응진전(應眞殿)과 응향각(凝香閣), 칠성각, 요사채가 있다. 지정 문화재로는 취지금니묘법연화경(翠紙金泥妙法蓮華經, 보물 제314호)과 백지묵서묘법연화경(보물 제315호)이 있었으나, 현재 국립경주박물관에 보관되어 있다. 경상북도 유형문화재 제313호 광흥사 장금자사경, 문화재자료 제165호 응진전이 있다. 입구에는 500년 된 은행나무가 있으며, 사리탑과 부도가 있다. 『영가지(永嘉誌)』에 의하면 "학가산에는 국왕이 머물렀고, 대궐과 육조(六曹)의 터가 남아 있는 2개의 산성지가 있고, 산의 동쪽에는 능인대덕이 살았다는 능인굴이 있으며, 산허리에는 거찰과 작은 암자들이 둘려 있다."는 기록을 볼 수 있다. 절 밖의 공터에는 조그마한 부도가 밭 한가운데에 있다.

애련암 愛憐菴

경북 안동시 서후면 자품리 광흥사에 딸린 암자이며, 극락전과 산신각이 있고, 입구에 샘터가 있다.

용수사 龍壽寺

경북 안동시 도산면 운곡리 273-4. 용수사는 고려 의종 원년(1146)에 각화사 주지인 성원이 암자를 지으면서 개창되었다. 1896년에 불타 버린 것을 이후 다시 지어 오늘에 이르고 있다. 문화재로는 경상북도 유형문화재 제323호 대정삼년명 금동고는 동으로 만든 동고(銅鼓)로 징과 같은 형태이다. 앞면과 뒷면의 글자로 미루어 볼 때 고려 의종 17년(1163)에 만들어졌음을 알 수 있다.

경상북도 문화재자료 제400호 금호비(禁護碑)는 명문을 보면 "이 산은 다만 제단과 옛 절뿐만 아니라 국내에 있어서 대단히 중요하다. 이 산 전체를 영세토록 금지하여 보호할 일이다. 일영(日營)이 제목을 짓고, 신해(辛亥) 10월에 세운다."라고 되어 있다. 최근에 조성된 다보탑과 경주 안강 정혜사지 십삼층석탑이 있다.

대원사 大圓寺

경북 안동시 목성동 57-2. 경상북도 유형문화재 제335호 탱화는 3폭의 조선 후기 탱화로 화기(畵記)상의 기록으로 보아 안동(安東) 중대사(中臺寺)에 봉안된 것인데 언제 어떠한 연유로 대원사(大圓寺)에 이안(移安)되었는지는 알 수 없다. 현재 안동 지역에서 조사된 신중탱화 중 가장 큰 작품으로 화면 배색이나 등장인물의 표현 등이 다양하고 세밀히 묘사되어 있어 이 지역 신중탱 연구에 중요한 자료가 된다.

석수암 石水庵

경북 안동시 안기동 276. 석수암은 경상북도 기념물 제106호 향나무가 있는데 수령 400년 정도로 추정된다. 전설에 의하면 통일신라시대 때 의상대사가 석수암을 처음 세우면서 심었다고 한다. 통일신라시대 후기 석불좌상도 있어 오랜 역사를 알 수 있는 절이다.

용담사 龍潭寺

경북 안동시 길안면 금곡리 83. 용담사는 신라 문무왕 4년(664)에 화엄화상(華嚴和尙)이 처음 창건하였고, 조선 선조 7년(1574) 송혜증법사(松惠證法師)가 중건하고, 정조 24년(1800)에 고쳐 지었다고 전한다. 지금은 무량전과 요사채, 대웅전이 남아 있다. 경상북도 문화재자료 제40호 무량전(無量殿)은 정면 3칸·측면 2칸의 맞배집으로 단순하고 소박한 구조를 지니고 있다. 인근 암자로 금정암에는 경상북도 문화재자료 제317호 화엄강당(華嚴講堂)이 남아 있다.

석탑사 石塔寺

경북 안동시 북후면 석탑리 861-1. 현재 입구에는 경상북도 문화재자료 제343호 석탑리 방단형 적석탑(積石塔)이 남아 있는데 계단식으로 이루어진 독특한 모습이다. 평면이 정사각형을 이루고 있는데, 각 층마다 비교적 크고 반듯한 판돌 넉 장으로 면을 이루게 한 뒤, 그 안을 막돌로 채워 넣는 방식으로 되어 있으나 원래의 형태인지는 확인할 수 없다. 고려시대나 조선시대 전기에 세운 것으로 추정되며, 보기 드문 양식을 보여주고 있다. 경상북도 유형문화재 제368호 목조 관세음보살좌상이 모셔져 있다.

보광사 普光寺

경북 안동시 도산면 서부리 50-7. 보광사는 도산서원 쪽으로 20분쯤 가다 보면 오른쪽에 안동호 가든이라는 식당이 나오고 그 옆에 있는 작은 절이다. 보광사가 주목되기 시작한 곳은 2007년 7월 목조 관음보살좌상이 알려지면서부터인데 이 불상은 봉정사 보살좌상과 모든 면에서 유사하나 양감이 강조된 이국적인 얼굴 모습, 당당한 신체와 간략화된 무릎주름 등은 서산 개심사 아미타불좌상과 유사한 형태를 보인다. 문화재 전문위원은 봉정사 보살좌상과 개심사 아미타불좌상 사이에 제작됐을 것이라고 추정했다. 13세기 전반기 조성된 것으로 추정된다. 국내에서 두 번째로 오래됐을지도 모를 최고(最古) 불상이 발견된 것이다. 보살좌상에서 발견된 인쇄물 가운데 일체여래심비밀전신사리보협인다라니경(一切如來心秘蜜全身舍利寶<人+英>印陀羅尼經. 이하 보협인다라니경) 역시 직지심체요절에 이은 국내에서 두 번째로 오래된 목판 인쇄물인 개성 총지사본으로 밝혀졌다. 보협인다라니경을 비롯해 11종 193점의 유물을 수습했다. 복장유물 가운데 눈에 띄는 것은 정원신역화엄경소 권6(貞元新譯花嚴經<流 자에서 水변 대신 足> 卷六)이다. 목조관음보살좌상과 복장유물은 보물 1571호로 지정되어 있다.

모운사 暮雲寺

경북 안동시 남후면 검암리 596. 모운사는 창건연대와 그 밖의 내력에 대해서는 전하는 바가 없으나 의상조사가 창건하였다는 사실과 도광 22년에 백화전을 중수하였다는 기록이 모운사 중수기에 기록되어 있다. 백화전에는 경상북도 문화재자료 제422호 지장탱화, 제석탱화(地藏幀畵, 帝釋幀畵)가 있다.

운대사 雲臺寺

경북 안동시 대회동 태화산(泰華山) 기슭에 있다. 운대사는 신라 말에 도선(道詵, 827~898)국사가 창건하였다고 하며 서악사(西岳寺)라고도 한다. 절 뒤쪽의 관왕묘(關王廟)를 수호하는 역할을 함께 담당하면서 오다가 1973년 중수하여 오늘에 이르고 있다.

현존하는 건물로는 극락전을 중심으로 응향각(凝香閣), 설선당(說

禪堂), 심검당(尋劍堂), 종루, 산신각, 사문(寺門), 요사채 등이 있으며, 극락전 앞뜰에는 작은 삼층석탑 1기가 있다. 절 뒤의 관왕묘는 경상북도 민속자료 제30호로 지정되어 있다. 관왕이란 중국 삼국시대의 명장 관우(關羽)를 말한다.

▶▶ 구미시

도리사 桃李寺

경북 구미시 해평면 송곡리 403 태조산(太祖山)에 있다. 도리사는 신라에 불교가 처음 전해질 당시 전설에 나오는 아도(阿度)화상과 관련이 있는 절이다. 아도가 불교를 전파하기 위하여 서라벌에 갔다 돌아오는 길에 한겨울인데도 복숭아꽃과 오얏꽃이 만발하여 그곳에 절을 짓고 도리사라 하였다 한다. 이후 숙종 3년(1677) 화재로 대웅전을 비롯한 모든 건물이 불탄 뒤, 영조 5년(1729) 대인(大仁)이 아미타불상을 개금하여 금당암(金堂庵)으로 옮겨 봉안하고 금당암을 도리사로 이름을 바꿨다. 순조 7년(1807)에 중창했고, 순조 23년(1823)에 조사전(祖師殿)을 중수했다. 고종 13년(1876)에 극락전을 중건했으며, 1976년 6월에 금수굴에서 아도의 석상(石像)이 발견되어 주목되었는데, 지금은 행방을 알 수 없다. 1977년 4월 세존사리탑을 해체 복원하다가 금동육각탑 형태를 띤 사리구(舍利具)와 석가모니 부처님 진신사리 1과가 발견되었다. 지정 문화재로 보물 제470호 도리사 석탑, 경상북도 유형문화재 제291호 아도화상 사적비 및 도리사불량답시주질비, 경상북도 문화재자료 제314호 목조 아미타여래좌상, 제318호 극락전(極樂殿)이 있다.

보천사 寶泉寺

경북 구미시 해평면 해평리 526 매봉산 기슭에 있다. 오래전부터 보천이라는 샘이 있어서 보천사라고 했다 한다.

고려 충렬왕(1274~1308)의 아들 왕소군(王小君)이 신병을 치료하기 위해 이 절에 머무르면서 보천수를 먹고 병이 완쾌되었다고 한다. 그러나 선조 25년(1592) 임진왜란 때 병화로 완전히 소실된 뒤 폐사되었다. 옛 절터에서 석조여래좌상(보물 제429호)이 발견되어 1959년 보호각 신축하고 봉안했다. 이때 석불 앞에서 금동불 1위가 함께 출토되었으나 그 뒤 유실되었다. 현재 대웅전에 석조여래좌상이 모셔져 있다. 이 석불은 광배(光背)와 대좌(臺座)를 모두 갖추고 있으며, 광배의 곳곳에는 작은 부처가 새겨져 있으며 아래쪽에는 향로가 새겨져 있다. 가장자리에는 불꽃무늬가 광배 전체를 둘러싸고 있다. 조각수법으로 보아 통일신라 후기 9세기 불상으로 추정된다.

금강선원 金剛禪院

경북 구미시 황상동 산90-14. 현재 보물 제1122호 황상동 마애여래입상이 있다. 거대한 자연암벽의 동남쪽 평평한 면을 이용하여 조각한 마애불이다. 민머리 위에는 육계가 있고, 얼굴에는 이목구비가 잘 정제되어 있다. 목에는 삼도가 있어 근엄하면서도 자비스러운 인상이다. 조각수법으로 보아 통일신라시대 후기 고려시대 초기 불사

응로 추정된다. 전설에 의하면 백제군에게 쫓기던 당나라의 장수가 어느 여인의 도움으로 이 바위 뒤에 숨어 목숨을 구하였는데, 그 여인은 간 곳이 없었다 한다. 그 여인이 부처님이라고 생각한 장수가 이 바위에 불상을 조각했다는 이야기가 전한다.

서황사 瑞鳳寺

경북 구미시 선산읍 죽장리 505-2. 죽장사, 법륜사라 하였다가 근래 사찰명이 바뀌었다. 현재 국보 제130호 선산 죽장동 오층석탑이 있다.

죽장사지에 있는 석탑으로, 100여 개가 넘는 석재로 짜여 있으며, 전탑형의 5층석탑으로는 국내에서 가장 높은 탑이라 하며 높이가 10m에 이른다. 탑신부 1층 몸돌 남쪽 면에는 감실(龕室)이 마련되어 있으며, 그 주위로 문을 달았던 흔적이 남아 있다. 통일신라시대 석탑으로 추정된다. 주변에는 각종 석재와 당간지주가 남아 있다.

수다사 水多寺

경북 구미시 무을면 상송리 산12. 수다사는 통일신라 후기에 진감국사(眞鑑國師)가 연악산 상봉인 미봉에 하얀 연꽃 한 송이가 피어 있는 것을 보고 절을 처음 세워 연화사(蓮華寺)라 하였다고 전한다. 고려 광종 26년(975)에 화재를 당해 명종 15년(1185)에 각원대사(刻圓大師)가 절을 다시 세우고 이름을 성암사(聖岩寺)라고 하였다. 원종 14년(1273)에 큰 물난리로 허물어진 것을 조선 선조 5년(1572)에 사명대사(四溟大師)가 수리하고 이름을 수다사라 하였다. 그러나 숙종 31년(1705)에도 화재를 당해 현존하는 건물만 남기고 모두 불에 탔다.

경상북도 유형문화재 제139호 명부전은 지장보살좌상을 비롯한 여러 개의 불상이 모셔져 있다. 내부 벽에 그려진 지옥도(地獄圖)는 영조 42년(1771)의 제작시기를 기록하고 있다. 경상북도 유형문화재 제334호 목조 아미타여래좌상, 제336호 대웅전석가모니 후불탱화, 경상북도 문화재자료 제435호 건륭37년명 동종(銅鐘) 등이 있다.

대둔사 大芚寺

경북 구미시 옥성면 옥관리 1090. 대둔사는 신라 눌지왕 30년(446) 아도화상이 세웠다는 설이 있으나 정확한 시기는 알 수 없다. 고려시대에 몽고족의 침략으로 불타 버린 것을 충렬왕(1274~1308) 때 고쳐 세웠으며 그 뒤로 최근까지 여러 차례 수리하여 오늘에 이르고 있다.

경상북도 유형문화재 제162호 대웅전은 조선 중기에 세운 것으로 추정하며 석가여래좌상을 모시고 있다. 건축기법과 양식으로 보아 17세기 후반 건물로 추정된다.

대원사 大圓寺

경북 구미시 구평동 48. 대원사는 근래 들어 주변 문화재들을 옮겨 오면서 유명해진 사찰이다. 경상북도 문화재자료 제506호 석조여래좌상이 현재 있다. 이 석불은 원래 대원사 남쪽으로 약 500미터 정도 떨어진 신동마을 어귀 복칭 부처골이라 불리는 계곡 우측에 있던 것을 2005년 9월에 옮겨 온 것이다. 광배와 신광을 하나의 돌로 구성한 고려시대 초기 불상이다. 또한 산동면 적림리 산동초등학교 교정에 있던 통일신라 불상인 인덕동 석조여래좌상 역시 이곳으로 옮겨졌다.

금강사 金剛寺

경북 구미시 원평동 1008-25. 금강사는 1952년 5월부터 1954년 4월까지 주지 철우선사(鐵牛禪師)에 의하여 창건되었으며, 철우선사 입적 후에는 정우(正愚) 스님이 주지로 있다. 지금은 대한불교 조계종 직지사 말사로 1,500여 명의 신도들이 소속되어 있다. 경내에는 대웅전, 심우당, 채월당, 종각, 철우선사 부도탑 등이 있다.

경상북도 유형문화재 제338호 석조 석가여래좌상은 대웅전에 모셔져 있으며, 불상 속에서 발견된 기록에 의해 조선 숙종 27년(1701)에 제작되어 금강산의 법화원(法華院)에 처음 봉안되었던 것이다. 경상북도 유형문화재 제352호 금동 약사여래입상, 제353호 금동 관음보살입상, 제354호 금강사소장 전적, 민속자료 제133호 금란가사 등이 있다.

약사암 藥師庵

경북 구미시 남통동 금오산 약사봉 아래에 있다. 경상북도 유형문화재 제362호 석조여래좌상이 있는데, 석가여래좌상으로 고려 초기 불상으로 추정된다. 재치기를 하면 청암사 수도암 약광전의 석불까지 들린다고 전한다. 수도암 불상과 함께 형제 불상이라고도 한다.

주륵사 朱勒寺

경북 구미시 도개면 다곡리 산123. 경상북도 문화재자료 제295호 주륵사 폐탑(廢塔)은 땅 위에 드러나 부재들을 통해, 이중 기단(基壇) 위에 탑신(塔身)을 올렸을 것으로 추정된다. 지붕돌은 낙수면이 완만하고 네 귀퉁이가 살짝 치켜 올라갔으며 밑면에 5단의 받침을 두었다. 현재 남아 있는 부재의 크기로 보아 그 크기가 웅장하여 불국사 석가탑 못지않은 대규모의 석탑이었을 것으로 생각된다. 통일신라시대 8～9세기경에 세운 것으로 추정된다.

미륵당 彌勒堂

경북 구미시 장천면 오로리 86. 경상북도 문화재자료 제332호 석조 미륵입상이 있는데 몸에 비해 머리가 큰 편이고, 몸에 걸친 옷의 주름 표현이 형식화되었다. 광배(光背)는 두광만을 나타내었고 신광은 생략하였다. 고려시대 불상으로 추정된다.

원각사 圓覺寺

경북 구미시 선산읍 노상리 159-4 비봉산 아래에 자리 잡은 원각사는 본래 선산읍에 거주하는 심씨 가문에서 제사를 지내던 곳이었는데 후에 절로 고쳐 지은 것이라 한다. 경상북도 문화재자료 제372호 목조 보살좌상은 원통전 내에 모셔져 있는 불상이다. 얼굴은 둥글고 풍만하다. 머리에는 금을 입힌 관을 쓰고 있는데 구름·연꽃·불꽃무늬 등이 화려하게 장식되어 있다. 목에는 삼도(三道)가 있으며, 양어깨를 감싼 옷은 양팔을 타고 부드럽게 흘러내린다. 오른손을 어깨 높이로 들고 왼손을 무릎 위에 올려놓은 채 오른손과 왼손으로 연꽃가지를 들고 있으며, 팔에는 팔찌가 새겨져 있다. 불상의 몸속에서 발견된 복장품에 의해 조선 인조 25년(1649)에 만들었음을 알 수 있다.

적원사 績元寺

경북 구미시 산동면 적림리 산7. 현재는 정원사이다. 이곳에는 원통 몸체에 상체를 얇게 조가하고 머리에는 8각의 지붕돌을 올려놓은 미륵불이 있다. 조각수법으로 보아 고려시대 불상으로 추정된다.

법성사 法城寺

경북 구미시 남통동 산 358. 법성사는 태고종 사찰로 1840년경 발견되었다는 약사여래좌상이 모셔져 있다. 머리는 보수 되었으며, 고려시대불상으로 추정된다.

동화사 東華寺

경북 구미시 해평면 금산 1리 산50 베틀산에 있는 동화사는 다소 오래된 마애불 입상이 있으나 1972년 작품이다. 또한 주변 석굴 안에는 통일신라시대 석불좌상이 있었는데 현재는 행방이 묘연하다. 석조연화대좌 등 시대가 오래된 석조물들이 다소 있었으나 현재는 없다.

보원사

경북 구미시 고아읍 원호리 491-9. 보원사 대웅전에는 호분이 칠해진 고려시대로 추정되는 석불좌상이 있다.

▶▶ 영주시

부석사 浮石寺

경북 영주시 부석면 북지리 148 봉황산 중턱에 있는 부석사는 신라 문무왕 16년(676)에 의상대사(義湘大師)가 왕명을 받들어 창건하였다. 화엄의 대교(大教)를 펴던 곳으로, 창건에 얽힌 의상과 선묘(善妙) 아가씨의 애틋한 사랑에 관한 설화가 전해진다. 고려 현종 7년(1016)에 원융국사(圓融國師)가 무량수전(無量壽殿)을 중창하였고 우왕 2년(1376)에 원응국사(圓應國師)가 다시 중수하고, 이듬해 조사당(祖師堂)을 재건하였다. 조선 선조 13년(1580) 사명대사(泗溟大師)가 중건했다. 이후 여러 차례 중건과 보수가 이루어져 오늘에 이른다.

『삼국유사』에 설화가 전해지는데 보면, 의상대사가 당나라에서 유학을 마치고 귀국할 때 그를 흠모한 여인 선묘가 용으로 변해 이곳까지 따라와서 줄곧 의상대사를 보호하면서 절을 지을 수 있게 도왔다고 한다. 이곳에 숨어 있던 도적떼를 선묘가 바위로 변해 날려 물리친 후 무량수전 뒤에 내려앉았다고 전한다. 무량수전 뒤에는 '부석(浮石)'이라고 새겨져 있는 바위가 현재 있다.

무량수전은 부석사의 중심 건물로 소조 아미타여래를 모시고 있다. 고려 우왕 2년(1376)에 짓고 광해군 때 새로 단청한 것으로, 1916년에 해체·수리 공사를 하였다. 배흘림기둥으로 유명하며, 우리나라 목조건축물 중 오래된 건물로 손꼽힌다. 지정 문화재로 국보 제17호 무량수전 앞 석등, 국보 제18호 무량수전, 제19호 조사당, 제45호 소조여래좌상, 제46호 조사당벽화, 보물 제249호 삼층석탑, 제255호 당간지주, 제1562호 오불회 괘불탱, 경상북도 유형문화재 제127호 원융국사비, 제130호 삼층석탑 등이 있다.

흑석사 黑石寺

경북 영주시 이산면 석포리 1380-1. 신라 문무왕 때 의상(義湘 625~702)이 창건하였다고 전한다. 임진왜란 이후 사세(寺勢)가 급격하게 기울었고, 정조 23년(1799)에 편찬된 범우고(梵宇攷)에는 폐사되었다는 기록이 나온다. 1945년에 중건되었으며, 1950년에는 정암산 법천사(法泉寺)에 있던 아미타불좌상은 희방사와 초암사를 거쳐, 이곳으로 옮겨 왔다. 유물로는 아미타불좌상과 석조여래좌상, 마애불좌상, 석탑부재, 광배편 등이 있다. 국보 제282호 목조 아미타불좌상 병복장유물이 지정되어 있다. 아미타불좌상은 온양민속박물관에 잠시 보관 중이다가 현재 대웅전에 모셔져 있는데, 조선 세조 4년(1458) 효령대군이 왕실에 부탁하여 만든 것으로, 조선 초기의 대표적인 목조불상으로 손꼽히며 불상 안에서 금동사리함과 사리 등의 복장유물이 나와 현재 국립대구박물관에 보관 중이다. 확인된 복장물은 '아미타삼존복장기' 등 7종, 불상조성권선문, 『불설대보부모사중경목판본』, 『백지묵서불조삼경합부』, 『금니묘법연화경권이변상도』, 『감지은니묘법연화경』 3권 등의 전적과 보자기, 번 등의 직물류, 복장용의 사리, 칠약, 오곡 등이다. 불상조성 권선문 말미에 효령대군 친필과 자(字)로 된 낙관 선숙(善叔)이 찍혀 있다. 보물 제681호 석조여래좌상은 통일신라 9세기 후반 불상으로 추정되며, 광배와 대좌는 주변에 놓여 있다. 경상북도 문화재자료 제355호 마애 삼존불상은 석조여래좌상 뒤에 있으며, 본존불을 중심으로 좌우에 협시보살이 조각되어 있다. 고려시대 초기 불상으로 추정되며, 입술에는 마치 채색한 것 같은 붉은 색이 남아 있다.

성혈사 聖穴寺

경북 영주시 순흥면 덕현리 277. 성혈사는 신라 문무왕 때 의상(義湘)대사가 창건하였다고 전한다. 임진왜란(1592) 이후 새롭게 지은 것으로 1984년 수리를 할 때 발견한 기록에 따르면, 조선 명종 8년 (1553)에 처음 지었고, 인조 12년(1634)에 다시 지었음을 알 수 있다.

보물 제832호 나한전(羅漢殿)은 앞문의 창에 조각을 만들어 장식하였는데, 특히 가운데 칸에서 물고기, 게, 동자상, 연꽃, 새 등의 뛰어난 조각으로 유명하다. 내부에는 경상북도 유형문화재 제402호 석조 비로자나불좌상이 봉안되어 있는데 결가부좌를 하고 있고 지권인 (智拳印)을 맺고 있다. 옷주름의 표현이 약간 경직되고 형식화된 몸체 등으로 볼 때 통일신라시대 9세기 후반 불상으로 추정된다. 경상북도 문화재자료 제523호 신중탱화(神衆幀畵)는 1775년에 제작된 불화로, 안정된 구성형식을 지닌 제석·천룡 탱화이다.

비로사 毘盧寺

경북 영주시 풍기읍 삼가리 390 소백산의 주봉인 비로봉(毘盧峰, 1,439m)의 중턱에 위치해 있다. 신라 신문왕 3년(683) 의상(義湘)대사가 창건하였다. 진공(眞空, 855~937)을 청해 이곳에서 살게 했는데, 그때 고려 태조가 방문하여 법문을 듣고 그를 매우 존중했다. 그가 이 절에서 입적하자 태조는 진공 대사라는 시호와 보법(普法)이란 탑호를 내려 주었다. 인종 4년(1126) 인종이 김부식(金富軾)으로 하여금 불아(佛牙)를 이 절에 봉안하도록 했고, 우왕 11년(1385) 환암(幻庵)이 중창했다. 세조 때(1455~1468)에는 복전(福田) 5명을 두어 『화엄경』을 강의하게 했고, 예종 1년(1468)에는 김수온(金守溫)이 왕실의 복을 비는 도량으로 삼았다. 선조 25년(1592) 임진왜란 때 병 석불상 2구만이 남고 모두 불탔으며, 숙종 10년(1684)에 중창했다. 1908년 8월 15일에는 법당을 제외한 모든 건물과 사지(寺誌)가 화재로 소실되었다. 1919년에 중수했고, 1932년에 다시 법당을 중수했다.

보물 제996호 석아미타 및 석비로자나불좌상은 통일신라 9세기 후기 불상으로 추정되며 동시에 나란히 아미타·비로자나불이 같이 있다는 점에서 화엄불교의 특징을 보여주는 작품이다. 경상북도 유형문화재 제4호 진공대사보법탑비는 신라 문성왕 17년(855)에 출생하여 고려 태조 20년(937)에 입적한 진공대사의 탑비로 고려 태조 22년(939) 왕명으로 건립되었다. 탑비는 붕괴되어 전해오던 것을 1972년 지금의 형태로 복원한 것이고 보법탑은 비로사 인근의 부도골에 있던 것을 비로사 경내로 옮겨 왔다가 분실되었다. 보법탑비(普法塔碑) 편이 2008년 7월 14일에 발굴되었다. 절 입구에는 경상북도 유형문화재 제7호 삼가동 석조 당간지주가 남아 있다.

초암사 草庵寺

경북 영주시 순흥면 배점리 524. 초암사는 의상 대사가 부석사 터전을 보러 다닐 때 초막을 짓고 수도하며 임시 기거하던 곳이라 전한다. 현재 대웅전, 대적광전, 요사, 삼성각, 종각 등이 있으며, 경상북도 유형문화재 제126호 삼층석탑, 제128호 초암사 동부도, 제129호 초암사 서부도 등의 지정 문화재가 남아 있다.

희방사 喜方寺

경북 영주시 풍기읍 수철리 313-1 소백산 연화봉(蓮花峰) 아래에 있다.

신라 선덕여왕 12년(643) 두운(杜雲)이 창건했다. 조선 철종 1년(1850) 화재로 소실되어 강월(江月)이 중창했으나, 1950년 6·25전쟁 때 4동 20여 칸의 건물과 절에 보관되어 오던 『월인석보』 권1과 권2의 판본도 함께 소실되었다. 문화재로 경상북도 유형문화재 제226호 동종(銅鐘)은 조선 영조 18년(1742)에 주조된 것으로, 머리 부분이 둥글고 아래로 가면서 살짝 벌어지는 형태의 종이다. 누구의 것인지 알 수 없는 부도 2기도 있다.

호랑이에 얽힌 창건 설화가 전해지고 있는데 두운은 태백산 심원암(深源庵)에서 이곳의 천연동굴로 옮겨 수도하던 중, 겨울 밤에 호랑이가 찾아 들어 앞발을 들고 고개를 저으며 무엇인가를 호소했나. 살펴보니 목에 여인의 비녀가 꽂혀 있었으므로 뽑아 주었다. 그 뒤 어느 날 소리가 나서 문을 열어 보니 어여쁜 처녀가 호랑이 옆에 정신을 잃고 있었다. 처녀를 정성껏 간호하고 원기를 회복시킨 다음 사연을 묻자, 그녀는 계림(鷄林)의 호장(戶長) 유석(留石)의 무남독

녀로서 그날 혼인을 치르고 신방에 들려고 하는데 별안간 불이 번쩍하더니 몸이 공중에 떴고 그 뒤 정신을 잃었다고 했다. 두운은 굴속에 싸리나무 울타리를 만들어 따로 거처하며 겨울을 넘긴 뒤 처녀를 집으로 데리고 갔다. 유석은 은혜에 보답하고자 동굴 앞에 절을 짓고 농토를 마련해 주었으며, 무쇠로 수철교(水鐵橋)를 놓아 도를 닦는 데 어려움이 없게 했다.

영전사 靈田寺

경북 영주시 풍기읍 동부리 405. 영전사는 의상 대사가 3천 문도(門徒)를 거느리고 90일 동안 '화엄대전'을 강의했다는 곳이다. 경상북도 유형문화재 제324호 석조여래 입상은 1924년 3월 욱금리 영전 마을의 한 주민의 현몽(現夢)으로 땅속에서 발견되어 영전사에 봉안되었다고 한다. 원래는 불상, 광배, 대좌가 모두 한 돌에 조성되어 있었으나, 6·25를 전후하여 현 위치로 옮겨 모시면서 광배는 모두 유실되었고, 대좌 역시 후반부가 떨어져 나가고, 상호의 코와 이마, 손가락, 발등 등에도 일부 손상을 입었다. 그러나 전체적인 조형미와 세부 조각수법은 매우 우수한 편에 속하며 통일신라시대 전성기인 8세기경의 작품으로 추정된다.

신흥사 新興寺

경북 영주시 상망동 산19-2. 신흥사 내에는 경상북도 문화재자료 제277호 상망동 석불좌상이 석굴형에 모셔지고 있는데, 전하는 말에 따르면, 휴천 1동의 조산마을 뒤 광승사지라 전하는 곳과 혹은 문수면 적동리의 탑 거리 절터에서 옮겨 온 것이라 한다. 즉 본래 있던 곳이 어딘지 알 수 없으나 이곳으로 오기 전에는 휴천동 동부 초등학교 교정에 있던 것이다. 머리가 없어진 것을 1985년에 새로 만들어 붙였다. 조각수법으로 보아 통일신라시대 불상으로 추정된다.

백룡사 白龍寺

경북 영주시 풍기읍 수철리 산17-1. 백룡사는 원래 죽령마루에 있던 것으로, 한국전쟁 직전에 철거되었다가 1952년에 다시 지었다.

경상북도 문화재자료 제282호 석조여래좌상은 상대·중대·하대로 구성된 대좌(臺座) 위에 앉아 있는데, 현재 하대석은 없어지고 중대석만 남아 있다. 몸 뒤에는 타원형 광배(光背)가 있다. 안에 입은 옷은 복부에 주름과 띠매듭이 새겨져 있다. 조각수법으로 보아 이 불상은 9세기 말에 만들어진 것으로 추정된다.

▶▶ 영천시

은해사 銀海寺

경북 영천시 청통면 치일리 479 팔공산(八公山) 동쪽 기슭에 있으며 대한불교조계종 제10교구 본사이다. 신라 헌덕왕 1년(809) 적인혜철(寂忍惠哲)이 해안평(海眼坪)에 창건하여 해안사(海眼寺)라 했다. 그 뒤 고려 원종 11년(1270)에 중창했고, 충렬왕 1년(1275)에 중건했다.

명종 1년(1546) 천교(天敎)가 지금의 장소로 법당을 옮겨 새로 절을
지었다. 그때 법당과 비석을 건립하여 인종의 태실(胎室)을 봉하고
은해사라 했다. 1563년의 화재로 소실되자 중건했고, 선조 22년(1589)
법당의 사방에 새로 건물을 세우고 단청했다. 효종 2년(1651) 백흥
암(百興庵)과 명부전을 신축했으며, 숙종 38년(1712) 이 절을 종친부
(宗親府)에 귀속시켰다. 그러나 헌종 13년(1847) 은해사 창건 이래
가장 큰 불이 나서 1천여 칸의 모든 건물이 소실되었다. 산내 암자
로는 운부암, 거조암, 기기암, 백흥암, 묘봉암, 중암암, 백련암, 서운
암 등이 있다.

현존하는 건물로는 대웅전을 비롯하여 설선당, 심검당, 종루, 보화
루, 독성각, 승당, 요사채 등이 있다. 대웅전과 보화루의 현판은 추
사 김정희(秋史 金正喜)의 글씨라고 전해지며, 경북문화재자료 제
367호 대웅전 안에 봉안되어 있었던 극락구품회탱(極樂九品會幀)은
1750년 성청(性淸)과 옥련(玉蓮)이 그린 뛰어난 작품이다. 보물 제
1270호 괘불탱, 경상북도 유형문화재 제342호 후불탱화 및 삼장탱화
가 있고, 경상북도유형문화재 제307호로 순치 3년명 금고는 인조 24
년(1646)에 조성한 금고로 보물로 승격될 예정이다. 현재는 성보박물
관에 보관 중이나 공개하지는 않는다.

백흥암 百興庵

경북 영천시 청통면 치일리 549. 은해사의 산내 암자로 신라 경문
왕 9년(869) 창건하였다. 명종 1년(1546)에 지금의 이름으로 바꾸었
다. 효종 2년(1651) 중건하고, 숙종 3년(1677)에 중수하였다. 영조 6년
(1730)에는 보화루를 중건하였으며, 철종 9년(1858) 영산전을 중수하
였고 현재는 비구니의 수도 도량으로 거의 일반인에게는 개방하지

않는 사찰로 알려져 있다. 건물로는 극락전과 영산전·명부전·산신각·선실·요사채 등 여러 채가 있다.

지정 문화재로는 보물 제790호 극락전과 보물 제486호 수미단이 있는데 극락전은 1546년 절을 중창할 때 지은 것으로 추정된다.

수미단은 아미타 삼존불을 받치고 있으며 제일 위의 단은 안상문을 도드라지게 조각하였다. 제2단은 봉황·공작·학·꿩 등을, 제3단은 용·어린아이·물고기·개구리 등을 매우 섬세하게 조각하였다. 제4단은 코끼리·사자·사슴 등을 꽃잎 속에 조각하였고, 제일 아래 단의 양쪽 끝에는 도깨비 얼굴을, 가운데 부분에는 용을 조각하였다. 아미타삼존불 뒤에 있는 아미타삼존도는 1897년에 제작되었다.

운부암 雲浮庵

경북 영천시 청통면 치일리 555. 은해사의 산내 암자이다. 신라 성덕왕 10년(711) 의상(義湘)이 창건했으며, 이때 이곳에 상서로운 구름이 떠 있었으므로 운부암이라고 했다. 그 뒤 관음기도도량으로 전승되어 오다가 철종 11년(1860) 화재로 소실되자 응허(應虛)와 침운(枕雲)이 중건했고, 1900년 보화루(寶華樓)를 신축하여 오늘에 이르고 있다.

현존하는 건물로는 원통전을 중심으로 운부란야(雲浮蘭若), 우의당(禹儀堂), 보화루가 있다. 원통전 안에는 청동보살좌상(보물 제514호)이 모셔져 있는데 신라 말에 적인 혜철(寂忍 惠哲, 785~861)이 인도에서 해금강으로 들어오는 배 안에서 모셔 왔다고 전해진다.

얼굴은 눈 꼬리가 약간 올라간 갸름한 형태이며, 온 몸을 휘감은 구슬장식이 무척 화려한 모습이다. 신체 표현은 굴곡 없이 수평적이어서 형식적으로 처리된 느낌이지만 안정감을 주고 있다. 이런 표현은 영덕 장육사 건칠보살좌상(보물 제993호), 대승사 금동보살좌상(보물 제991호)과 비슷한 양식으로 지방적인 특색이 엿보인다. 목에 있는 삼도(三道), 가슴 아래 띠로 묶은 매듭 표현, 양다리에 대칭적으로 흘러내린 옷주름 등은 조선 초기 보살상의 전형적인 양식을 따르고 있는 모습이다.

중암암 中巖庵

경북 영천시 청통면 치일리 산25-1. 은해사 산내 암자로 가장 높은 곳에 위치해 있다. 암석 틈에 불당이 붙어 있어서 돌구멍절이라 불린다. 경상북도 유형문화재 제332호 삼층석탑은 고려시대 초기 것으로 추정되는데, 지붕돌은 모두 낙수면의 경사가 심하고 우동과 전각(轉角)의 반전이 심한 편인데, 옥개 받침은 4단에서 3단으로 줄어들었다. 절에서 조금 떨어진 위치에 있다.

거조암 居祖庵

경북 영천시 청통면 신원리 622. 은해사의 암자로 거조사(居祖寺)라고도 한다. 효성왕 2년(738)에 승려 원참(元旵)이 창건하였다고 전하며, 일설로 경덕왕 때 왕명으로 창건했다는 이야기도 전한다. 영산전의 오백나한이 모셔져 있어 영험 있는 나한기도 도량이다. 국보 제14호 영산전(靈山殿)은 고려 우왕 원년(1375)에 처음 지었으며, 건물 내부에는 석가여래, 문수보현, 각기 표정이 다른 526분의 석조나한상을 모시고 있다. 앞에는 경상북도 문화재자료 제104호로 통일신라 후기 삼층석탑 있다.

신흥사 新興寺

경북 영천시 금호읍 신월리 205-1. 신흥사에는 보물 제465호 신월동 삼층석탑이 있는데, 9세기 통일신라시대의 석탑으로 높이는 4.75m이다. 상층 기단 각 면에는 8부중상(八部衆像)을 새겨져 있다.

선정사 禪定寺

경북 영천시 임고면 선원리 770. 현재 대웅전에 모셔진 보물 제513호 선원동 철불좌상은 안정감 있는 신체 비례와 양감 있는 체구 등에서 통일신라시대 불상 양식을 계승하고 있는 고려 초기 불상이다.

한광사 閑光寺

경북 영천시 신녕면 화남리 499. 현재 납골당으로 있으며, 신라 선덕여왕 때 의상(義湘)대사가 창건했다고 전한다. 보물 제675호 화남동 삼층석탑은 통일신라 후기 9세기 탑으로 각 층의 지붕돌과 몸돌은 하나의 돌로 조각하였다. 동서로 있던 쌍탑으로 추정된다.

보물 제676호 석불좌상은 삼층석탑 옆 노천에 있었으나 2005년 보호각을 지어 대적광전이라는 현판을 붙이고 보호하고 있는 통일신라 후기 비로자나불이다.

수도사 修道寺

경북 영천시 신녕면 치산리 311. 수도사는 647년 자장과 원효대사가 창건하였다고 전하며, 1979년에 중수하였다. 보물 제1271호 노사나불 괘불탱(掛佛幀)은 숙종 30년(1704)에 그려졌으며 붉은색과 녹색을 주로 사용하여 조선 후기 불화의 특징을 잘 나타내고 있다.

거동사 巨洞寺

경북 영천시 자양면 보현리 1683. 거동사는 신라시대에 의상(義湘)대사(625~702)가 처음 세웠다고 전하며 조선시대까지도 큰 사찰이었다고 한다. 경상북도 유형문화재 제137호 대웅전이 있다.

충효사 忠孝寺

경북 영천시 자양면 충효리 660. 경상북도 유형문화재 제299호 사룡산 금정암 제석탱은 조선 영조 40년(1764) 사룡산 금정암에 봉안되었던 것이다.

영지사 靈芝寺

경북 영천시 대창면 용호리 14. 영지사는 구룡산(九龍山)과 오지산(五芝山) 십이봉(十二峰)을 배경(背景)으로 자리 잡고 있다. 신라무열왕 때 의상조사(義湘祖師)가 지어 웅정암(熊井巖)이라 불렀던 절이다. 임진왜란으로 절이 불에 타 없어져 영지대사(靈芝大師)가 절을 다시 세웠는데 그때 이름을 영지사라 고쳐 불렀다고 한다. 그 뒤 영조 50년(1774)에 고쳐 지어 오늘에 이르고 있다. 경내에는 대웅전을 비롯하여 범종각, 명부전, 산신각, 요사 등의 건물이 있으며,

절의 입구에는 역대 주지 스님의 사리나 유골을 모신 부도(浮屠)가 있다. 경상북도 문화재자료 제207호로 대웅전 및 범종각(泛鐘閣)이 지정되어 있다.

봉림사 鳳林寺

경북 영천시 화북면 자천리 2372 학서산(鶴棲山)에 있다. 신라 문무왕 때(661~681) 의상(義湘)이 창건한 청송 보현산(普賢山)의 법화사(法華寺)를 옮겨 지어 조선 영조 18년(1742) 징월(澄月)이 창건했다. 그 뒤 철종 8년(1857)에 소월(韶月)이 중창하여 오늘에 이르고 있다.

현존하는 건물로는 대웅전과 산신각, 요사채 등이 있다. 대웅전 안에는 석가여래삼존불을 비롯하여 오래된 후불탱화, 신중탱화, 지장탱화, 칠성탱화 등이 봉안되어 있다. 경상북도 유형문화재 제383호 대웅전 영산회상도가 있다.

절 이건에 관한 전설은 다음과 같이 전해진다. 불교가 가장 융성했던 고려 중엽 조정에서는 전국 명산에 사찰을 지어 보국안민을 빌게 되었다. 그 당시 영천군 화북면 법화동 보현산 중턱에 지은 절이 바로 보현사였다. 절이 창건된 후 빼어난 산수 덕분인지 많은 승려들이 찾아와 수도하였고 신도 또한 많이 출입하였던바, 사찰은 날이 갈수록 번창해져 인근에서는 가장 큰 명성을 얻게 되었다. 어느 해 봄의 일이었다. 깊은 겨울잠에서 갓 깨어난 개구리들은 온 늘녘을 헤매며 울어대고 앞산에는 파릇파릇 산록이 우거지고 법당 앞을 아롱지는 아지랑이는 절간의 모든 스님들의 눈을 스멀스멀 감기게 만드는 어느 봄날이었다. 속세를 떠나 갓 입산한 사미승 한 사람이 부처님 공양을 위하여 속가로 내려가 탁발하러 다니던 중 큰 병을 얻어 자리에 눕게 되었다. 다행히도 근처의 보현사 신도 가정에서 요양을 할 수 있었다. 인정이 많기로 유명한 보현사 신도들은 너나할 것 없이 병든 사미승을 친살붙이 이상으로 며칠씩 지새며 간호하였고 약도 정성스레 달여 먹였다. 온 산을 울긋불긋하게 수놓던 이름 모를 들꽃의 향긋한 향기를 질투한 하늘이 온통 찌푸린 채로 소낙비를 퍼붓기 시작하였다. 지루한 장마가 시작된 것이다. 신도들의 따뜻한 정성에 부처님의 보은이 내리셨는지 사경을 헤매던 사미승의 병세는 차차 호전되어 갔다. 그러나 오랜 병상 끝이라 그런지 몸을 마음대로 가누지 못하여 사람들을 안타깝게 했다.

예부터 지루한 장마가 걷히게 되면 변덕스런 하늘은 찌는 듯한 더위를 뿜어대기 시작하였다. 마을 사람들은 더위를 이겨내기 위하여 집집마다 '닭을 잡는다', '개를 잡는다' 하여 땀을 뻘뻘 흘리며 맛있게 먹곤 하였다. 그해도 무더위가 기승을 부리기 시작하자 예외 없이 개를 잡아먹기로 하고 동네에서 제일 큰 개인 순돌이네 누렁이를 잡기로 하였다. 누렁이와 형제처럼 다정스레 지내던 순돌이 녀석의 하늘을 찌를 듯한 절규, "앙, 누렁일 잡지 마."를 뒤로하고 누렁이는 동구 밖 미루나무에 목을 매었다. 보신탕을 장만해 놓고는 갓 낳고 일어난 사미승에게도 권하게 되었다. 보살계를 받은 신도들도 개고기를 먹지 못하는 게 부처님 율법인데 더군다나 사미승으로서는 10중 대계에 속하는 죄를 범할 수 없었다. 젊은 사미승은 완강하게 거절하고 문을 닫아걸었다. 문을 잠근 사미승이었지만 속으로는 은근히 생각이 있었다. 개고기가 건강에 좋다는 말을 익히 들었기 때문이었다.

"부처님, 소승이 살아야 부처님께 공양을 드릴게 아닙니까." "아니야, 나는 부처님께 귀의했잖아." 악마와 양심은 끝없이 싸움질 쳤다. "쳇 한 번쯤 먹었다고 알게 뭐람." 하던 중에 마을 사람들이 문을 두드렸다. 옳다구나 싶었던지 사미승은 문을 박차고 뛰어나와 개고기를 맛있게 먹었다. 아니 걸신들린 사람처럼 닥치는 대로 먹어 치웠다. 개고기를 먹은 덕분인지 다음 날 아침 몸이 나는 듯이 가뿐해지고 마음도 쾌한 듯하여 몇 개월 만에 다시 보현사로 돌아가게 되었다. 지나는 길목에서 순돌이의 웃음소리를 들었다. 이날이 바로 밤하늘에서는 은하가 북에서 남으로 흐르고 하늘의 커다란 강을 수놓은 까마귀 떼가 놓아 주는 오작교 위에서 견우와 직녀가 만나 눈물로 지새던 1년간의 회포를 풀고 하늘의 별들은 제마다 아름다운 빛의 경연을 벌이는 칠월 칠석날이었다. 그러나 예년과는 달리 보현산에는 별빛이 반짝이는 대신에 번쩍번쩍 번개가 사찰은 대낮같이 밝혔다가는 어둠 속으로 몰아넣고 희롱하는가 하면 먹구름이 까맣게 덮인 하늘 위에선 노도와 같은 천둥이 일어 산 전체를 송두리째 뒤흔들어 놓고서 갑자기 소나기가 퍼붓기 시작하였다. 이에 놀란 스님들은 제각기 방에 들어가 조용히 숨을 죽이고는 비가 그치게 해달라고 부처님을 향해서 염불만을 외고 있었다. 밤새 무서움에 떨던 스님들이었지만 보현산의 사납던 하늘이 동녘에 밝아 오는 아침 햇살에 언제 그랬느냐는 듯이 시치미 뚝 떼고 활짝 웃는 것을 보고는 휴 한숨을 내쉬며 여느 때처럼 부처님께 아침 공양을 드리려 법당을 향해 가벼운 발걸음을 옮겼던 것이다. 공양을 마치고 간밤에 있었던 일에 관해 얘기하던 중 그들 중에 한 사람이 없어졌음을 알고는 깜짝 놀라서 온 절간을 찾아 헤매었으나 어디서도 그 중을 찾지 못하고 또 영영 돌아오지도 않았다. 이 일이 잊혀 갈쯤에 또다시 칠월 칠석이 다가왔고 하늘은 작년과 같이 큰 울음을 터트렸다.

다음 날 아침 해는 예년과 같이 떠오르고 아침 공양 후에 또한 스님이 없어졌음을 알고 모두들 두려움에 떨게 되었다. 그 후 매년 칠석날마다 보현산에는 폭풍이 일고는 다음 날 아침 해는 밝게 웃으며 떠오르고는 영락없이 스님 한 사람이 사라지곤 하였다. 누구 하나 원인조차 몰랐으며 또 속수무책으로 그저 자신의 무사만을 빌며 그렇게 몇 해를 넘기게 되었다. 그러던 어느 해 주지 스님은 모든 스님들을 모아 놓고 칠석날 사건에 대해 깊은 의논에 들어갔다. "공양이 적어 부처님이 노했어." 하는 스님이 있는가 하면 "누군가가 부처님의 율법을 어겼을 거야." 하여튼 별의별 말이 다 나오게 되었다. 그러나 그것을 젖혀 두고 사라지는 스님의 행방이라도 알기 위하여 명주실을 구해다가 각기 몸에다 지니기로 하고서 그 실 끝을 절 한쪽 끝에다 묶어 두기로 하였다. 모든 스님들이 두려움에 떠는 칠석날 밤에 명주실만 만지작거리며 염불을 외기 시작하였다. 날이 밝고 법당 앞에 모인 스님들은 명주실을 쫓아서 산길을 내달렸다. 동구 밖 나무를 빙빙 감은 명주실은 냇물을 건너고 있었다. 재를 넘고 건너편 산중턱에 도달한 일행은 명주실이 수십 길이나 되는 바위굴 속에 들어가 있었기에 약간 주저하였다. 주지승을 앞세운 일행은 조심스럽게 굴속으로 기어갔다. 거기에서 챙이보다도 더 큰 지네가 곤하게 자고 있음을 발견하고는 몇몇 사람이 까무러쳤다. 그 후 보현사를 폐찰하고 그곳에서 10여 리 떨어진 곳에다 옮겨 지은 것이 바로 봉림사라 불리는 절인데 이것이 약 500여 년 전의 일로 추측되고 있다.

부귀사 富貴寺

경북 영천시 신녕면 왕산리 150. 부귀사는 진평왕 13년(591) 혜림 법사가 창건했다고 전한다. 고려 때는 보조국사 지눌이 주석하였고, 조선 영조 40년(1764)에 종각을 중수하고, 1873년 중수하고 그 후 중수를 거쳐 1882년 지금의 자리로 옮겨 중건되었다. 극락전과 산신각, 요사채, 여러 다른 석재, 작은 소형 탑이 있다.

진불암 眞佛庵

경북 영천시 신녕면 치산리 산308-3. 진불암은 팔공산 비로봉 아래에 있으며 수도사에서부터 3.3㎞ 거리에 위치한다. 고려 말 환암 혼수(幻庵 混修, 1320~1392) 스님이 창건했다고 하며 일설에는 신라 진평왕 때 창건됐다고도 한다. 인법당과 칠성각, 산신각이 있으며, 오래된 석조와 조선시대 석종형 부도 3기가 있다.

묘각사 妙覺寺

경북 영천시 자양면 용화리 산9 기룡산에 있다. 신라시대 의상(義湘) 대사가 창건하였다고 한다. 1760년 중건되었으며 현재 극락전과 산령각, 요사 등이 있다. 극락전은 조선 17세기 중기 건물로 추정된다.

▶▶ 상주시

용화사 龍華寺

경북 상주시 함창읍 증촌리 258-2. 용화사 약사전에는 보물 제118호 증촌리 석불입상은 광배와 불상이 하나의 돌로 조각된 높이

1.98m의 석불입상으로 통일신라 후기 작품으로 추정된다.

보물 제120호 증촌리 석불좌상은 광배(光背)는 남아 있지 않으며, 대좌는 8각의 연꽃무늬 대좌이다. 통일신라 후기의 작품으로 추정된다.

남장사 南長寺

경북 상주시 남장동 502. 남장사는 신라 흥덕왕 7년(832) 진감국사(眞鑑國師) 혜소(慧昭)가 창건하여 장백사(長柏寺)라 하였으며, 고려 명종 16년(1186) 각원화상(覺圓和尙)이 지금의 터에 옮겨 짓고 남장사라 하였다. 그 뒤 1203년 금당(金堂)을 신축하였고, 조선 성종 4년(1473)에 중건하였으며, 선조 25년(1592) 임진왜란 때 소실된 뒤 인조 13년(1635) 정수선사(正修禪師)가 금당 등을 중창하였다. 순조 7년(1807)에 진허(鎭虛)가 극락전과 조사각을 중건하였다. 1889년에는 보광전, 1903년에는 칠성각, 1907년에는 염불당(念佛堂)을 건립하였다. 현재 극락보전, 영산전, 보광전, 금륜전, 향로전, 진영각, 강당, 일주문, 관음선원 등이 있고 부속암자로 관음전(觀音殿)과 중고암(中高庵)이 있다.

보물 제922호 보광전 목각탱(木刻幀), 제923호 관음선원 목각탱, 제990호 철불좌상, 경상북도 민속자료 제33호 석장승, 경상북도 문화재자료 제442호 일주문이 있다. 이 중 일주문 정면 추녀 밑에는 광서8년(光緒八年 1882)에 노악산남장사(露嶽山南長寺)란 편액이 해강(海岡) 김규진의 글씨로 쓰여 있다. 상주에서 가장 유명한 사찰이다.

북장사 北長寺

경북 상주시 내서면 북장리 38. 북장사는 신라 흥덕왕 8년(833)진 감(眞鑑) 국사 혜소(慧昭)가 창건했다. 선조 25년(1592) 임진왜란 때 병화로 완전 소실되었고, 인조 2년(1624) 이곳에 온 중국의 승려 10여 명이 중건했다. 효종 1년(1650) 화재로 건물이 모두 소실되자 서묵(瑞默), 충운(忠雲), 진일(眞一) 등이 중건했으나, 1657년에 다시 화재로 소실되었다. 효종 9년(1658) 현재의 위치로 이전하여 궁현당(窮玄堂), 원통전, 은현당(隱賢堂), 만월당(滿月堂)을 세웠다. 고종 12년(1875)에 극락전을 중건했고, 고종 27년(1890)년에 다시 수월암을 중수하고, 이듬해 향각(香閣)을 보수했다.

현존하는 건물로는 극락보전을 비롯하여 명부전, 산신각, 요사채가 있다. 극락보전은 1660년에 지은 것으로 내부에는 1676년 향나무로 조성한 아미타삼존불이 봉안되어 있다. 문화재로는 보물 제1278호 영산회 괘불탱은 숙종 14년(1688) 승려 화가인 학능 등이 그렸다. 전해오는 전설에 의하면 어느 날 당나라 승려가 찾아와 괘불을 그리겠다고 하면서 3일 동안 출입을 금하라고 했다. 한 승려가 궁금해서 엿보니 파랑새가 입에 붓을 물고 그림을 그리는 것이었다. 엿본 것을 알게 된 파랑새는 사라지고 가까이 가서 그림을 살펴보니 어깨부분이 미완성이었다고 한다. 괘불은 기우제를 지낼 때만 내어 건다고 하는데, 그때마다 반드시 영험을 나타낸다고 한다. 경상북도 문화재자료 제238호 삼층석탑은 원래는 상주 인평동에 있던 탑으로, 우암산 정상 부근에 흩어져 있었던 것을 용흥사로 옮겨 관리하였다가, 1998년 북장사 경내로 옮겨 북장사 삼층석탑으로 이름을 바꾸어 새로이 복원하여 세웠다.

용흥사 龍興寺

경북 상주시 지천동 772 연악산(淵岳山)에 있다. 신라 문성왕 1년 (839) 진감(眞鑑)국사 혜소(慧昭)가 창건했다. 그 뒤 고려시대에 폐허화한 것을 공민왕 때(1351~1374) 나옹 혜근(懶翁 慧勤)이 중창했다. 조선 인조 25년(1647)에 인화(印和)가 중건했고, 숙종 6년(1680)에 홍치(弘治)가 중수했으며, 1707년 도인(道仁)이 중건했다. 순조 6년 (1806)에 정화(淨和)가 중수했으며, 1967년에 중건하여 오늘에 이르고 있다.

현존하는 건물로는 극락보전을 비롯하여 나한전, 삼성각, 산신각, 요사채 등이 있다. 극락보전 안에는 목조 아미타삼존불과 탱화가 봉안되어 있다. 특히 후불탱화는 1701년, 신중탱화는 1806년 조성한 것이다. 이 밖에도 절의 뒤쪽에 2기의 부도가 있다.

보물 제1374호 삼불회 괘불탱은 전체 길이가 10미터를 넘는 대형 괘불화로 중앙의 석가모니 불도를 비롯하여 좌측(향우(向右))에 약사불도, 우측(향좌(向左))에 아미타불도를 별도로 그려 배치함으로써 삼세불(三世佛) 성격을 띠고 있고, 1684년에 조성되었다.

황령사 黃嶺寺

경북 상주시 은척면 황령리 35 칠봉산(七峰山)에 있다. 신라 선덕여왕 7년(638)에 의상(義湘: 625~702)대사가 창건하였다고 전한다. 1592년 임진왜란 때 병화로 대웅전을 비롯해 천불전과 나한전, 심검당 등의 건물이 소실되기도 하였고, 창의한 의병들이 본거지로 사용한 호국사찰이다. 그 후 1966년에 주지 상호화상에 의하여 재건되었다. 경상북도 유형문화재 제337호 아미타후불탱은 1786년에 조성되었으며 현재 직지사 성보박물관에 보관 중이다. 건물로는 대웅전과 관음전·삼성각·요사채 등이 있으며, 산문 밖에는 부도 1기, 벽허당부도가 있다.

갑장사 甲長寺

경북 상주시 지천동 산5-1. 갑장사는 고려 공민왕 22년(1373) 나옹(懶翁)선사가 창건했다. 상주의 옛 지명은 상산(尙山)이며 상산지(尙山誌), 고적조(古蹟條)에는 상주의 성 밖 사방에 남장, 북장, 갑장, 승장 4개의 큰 절이 있어 4장사(四長寺)라 불렀다. 이 가운데 갑장사는 4장사(四長寺)에서도 가장 으뜸가는 절이란 뜻에서 갑장사라 했다고 한다. 정조 21년(1797) 연파(蓮坡)가 중수했다. 근처에 있는 상사(相思)바위에 이 절에 머물던 고승의 설화가 전한다. 고승이 어느 절을 지을 때 한 여신도가 자신에게 연정을 품은 것을 알아채고는 불사(佛事)를 마치자마자 유랑에 나서 이 절에 머물러 수행에 정진하였다. 하지만 여신도는 고승에 대한 그리움을 참지 못하고 이 절까지 찾아왔다. 그러나 고승은 또다시 몸을 피해 버렸다. 여인이 하산하는 고승을 찾으려고 높은 바위 위에 올라갔더니, 멀리 아미타불을 염송하며 산을 내려가는 고승의 모습이 보였다. 그제야 여인은 자신의 잘못을 깨닫고 바위 위에서 몸을 던져 목숨을 끊었으며, 이후로 그 바위를 상사바위라 불렀다 한다. 현존하는 건물로는 인법당과 산신각이 있는데, 인법당 안에는 금동 관세음보살좌상이 모셔져 있는데 불상에서 나온 복장기(腹藏記)에 따르면 숙종 15년(1689)에 조성되었다고 하나 불상의 조각기법이 고려시대 양식을 따르고 있어 본래 전해 내려오던 불상에 복장을 다시 넣은 것으로 추정된다. 문화재로 경상북도 문화재자료 제125호 고려시대 삼층석탑과 부도 3

기가 전한다.

동해사 東海寺

경북 상주시 서곡동 227-3. 동해사는 고려 우왕 1년(1384)에 무학대사(無學大師) 자초(自超)가 창건하였다. 식산(息山)의 고수대 아래에 있다. 자초는 상주(尙州) 고을의 지형이 배가 지나가는 모습인 행주형(行舟型)이므로, 건물을 높은 곳에 지어야 안정된다며 이곳에 절을 지었다고 한다. 창건 초기에는 한산사(寒山寺)라고 하였다. 현존하는 건물로는 대웅전과 칠성각·산신각·요사채가 있다. 경상북도 문화재자료 제456호 석조여래입상은 대좌와 광배가 없고 코가 약간 결손된 것 외에는 완전한 형태를 갖추고 있어 조선시대 불상으로 현재 직지사 성보박물관 야외에 옮겨져 있다. 동해로 향하여 발전하라는 염원에서 이름이 동해사라 한다.

▶▶ 경산시

불굴사 佛窟寺

경북 경산시 와촌면 강학리 6. 불굴사는 신라 신문왕 10년(690)에 창건되었고, 조선 중기까지만 해도 50여 채의 건물과 12암자 등을 갖춘 큰 절이었다고 전해진다. 암자로 홍주암이 있고, 원효대사가 수도했다는 원효굴은 신라삼국통일의 성업을 이룩한 김유신 장군이 17

세 때 이곳의 석굴에서 심신을 연마했고 기도했다는 설과 화랑의 수련장이었다는 구전이 남아 있다. 주 건물이 적멸보궁인데 1996년에 입적하신 원조스님께서 본래의 대웅전 위치를 찾아 건립했으며 이 속에 삼층석탑을 조성하여 1988년 인도에서 봉안해 온 부처님의 진신사리(眞身舍利)를 모시고 있다. 당연히 법당 내에는 불상이 모셔져 있지 않다. 주련이 다 한글로 되어 있는 것이 다른 사찰에 비해 독특하다. 보물 제429호 삼층석탑은 이중의 기단(基壇) 위에 3층의 탑신(塔身)을 쌓아 올린 형식으로 신라석탑의 일반적인 양식을 따르고 있다. 약사보전에는 경상북도 문화재자료 401호 석조 입불상이 모셔져 있는데, 동북을 향해서 있다. 전각은 정동쪽으로 건립되어 있어 특이한 점을 보이고 있는데 약사여래불로서 영험도 크다고 한다. 조선 영조 때 송광사 노승이 현몽을 받아 산사태로 매몰된 것을 발굴한 불상이라 전한다. 전설에는 갓바위 부처는 남자이고 불굴사의 약사불은 여자로 부르기도 하는데 팔공산이 양(陽)이면 안산인 불굴사의 산세는 음(陰)이라고 한다. 얼굴 부분에 땀이 나고 온몸이 젖으면 태풍이나 폭우가 쏟아진다고 한다. 통일신라시대 석등도 하나 있다. 현 위치가 원래의 위치인지는 명확하지 않다.

선본사 禪本寺

경북 경산시 와촌면 대한리 산35. 선본사는 신라 소지왕 13년(491)에 극달(極達)이 창건하였다. 조선 인조 19년(1641)에 중창하였고, 영조 42년(1766)에 중건하였다. 천년 고찰이나 건물은 다 근래 것이다. 그나마 석 부재들이 남아 있는데 석등 하대석과 석조 대좌가 있다. 올라가는 선정루(禪定樓) 좌우 벽에 사천왕상이 그려져 있고 푸른 청기와를 입힌 극락전이 있다. 맞은편 언덕 위 산자락에는 경상북도 유형문화재 제115호 삼층석탑이 있는데 이중 기단(基壇) 위에 3층의 탑신(塔身)을 올린 통일신라의 일반적인 양식을 따르고 있다. 보물 제431호 관봉석조여래좌상의 진입로인 사찰로 유명하며 이 부처는 일명 갓바위로 불리며, 팔공산 남쪽 관봉(冠峰)의 정상에 병풍처럼 둘러쳐진 암벽을 배경으로 만들어져 있다. 원광법사의 수제자인 의현대사가 돌아가신 어머니의 명복을 빌기 위하여 조각하였는데 밤이면 학들이 날아와 추위를 지켜주고 세끼 식사도 그들이 물어준 양식으로 연명하며 638년에 조성한 것이라 전하나 조각수법으로 보아 9세기 작품으로 추정된다. 또 전설로 이곳 갓바위가 있는 와촌 지역에는 가뭄이 들면 팔공산 관봉에 불을 지르고 새까맣게 태우면 용이 놀라 부처를 씻기 위해서 비를 내린다고 하나 과장인 듯하다. 지성으로 기도하면 꼭 한 가지 소원은 반드시 이루어진다는 약사불로 전국에서 가장 유명하다.

환성사 環城寺

경북 경산시 하양읍 사기리 150. 환성사는 신라 흥덕왕 10년(835)에 심지(心地) 왕사가 창건하였다. 산이 성처럼 절을 둥글게 둘러싸고 있어서 환성사라는 이름을 붙였다고 하며, 고려 후기에 화재가 나 거의 폐사에 이른 적이 있다. 이 절에 화재가 난 사연이 전한다. 당시 환성사는 매우 번창하여 대선사(大禪師)가 기념으로 일주문을 세우고 대웅전 앞에 수월관이라는 연못을 만든 뒤 '이 연못을 메우면 절이 쇠락할 것'이라고 예언하였다. 그러나 성격이 게으른 주지는 사람이 너무 많이 찾아오는 것을 귀찮아하여 연못을 메워 버렸다. 그러자 절에 불이 났고, 그 후 사람도 거의 찾아오지 않았다. 조선 인조 13년(1635)에 신감(神鑑)대사가 다시 지었으며, 광무 원년

(1897)에 항월대사가 다시 세운 것이 오늘에 이르고 있다. 보물 제562호 대웅전, 경상북도 유형문화재 제84호 심검당(尋劍堂)이 있으며, 산내 암자로 16나한 기도도량으로 유명한 성전암이 있다. 또한 절의 내력을 알 수 있는 입구에는 일주문과 주변에는 각종 석 부재와 부도가 있다.

경흥사 慶興寺

경북 경산시 남천면 산전리 806. 경흥사는 무열왕 6년(659)에 혜공(慧空)이 창건하였다고 전한다. 선조 25년(1592) 임진왜란이 났을 때 유정(惟政)이 머물렀다고 하며, 그 뒤 계룡산 갑사(甲寺)에 있던 연규(蓮圭)가 불상을 조성하여 중창하였고, 광무 1년(1897) 중건하였다.

1990년 법당 해체 복원 중 발견된 상량문에 '領左慶山南面動鶴山慶興寺三創記', '崇禎二年丁丑六月日慶興寺新創記', '康熙五十八年己亥二月日法堂重修而始創乃曾' 등 기록이 있다. 경상북도 유형문화재 제246호 목조 삼존불좌상이 대웅전에 모셔져 있다. 최근 불상의 파손된 부분을 수리하고 다시 개금하면서 불상에 관한 기록을 발견되었는데 기록에 의하면 조선 인조 22년(1644)에 만들어진 것이다. 명부전 안에는 수미단이 볼만한데 좌우 측면으로 용, 기린, 용, 천마, 물고기, 꽃 등 상상의 동물과 사실적인 동식물을 정교하게 조각되어 있다.

원효암 元曉庵

경북 경산시 와촌면 대한리 382. 원효암은 문무왕 8년(668) 원효대사(元曉大師)가 창건했다고 전하나 그 뒤의 자세한 연혁은 알 수 없고, 고종 19년(1882)에 중창하였다. 1980년에 대웅전과 산신각을 건립하였으나 1986년 팔공산 화재로 전각과 불상이 모두 소실되었다. 1987년에 다시 중창을 시작하여 1990년에 완성하였다. 주 건물은 극락전인데 앞 계단 옆에는 고려후기로 보이는 석탑 부재가 쌓여 있고 안에는 아미타여래를 모시고 있다. 뒤편 대숲 사이로 난 길을 따라 300미터 오르다 보면 커다란 바위에 조성된 높이 134㎝의 경상북도 유형문화재 제386호로 지정된 마애불이 있다. 통일신라시대 말기의 작품으로 추정되고 있으며 연화좌 위에 결가부좌한 자세로 묘사되어 있다. 주형(舟形) 감실 내에 모셔진 형태로 육계가 크고 귀가 길어 균형 잡힌 윤곽을 이루고 있으며 대좌는 굵은 연밥 줄기 끝에 마련된 형태로 독특하다. 옷자락은 무릎을 덮고 있다. 조각수법으로 보아 통일신라 후기 작품으로 추정된다.

▶▶ 문경시

봉암사 鳳巖寺

경북 문경시 가은읍 원북리 485. 봉암사는 구산선문(九山禪門)의 하나로 유명하며, 헌강왕 5년(879) 지증(智證)대사가 창건하여, 희양산파(曦陽山派)의 본거지가 되었다. 고려 태조 18년(935) 정진국사(靜眞國師)가 재건하였다. 조선시대에 화재로 소실된 것을 현종 17년(1674)에 중건하였다. 보물 제137호 지증대사적조탑, 제138호 지증대사적조탑비, 제169호 삼층석탑, 제171호 정진대사원오탑, 제172호 정진대사원오탑비, 경상북도유형문화재 제121호 마애보살좌상, 제255호 극락전, 경상북도 문화재자료 제133호 환적당지경탑, 제134호 함허당득통탑, 제135호 석종형부도(浮屠) 등 많은 문화재가 있다.

대승사 大乘寺

경북 문경시 산북면 전두리 8. 대승사는 신라 진평왕 9년(587) 진평왕이 사불산 산마루에 있는 사면석불상(四面石佛像) 옆에 창건했다고 전한다. 『삼국유사』 권3 「사불산조」에 신라 진평왕 9년(587) 커다란 비단 보자기에 싸인 사면석불이 공덕봉(功德峰) 중턱에 떨어졌는데, 사면에 불상이 새겨진 4불암이었다. 왕이 소문을 듣고 그곳에 와서 예배하고 절을 짓게 하고 '대승사'라고 이름하였다. 망명비구(亡名比丘)에게 사면석불의 공양을 올리게 하였고, 망명비구가 죽고 난 뒤 무덤에서 1쌍의 연꽃이 피었다는 기록이 있다. 그 뒤 산 이름을 사불산 또는 역덕산(亦德山)이라 하였다. 1956년 대화재가 발생하여 명부전과 극락전만 남고 소실되어, 1966년 재건하였다. 보물 제575-1호 대승사외사사승도등장, 보물 제991호 대승사 금동보살좌상, 경상북도 유형문화재 제239호 마애여래좌상, 제300호 윤필암 목조 아미타여래좌상 및 지감, 경상북도 문화재자료 제348호 대승사 윤필암 후불탱화가 있다.

김용사 金龍寺

경북 문경시 산북면 김용리 410. 김용사는 신라 진평왕 10년(588) 조사 운달(雲達)이 창건하여 운봉사라 했다. 인조 3년(1625)에 혜총

이 중창했으며, 인조 24년(1646)에 의윤(義允), 무진(無盡), 태휴(太休) 등이 중수했다. 김용사라고 절 이름을 바꾼 유래가 전한다. 문희(聞喜, 지금의 聞慶)부사 김(金)씨가 이 산에 은거하고 불공을 드려서 처음에는 신녀(神女)를, 두 번째는 아들을 낳게 되었는데, 그 아이의 이름을 용(龍)이라 했더니 가운이 번창했다. 이에 불공드리던 곳을 김룡동이라 하고, 그 북쪽에 있던 운봉사를 김룡사로 고쳐 불렀다고 한다. 일설에는 금선대(金仙臺)의 금자와 용소폭포의 용자를 따서 금룡사라 했다는 설도 있다. 부속 암자로는 대성암(大成庵), 화장암(華藏庵), 양진암(養眞庵), 금선대(金仙臺) 등이 있다.

현존하는 건물로는 대웅전을 중심으로 하여 극락전, 응진전(應眞殿), 금륜전(金輪殿), 경흥강원(慶興講院), 명부전, 상원전(上院殿), 영산전, 원통전, 첨성각, 범종각, 수월당(水月堂), 만월당(滿月堂), 연하당, 일주문, 천왕문, 요사 등이 있다. 일주문에는 문 윗부분에 홍하문(紅霞門), 아랫부분에 운달산 김룡사(雲達山 金龍寺)라고 쓴 글씨는 김규진(金圭鎭, 1868~1933)의 글씨라 한다. 대웅전에는 1644년 조성된 삼장탱화(三藏幀畵)와 삼존불이 봉안되어 있다. 경상북도 유형문화재 제303호 괘불(掛佛)은 숙종 29년(1703)에 상주 북면에 위치한 운달산 운봉사의 괘불로 처음 만들어졌다고 한다. 제385호 명부전 목조 지장 삼존상 및 제상, 경상북도 문화재자료 제235호 대웅전이 있다.

혜국사 惠國寺

경북 문경시 문경읍 상초리 13. 신라 문성왕(文聖王) 8년(846)에 보조선사 체징(體澄)이 주흘산 중턱에 창건하고 법흥사(法興寺)라 불렀다. 그 후 고려 말엽 공민왕이 홍건적의 난을 피하여 법흥사에 행재(行在)해 계실 때 국은(國恩)을 많이 입었다 하여 혜국사로 개칭하였다고 한다. 1984년부터 대대적인 중수 공사를 시작하여 오늘에 이른다.

운암사 雲岩寺

경북 문경시 불정동 65 약수산(藥水山) 중턱에 자리 잡고 있는 운암사는 신라 문무왕 7년(667)에 의상대사가 창건하였다. 그 이후 1670년 해특, 임경, 극간 등 세 스님이 극락전을 중창하였고 또한 1972년에서 1975년 사이 3년 동안 크게 중창하여 오늘에 이르고 있다. 극락전에는 아미타불상, 관세음보살상, 대세지보살상이 있다. 이곳 약수산에 솟아나는 많은 양의 맑고 찬물은 한여름에도 얼음같이 차가워서 안질, 위장병, 피부병 등에 많은 효력이 있는 약수로 알려져 있다.

천주사 天柱寺

경북 문경시 동로면 간송리 257-3 천주봉 중턱에 있다.

신라 진평왕 때 무념(無念)대사가 창건하였다고 전한다. 고종 43년(1906) 을사조약 후에 상주에 주둔한 일본 헌병들이 주지 황창교가 의병을 절 안에 유숙시키고 비호하고 있다는 구실로 천주사를 불태워 없앤 뒤에 주지 황창교를 총살하였다. 천주사에 있던 석가모니불상은 동로면 적성리에 있는 칠성암(七星庵)으로 옮기고 절터에는 대웅전 자리에 장수황씨 소산거사 범주의 묘가 있다. 현재 경내에는 복원된 삼층석탑이 있다.

봉덕사지 鳳德寺址

경북 문경시 호계면 봉서리에 있다. 폐탑만 남아 있던 것을 현재 복원해 놓은 삼층석탑과 조금 떨어진 밭둑에 석불좌상 2구가 있다. 석불 주위에는 돌담이 둘려 있는데 석불은 머리가 떨어져 시멘트로 보수하였고 불신과 얼굴은 훼손이 심하다.

금학사지 金鶴寺址

경북 문경시 문경읍 마원리 봉명산하 마고산성 부근에 있었다. 신라시대 창건했다고 전해지고 있으나 절은 없어지고 사지에 있던 삼층석탑은 문경서중학교 교정에 옮겼다가 현재 문경새재박물관 야외전시장에 세워 놓았으며 나머지 허물어진 탑 1기도 옮겨져서 복원되었다.

▶▶ 군위군

석굴사 石窟寺

경북 군위군 부계면 남산리 산15. 이곳은 제2석굴암으로 알려져 있는데 국보 제109호 삼존석굴이 있다. 절벽의 자연동굴에 만들어진 통일신라 초기의 석굴사원으로, 인공적으로 만들어진 경주 석굴암 석굴(국보 제24호)보다 연대가 앞서며 석굴에는 700년경에 만들어진 삼존 석불이 모셔져 있다. 경상북도 유형문화재 제258호 석조 비로자나불좌상이 모셔져 있는데 대좌(臺座)와 광배(光背)가 없어진 상태다. 각 부분의 조각수법으로 보아 9세기 말에 만들어진 것으로 추정된다.

경상북도 문화재자료 제241호 모전석탑(塼石塔)이 법당 앞에 있는데 탑신을 거의 다시 쌓으면서 본래의 모습을 많이 잃었으나 비교적 탑의 형태를 잘 유지하고 있고 통일신라시대에 세운 것으로 추정된다.

인각사 麟角寺

경북 군위군 고로면 화북리 612외. 인각사는 신라 선덕여왕 12년(643) 원효대사(元曉大師)가 창건했다. 그 뒤 고려 때에 크게 고쳐 지었고, 일연(一然)이 충렬왕 10년(1284)부터 5년간 이 절에서 머물며 『삼국유사』를 지은 장소로 널리 알려져 있다. 일연은 노년에 인각사에서 늙으신 어머니를 지극히 봉양하였다고 한다. 전하는 말에 의하면, 아침에 해가 뜰 때 보각국사 탑에서 광채가 나와 멀지 않은 곳에 있는 일연 스님 어머니의 묘를 비추었다고 한다. 근래 발굴조사를 통하여 통일신라시대의 건물터를 확인하였고 아마 고려시대 크게 중창된 것으로 추정된다. 절의 입구에 깎아지른 듯한 바위가 있는데, 기린이 뿔을 이 바위에 얹었다고 하여 절 이름을 인각사라 했다고 전한다.

문화재로는 보각국사탑 및 비(보물 제428호)가 있다. 납비는 의종 7년(1153)에서 1155년 사이에 이 절의 승려 죽허(竹虛)가 왕희지(王羲之)의 글씨를 모아서 세웠다고 한다. 선조 25년(1592) 임진왜란 때 병화로 글자의 훼손이 심해 알아보기 어렵다. 경상북도 유형문화재 제339호 석불좌상, 경상북도 문화재자료 제426호 미륵당 석불좌상,

제427호 삼층석탑 등이 있고, 절 앞 길가에는 만월(滿月)과 청진(淸眞)의 석종형 부도가 있다. 2006년 4월 보각 국사비를 복원해 놓았다.

지보사 持寶寺

경북 군위군 군위읍 상곡리 280. 지보사는 신라 문무왕 13년(673) 의상(義湘)이 창건하였다. 절 이름은 창건 당시에 맷돌과 가마솥·청동향로 등 3가지 보물을 지녔다고 해서 붙여진 이름이다. 1942년 천오(天梧)와 동허(東虛)가 중수하여 오늘에 이른다. 보물 제682호 삼층석탑은 이중의 기단(基壇) 위에 3층의 탑신(塔身)을 올렸으며 기단의 각 면 모서리와 가운데에 기둥 모양의 조각을 두고, 기둥 사이에는 무늬를 새겼는데, 아래층에는 사자 모양의 동물상을, 위층에는 팔부중상(八部衆像)을 새겨 넣었다. 탑신은 1층 몸돌에는 문짝 모양의 문비를 표현하였다. 지붕돌은 밑면에 새겨둔 4단의 받침이 두꺼워 보인다. 통일신라 말에서 고려 초기의 작품으로 추정된다.

대율사 大栗寺

경북 군위군 부계면 대율리 691. 대율사에는 현재 보물 제988호 대율동 석불입상이 용화전에 모셔져 있다. 민머리 위에 있는 낮고 넓은 육계, 둥근 얼굴, 아담한 눈과 입, 어깨까지 내려진 긴 귀 등에서 세련된 모습을 보여준다. 오른손은 손바닥을 밖으로 하여 손끝이 위로 향하도록 펴고 있으며, 왼손은 손바닥을 몸 쪽으로 하여 가슴에 대고 있는 독특한 모양이다. 양어깨에 걸쳐진 옷은 가슴과 배를 지나 무릎까지 얕은 U 자형 주름을 이루고 있다. 조각수법으로 보아 통일신라 후기 9세기 불상으로 추정되며, 주변은 전통마을로 문화유적이 있다.

압곡사 鴨谷寺

경북 군위군 고로면 낙전리 674. 압곡사는 신라 문무왕 16년(676)에 의상(義湘)이 창건하였다. 의상은 인근에 인각사(麟角寺)를 세운 뒤 부속 암자를 지을 장소를 알아보려고 나무로 오리를 만들어 날아가게 하고는 이 오리가 앉은 곳에 암자를 짓고 절 이름을 압곡암(鴨谷庵)이라 지었다고 한다. 경상북도 문화재자료 제239호 선사영정(禪師影幀)이 있는데 9폭의 초상화로, 만은당 대선사·만우당 대선사·보광당 대선사·수월당 대선사·의상 조사·정허당 대선사·사명당·용산당 대선사·현암당 대선사 등 9분이 그 주인공이다. 작은 삼층석탑과 석조물 일부가 있다. 절 근처에 도마재가 있는데, 신라 말에 한 승려가 전국을 유랑하다 이 고개에서 쉬던 중 도마뱀 한 마리가 큰 뱀에게 쫓기는 것이 보였다. 도마뱀은 얼른 꼬리를 떼어버리고 위기를 모면하였고, 이를 본 승려는 크게 깨우쳤다는 설화가 있다.

법주사 法住寺

경북 군위군 소보면 달산리 773 청화산(靑華山) 장군봉(將軍峯) 아래에 자리 잡고 있다. 「법주사사기(法住寺史記)」에 의하면, 법주사(法住寺)는 신라 21대 소지왕 15년(493)에 은점(恩霑)조사가 창건하였으며, 조선 인조 원년(1623)에 화재로 소실되었고 현종 원년(1660)에 재건하였다. 보광명전(普光明殿)은 조선 숙종 17년(1690)에 다시 지었다고 한다. 일설에는 신라 소지왕 15년(493)에 심지왕사(心知王師)가 창건하여 조선 인조 원년(1623)에 소실되고 현종 원년(1660)에 재건하였다고 전한다. 또 애장왕 2년(801)에 창건되었다고도 한다. 1977년 보광명전을 보수할 때 용마루에서 해서체(楷書體)의 필사본 『화엄경』 81책 1질과 『법화경』 영인본 7권 1질, 『묘법연화경』 1권, 1531년(중종 26) 4월에 인출한 국한문 『恩重經』 1권, 『傳燈』 11권 1질, 『拈頌』 5권, 『大般若經』 11권 등 불교경전이 발견되었다.

경상북도 민속자료 제112호로 지정된 법주사 왕맷돌은 절 남쪽 200미터가량 떨어진 밭두렁에 반쯤 묻혀 있던 것을 50여 년 전 신도들이 발굴하여 이곳으로 옮겨 놓았다고 한다. 경상북도 문화재자료 제27호 오층석탑은 1층 몸돌 남쪽 면에는 문 모양과 康熙三十年 辛未…… 三月 日 重修라는 글씨가 음각되어 있다. 지붕돌은 낙수면이 깊이 패고 네 귀퉁이가 살짝 치켜 올라가 있다. 고려시대 초기 탑으로 추정된다.

주변에는 배례석(拜禮石)이 있는데 상면에는 8엽 연화문이 새겨져 있으며, 장축 측면에는 각 2기의 안상(眼象)이 단축 면에는 1기의 안상이 각각 새겨져 있다. 보광전에는 목조 아미타삼존불이 있는데 주존불의 복장(腹藏)에서 順治十七年 庚子四月日이라는 묵기(墨記)가 나왔다. 乾隆元年(1736)에 제작된 아미타 후불탱도 있다.

입구에는 석불입상이 있는데 머리가 절단되었던 것을 올려놓았으며 머리 위는 주형 광배모양으로 치석하였다. 두 귀는 목 부분에 닿을 정도로 길며, 목에는 삼도(三道) 표현도 보인다. 법의(法衣)는 통견(通肩)이며 배 부분에 이르기까지 깊은 U 자형 주름이 형성되어 있으며 수인(手印)은 시무외・여원인의 통인(通印)을 취하고 있다. 고려시대 불상으로 추정된다. 보광명전은 문화재자료 535호로 지정되었다.

덕림사 德林寺   극락암 極樂庵

경북 군위군 산성면 화본리 산18-1. 현재 경상북도 문화재자료 제186호 화본리 오층석탑이 있는데, 기단은 매몰되었는지 상층 기단 갑석 상면부터만 노출되어 있다. 탑신은 2층 지붕돌과 3층 몸돌을 붙여 한 돌로 만들었고, 나머지 몸돌과 지붕돌은 각각 한 돌로 만들었다. 탑신의 각 몸돌에는 기둥 모양을 새겼고, 지붕돌은 밑면에 4단의 받침을 두었다. 꼭대기에는 노반편이 있다. 양식으로 보아 고려시대에 세운 것으로 추정된다.

오도암 悟道庵

경북 군위군 부계면 동산리 1 팔공산 비로봉의 청운대(靑雲臺) 절벽 아래 해발 약 850m에 있다. 신라시대 원효대사가 창건하여 '悟道', 즉 도를 깨우친 곳이란 의미에서 悟道庵이라 하였다고 전해진다. 청운대에는 원효대사가 득도했다는 원효굴과 젊은 시절 김유신이 기거하며 그 물을 먹으면서 나라의 앞날을 생각했다는 장군수(將軍水)가 있다. 1963년 폐사 이후 유허만 전하다가 다시 1994년부터 스님이 기거하고 있고 일대에 주초석으로 추정되는 돌과 맷돌 등이 전한다.

경상북도 문화재자료 제507호 금동불 입상은 현재 은해사 성보박물관에 보관 중이다.

군수사 軍需寺

경북 군위군 고로면 화북리 산71-1 삼사관학교 군사 훈련장의 화산산성 내에 위치한다. 『여지도서』 등 기록에 의하면 숙종 35년(1709) 병마절도사 윤숙이 화산성을 쌓으며 자휘, 두제 두 사람에게 군수물자를 비축해 두는 사찰로 군수사를 짓게 하였다는 기록이 있다. 1983년 지금의 모습으로 복원하였고 현재 군법당으로 사용되고 있다. 법당 뒤편의 깎아지른 듯한 절벽에 석조여래좌상 1구가 안치되어 있으며 법당 앞에는 석등과 맷돌, 기둥형의 석재 등이 흩어져 있다.

신흥사 新興寺

경북 군위군 우보면 달산리 1690. 신흥사는 신라 문무왕 때 창건했다고 한다. 현재 대웅전, 산령각과 요사채가 있다. 대웅전에는 신중탱이 있는데 화면의 상단에 범천, 제석천을 배치하고 있다.

수태사 水泰寺

경북 군위군 의흥면 지호리 460 선암산 중턱 북한골에 있다. 신라 제31대 신문왕 원년(681) 의상조사(義湘祖師)가 창건한 사찰로 전한다. 법당중건기에 의하면 1825년에 중건하였으며 1966년에도 중수가 있었다고 하나 소실되고 1995년에 법당이 조성되었다고 한다. 경내에는 고려시대 탑재로 보이는 석탑과 원통전 내 석조관음보살좌상 등이 전한다.

원각사 圓覺寺

경북 군위군 군위읍 내량리 산52-1. 현재 풍정사지 석불좌상이 모셔져 있는데 개금을 하여 원형을 크게 상실하였다. 상호의 표현은 토속적이고 머리는 승형을 이루고 있다. 통견의 두터운 법의를 걸치고 있으며, 왼쪽 어깨에는 띠매듭 장식이 보인다. 수인은 오른손을 가슴에 올려 외장하였고, 왼손은 결가부좌한 다리 중앙에 두고 상장하였는데 손에 보주를 들고 있다. 시대 편년이 다소 어려운 불상이다.

동림사 東林寺

경북 군위군 군위읍 동부리 722. 현재 신령각에 이불 입상이 모셔져 있는데 대좌와 광배가 1매석으로 조성되었다. 작은 크기이나 얼굴은 원만상이며 통견의 법의를 걸치고 있으며, 이존 모두 오른손은 시무외인을 취하고 왼손은 복부에 대고 있다. 보기 드문 이불 입상이다.

지장암 地藏庵

경북 군위군 고로면 화북리 458. 지장암에는 화강암으로 조성된 석불좌상이 모셔져 있는데, 불두는 보완하였다. 불신의 비례감은 시멘트 보수로 인해 정확지 않으나 양감이 줄어들어 편평한 편이다. 불상의 형식은 결가부좌를 하고 우견편단의 법의를 걸치고 있는데 의습의 표현이 매우 도식적이다. 수인은 항마촉지인을 취하고 있으며 다리는 길상좌이다. 현재 상대석은 8판 복엽의 앙련좌를 이루고 있다. 조각수법으로 보아 고려시대 불상으로 추정되며 옮겨 온 곳으로 보인다.

덕암사 德巖寺

경북 군위군 효령면 마시리 386. 덕암사에는 현재 석조여래좌상이 모셔져 있는데 두부는 보수한 것이며 목 부분에 시멘트를 발라놓았으나 삼도의 흔적이 보인다. 결가부좌를 하고 우견편단의 법의를 걸치고 있는데 옷 주름의 표현은 선명하지 않다. 양손은 결실된 것을 보수하였으며 수인은 항마촉지인의 변형으로 보인다. 대좌는 현재 상대석만 남아 있고 단판의 앙련좌를 이루는데 연판의 조각수법은 거친 편이다. 조각수법으로 보아 고려시대 불상으로 추정된다.

▶▶ 의성군

고운사 孤雲寺

경북 의성군 단촌면 구계리 116. 고운사는 신라 신문왕 원년(681)에 의상조사(義湘祖師)가 창건하여 등운산(騰雲山) 고운사(高雲寺)라 하였다. 그 뒤 신라 최치원(崔致遠)이 여지(如智), 여사(如事) 두 대사와 같이 이 절에 기거하면서 가운(駕雲), 우화(羽化)의 두 누(樓)를 세워 그의 호 고운(孤雲)을 따서 고운사(孤雲寺)라 개명하였다. 신라 헌강왕 때 도선국사(道詵國師)가 석조 약사여래불상과 5층탑을 조성하였으며, 고려 태조 연간에 조통대사(照通大師)가 중건하였으나 현종 무오(戊午)년에 화재로 소실되었다. 임진왜란 때 사명대사가 승군의 전방기지로서 식량비축 및 부상병을 뒷바라지하던 호국 불교 사찰이다. 그 후 천우대사(天祐大師)가 대웅전, 약사전, 극락전, 적묵당, 설선당, 관음전, 금당, 청풍당, 문수전 등 절의 전반을 새롭게 지었다. 대한불교 조계종 제16교구 본사로 60여 개의 말사를 관장하고 있다.

입구 고불전(古佛殿) 안에는 약사여래 좌상이 봉안되어 있고, 지정 문화재로 보물 제246호 석조 석가여래좌상과 경상북도 유형문화재 제151호 가운루, 경상북도 문화재자료 제28호 삼층석탑, 제444호 연수전이 있다. 석조여래좌상은 약사전에 모셔져 있으며 광배(光背)와 대좌(臺座)를 다 갖추고 오른손 등 일부를 제외하고는 거의 손상이 없다. 목은 짧은 편이나 삼도(三道)가 있고 넓은 어깨에 법의(法衣)는 우견편단이다. 손은 결가부좌한 무릎 위에서 항마촉지의 수인을 결하고 있다. 광배는 주형거신광이다. 광배의 조각은 화려하나 불신의 표현, 옷주름의 도식화 등으로 보아 조성 시기는 9세기 후기로 추정된다.

이 외 일반인들이 잘 보지 않는 우화루 내에 있는 범종(銅鐘)이 있다. 종견에 범자가 양주되어 있을 뿐 종신에는 유곽, 당좌, 상대, 하대 등 아무런 장식무늬를 넣지 않았다. 천판 한 면에 4행의 31자에 달하는 명문이 점선으로 음각되어 있는데 첫머리에 咸豊九年己未·七月 □이라고 되어 있어 철종 10년(1859)에 주조되었음을 알 수 있다.

주월사 住月寺

경북 의성군 사곡면 양지리 10. 주월사는 신라 신문왕 원년(681)에 의상조사(義湘祖師)가 창건하였다고 전하며, 일설에는 법흥왕 때 창건되었다고도 전한다. 달이 머무르는 절이라 하여 주월사라 하였다.

대웅전, 용화전, 삼성각, 심검당 등의 건물은 모두 근래에 신축하였다. 대웅전 후불탱화는 상태가 양호한 조선시대 작품으로 추측되며, 용화전에 봉안되어 있는 석불좌상은 고려시대 불상으로 추정된다.

천지당 정상에 연못이 있는데 거기서 부처가 솟았다 하여 절을 지으려 함에 토끼들이 밤에 절 지을 자재를 현 주월사 자리에 모두 옮겨 버려, 이를 영험으로 알고 그 자리에 절을 세웠다는 전설이 있다. 실제로 돌로 만든 토끼상이 전하고 있다.

수정사 水淨寺

경북 의성군 금성면 수정리 산1 비봉산(飛鳳山)에 있는 수정사는 신라 신문왕(681~691) 때 의상(義湘)이 창건하였다. 조선 성종 12년(1481)에 편찬된 『동국여지승람』에는 수량사(修量寺)라고 나와 있으며, 신경준(申景濬: 1712~1781)이 지은 『가람고(伽藍考)』에는 수정사라고 적혀 있다. 선조 25년(1592) 유정(惟政)이 이 절에 머물며 왜군을 격퇴한 바 있다. 헌종 1년(1835)에 불이 나서 대광전만 남기고 모두 불에 탄 것을 뒤에 전홍(展鴻)이 옛 절터 약간 위쪽에 중창하였다. 1965년부터 1970년까지 월산(月山)이 요사와 월영루·격외선원·사명영당 등을 세웠으며, 1973년 대광전을 중수하고 향각(香閣)을 중건하였다. 1993년 명부전과 범종각을 새로 짓고 산신각과 설선당을 중수하여 오늘에 이른다. 건물로는 대광전과 명부전·월영루·

사명영당·산신각·설선당·요사 등이 있다. 수정같이 맑은 물이 흘러 수정사라 한다. 주변에는 산운리 대감마을이 위치하고 있는데, 영천이씨 집성촌으로 자연지형 경관이 수려하며, 경상북도 유형문화재 제242호 학록정사를 비롯하여 운곡당, 점우당, 소우당 등의 전통 고가옥 30여 동이 있고, 조문국의 마지막 왕인 경덕왕릉과 1935년에 세운 문익점 면작기념비도 남아 있다.

정수사 淨水寺

경북 의성군 구천면 장국리 381 백마산에 위치한 정수사는 흥덕왕(826~836) 때 헌덕왕의 아들 심지왕사가 창건하였고 철종 3년(1852)에 혼허 스님이 중창하였으며, 고종 10년(1873)에 상봉스님이 삼창하였다고 전한다. 현존 건물은 극락전, 칠성각, 요사채, 일주문이 있다.

최근 발견된 불상분금기(佛像粉金記)에 '尙州丹東而白馬山淨水菴極樂殿……義城持寶寺內院菴觀世音菩薩一位改金……咸豊七年丁巳……落成于十四日'라 기록되어 있어 사적을 연구하는 데 주요 자료가 되고 있다. 현존하고 있는 건물로 극락전, 칠성각, 요사채, 일주문이 있다.

예로부터 지극한 정성으로 참회하고 정진하면 득남소원 들어주는 절이라 명성이 높았으며, 지금도 그 자손의 발길이 잦다. 절에 다다르기 전 왼쪽 계곡(속칭 큰골) 장국지 산기슭에 약샘(일명 황물탕)이 있다.

정수사 영산회상도(경상북도 유형문화재 제371호)와 정수사 지장시왕도(유형문화재 제372호)가 전한다. 영상회상도는 화기(畵記)에 의하면 雍正玖年辛亥(1731년)에 제작된 작품이다. 지장십왕탱은 하단의 화기에 '雍正玖年辛亥五月日尙州牧地東嶺白馬山淨水寺安于……'라 기록이 있어 1731년에 제작되었음을 알 수 있다.

대곡사 大谷寺

경북 의성군 다인면 봉정리 894. 대곡사는 고려 공민왕 17년(1368) 인도 승려 지공(指空)과 혜근(惠勤)이 창건하였다. 창건 당시에는 대국사(大國寺)라 하였는데, 이는 지공이 원과 고려 두 나라를 다니면서 불법을 편 것을 기념하기 위해서였다고 한다. 선조 30년(1597) 정유재란으로 불에 탄 것을 선조 38년(1605)에 탄우(坦祐)가 중창하면서 대웅전과 범종각·요사채 등을 새로 지었다. 숙종 13년(1687)에 태전(太顚)이 중건하면서 절 이름을 현재의 대곡사로 바꾸었으며, 1990년에 나한전과 산신각·일주문 등의 불사로 오늘에 이른다.

현재 경상북도 유형문화재 제160호 대웅전, 유형문화재 제161호 범종각 경상북도 문화재자료 제439호 명부전 등 문화재가 있다.

석불사 石佛寺

경북 의성군 비안면 자락리 산67-2. 석불사에는 현재 경상북도 유형문화재 제56호 비안면 자락동 석조여래좌상이 굴암산 중턱의 병풍처럼 둘러싸인 암벽에 자연동굴이 있고 그 안에 불상이 있다.

연꽃무늬가 새겨진 4각의 대좌(臺座) 위에 양발을 무릎 위로 올린 모양으로 앉아 있는데, 신체는 전체적으로 네모진 모양이다. 머리 모양과 가슴에 보이는 속옷에서 옛 모습이 보이지만 긴 허리와 네모진 대좌, 형식화된 신체표현 등으로 보아 고려시대에 불상으로 추정된다.

만장사 卍長寺

경북 의성군 비안면 산제리 산155-3외. 만장사는 화장산 중턱에 위치한 사찰로 1999년 1월 현 주지인 대관(大觀) 스님이 불사를 일으키면서, 암자 뒤쪽에 묻혀 있는 불상을 발견하고 이를 파내면서 석조여래좌상과 대좌, 광배 등을 발견하게 되었다. 사찰은 약 30년 전까지 화장사(花長寺)로 불렸지만 대관 스님이 중창하면서 사명을 새롭게 만장사(卍長寺)로 고쳐 부르고 있다. 현재 석등 부재와 3층 석탑재가 유존하고 있으며, 건물들에 사용된 각종 석재 등이 모아져 있다. 경상북도 유형문화재 제322호 석조여래좌상은 팔각 연화대좌와 주형거신광배(舟形擧身光背)를 갖춘 불상으로 나발로 표현된 두상과 법의는 통견, 가슴 부분에 옷 매듭이 표현되었고, 다리는 결가부좌한 모습에 수인은 항마촉지인이며 불두의 코, 오른쪽 귀의 하단부, 왼쪽 귀의 상하 일부분, 좌측 어깨, 오른쪽 손 전체, 왼쪽 손의 오른쪽 무릎 부분, 발 부분이 보수되었으며, 조각수법으로 보아 통일신라시대의 작품으로 추정된다. 의성 지역에서는 보기 드문 수작의 불상이다.

옥련사 玉蓮寺

경북 의성군 안평면 삼춘리 1011 봉두산 남편에 위치한 옥련사는 신라 신문왕(681~691) 때 의상(義湘)이 창건하였다. 일설에는 흥덕왕 때 덕운비구(德雲比丘)가 창건하였다고도 한다. 고려 공민왕 때 편조대사(遍照大師)가 중창하였고, 조선 선조 38년(1605)에 옥건대사(玉虔大師)가 삼창하였다고 전해지며, 1935년에 중건했다는 기록이 전해진다. 옥련사란 이름은 사찰 아래에 있는 연못에서 연꽃이 구슬

같이 아름답게 피어난 데서 옥련사라 부르게 되었다. 극락전 내부 중앙에는 주불인 아미타불이 안치되어 있고 후면에는 후불탱화, 현왕탱화, 신중탱 등이 있다. 유물로는 석탑과 미륵불을 들 수 있는데 6층으로 건립된 석탑은 원래 극락전 전면에 봉안되었던 것을 전 주지인 백월선사가 극락전 동편으로 이건하였다. 경상북도유형문화재 제355호 아미타여래좌상은 1961년에 개금을 하였으며, 대좌는 개금하면서 제작된 것이다. 원만한 얼굴형에 근엄하고 부드러운 상호, 전법륜인의 수인 등 양식으로 볼 때 조선시대 불상으로 추정된다.

운람사 雲嵐寺

경북 의성군 안평면 신안리 806 천등산의 정상에서 약 10m 아래 자리 잡고 있으며 신라 신문왕(681~691) 때 의상(義湘)이 창건하였다.

이 절이 위치한 지형의 형곡이 雲中半月型(하늘로 오르는 뜻을 가지는 천등산 위 구름 가운데 반달이 솟은 형상)을 의미하는 데서 절 이름을 아지랑이가 구름으로 피어오른다는 뜻으로 운람사라고 명명하였다고 한다. 현존하는 보광전은 창건 이래 수차례 중수되어 왔으며, 내부 중앙에 주불인 아미타불, 왼편에 관세음보살과 오른편에 대세지보살이 있다. 그 후면에는 칠성탱화, 지장탱화, 신중탱화 등이 있다.

산왕각 내에 봉안되어 있는 산신탱화는 도광7년(1789)에 범준 스님이 조성하였다 하나 현재는 없다. 일부 자료에는 순조 27년(1827) 탱화라 한다. 마당에는 통일신라시대 삼층석탑이 그대로 남아 있다.

지장사 地藏寺

경북 의성군 안사면 월소리 559. 지장사는 신라 신문왕(681~691) 때 의상(義湘)이 창건하였다. 지장사 편액은 숙종대왕의 친필로 언제 어떻게 인연이 닿았는지 기록이 없어 자세히는 알 수 없으나 1699년 전국적으로 전염병이 돌 때 이곳으로 피했을 것으로 짐작되며 숙종대왕이 다녀간 후 하마비와 어각이 세워졌으나 현재는 하마비만 주차장 입구에 세워져 제 역할을 하고 있다. 1882년 임오군란이 일어나자 명성황후가 충주와 상주를 거쳐 지장사로 난을 피하고 축원문을 남기고 돌아갔는데, 당시 명성황후가 지장사로 들어올 때 마차를 끌던 말이 하마비 앞에서 꼼짝도 하지 않아 칼로 말의 목을 베었다는 일화도 전해 오고 있다. 현재 극락전과 응진전, 명부전, 삼성각이 있으며, 고려시대 삼층석탑과 석종형 부도가 있다. 경상북도유형문화재 제176호 월소동 석조 비로자나불좌상은 인근 쌍호 초등학교에 보관하고 있던 것을 2003년 12월 27일에 옮겨 왔다. 고려시대 불상으로 추정된다.

선암사 仙岩寺

경북 의성군 의성읍 치선리 산42. 선암사는 신라 무열왕 때 창건되었다고 구전되고 있다. 현재 경상북도 문화재자료 30호 의성 치선동 석탑이 절 뒤편에 있는데 일부만 남아 있는 기단부(基壇部) 위에 3층의 탑신(塔身)을 얹고 있다. 1층 몸돌 4면에는 연꽃 받침 위에 앉은 부처의 모습을 돋을새김으로 조각해 놓았다. 지붕돌은 밑면의 받침이 4단씩인데, 3층 지붕돌은 많이 훼손되었다. 통일신라시대 후기 9세기 후반에 세운 것으로 추정된다.

▶▶ 청송군

보광사 普光寺

경북 청송군 청송읍 덕리 429. 보광사는 신라 문무왕 12년(672) 의상대사(義湘大師)가 세웠다는 설과 조선 세종(1418~1450)의 비 소헌왕후의 조상묘를 수호하기 위해 세웠다는 설이 있다. 현재 극락전과 산신각, 만세루, 요사 등이 있다. 경상북도 유형문화재 제184호 극락전(極樂殿)은 세종 10년(1428)에 지었다고 추정하지만 지금 있는 건물은 조선 후기에 다시 지은 것으로 보인다. 내부에는 15세기 조성된 것으로 추정되는 금동 아미타삼존불상이 있고 후불탱과 신중탱이 있다. 경상북도 문화재자료 제72호 만세루(萬歲樓)는 철종 7년(1856)에 심씨 후손들이 고쳐 세웠으며, 1958년에 또 고쳐 세웠다. 그 뒤 1968년 찬경루를 고쳐 세울 때 같이 고쳐 지었다.

대전사 大典寺

경북 청송군 부동면 상의리 200. 대전사는 주왕산 국립공원 내에 있는 사찰로 신라 문무왕 12년(672)에 의상대사(義湘大師)가 지었다는 설과 고려 태조 2년(919)에 주왕의 아들 대전도군이 지었다는 설이 있다. 임진왜란 때 불탔던 것을 조선 현종 13년(1672)에 보수해 오늘에 이른다. 보물 제1570호 보광전은 내부에는 아미타불을 모시고 있고 공포의 모양은 조선 중기 이후 목조건축 양식의 특징을 잘 보여주고 있다.

대전사는 주왕의 설화에서 유래한 이름이다. 『주왕내기(周王內記)』

에 따르면, 중국 당나라의 주도(周鍍)라는 사람이 스스로 후주천왕(後周天王)이라 칭하고 군사를 일으켜 당나라에 쳐들어갔다가 크게 패하고 신라로 건너와 주왕산에 숨었다. 이에 당나라에서 신라에 숨은 주왕을 없애달라고 부탁하자 마일성 장군 오형제를 보내 주왕의 무리를 없앴다고 한다. 그 뒤부터 주왕이 숨었던 산을 주왕산이라 하고, 절은 주왕의 아들 대전도군의 이름을 따서 대전사라 하였다는 것이다.

대전사 경내 옆에 있는 밭에 우물을 메운 자리가 남아 있는데, 이 우물에 얽힌 전설이 전한다. 본래 이 절에서는 부처님에게 올리는 정수를 매일 냇가까지 가서 길어오곤 하였다. 이를 귀찮게 여긴 한 승려가 앞뜰에 우물을 파고 그 물을 길어서 사용하였다. 그러나 곧 불이 나서 전각이 불에 타고 말았다. 이때가 조선 중기라고 한다. 뒷날 한 도사가 와서 불이 난 이유를 설명하기를, 이 절의 지세는 배가 바다에 떠다니는 부선형(浮船形)인데 우물을 판 것은 마치 배 바닥에 구멍을 낸 것과 같다고 하였다. 이 말을 듣고 다시 우물을 메웠다 한다.

그 외에 노루가 우물에 빠져 죽은 뒤 메웠다는 설도 있고, 이 물을 마신 승려들의 힘이 넘쳐 난폭해지는 바람에 인근 주민들의 원성이 많아지자 메웠다는 이야기도 있다.

수정사 水晶寺

경북 청송군 파천면 송강리 2. 수정사는 고려 공민왕(1352~1374) 때 나옹대사(懶翁大師: 1320~1376)가 지은 절이다. 주변 산속에서 흘러내리는 샘물과 계곡에 흩어진 돌이 수정과 같이 깨끗하다 하여 수정사라 불렀다고 한다. 경내에는 대웅전을 비롯하여 산신각과 요사채가 있다. 문화재로 경상북도 문화재자료 제73호 대웅전(大雄殿)이 있다. 대웅전은 앞면 3칸·옆면 2칸 규모로, 지붕은 맞배지붕이다. 지붕 처마를 받치기 위해 장식하여 만든 공포는 기둥 위와 기둥 사이에도 있는 다포 양식으로 꾸몄으며, 단정하고 아담한 건물이다.

▶▶ 영양군

연대암 蓮臺庵

경북 영양군 영양읍 삼지리 산17. 연대암은 신라 문무왕 때 창건되었다고 전하며, 일설에는 조선 선조 때 사월공 조임이 지은 암자라고도 한다. 현재 경상북도 문화재자료 제83호 삼지동 모전석탑(模塼石塔)이 있다. 큰 바위를 기단(基壇) 삼아 그 위로 탑신(塔身)을 올려놓은 모습이며, 원래 3층탑이었다고 하나 현재는 2층까지만 남아 있다. 탑신의 1층 몸돌 앞면에는 감실(龕室)이 설치되어 있는데, 이 안에서 신라 금동불상 4구가 나왔다고 하나 현재 전하고 있지 않다. 지붕돌은 아래·윗면이 모두 층단을 이루고 있다. 영혈사에 세워 두었던 탑으로 추정된다. 1998년 석탑 해체 보수 시 석재 사리함과 사리 1과가 출토되었다. 원댕이못, 탑밑못, 바대못 3개 연못이 삼지(三池)이다.

▶▶ 영덕군

유금사 有金寺

경북 영덕군 병곡면 금곡리 815 칠보산(七寶山)에 있다. 신라 선덕여왕 6년(637)에 자장(慈藏)이 창건했다. 조선 중기 이전까지는 대웅전, 종각, 장화부인신령각(莊華夫人神靈閣) 등을 갖추고 있었고, 승려도 수십 명에 이르렀다. 어느 날 주지가 불국사 법회를 마치고 돌아오는 도중에 절 앞 용소(龍沼)에서 두 마리의 용이 교미하는 것을 보고 고약함을 느꼈는데, 절에 도착하기도 전에 갑자기 폭우가 쏟아져서 산사태로 절이 폐허가 되었다 한다. 인조 5년(1627)에 중창하여 오늘에 이르고 있다. 현재 건물로는 대웅전을 비롯하여 서운루(棲雲樓), 산왕각(山王閣), 요사채 등이 있다. 보물 제674호 삼층석탑은 원래 대웅전 앞에 있던 것을 대웅전 뒤뜰로 옮겼으며, 이전할 때 탑 속에서 금불상이 발견되어 현재 서울국립중앙박물관에서 보관하고 있다. 지붕돌 밑면의 받침이 4단인 것 등으로 보아 통일신라 후기에 세워진 탑으로 추정된다.

유금이란 지명의 유래는 금을 손으로 주울 정도로 많다 하여 불린 이름이며 또한 신라시대 이 마을의 구장자가 금척을 발견, 왕에게 진상하였다는 설화가 전해져 내려온다. 신라 말엽 경순왕의 첫째 아들 긴일(마의태자)과 함께 혼약을 했던 '장화'라는 여인이 마의태자가 금강산으로 들어가자 이곳에서 신령각을 짓고 마의태자를 위해 밤낮으로 축원하다 죽자, 보살들이 장사를 지내고 묘폐를 세웠다고 전해지며 지금도 묘폐를 세운 석축이 남아 있다.

옛날 병곡 유금사에는 스님이 와서 이튿날만 되면 시체로 변해 나왔다. 새로 온 한 도승(道僧)이 이 말을 듣고 이 절의 안팎을 샅샅이 살펴본 결과, 절에서 약 30m 떨어진 석굴을 발견하였다. 이날 저녁 도승은 목욕재계하고 법당에 정중히 앉아 정신을 가다듬으며 합장하였다. 자시(子時)가 가까워 오자 뇌성벽력이 얼마 동안 계속되다가 조용해졌다. 이튿날 석굴 안에는 큰 지네가 돌에 치여 죽어 있었다. 그 뒤부터는 그런 일이 없었다 한다.

장륙사 莊陸寺

경북 영덕군 창수면 갈천리 120. 장륙사는 고려 공민왕 4년(1355)에 나옹 혜근(懶翁 慧勤)이 창건했다. 조선 세종 때(1418~1450) 산불로 대웅전을 비롯한 모든 건물이 전소되었으며, 그 뒤 중창했다. 선조 25년(1592) 임진왜란 때 폐허가 된 채 명맥만을 이어 오던 것을 광무 4년(1900) 이현규(李鉉圭)가 가산을 모두 바쳐 중수했다. 최근에는 평해 광암사의 유물을 옮겨 와서 산신각과 금당을 지어 오늘에 이르고 있다. 현재 대웅전과 범종루, 산신각, 금당, 홍련암(紅蓮庵), 요사채 등이 있다. 경상북도 유형문화재 제138호 대웅전(大雄殿)은 태조 4년(1395)에 태조와 그의 부인 신덕왕후 강 씨를 기리기 위하여 지방 관리들이 중심이 되어 만들었고, 태종 7년(1407)에 다시 금을 입혔다. 또 숙종 3년(1677)에 수리하였다는 등 자세한 기록이 있어 유명하다.

대웅전에는 전설이 전하는데 임진왜란 전 중창할 때 병환 중인 어머니를 봉양하던 목수가 대웅전을 중건한다는 소문을 듣고, 어머니 병의 쾌유를 기원하며 공사를 자원했다. 공사가 거의 끝나 마지막 기둥 네 개만을 남겨 놓았을 때 어머니의 죽음을 전해 들은 그는 자신의 정성이 부족하여 어머니가 소생하지 못했다 하며 종적을 감추었다. 그 뒤 다른 목수를 기용하여 남은 공사를 완공했으나 기술의 부족으로 뱃머리 집으로 만들고 말았다고 한다.

내부에는 오른쪽 협시불로 보물 제993호 건칠보살좌상(乾漆菩薩坐像)이 있는데, 건칠불이란 진흙으로 속을 만들어 삼베를 감고 그 위에 진흙가루를 발라 묻힌 다음 속을 빼어버린 것이다. 불상 안에서 발견된 원문(願文)과 개금묵서명(改金墨書銘)을 통해 홍무 28년(태조 4년, 1395)에 영해부의 관리들과 마을 사람들의 시주로 만들었고, 영락 5년(태종 7년, 1407)에 다시 금칠하였음이 밝혀졌다. 조선 초기에 만들어진 보살상으로 이후에 만들어진 대구 파계사 목조관음보살상(1447년), 영천 은해사 운부암 청동보살좌상(1516년)에 영향을 주었다.

▶▶ **청도군**

운문사 雲門寺

경북 청도군 운문면 신원리 1789 호거산(虎踞山)에 있다. 신라 진흥왕 21년(560)에 창건했다고 한다. 진평왕 30년(608)에 원광(圓光)이 크게 중건했는데, 원광은 이곳에서 가까운 가슬갑사(嘉瑟岬寺)에서 세속오계(世俗五戒)를 지어 귀산(貴山) 등에게 전해 준 바도 있다. 고려 태조 20년(937) 당나라에서 유학하고 돌아와 후삼국의 통일을 위해 왕건을 도왔던 보양(寶壤)국사가 중창하고 작갑사(鵲岬寺)라 했으며, 943년 왕이 보양의 공에 대한 보답으로 쌀 50석을 하사하고 운문선사(雲門禪寺)라고 사액한 뒤부터 운문사라 불렀다. 숙종 10년(1105) 국사 원진(圓眞)이 송나라에서 천태교관(天台敎觀)을 배운 뒤 귀국하여 이곳에 머무르면서 중창했다. 선조 20년(1592) 임진왜란 때 건물 일부가 소실되었으나, 숙종 16년(1690)에 중건한 뒤 오늘에 이르고 있다. 현재 대웅보전과 작압전(鵲鴨殿), 미륵전, 오백나한전, 금법당(金法堂), 만세루(萬歲樓), 관음전, 요사채 등이 있다. 부속 암자로는 청신암(淸神庵)과 내원암(內院庵)이 있다.

보물 제193호 금당 앞 석등(石燈), 제208호 동호(銅壺), 제316호 원응국사비, 제317호 석조여래좌상, 제318호 사천왕석주(四天王石柱), 제678호 삼층석탑, 제835호 대웅보전(大雄寶殿), 천연기념물 제180호 처진 소나무 등 많은 문화재들이 있다.

장연사지 長淵寺址

경북 청도군 매전면 장연리 108. 현재 보물 제677호 삼층석탑과 파손된 당간지주와 석조물 등이 주변에 남아 있다.

대비사 大悲寺

경북 청도군 금천면 박곡리 794. 대비사는 신라 진흥왕 27년(566)에 신승(神僧)이 세웠는데 창건 당시에는 소작갑사(小鵲岬寺)라고 하였다. 진평왕 22년(600)에 원광(圓光)국사가 중창하고 절 이름을 대비갑사(大悲岬寺)로 바꿨으며, 신라 말 고려 초 후삼국이 다툴 때 다른 4개 사찰과 함께 불에 탔다. 고려 인종(1123~1149) 때 원응국사(圓應國師) 학일(學一)이 중창하였다. 고려시대 이전에는 박곡리 마을에 있었으나 고려시대에 지금 있는 자리로 옮겨 왔다. 1950년 6·25전쟁으로 불에 타 재건하였다. 대비사라는 절 이름은 불교의 대자대비에서 유래한 말인데, 언제 대비갑사가 대비사로 바뀌었는지는 알 수는 없다. 창건에 얽힌 설화가 전하는데 557년 한 신승이 운문산에 들어와 현재의 금수동(金水洞) 북대암(北臺庵) 자리에 초암을 짓고 수도하였다. 3년이 지난 어느 날 산과 계곡이 진동하여 새와 짐승들이 놀라 울었다. 신승은 이때 이 산에 오령(五靈)이 살고 있음을 알고 7년에 걸쳐 5개의 사찰을 지었다. 산 중앙에는 대작갑사(大鵲岬寺), 동쪽에는 가슬갑사(嘉瑟岬寺), 남쪽에는 천문갑사(天門岬寺), 서쪽에는 소작갑사, 북쪽에는 소보갑사(所寶岬寺)를 각각 지었던 것이다. 이 중 천문갑사는 지금의 운문사(雲門寺)이다. 건물로는 대웅전과 향로전·요사채가 있고, 산내 암자로 도솔암과 옥련암이 있다. 보물 제834호 대웅전(大雄殿)은 16세기에 세운 것으로 추정된다.

대적사 大寂寺

경북 청도군 화양읍 송금리 256. 대적사는 신라 헌강왕 2년(876) 체징(體澄)이 창건하였다. 고려 초기 보양(寶壤)이 중창하였다. 선조 25년(1592) 임진왜란 때 불에 탄 뒤 1635년에 중건하고 숙종 15년(1689)에 서월(瑞月) 성해(性海)대사가 중수하였다. 보물 제836호 극락전(極樂殿)은 소맷돌에 용비어천도(龍飛御天圖)가 그려져 있고 기단에 연꽃과 거북무늬가 양각되어 있어 주목되는 건물이다. 절 아래 계곡에는 풍엄(豊嚴)의 것으로 추정되는 석종형 부도가 있다.

적천사 磧川寺

경북 청도군 청도읍 원리 981. 적천사는 신라 문무왕 4년(664) 원효대사가 수도하기 위해 토굴의 형태로 세웠다. 통일신라 흥덕왕 3년(828)에 심지왕사가 고쳐 세운 뒤, 보조국사가 고려 명종 5년(1175)에 다시 중창하였다. 이후 여러 차례 소실되고 다시 지었으며 근래에는 명부전과 누각을 고쳐 세웠다. 창건에 얽힌 설화로 보조국사가 절을 중건하려 할 때 도적떼들이 이곳에 모여 살고 있었으므로 국사께서 "이곳에 절을 중건하려 하니 너희들은 이곳에서 물러가라." 말씀하셨더니 도적의 무리들은 물러가지 않고 오히려 대항하려 하였다.

이에 국사께서는 남산에 올라 가랑잎에 범 호 자를 써서 때마침 불어오는 북풍에 신통력으로 날렸더니 여산대호(如山大虎)가 되어 도적들을 남김없이 몰아내었다. 지금도 절 서쪽 고개를 다름재 고개라 하니 당시 도적들이 호랑이 무리에 쫓기어 달아난 데 연유한 것이다.

보물 제1432호 괘불탱 및 지주는 괘불 하단에 '康熙三十四年四月功畢安于淸道地(강희삼십사년사월공필안우청도지)'라는 묵서명이 있어 조선 숙종 21년(1695 康熙34년)에 만들어진 것임을 알 수 있고, 괘불대 지주는 경상북도 문화재자료 제321호 대웅전 앞에 한 쌍이 서 있는데, 강희 40년(1701)에 거사 경순(敬順) 등이 참여하여 만들었음을 알려주는 명문이 있어 주목된다. 천연기념물 제402호 은행나무는 수령 900년 이상 된 것으로 추정된다. 경상북도 유형문화재 제153호 목조 사천왕의좌상은 사천왕상 속에서 나온 유물을 통해 만들어진 연대가 숙종 16년(1690)이라는 사실을 알 수 있다.

용천사 湧泉寺

경북 청도군 각북면 오산리 1062 최정산에 위치한 용천사는 신라 문무왕 10년(670)에 의상(義湘)대사가 처음 짓고 옥천사라 하였으나, 후에 용천사로 고쳤다. 고려 원종 2년(1261)에 일연(一然)이 중건하였고, 인조 9년(1631)에 조영(祖英)이 삼창했다. 이후 여러 차례 다시 지어졌는데, 조선 순조 5년(1805) 의열(義烈) 화주가 다시 지은 것이 오늘에 이르고 있다. 처음 지어질 당시에는 3,000여 명의 승려가 도를 닦고 47개의 암자가 소속되어 있을 정도로 큰 규모의 사찰이었다고 한다. 현존하는 건물로 대웅전을 비롯하여 명부전, 산신각, 요사채 등이 있다. 경상북도 유형문화재 제295호 대웅전(大雄殿)은 기둥이 되는 목재를 아름드리 칡덩굴을 사용하였다. 용천사에서 5분 정도 떨어진 곳에 경상북도 유형문화재 제379호 용천사 동하도로 수치송공표석이 있는데 조선 영조 원년(1725)에 세운 것이다.

불령사 佛靈寺

경북 청도군 매전면 용산리 산98 효양산(孝養山)에 있다. 신라 문무왕 때 원효(元曉: 617~686)가 창건하였으나 그 뒤의 연혁은 전하지 않는다. 1915년에 봉주(奉周)가 중창하였고, 1930년에는 이종태(李鐘台)가 중수하였다. 이후 1985년 산신각과 요사채를 새로 지었다. 경상북도 문화재자료 제294호 전탑(塼塔)이 있는데 오랫동안 무너진 채 방치되었던 탑전을 1968년에 다시 세워 놓은 것인데 정확한 형태를 알 수 없다. 특징은 무늬가 있는 벽돌을 사용하였는데 불상과 3층석탑 무늬가 있는 벽돌로 쌓아 올려 탑 전체를 장식하고 있다. 천불탑(千佛塔)이라 부르기도 한다.

대운암 大雲庵

경북 청도군 청도읍 유호리 산1-1. 대운암은 고종 5년(1868)에 부암선사(鳧巖禪師)가 범굴에서 수도하다 현몽(現夢)에 의해 창건하였다고 전한다. 일설에는 신라 문무왕 때 창건되었다고도 전한다. 관음전, 산령각, 천태각, 칠성각 요사 등이 있다. 경상북도 문화재자료 제309호 목조관음보살좌상 및 복장유물이 있는데, 1930년대에 대운암을 중건했을 때 반룡사에서 이곳으로 옮겨 온 것이라고 하는 이 보살좌상은 나무로 만들고 그 위에 두껍게 금칠을 하였다. 1994년 12월부터 실시한 불상 개금(改金) 때 목조불상으로 판명되고 복장유물이 발견되어 순치(順治) 11년 경산 자인 반룡사(盤龍寺)에서 조성되었다는 묵서(墨書)가 있어 효종 5년(1654)에 조성된 불상임을 알게 되었다. 복장 유물로는 묘법연화경 4종, 대불정여래밀인수증요의제보살행수능엄경, 지장보살본원경, 발원문, 육자대명왕진언 등이 있다.

내원암 內院庵

경북 청도군 운문면 신원리 1803. 내원암은 고려시대 원응국사가 창건한 암자로, 숙종 20년(1694)에 승려 설송이, 순조 31년(1831)에 운악이 중수한 것으로 전한다. 1930년경 옛터를 낮추고 암자를 세운 것이다.

약수로 이름난 내원암에는 경상북도 문화재자료 제342호 석조아미타불좌상이 모셔져 있는데 재질은 흔히 옥돌이라 부르는 것으로 경주 일원에서 흔히 볼 수 있는 흰 돌이다. 불상에 금칠을 다시 할 때 복장유물(復藏遺物)이 발견되었는데, 강희 20년(숙종 7년, 1681)에 만들어졌다는 기록이 나왔다. 조각 양식상으로 보아 조선 후기 불상으로 추정된다.

대산사 臺山寺

경북 청도군 각남면 박곡리 795 월은산(月隱山)에 있는 대산사는 신라 흥덕왕 5년(830)에 원효(元曉)가 창건하였다고 한다. 창건 당시에는 용봉사(龍鳳寺)라고 하였다. 신라 때 월씨국(月氏國)에서 3구의 관세음보살상이 표류하여 왔는데, 이 중 한 구를 이 절에 모시고, 다른 한 구는 인근의 운문사(雲門寺)에, 나머지 한 구는 행방을 모른다고 한다. 이 절에 모신 관세음보살상은 42수관음보살상이었다. 고려 중기 일연(一然: 1206~1289)이 각북면에 있는 용천사(湧泉寺)의 주지로 부임해 이 절의 사적을 기록하게 하였다. 선조 25년(1592) 임진왜란 때 불에 탄 것을 뒤에 중건하였으며, 조선 후기 고종 13년(1876)에 의문(義文)이 중건한 뒤 대산사라고 절 이름을 바꾸었다. 1930년에도 불이 나 관세음보살상이 불에 탔고, 원응(圓應)이 중건하였다.

현존하는 건물로는 원통전과 선실(禪室)·산령각·칠성각·용왕당·요사채 등이 있고, 법당 앞에 삼층석탑 1기가 있다. 이 탑은 지대석에 멧돼지가 조각되어 있어 주목되는데 풍수지리설에 따르면 월은산은 제비가 알을 품은 형상이고, 실제로 산에 새가 많은 편이라 뱀도 많다. 이 뱀을 물리치기 위해 탑 아래에 멧돼지를 조각했다고 한다.

덕사 德寺

경북 청도군 화양읍 소라리 산1 주구산에 있다. 이곳은 이서국(伊

西國) 때부터 천혜의 요새를 이룬 이서산성으로 신라에 복속되기 전까지 신라(新羅)와 격전을 치르다 신라 유례왕 14년(297) 이서국이 최종 패한 패성지(敗城地)이다. 덕사(德寺)는 청도의 정기(精氣)가 빠져나가지 못하게 선조 9년(1576)에 세운 사찰이다. 또한 개가 달아나는 현상이라 하여 주구산(走狗山) 주구산성으로 부르기도 하며, 개를 머물게 하기 위해 숲을 조성하여 범이 살 수 있게 한 솔산, 솔이산성(率伊山城)이라고도 한다. 이 산성에 군수 황응규(黃應奎)가 달아나는 개를 머물게 해야 한다는 지리학설에 따라 사원을 세우고 떡을 주어 개를 머물도록 하기 위해 절 이름을 떡절이라 하였는데, 세월의 흐름에 따라 덕사(德寺)라 부르게 되었으며 순조 16년(1816)에 장옥대사가 중수하여 오늘에 이르고 있다. 영산전 석조여래삼존상 및 십육나한상, 명부전 석조 지장삼존상 및 시왕상은 경상북도 유형문화재로 지정예고 된 상태다. 17세기에 조성한 것으로 추정된다.

죽림사 竹林寺

경북 청도군 화양읍 신봉리 산495 화악산(華岳山)의 남산 중턱에 자리 잡은 죽림사는 진평왕 32년(610)에 법정대사(法定大師)가 창건하여 화남사(華南寺)라 하였다. 선덕여왕 4년(635) 왕의 명으로 일본에 건너가 불교의 포교와 화친사(和親使)로서 많은 성과를 거두고 돌아오니 왕은 절 주변 토지 900여 평을 하사하고 대나무를 심게 하였다. 이 대나무가 무성하게 자라게 되자 죽림사(竹林寺)라 개칭하고 사원의 전성기를 이루게 되었다. 그 후 왕사였던 보조국사 지눌 (普照國師 知訥)가 명종 10년(1180)에 중건하고 조선 태조 때 무학대사(無學大師)가 중수하였으나 임란 때 병화로 대웅전과 명부전이 소실되고 보광전(普光殿)만 남은 것을 인덕당(人德堂)을 세우고 불상을 봉안해 오다 다시 법당과 요사를 1935년에 건립하고 1999년에 법당을 중건하여 지금에 이르고 있다.

신둔사 薪苞寺

경북 청도군 화양읍 동천리 산657. 신둔사는 고려 명종 3년(1173)에 보조국사 지눌(普照國師 知訥)이 창건하여 봉림사(鳳林寺)라 하였다. 현종 8년(1667) 상견대사가 중창하고 고종 15년(1878)에 다시 중수하여 신둔사(薪苞寺)라 개칭하여 오늘에 이르고 있다. 요사 뒤 절벽에 부도는 자연 암벽에다 음각으로 새겨 가운데 사각구멍을 뚫어 사리를 봉안하고 비문을 남긴 희귀한 것이다. 철종 3년(1852)에 봉안한 것이다.

▶▶ 고령군

물산사지 勿山寺址

경북 고령군 고령읍 지산리 4-2. 보물 제54호 지산동 당간지주(幢竿支柱)가 있는 이 일대가 물산사라고 전해진나. 지산리라는 미을 이름도 물산→물(못)산→지산으로 변해 왔다. 발견된 기와조각은 고령 대가야 박물관에 전시 중이며 2007년 2월 영남문화재연구원에서 발굴조사 진행 중에 물산사(勿山寺)명 기와가 발견되어 지산동 당간지주, 고령향교 등 주변 지역이 고려시대 이전의 절터였던 것으

로 추정된다. 특히 고령향교 주변에는 석탑이나 석등의 부재가 발견
되기도 했다.

반룡사 盤龍寺

경북 고령군 쌍림면 용리 187. 반룡사는 신라 애장왕 3년(802)에
해인사와 같은 시기에 건립하였다고 전하며, 고려 중기 보조국사 지
눌이 중건하고 고려 말 나옹선사가 다시 중건하였다. 1592년 임진왜
란 때 불타 버린 것을 사명대사가 중건하고, 이후 여러 차례 중수를
거쳐 1930년 중수하여 오늘에 이른다. 대가야박물관에는 경상북도
유형문화재 제117호 고려시대 다층석탑과 유형문화재 제288호 동종
(銅鍾)이 옮겨져 있다. 동종은 조선 후기에 만들어진 높이 50㎝, 무
게 100근의 종으로 영조 29년(1753)에 반룡사에서 만든 것이다. 절
입구에는 부도와 비신이 없어진 귀부(龜趺)가 있다.

▶▶ 성주군

동방사지 東方寺址

경북 성주군 성주읍 예산리 269-10. 동방사는 신라 애장왕 때 창
건되었다가 임진왜란 때 절이 모두 불타 버리고 현재는 경상북도 유
형문화재 제60호 칠층석탑만 남아 있다. 이 탑은 1층 몸돌에는 문
(門)모양을 깊게 새겼다. 1·2·3층 지붕돌 네 귀퉁이에는 연꽃무늬

가 조각되어 있는 것이 특징으로, 고려시대의 석탑이다. 탑이 있는 성주 지역의 지형이 소가 누워서 별을 바라보는 형상으로, 이 때문에 냇물이 성주읍을 돌아 동쪽으로 빠져나가는 것으로 보아, 성주 땅의 기운이 냇물과 함께 빠져나가는 것을 막기 위해 이 탑을 세웠다고 전한다. 일명 지기탑(地氣塔)이라 불린다.

법수사지 法水寺址

경북 성주군 수륜면 백운리 1214, 1215. 법수사는 통일신라 애장왕 3년(802)에 창건된 사찰로, 현재는 폐사되고 금당터의 거대한 석축과 이 경상북도 유형문화재 제86호 삼층석탑과 유형문화재 제87호 당간지주(幢竿支柱)와 일부 석조물만 남아 있다.

선석사 禪石寺

경북 성주군 월항면 인촌리 217. 선석사는 통일신라 효소왕 1년(692) 의상대사가 지금의 자리보다 서쪽에 신광사라 이름 지어 세웠다. 그 뒤 고려 공민왕 10년(1361) 나옹대사가 지금 있는 자리로 옮겼다. 당시에 새로운 절터에서 큰 바위가 나왔다 하여 터 닦는다는 뜻을 가진 선(禪) 자를 넣어 선석사라 했다. 영조 1년(1725) 서쪽 옛터로 옮겼다가 순조 4년(1804) 지금 있는 자리로 다시 옮겨 현재에 이르고 있다. 절 경내에는 대웅전을 비롯하여 명부전, 칠성각, 산왕각 등이 남아 있다. 경상북도 유형문화재 제357호 괘불탱(掛佛幀) 경상북도 문화재자료 제113호 대웅전이 있다. 주변에는 세종대왕자 태실이 있다.

심원사 深源寺

경북 성주군 수륜면 백운리 산65-1. 심원사는 흥덕왕 5년(830)에 원효(元曉)가 창건하였다고 전한다. 고려 말 도은 이숭인의 시에 "심원 옛 절은 가야산 속에 있는데……"라고 읊어 기록이 있어 고려시대에도 사찰이 번성하였다. 경상북도 문화재자료 제116호 삼층석탑과 경상북도 문화재자료 제525호 석조비로자나불좌상, 불상광배, 불상대좌, 배례석 등의 석조물들이 통일신라 유물이다. 석탑은 지붕돌은 네 귀퉁이가 살짝 치켜 올라갔고, 밑면에는 4단의 받침을 두었다. 무너져 있던 것을, 1989년 새로이 복원해 놓은 것으로, 독특하게도 기단 아래의 땅속에 사리장치(舍利裝置)를 마련해 두었다.

▶▶ 칠곡군

송림사 松林寺

경북 칠곡군 동명면 구덕리 91-6. 송림사는 진흥왕 5년(544) 진(陳)나라에서 귀국한 명관(明觀)이 가지고 온 불사리(佛舍利)를 봉안하기 위하여 창건하였다. 1092년 대각국사 의천(義天)이 중창하였고, 몽골의 침입으로 폐허화되었다. 1597년과 1858년 두 차례 중창하였으며, 현존 건물로 대웅전과 명부전(冥府殿) 및 요사채가 있다.

보물 제189호 오층 전탑(塼塔)은 대웅전 앞에 서 있으며 흙으로 구운 벽돌을 이용해 쌓아 올렸다. 꼭대기에는 금동으로 만든 머리장

식이 남아 있는데, 이는 1959년에 해체하여 복원작업을 하면서 원형
대로 모조한 것이다. 9세기 통일신라시대에 세워진 것으로 추정되며,
보수를 하면서 탑신의 몸돌 내부에서 나무로 만든 불상과 사리장치
등이 발견되었다. 보물 제325호로 일괄 지정되어 현재는 국립대구박
물관에 보관되어 있다. 경상북도 유형문화재 제358호 대웅전 목조석
가삼존불좌상, 제359호 극락전 석조아미타 삼존불좌상, 제360호 명
부전 목조시왕상과제상, 제366호 복장전적(腹藏典籍) 등의 문화재가
있다.

선봉사 僊鳳寺

경북 칠곡군 북삼면 숭오리 산1. 선봉사는 언제 창건되었는지 알
수 없으나 임진왜란 때 절은 불타고 현재는 암자 형태의 작은 절이
있다.

보물 제251호 대각국사비(大覺國師碑)가 있는데, 대각국사(1055~
1101)는 교장도감을 설치하고 중국 송나라와 일본의 서적을 교정·
간행하여 『속장경』을 완성한 승려로, 교종과 선종을 통합하여 고려
불교의 융합을 실현하였다. 고려 인종 10년(1132)에 세웠으며, 비문
은 임존(林存)이 짓고, 승려 인(麟)이 썼다. 비문의 글씨는 가로획이
가늘고 세로획이 굵은 독특한 필체이다. 필력은 힘차고 가지런하다.

도덕암 道德庵

경북 칠곡군 동명면 구덕리 20-5. 도덕암은 신라 눌지왕 때에 창
건되었다고 전하며, 고려 광종 19년(968) 혜거국사(惠居國師)가 중수

했을 때에는 칠성암(七星庵)이었다는 사적만이 남아 있다. 광해군 12년 (1620), 효종 4년(1653)에 각각 중수했으며 철종 4년(1853)에 다시 중수하면서 지금의 이름으로 바꾸었다. 경상북도 유형문화재 제387호 몽계당선의대사(夢溪堂善誼大師)의 진영은 철종 13년(1862)에 그려졌다. 조선 후기에 조성한 것으로 보이는 경상북도 문화재자료 제509호 나한전 내 제상은 16나한상으로 나한전에 봉안되어 있다. 고려 광종이 여기에 와서 약수를 마시고 지병이 나았다는 일화가 전해오는 어정수(御井水)로 유명한 곳으로 해발 약 400m 지점에 있다.

▶▶ 예천군

개심사지 開心寺址

경북 예천군 예천읍 남본리 200. 고려 전기에 창건된 개심사에는 현재는 논 한가운데에 보물 제53호 오층석탑이 있다. 탑은 이중의 기단(基壇) 위에 5층의 탑신(塔身)을 세운 모습이다. 아래층 기단은 4면마다 둥근 테두리 선을 새기고 그 안에 머리는 짐승, 몸은 사람인 12지신상(十二支神像)을 차례로 조각하였다. 위층 기단은 4면의 가운데에 기둥 모양을 새겨 면을 나눈 다음 그 안에 팔부중상(八部衆像)을 새겨 놓았다. 1층 몸돌에는 문고리 모양을 조각하고 그 좌우에 인왕상(仁王像)을 새겨 두었다. 지붕돌은 밑면에 모두 4단씩의 받침을 깎아 두었으며, 기단에 남겨진 기록을 통해 고려 현종 원년(1010)에 세워진 것을 알 수 있다.

용문사 龍門寺

경북 예천군 용문면 내지리 391. 용문사는 경문왕 10년(870) 두운조사(杜雲祖師)가 창건했다. 사적기에 의하면 936년 태조가 직접 중건했고, 의종 19년(1165) 왕명으로 중수했고, 현종 11년(1670)에 다시 고쳤다고 하며, 명종 1년(1171) 태자의 태를 일주문 밖 자비봉 두에 묻은 다음 절 이름을 용문산 창기사(昌基寺)라고 바꾸었고, 1179년부터 15년간에 걸쳐 대대적인 불사가 이루어졌다. 성종 9년(1478) 세종대왕의 비인 소헌왕후(昭憲王后)의 태실을 봉안하고, 절 이름을 성불산 용문사라고 다시 바꾸었다. 정조 7년(1783) 문효세자(文孝世子)의 태실을 이곳에 쓰고 성불산을 소백산으로 고쳤다. 헌종 1년(1835) 화재로 소실된 것을 역파(櫟坡)대사가 상민(尙敏)·부열(富悅) 등과 함께 중건했다. 현존 건물로는 보광명전·대웅전·응향각·명부전·응진전·회전문·범종루 등이 있다. 문화재로는 보물 제145호 대장전(大藏殿), 보물 제684호 윤장대(輪藏臺), 제729호 용문사교지, 제989호 대장전 목불좌상 및 목각탱, 제1330호 팔상탱(八相幀), 제1445호 영산회괘불탱(靈山會掛佛幀), 경상북도 유형문화재 제349호 천불탱(千佛幀), 경상북도 문화재자료 제169호 자운루(慈雲樓), 제510호 목조 아미타여래좌상 등이 있다.

명봉사 鳴鳳寺

경북 예천군 상리면 명봉리 산1-1. 명봉사는 신라 헌강왕 1년(875)에 두운(杜雲)이 창건하였으며, 그 뒤 화재로 소실된 절을 신익(信益)·행선(幸善) 등의 승려들이 중수하였다. 6·25전쟁으로 다시 소실되었다가 1955년에 중건하였다. 부속 암자로는 내원암(內院庵)이 있다.

경상북도 유형문화재 제3호 경청선원자적선사릉운탑비는 고려 태조 24년(941)에 세운 비이다. 유형문화재 제187호 문종대왕태실비는 일제강점기에 발굴하여 현재 비신만을 경내로 옮겨 보관하고 있다.

청룡사 靑龍寺

경북 예천군 용문면 선리 520 - 1. 청룡사에는 보물 제424호 석조여래좌상과 제425호 석조 비로자나불좌상이 있다. 석조여래좌상은 통일신라시대의 불상이고, 석조 비로자나불좌상은 고려 초기 불상으로 추정된다. 법당 앞에는 고려시대 삼층석탑이 있는데, 1층 몸돌에 문비 안에 자물쇠 문양이 안에 새겨져 있다. 근래에 주변에서 탑지가 발견되었다. 법당 뒤편 요사 사이에 조금 떨어진 곳에 산신각이 있다.

한천사 寒天寺

경북 예천군 감천면 증거리 184. 한천사는 신라 문무왕 18년(678)에 의상이 창건하였고, 1950년 6·25전쟁 때 전각이 완전히 소실되어 다시 지었다. 현재 대적광전에는 보물 제667호 철조여래좌상이 모셔져 있는데 광배(光背)와 대좌(臺座)가 없어졌으나 경북 지역에서 보기 드문 철불로 통일신라 9세기 후반에 조성된 것으로 추정된다. 1988년 가을 조경공사를 하던 중 금동 자물쇠 등 일괄 4점이 출토되어 보물 제1141호로 지정되어 현재 김천 직지사성보박물관으로 옮겨 소장하고 있다. 경상북도 유형문화재 제5호 삼층석탑은 통일신라 후기 석탑으로 추정된다. 창건 설화로 의상대사가 영주 부석사를 지을 때 기둥이 자꾸 넘어져 그 이유를 조사해 보니, 소백산맥 남쪽 주마산의 지세가 달리는 말 머리 형국인지라, 그 지세를 누르기 위해 주마산에 한천사를 지었다고 전해진다.

보문사 普門寺

경북 예천군 보문면 수계리 158. 보문사는 신라 문무왕 16년(676)에 의상대사가 세운 절이다. 이후 여러 차례 재난을 당하여 무너진 것을 고려 명종 14년(1184) 보조국사 지눌이 극락전을 비롯하여 7동의 건물을 복원하였으나, 1592년 임진왜란 때 화재로 소실되고 경상북도 문화재자료 제203호 극락전과 반학루, 경상북도 유형문화재 제186호 삼층석탑만이 남아 있다. 주변에는 고려시대 석조 광배편도 있다.

동악사 東岳寺

경북 예천군 예천읍 동본리 171-1. 동악사는 신라 문무왕 11년(671) 의상(義湘)대사가 창건하였다. 인근의 지형이 학을 닮았다고 해서 처음에는 동학사(東鶴寺)라고 불렸다. 경상북도 문화재자료 제146호 석조 비로자나불좌상이 보광전에 모셔져 있는데 다른 곳에 있던 것을 옮겨 온 것이라 한다. 얼굴은 둥근 편이며 눈썹 사이에는 백호(白毫)가 있다. 목에는 삼도(三道)가 새겨져 있으며, 왼쪽 어깨에만 걸친 옷에는 옷주름이 나타나 있다. 조각수법으로 보아 통일신라 후기 불상으로 추정되나 일부에서는 고려시대 중기 불상으로 보기도 한다.

서악사 西岳寺

경북 예천군 예천읍 대심리 산13 봉덕산(鳳德山)에 있다. 1960년 요사채를 중수할 때 발견된 상량문에는 조선 숙종 27년(1701) 강희(康熙) 40년에 창건되었다는 기록이 나왔다. 경상북도 유형문화재 제380호 석가모니후불탱은 석가모니불좌상을 중심으로 오른쪽에는 문수보살, 왼쪽에는 보현보살을 거느리고 있으며, 화기(畵記)를 통하여 영조 46년(1770)에 제작된 것을 알 수 있으며, 18세기 불화연구에 중요 자료이다. 현재 김천 직지사 성보박물관에 보관되어 있다. 대웅전과 관음전을 비롯하여 나한전·설법전·천불전·산신각·범종가과 요사채가 있으나 대부분 근래 건물들이다.

▶▶ 봉화군

지림사 智林寺

경북 봉화군 물야면 북지리 657-3 호거산에 있는 지림사는 신라 진덕여왕 때 창건되었다고 전한다. 수도하는 승려가 500여 명이 될 정도의 대사찰이었던 지림사는 축서사 창건 설화에도 등장하는데, 문무왕 13년(673)에 의상대사가 지림사에서 산 쪽을 바라보니 멀리 서광이 비치는 것이 보여 빛이 도달한 곳에 지금의 축서사를 지었다는 이야기가 전하고 있다. 『신증동국여지승람』에 지림사는 문수산에 있다(智林寺在文殊山)라는 기록이 있어 조선 중후기까지 계속하여 사찰이 존속하며 법통을 이어 온 것으로 알 수 있다. 화재로 인해 소실되었다. 혹은 축서사로 인해 사세가 기울었다는 등의 이유로 폐사되었다고 구전되어 오고 있다. 1949년경 현 위치에 지림사를 재건하여 국보 제201호 봉화 북지리 마애여래좌상을 보호 관리하고 있다.

축서사 鷲棲寺

경북 봉화군 물야면 개단리 1 문수산(文殊山) 정상 가까이에 자리잡은 축서사는 신라 문무왕 13년(673)에 의상(義湘)이 창건하였다. 경문왕 7년(867)에 부처 사리 10과를 가져와 사리탑을 조성하였으며, 이후 숙종 31년(1705)에 중건하였는데, 당시 법당 등의 전각 6동과 광명루 및 승방 10여 동이 있었고, 암자로 도솔암과 천수암 등이 있는 큰 절이었다고 한다. 보물 제995호 석불좌상부광배, 제1379호 괘불탱(掛佛幀), 경상북도 문화재자료 제157호 삼층석탑, 제158호 석등(石燈)이 있다. 석불좌상은 통일신라 후기 9세기 석불이며, 삼층석탑과 석등은 신라 말에 조성되었을 것으로 추정된다.

청량사 淸凉寺

경북 봉화군 명호면 북곡리 247 청량산(淸凉山)에 있는 청량사는 신라 문무왕 3년(663)에 원효(元曉)가 창건했다는 설과 의상(義湘)이 창건했다는 설이 있다. 창건 당시에는 연대사(蓮臺寺)라는 사찰을 중심으로 승당(僧堂) 등 27개의 부속 건물을 갖추었던 큰 절이었다는 것만 전해지고 있다. 경상북도 유형문화재 제47호로 유리보전(琉璃寶殿)이 있다. 현판은 고려 공민왕 친필로 전하며 내부에 모셔진 불상은 지불(건칠불)이라 한다.

천성사 千聖寺

경북 봉화군 봉성면 금봉리 262-2 문수산에 자리한 천성사는 1952년에 사찰이 들어섰다고 한다. 2003년 이후 보수하여 오늘에 이른다.

경상북도 유형문화재 제133호 석조여래입상은 무량수전에 봉안되어 있는데 주변 성화곡 절터에서 발견된 것을 천성사로 옮겨 온 곳으로 두 손과 다리 일부분을 새로 만든 것 이외에는 거의 완전한 형태이다. 통일신라 후기 불상 양식을 계승한 고려 초기 불상으로 추정된다.

유형문화재 제134호 삼층석탑은 입구의 길 왼쪽에 놓여 있던 것을 절 안으로 옮겨 세운 것으로, 원래는 쌍탑이 나란히 서 있었으나, 나머지 하나는 현재 봉성초등학교에 옮겨져 있다. 무량수전 앞에도 석조여래입상이 있는데 고려시대 불상으로 추정된다.

각화사 覺華寺

경북 봉화군 춘양면 석현리 599. 각화사는 신라 신문왕 6년(686)에 원효(元曉)대사가 창건하였으나, 불에 타버린 것을 고려 예종(睿宗) 때 계응(戒應)이 중건하였다. 정조 1년(1777)에는 이곳에 태백산사고(太白山史庫)를 지어 왕조실록(王朝實錄)을 수장하게 하였으며, 수도하는 승려가 800명이 넘어 3대 사찰의 하나가 되었다. 1910년

사고와 절이 소실되어 다시 1926년에 중수(重修)하였다. 현재 대웅
전, 산령가, 삼층석탑이 있다. 경상북도 유형문화재 제189호 각화사
귀부龜趺)는 비 받침돌로, 고려 전기 문신인 좌간의대부 김심언이
세웠던 통진대사비(通眞大師碑)의 일부로 전하고 있다. 등 무늬는 6
각형이 전면에 덮여 있고, 그 안마다 王 자와 卍 자를 도드라지게
새겼다. 고려 전기의 작품이나 후에 비 몸과 머릿돌을 새로이 만들
어 세워 놓았다.

홍제사 弘濟寺

경상북도 봉화군 소천면 고선리 127−6. 홍제사는 신라 진평왕 때
자장(慈藏)율사가 창건했다고 하며, 일설에는 문무왕 때 원효(元曉)대
사가 창건했다고도 한다. 조선 선조 때 사명대사(四溟大師)가 이 절
뒷산에 있는 도솔암(兜率庵)에서 수도하였다고 한다. 1996년 새로 암
자를 지었으며 인법당에는 석가여래좌상이 모셔져 있다. 평소 수행을
위해 참배객의 출입을 통제하니 미리 알아보고 가는 것이 좋다.

▶▶ 울진군

불영사 佛影寺

경북 울진군 서면 하원리 122. 불영사는 신라 진덕여왕 5년(651)
의상(義湘)대사가 세웠다고 하는데, 당시 이 지역 냇물 위에 다섯

부처님의 영상이 떠오르는 모습을 보고 거기 살던 용을 쫓아낸 뒤절을 지었다는 전설이 전한다. 조선 태조 5년(1396) 나한전만 남긴채 화재로 모두 불에 타 버렸고 임진왜란 때에도 영산전만 남기고모두 불타 버린 것을 광해군 1년(1609) 진성법사(眞性法師)가 재건하였고 이후 여러 승려들의 손으로 중수가 거듭하여 오늘에 이르고있다.

현재 건물로는 대웅보전·극락전·응진전·명부전·조사전·칠성각·관음전·영산전·황화당·설선당·응향각 등이 있다.

보물 제730호 응진전, 제1201호 대웅보전, 제1272호 영산회상도, 경경상북도 유형문화재 제135호 삼층석탑, 경상북도 문화재자료 제162호 부도(浮屠)가 있다. 부도는 불영사로 들어가는 입구 옆에 있으며 조선 전기의 승려인 양성당 선사의 사리를 모셔둔 것이다.

배잠사지 盃岑寺址

경북 울진군 근남면 구산 2리 923-1. 현재 이곳에는 도로변에 경상북도 문화재자료 제472호 당간지주(幢竿址柱)가 남아 있다. 예전에는 소형석탑이 서 있었던 자리라 하며 탑은 도난당했다. 주변 정비가 잘되어 있어 찾기는 쉽다.

구산리사지 九山里寺址

경북 울진군 근남면 구산리 1494-1. 현재 보물 제498호 구산리삼층석탑이 있다. 탑은 지붕돌 밑면에 5단씩 받침을 두었고, 윗면은얇으며 수평을 이루는 처마선은 네 귀퉁이에서 살짝 들려 있다. 통일신라시대의 석탑 양식이 잘 나타나 있어 9세기 후반에 세워진 것으로 추정된다. 2006년 11월 10일 경주대학교 박물관에서 삼층석탑을 해체 복원한 후 이 일대에 대한 발굴조사를 벌인 결과 통일신라시대의 금동불상, 청동수저 등 불교 관련 유물과 생활용품을 출토했다. 금당지 내 출토된 금동불상은 높이 8.5m로 시무외 여원인(施無畏 與願印)의 수인(手印)과 통견(通肩)이며 연화대좌를 갖춘 반면, 얼굴은 일부 훼손돼 상호(相好)를 알아볼 수 없고 불두 뒤에는 광배 꽂이가 있었던 것으로 확인됐다. 발굴단의 결과 이곳 구산리 사지는 통일신라시대에 창건되어 고려시대를 거쳐 조선시대 초기까지 존속했던 사찰이 있었던 곳으로 금당지 유구는 고려 혹은 조선시대에 개축, 중건돼 폐사(廢寺)까지 존속했던 건물지로 추정된다고 한다.

▶▶ 울릉군

대원사 大願寺

경북 울릉군 울릉읍 도동리 221 관모봉(冠冒峰) 중턱에 있으며 1900년대 초에 비구니 박덕념(朴德念)이 창건하였다. 울릉도에서는 가장 오래된 사찰이다. 건물로는 법당과 산신각·종각·요사채가 있다.

부산광역시 · 울산광역시

▶▶ 부산광역시

범어사 梵魚寺

부산광역시 금정구 청룡동 546. 범어사는 문무왕 18년(678) 의상(義湘)이 창건하였다. 임진왜란 때 모두 불타 버려 10여 년을 폐허로 있다가 선조 35년(1602)에 중건하였으나 또다시 화재를 당하였고, 광해군 5년(1613)에 중창하였다. 이후 여러 차례 중수하여 오늘에 이른다.

보물 제250호 삼층석탑, 제434호 대웅전, 제1461호 조계문, 제1526호 목조석가여래삼존좌상, 유형문화재 제15호 당간지주, 제16호 석등, 제51호 사천왕도, 제52호 제석신중도, 제53호 관음전 백의관음보살도, 제55호 의상대사영정, 제63호 팔상·독성·나한전, 제67호 대웅전 석가영산회상도, 제68호 대웅전 삼장보살도, 제69호 대웅전 제석신중도, 제70호 관음전 목조관은보살좌상, 제71호 비로전 목조비로자나삼존불상, 제72호 미륵전 목조여래좌상, 제73호 석조 연화대좌하대석, 문화재자료 제10호 아미타극락회상도, 제11호 청풍당 아미타극락회상도, 제12호 석가26보살도, 제13호 비로자나불회도, 제14호, 제21호 목조시방삼보자존패, 제22호 목조석가여래범패, 제26호 바라 등이 있다.

원효암 元曉庵

부산광역시 금정구 청룡동 481. 원효암은 문무왕 때 원효대사가 창건하여 머물면서 왜병을 물리쳤다는 설화가 전한다. 유형문화재 제

11호 동편 삼층석탑, 제12호 서편 삼층석탑이 있으나 평소 암자는 개방하지 않는다고 한다.

내원정사

부산광역시 서구 서대신동 3가 산3-2. 내원정사에는 현재 유형문화재 제47호 목조관음보살좌상이 있는데 불상 안에서 발견된 묵서(墨書)를 통해 조선 영조 6년(1730)이라는 조성연대를 알 수 있다.

연등사 燃燈寺

부산광역시 동구 좌천동 839-3. 현재 문화재자료 제33호 석가영산회상도가 있다. 조선시대 것으로 추정되는 오층석탑이 있다.

복천사 福泉寺

부산광역시 영도구 신선동 3가 산6. 복천사에는 유형문화재 제61호 지장시왕도(地藏十王圖), 제62호 아미타극락회상도, 문화재자료 제35호 석가영산회상도, 제38호 독성도 및 복장유물일괄, 제39호 현왕도 및 복장유물일괄이 있다.

선암사 仙巖寺

부산광역시 부산진구 부암3동 628. 현재 문화재자료 제27호 괘불탱(掛佛幀) 제37호 금고(金鼓)가 있다.

대원사 大願寺

부산광역시 부산진구 가야3동 40. 문화재자료 제31호 독성탱이 있다.

청량사 清凉寺

부산광역시 강서구 명지동 445. 현재 문화재자료 제34호 석가모니 후불탱이 있다. 당산각에 당산 할머니 초상화가 유명하다.

마하사 摩訶寺

부산광역시 연제구 연산7동 2039. 마하사는 신라 원효대사가 창건했다고 전하며 임진왜란 때(1592) 사찰 건물이 전소되어 후에 다시 지었다고 한다. 나한기도도량으로 이름나 있으며 약수가 유명하다.

문화재자료 제15호 영산회상도, 제16호 응진전 영산회상도, 제17호 응진전 16나한도, 제18호 대웅전 석조 석가여래삼존상, 제19호 응진전 목조 석가여래좌상, 제20호 응진전 석조 나한상 등이 있다.

옥련선원 玉連禪院

부산광역시 수영구 민락동 327-2 백산에 있는 옥련선원에는 문화재자료 제7호 마애지장보살좌상이 삼성각(三聖閣) 뒷산 관덕암(觀

德嚴)이라는 바위군이 있다. 이 바위군에서 벼락 때문에 떨어져 나온 바위 면에 보살좌상 1구가 새겨져 있는데 아래위가 거꾸로 되어 있다. 조선 후기 17~18세기에 조성된 것으로 추정된다.

장안사 長安寺

부산광역시 기장군 장안읍 장안리 598 불광산(佛光山) 도시자연공원에 위치한 장안사는 통일신라 문무왕 13년(673) 원효(元曉)대사가 척반암과 함께 창건하여 쌍계사(雙溪寺)라 했는데, 애장왕이 다녀간 후(809년) 장안사(長安寺)라 고쳤다 한다. 조선 효종 5년(1654)에 새로 지었으나 임진왜란 때(1592년) 병화로 모두 소실되었다가 인조 8년(1631)에 의월대사가 다시 중창하였고, 인조 16년(1638)에 태의(泰義)가 중건했으며, 효종 5년(1654)에는 원종(元宗), 학능(學能), 충묵(沖默)이 법당을 건립했고, 1948년에 각현(覺玄) 스님이 중수하였다. 1987년에 종각을 새로 세우고 요사를 중창하였다. 중심 건물인 대웅전을 비롯하여 명부전(冥府殿), 응진전(應眞殿), 산신각(山神閣), 선실(禪室), 부목방(負木房), 요사채 등이 있다. 문화재로 유형문화재 제85호 응진전 석조석가삼존십육나한상, 제86호 명부전 석조지장시왕상, 제87호 대웅전 석가영산회상도, 제88호 응진전 석가영산회상도, 제89호 명부전지장보살도, 기념물 제37호 대웅전(大雄殿)이 있다.

척판암 擲板庵

부산광역시 기장군 장안읍 장안리 산53−1. 척판암은 신라 문무왕 13년(673)에 원효(元曉)대사가 창건하였다. 척판암에서 원효대사가 선정 중에 혜안으로 살펴보니 당나라 종남산 태화사의 천명대중이 장마로 인한 산사태로 매몰될 것을 알고 신라의 원효가 판자를 던져 대중을 구한다고 쓴 현판을 불가사의 한 신통력으로 태화사에 날려 보냈다. 그곳 대중들이 공중에 떠 있는 현판을 보고 신기하게 여겨 법당에서 뛰쳐나와 보는 순간 절 뒷산이 무너져 큰 절이 매몰되었다. 이 인연으로 목숨을 구한 1천 명의 중국 스님들이 신라 척판암으로 와 원효스님의 제자가 되었다. 원효는 그들의 머물 곳을 찾아 내원사 부근에 이르자 산신이 마중 나와 현재의 산신각 자리에 이르러 자취를 감추었다 한다. 이에 원효 스님은 대둔사를 창건하고 상, 중, 하 내원암을 비롯, 89개의 암자를 세워 1천 명을 거주시켰다. 그리고 천성산 상봉에서 『화엄경』을 강론하여 1천 명의 승려를 득도케 하였다. 이때 화엄경을 설한 자리에는 화엄벌이라는 이름이 생겼고 중내원암에는 큰 북을 달아놓고 산내의 모든 암자가 다 듣고 모이게 했으므로 집봉봉이라는 이름이 생겼으며 1천 명이 모두 성인이 되었다 하여 산 이름을 천성산이라 하였다고 한다. 문화재자료 제41호 석조여래좌상이 있는데, 근래에 개금(改金) 불사를 하여 보존 상태는 매우 양호하다.

안적사 安寂寺

부산광역시 기장군 기장읍 내리 692. 안적사는 신라 문무왕 13년 (673)에 원효(元曉)대사가 창건하였다고 전한다. 현재 대웅전과 삼성각, 보림원 등의 건물이 있으며 문화재자료 제29호 지장시왕도, 제30호 아미타극락회상도 등이 있다.

동축사 東竺寺

울산광역시시 동구 동부동 565. 동축사는 『삼국유사』의 황룡사 장
륙조에 의하면, 인도의 아육왕이 인연 있는 국가에서 장륙존불이 이
루어지기를 기원하여 황철 5만 7천 근과 황금 3만 분을 배에 실어
띄울 때 함께 보냈다는 1불과 2보살의 상을 모시기 위하여 신라 진
흥왕 34년(573)에 처음 건립하였다고 전해진다. 그 후 경순왕 8년
(934), 고려 정종 때, 조선 세조 3년(1457), 1931년, 1975년에 고쳐
지어 오늘에 이르고 있다. 유형문화재 제11호 삼층석탑은 대웅전 앞
에 있던 것을 1977년에 옮겼다가 2005년 다시 대웅전 앞으로 이전
복원하였다.

신흥사 新興寺

울산광역시 북구 대안동 739. 신흥사는 신라 선덕여왕 4년(635)에
명랑조사가 창건하였다고 전한다. 선조 25년(1592) 임진왜란 당시
울산 지역 승병활동의 거점이 되었고 울산 지역에서 승군 동원기록
이 있는 유일한 사찰로서 임진왜란 때 소실된 것을 인조 24년(1646)
병마절도사 이급이 중창하여 신흥사라 하였으며, 효종 5년(1654) 중
창, 영조 28년(1752)에 중건하였다. 1991년에 복원되기 시작하여 오
늘에 이른다. 울산광역시 문화재자료 제9호 구대웅전은 1998년 새로
운 대웅전을 신축함에 따라 이전하였고 현재 응진전이 되었다.

태화사지 太和寺址

울산광역시 중구 학성동 67. 태화사는 신라 선덕여왕 12년(643)에 자장율사가 창건한 사찰로, 고려 말 왜구의 침입이 극심하던 시기에 없어졌을 것으로 추정되고 있다. 남아 있는 유물로는 보물 제441호 12지상 부도가 있는데 원래 태화사 터에 묻혀 있던 것을 1962년에 발굴하여 부산시청으로 옮겼다가, 다시 울산의 학성공원으로 옮겨와 보존하고 있다. 종 모양의 부도로는 가장 오래된 것으로 추정되며 조각수법으로 보아 통일신라 후기인 9세기경에 만들어진 것으로 추정된다.

망해사지 望海寺址

울산 울주군 청량면 율리 산16. 『삼국유사』에 망해사 창건에 관한 이야기가 기록되어 있다. 제49대 헌강대왕(憲康大王) 때에는 서울로부터 지방에 이르기까지 집과 담이 연하고 초가(草家)는 하나도 없었다. 음악과 노래가 길에 끊이지 않았고, 바람과 비는 사철 순조로웠다. 어느 날 대왕(大王)이 개운포(開雲浦, 학성鶴城 서남쪽에 있으니 지금의 울주蔚州이다)에서 놀다가 돌아가려고 낮에 물가에서 쉬고 있는데 갑자기 구름과 안개가 자욱해서 길을 잃었다. 왕이 괴상히 여겨 좌우 신하들에게 물으니 일관(日官)이 아뢴다. "이것은 동해(東海) 용(龍)의 조화이오니 마땅히 좋은 일을 해서 풀어야 할 것입니다." 이에 왕은 일을 맡은 관원에게 명하여 용을 위하여 근처에 절을 짓게 했다. 왕의 명령이 내리자 구름과 안개가 걷혔으므로 그곳을 개운포라 했다. 동해의 용은 기뻐해서 아들 일곱을 거느리고 왕의 앞에 나타나 덕(德)을 찬양하여 춤을 추고 음악을 연주했다. 그

중의 한 아들이 왕을 따라 서울로 들어가서 왕의 정사를 도우니 그의 이름을 처용(處容)이라 했다. 왕은 아름다운 여자로 처용의 아내를 삼아 머물러 있도록 하고, 또 급간(級干)이라는 관직(官職)까지 주었다. 처용의 아내가 무척 아름다웠기 때문에 역신(疫神)이 흠모해서 사람으로 변하여 밤에 그 집에 가서 남몰래 동침했다. 처용이 밖에서 자기 집에 돌아와 두 사람이 누워 있는 것을 보자 이에 노래를 부르고 춤을 추면서 물러 나왔다. 그때 역신이 본래의 모양을 나타내어 처용의 앞에 꿇어앉아 말했다. "내가 공의 아내를 사모하여 이제 잘못을 저질렀으나 공은 노여워하지 않으니 감동하여 아름답게 여기는 바입니다. 맹세코 이제부터는 공의 모양을 그린 것만 보아도 그 문 안에 들어가지 않겠습니다." 이 일로 인해서 나라 사람들은 처용의 형상을 문에 그려 붙여서 사귀(邪鬼)를 물리치고 경사스러운 일을 맞아들이게 되었다. 왕은 서울로 돌아오자 이내 영취산(靈鷲山) 동쪽 기슭의 경치 좋은 곳을 가려서 절을 세우고 이름을 망해사(望海寺)라 했다. 또는 이 절을 신방사(新房寺)라 했으니 이것은 용을 위해서 세운 것이다. 보물 제173호 석조부도는 망해사의 법당 북쪽에 동·서로 자리하고 있는데, 동쪽 부도는 파손되어 있던 것을 1960년 11월에 복원한 바 있다. 서로 규모와 양식이 같으며, 각 부분이 8각으로 이루어져 있다. 한편 일부 학자는 승탑이 아니라 불탑일 가능성이 제기한 바 있다.

영축사지 靈鷲寺址

울산광역시 울주군 청량면 율리 822외 1필지. 영축사는 통일신라시대에 세워진 것으로 추측되며 『삼국유사』에 의하면 신라 31대 신문왕 3년(683)에 매에 쫓기던 꿩이 관청 근처의 우물에서 새끼를 감싸고 있었는데, 재상 충원공이 이를 보고 왕에게 알려 지어졌다고 한다. 현재 두 개의 파괴된 석탑만 남아 있을 뿐 절의 흔적은 찾을 수 없다. 탑은 모두 3층이며 동쪽 탑에는 사리장치를 넣는 사리구멍이 있다. 바닥돌과 지붕돌의 규모와 조각수법으로 보아 8세기 중기의 전형적인 석탑 양식을 보이고 있다. 주변에는 또 귀부(龜趺)가 있는데 파손이 매우 심하여 형체를 알기 어려우나 발가락은 선명히 남아 있다. 현재 이곳은 울산광역시 기념물 제24호로 지정되어 있다.

석남사 石南寺

울산광역시 울주군 상북면 덕현리 산232-2. 석남사는 비구니의 수련도량으로 유명하며 헌덕왕 16년(824)에 도의국사(道義國師)가 창건한 절이다. 1592년 임진왜란을 겪은 뒤 현종 13년(1674) 언양현감(彦陽縣監) 시주로, 탁령(卓靈)·자운(慈雲) 등의 선사들이 중건하였고, 순조 3년(1803)에 침허(枕虛)·수일(守一)선사가 중수하였다. 6·25전쟁으로 폐허가 되었다가 1959년에 복원되어 오늘에 이르고 있다. 보물 제369호 부도는 석남사 동북쪽 언덕의 넓은 대지에 자리잡고 있으며, 일찍부터 석남사를 세운 도의국사의 사리탑으로 불려왔다. 전체적으로 8각의 형태를 취하고 있으며, 8각의 바닥돌 위에 기단부(基壇部)와 탑신(塔身)을 놓은 모습이다. 울산광역시 유형문화재 제5호 삼층석탑은 도의국사가 세웠다고 전하며 통일신라 후기의 탑으로 추정된다. 문화재자료 제4호 석남사 수조는 현재도 사용되나 일반인들에게는 공개가 잘 되지 않으며 규모가 매우 큰 편에 속하며 조선시대 것이다.

간월사지 澗月寺址

울산광역시 울주군 상북면 등억리 512-1. 간월사는 신라 진덕여왕(647~654) 때 자장(慈藏) 율사가 창건하여 법맥을 이어 오다가 1592년 임진왜란 때 없어졌다고 한다. 그 후 조선 인조 12년(1634)에 다시 지었다고 하는데 그 후의 내력은 알 수 없다. 현재는 금당지 등의 건물터와 축대 등이 남아 있고, 석조여래좌상(보물 제370호)과 2기의 석탑이 남아 있는데, 이들은 통일신라 후기에 조성된 것으로 보인다. 1984년 동아대학교 박물관에서 발굴조사하였고 석탑은 복원하였다.

청송사지 青松寺址

울산광역시 울주군 청량면 율리 1202, 1203-1. 청송사는 신라 때 창건된 것으로 추정된다. 이후 조선 중기에 폐사가 된 것으로 보인다.

보물 제382호 삼층석탑은 9세기 이후에 조성된 것으로 추정되며 1962년 해체, 수리할 당시 위층 기단에서 동제사리함이 발견되었다. 그 안에서 청동여래입상 1구를 비롯하여 유리구슬 16점, 수정으로 만든 곱은옥 1점, 관옥 1점 등 30여 점이 발견되었다. 유형문화재 제3호 부도(浮屠)는 청송사터에서 300m 정도 떨어진 곳에 남아 있으며, 모두 3기에 이른다. 3기 중 1기의 탑에는 탑신에 서응당진흡대사(瑞應堂眞洽大師)라는 글씨가 적혀 있다. 꼭대기에는 꽃봉오리 모양의 머리장식이 큼직하게 돌출되어 있다. 조선시대 것으로 보인다.

운흥사지 雲興寺址

울산광역시 울주군 웅촌면 고연리 산218. 운흥사는 신라 진평왕 때 원효대사가 처음 세웠다고 전한다. 사명대사도 이곳에서 활동한 적이 있다고 한다. 이 절이 가장 번성하였을 때에는 대웅전, 장경각 등의 건물과 50여 개의 암자를 거느린 큰 절이었으나, 200여 년 뒤 없어졌다고 한다. 울산광역시 유형문화재 제4호 부도(浮屠)는 모두 7기의 부도가 있는데, 현재 문화재로 지정된 것은 금당터에서 가장 가까이에 있는 2기의 부도이다. 조선시대 부도로 지금은 인근 관음사(觀音寺)로 옮겨 보존 관리하고 있다. 주변에는 석조물 등 많은 유적이 있었으나 현재는 대부분 파괴되었다.

문수사 文殊寺

울산광역시 울주군 청량면 율리 산342. 문수사는 신라 선덕여왕 15년 (646) 자장(慈藏)율사가 창건하였다. 일설에는 신라 원성왕 때 연희국사가 창건했다고도 한다. 범어사의 말사인 문수암으로 전락했다가 1989년 중건하면서 다시 문수사로 불리고 있다. 문수라는 이름을 갖게 된 것은 이 산에서 문수보살의 응현이 있었기 때문이다. 응현(應現)이란 부처나 보살이 미혹한 중생을 구하기 위하여 여러 가지 형태로 변신하여 사람들 속에 나타나는 것을 말하는데, 그 증거를 『삼국유사』 권8 연회도명 문수점조에서 찾을 수 있다.

울산광역시 유형문화재 제15호 석조아미타여래좌상은 조선 후기에 만든 불상으로 재료는 옥돌이다. 불상에서 나온 복장(腹藏) 유물에는 조성 기록이 남아 있는데 이 기록으로 보아 당시 유명한 화사(畵師)였던 지연(指演) 스님이 정조 11년(1787) 세상을 떠난 부모와 스승의 극락왕생을 위하여 조성하여 봉안하였음을 알 수 있다. 유형문화재 제16호 탱화와 함께 현재는 통도사 성보박물관에 보관하고 있다. 미륵전 앞에는 고려시대로 보이는 미륵불과 대웅전과 극락전 사이에 삼층석탑이 남아 있다. 나한기도도량으로 유명한 곳이다.

인성암 引聖庵

울산광역시 울주군 서생면 서생리 687. 인성암에는 현재 울산광역시 유형문화재 제17호 신중도(神衆圖)와 울산광역시 문화재자료 제18호 석조 보살좌상이 있다.

내원암 內院寺

울산광역시 울주군 완양읍 운화리 1321 대운산에 위치한 내원암은 신라 중기에 대원사(大原寺)의 부속암자로 고봉선사(高峰禪師)가 창건하였다고 전해진다. 지장전에는 조선시대 것으로 추정되는 금동석가여래좌상이 모셔져 있다. 천도교 의암 손병희 선생이 이곳에서 수행하였다고 한다.

백양사 白楊寺

울산광역시 중구 성안동 819 함월산(含月山)에 있는 백양사는 경순왕 6년(932)에 고승 백양선사가 신라의 호국염원과 울산의 태평을 비는 원찰로 창건하였다. 그 뒤 숙종 4년(1678)에 연정선사 영조 29년(1793)에 설인선사가 중건하였고, 1922년에 비구니 보현(普賢)이

다시 중건하여 오늘에 이르렀다. 1929년에 근현대의 고승인 경봉(鏡峰)이 사찰의 주지를 지냈고 1980년에 눌암 스님이 주지를 지냈다. 현재 건물로는 대웅전, 명부전, 칠성각, 산신각, 응향각, 감로원, 범종각 등이 있다.

대웅전에는 금동 삼존불좌상이 모셔져 있는데 조선시대 후기 것으로 추정된다. 석조 부도 2기도 있는데, 사찰의 서쪽 소나무 숲에 있는 부도는 백양선사의 사리를 봉안한 고려 초기의 부도이고, 동쪽에 있는 것은 조선 숙종 때의 고승 연부선사의 부도라고 전해진다.

경상남도

경상남도

의림사義林寺

경남 마산시 진북면 인곡리 439 여항산(餘航山)에 있는 의림사는 신라 신문왕 8년(688)에 위웅(爲雄)이 창건하여 봉덕사(奉德寺)라 했다. 일설에는 고려 때 보조국사 지눌이 창건했다고도 전한다. 이후 조선 초기까지는 큰 규모의 절이었으나 조선 선조 25년(1592) 임진 왜란 때 전소된 뒤 중창과 함께 이름을 의림사로 고쳐 부르게 되었는데, 이는 임진왜란 때 소실된 절터에 의병들이 숲[林]처럼 모여들었다고 하여 붙여진 이름이다. 그 뒤 수차례의 중수를 거쳐 내려오다가 1950년 6·25전쟁 때 다시 전소되었다. 현존하는 건물로 대웅전, 산신각, 승당, 요사채 등이 있다. 문화재로는 삼층석탑과 부도 3기가 있다. 삼층석탑(경상남도 유형문화재 제72호)은 이중 기단 위에 세워진 것으로 상륜부(相輪部)는 본래의 것이 아닌 자연석을 올려놓았으며, 지붕돌은 밑면에 5단씩의 받침을 두었다. 통일신라시대의 작품으로 처음에는 스님들이 기거하는 요사채 앞에 있었으나 1974년 대웅전 앞으로 옮겨 세워 일부 보수한 것이다. 또 부도는 조선시대의 작품으로 석종형(石鐘形)과 원통형 옥개(屋蓋)를 갖추고 있으며, 가운데 부도에 판독하기 어려운 각자가 있다. 대웅전 앞뜰에는 경상남도 기념물 제77호 모과나무가 있는데 수령이 250살이다. 입구에는 조선시대 것으로 추정되는 괘불대가 남아 있다.

광산사 匡山寺

경남 마산시 내서읍 신감리 474번지 광려산(匡廬山)에 있는 사찰로 신라 선덕여왕 때 의상대사가 창건하였다고 전한다. 일설에는 문무왕 5년(665) 원효대사와 중국의 은신 스님이 함께 창건했다고도 전한다.

구한말 장지연(張志淵)이 지은 광산사 중수상량문(匡山寺 重修上樑文)에는 한때 원효가 머물렀다고 한다. 영조 18년(1742)에 빙연(氷演)이 중수하였으며, 순조 5년(1805)에 당우를 새로 지었다. 1950년 6·25전쟁 때 불에 탄 것을 뒤에 중창하여 오늘에 이른다. 현존하는 건물로는 대웅전과 요사채 2동이 있다. 경상남도 유형문화재 제440호 목조 보살좌상은 대웅전 중앙 불단 위에 모셔진 아미타 삼존불상으로 지정된 불상은 향좌측 대세지보살상이다. 광산사로 오르는 길목에는 2기의 조선시대 부도가 있다.

▶▶ 진주시

청곡사 靑谷寺

경남 진주시 금산면 갈전리 18 월아산 기슭에 위치한 청곡사는 통일신라 경문왕 13년(873)에 도선국사가 지은 절이다. 일설에는 헌강왕 5년(879)에 도선(道詵)이 창건하였다고도 한다. 임진왜란(1592) 때 완전히 불타 없어졌던 것을 조선 광해군 4년(1612)에 포우대사가 다시 지어 오늘에 이르고 있다. 현존 건물로는 대웅전·산신각·요사채 등이 있다. 국보 제302호 영산회괘불탱(掛佛幀)은 조선 경종 2년(1722)에 승려화가인 의겸(義謙) 등이 참여하여 제작된 것이다. 현재 통도사성보박물관에 보관되어 있다. 경상남도 유형문화재 제5호 삼층석탑, 제51호 대웅전(大雄殿)은 광해군(1608~1623) 때에 다시 지어졌다. 내부 봉안된 석가삼존불상은 광해군 7년(1615)에 만들어진 것으로 임진왜란 이후에 만들어진 것으로는 비교적 큰 불상에 속한다. 제261호 청곡사 괘불함(掛佛函), 제348호 금강역사상(金剛力士像), 제349호 영산회상도(靈山會上圖), 경상남도 문화재자료 제139호 업경전(業鏡殿)이 있다. 업경전에는 지장보살을 중심으로 10명의 명부시왕이 모셔져 있다.

금선암 金仙庵

경남 진주시 망경남동 산3. 현재 보물 제371호 단성 석조여래좌상이 모셔져 있는데 원래는 산청군 단성면 사원리의 절터에 묻혀 있던 것을 1957년에 옮긴 것이다. 대좌(臺座)와 광배(光背)를 모두 갖추고 있으나 무릎 부분을 비롯하여 많은 부분이 깨진 상태이다. 깨진 광배에는 연꽃무늬, 구름무늬, 공양 올리는 모습 등이 새겨져 있다. 8각의 대좌에는 보살상과 신장상, 큼직한 연꽃무늬 등이 조각되어 있다. 전체적인 조각수법으로 보아 통일신라 후기의 불상으로 추정된다.

삼선암 三仙庵

경남 진주시 상봉서동 820-3. 현재 경상남도 유형문화재 제55호 고려동종(銅鐘)이 있는데, 수곡면 사곡리 옛 절터에서 발견된 종으로, 고려 후기인 13~14세기경에 제작된 동종으로 추정된다.

응석사 凝石寺

경남 진주시 집현면 정평리 741. 응석사는 신라 진흥왕 15년(554) 때에 처음 세운 사찰이라고 전하며, 고려 말에 지공(指空), 나옹(懶翁), 무학(無學) 등이 머물렀다고 한다. 조선 시대에는 사명대사가 머물며 화엄도량으로 명성을 떨쳤다. 조선 영조 12년(1736)과 광무 3년(1899)에 중수하여 오늘에 이르고 있다. 현존하는 건물로는 경상남도 유형문화재 제141호 대웅전(大雄殿)을 비롯해 산신각, 요사채 등이 있다.

경상남도 유형문화재 제401호 대웅전 내에 모셔진 삼존불은 복장유물을 통해 조성연대가 인조 21년(숭정(崇禎) 16년(1643))임을 알 수 있는 조선 중기 불상이다. 삼존불은 삼세불상(현재 석가모니불, 미래 아미타불, 과거 약사여래불)이다.

용암사지 龍巖寺址

경남 진주시 이반성면 용암리 219. 현재 용안사지에는 부도와 지장보살상이 있다. 보물 제372호 부도(浮屠)는 원래는 용암사 터의 서북쪽에 있던 탑으로, 파손되었던 것을 1962년에 원래의 위치로 옮겨 복원하였다. 경상남도 유형문화재 제4호 석불은 지장보살상이다.

두방암 杜芳庵

경남 진주시 문산읍 상문리 325. 두방암은 신라 경문왕 때에 도선 국사가 창건했다고 전한다. 일설에는 신라 헌강왕 4년(878)에 도선국 사가 창건하였다고도 전한다. 선조 36년(1603) 계형대사가 중건하고 1946년에 청담대사가 개수하였고, 1962년에 청곡사 암자에서 말사로 등록하였다. 1963년에 청웅 스님이 대웅전을 건립하였고, 1970년에 법령 스님이 요사채를 보수하여 오늘에 이른다. 경상남도 유형문화재 제200호 다층석탑은 원래 법륜사(法輪寺)에 있던 것을 1592년 임진 왜란으로 절이 없어져 이곳으로 옮겨 놓은 것으로 청석탑(靑石塔)이 라 한다. 고려시대 전기에 세운 것으로 추정된다. 2003년 태풍 매미 이후 일부 보수하였다.

한산사 寒山寺

경남 진주시 수곡면 원내리 68. 한산사에는 현재 경상남도 유형문 화재 제236호 고산암 석조비로자나불 좌상이 보운전(寶雲殿)에 봉안 되어 있다. 대좌(臺座)는 상·중·하대로 구성되었으며 4각형의 하 대에는 연꽃무늬가, 중대에는 사천왕상이 새겨져 있다. 조각수법으로 보아 통일신라 9세기 말의 양식을 보여주는 작품이다.

성전암 聖殿庵

경남 진주시 이반성면 장안리 산31. 성전암은 신라 헌강왕 5년(879) 도선국사가 창건했다고 전한다. 도선은 우리나라를 풍수지리상으로 해석하여 백두산의 정기가 백두대간을 타고 내려오다 한강 이북인 삼각산에 한 지맥이 머물렀고 남강의 물을 끼고 있는 여항산에 와서 다른 한 지맥이 맺혔다고 보았다. 그리하여 도선은 이곳에 암자를 짓고 '성인이 살던 곳'이라는 뜻으로 '성전암'이라는 이름을 붙였다고 한다.

인조(1623~1649)가 능양군으로 있을 때 이곳으로 피신하여 국난 타개를 위해 백일기도를 올린 뒤 왕위에 올랐다고 전한다. 임금이 머물렀다고 하여 아랫마을을 지금까지 장안리라고 부르고 있으며, 이 절은 이것을 기리기 위해 인조대왕각을 세웠으며, 위패를 봉안하고 있고 오늘날까지도 제향을 올리고 있다. 대웅전에는 경상남도 유형문화재 제350호 목조여래좌상이 봉안되어 있다. 머리에 상투모양과 구슬이 표현되어 있고 입은 꼭 다문 모습이다. 옷자락은 양쪽 어깨에 걸쳐서 U 자 모양으로 흘러내리고 있다. 손모양은 아미타여래의 9가지 손모양중 하품하생인을 연출하였다. 불상의 기록에 따르면 조선 인조 22년(1644)에 조성되었다고 한다.

연화사 蓮華寺

경남 진주시 옥봉동 449-1. 연화사에는 경상남도 유형문화재 제462호 목조 아미타여래좌상이 대웅전에 봉안되어 있다. 지정된 것은 삼존불 중 중앙의 본존불로 조선 중기에 조성된 것이며 그 좌우의 협시보살상은 근래에 조성된 것이다. 이 본존불은 원래 고성군 운흥사에 있던 것을 이곳으로 옮겨 온 것이라 하며, 다른 복장물은 모두 사라지고 10여 종의 다라니경만이 발견되었다고 한다. 아미타구품인을 결하고 있는 수인은 오른손을 무릎 위에서 살짝 들어올린 위치까지 내려 손등을 위로 한 채 구부린 손가락 중 엄지와 중지를 맞대고 있고, 왼손은 손바닥을 위로 한 채 엄지와 중지를 맞대고 있다. 본래 고성 옥천사(玉泉寺)의 포교당이었으나 현재는 합천 해인사 진주 포교당이다.

관음사 觀音寺

경남 진주시 일반성면 창촌리 630. 관음사에는 삼층석탑이 있는데 원래 운천리에 소재하고 있었던 것을 관음사 내에 옮겨 복원한 것이다. 탑신 3매와 지붕돌 1매로 세워져 있던 것을 2000년에 현재의 모습으로 정비하여 다시 세웠는데 현재는 3층 지붕돌과 탑신석, 1층 탑신석 및 상층기단 갑석 일부만이 원래의 부재이다. 지붕돌은 전각 모서리에 풍경을 달았던 것으로 추정되는 구멍이 남아 있고, 층급받침은 3단이다. 1층 탑신석에는 부조상이 남아 있어 주목할 만한데 남쪽 면과 북쪽 면에는 각각 연꽃 위에 앉아 있는 보살상이 조각되어 있고 동쪽 면과 서쪽 면에는 문 형태를 조각하였다. 이들 부조상의 양식과 남아 있는 상층기단 갑석의 탑신 받침이 1단인 점 등으로 미루어 보아 고려시대 작품으로 추정된다.

의곡사 義谷寺

경남 진주시 상봉동 415 비봉산 자락에 있는 의곡사는 문무왕 5년(665) 2월 혜통조사(慧通祖師)가 창건하여 월명사(月明寺), 숭의사(崇義寺)라 불러 왔다. 애장왕 9년(808)때에 원측선사(圓測禪師)가, 또한 명종 24년(1194)에 월명선사(月明禪師)가 각각 중건하였고, 임진왜란 때 불타 버린 것을 병사 남이흥(南以興)이 광해군 10년(1618)

을 전후해서 주지 성간선사를 도와 중건하였다. 광무 2년(1898)에 석종(石宗)선사가 다시 중건하여 오늘에 이른다. 의곡사의 단풍은 진주 8경의 하나이다.

호국사 護國寺

경남 진주시 남성동 239. 호국사는 사적 118호 진주성 내에 있다. 고려 말기에 왜구를 막기 위해 진주성을 고쳐 쌓고, 승병(僧兵)을 양성하기 위해 성안 서장대와 창렬사 사이 골짜기에 세운 절이다. 원래 이름은 내성사(內城寺)였다. 일설에는 산성사(山城寺)였다고도 한다. 1592년 임진왜란 때는 승군의 근거지가 되었다. 제2차 진주성 싸움(1593)에서 성과 함께 운명을 같이한 승병들의 넋을 기리기 위하여 숙종이 호국사라는 이름으로 재건하였다고 전한다. 최근에 진주성을 쌓으면서 일주문(一柱門) 자리가 발견되어 새로 세웠으며, 사찰의 건물들은 모두 최근에 새로 만든 것이다. 현존 건물로는 대웅전, 명부전, 삼성각과 천왕문 서쪽에 수령 500년 된 느티나무(승병나무)가 있다.

▶▶ 창원시

불곡사 佛谷寺

경남 창원시 대방동 1036-1. 불곡사는 고려 태조 18년(935)에 진경국사(眞鏡國師)가 창건하였다고 전해진다. 1929년에 우담화상이 옛날 절터에 드러나 있던 비로자나불상(보물 제436호)을 파내어 비로전에 모시고 다시 세웠다. 절을 다시 세우기 전 불곡사 뒤쪽은 가음정과 대방동, 사파정동을 왕래하는 길이었는데, 이곳 길가에 불상과 무수한 기와조각이 흩어져 있어 이곳을 부처골이라고 하였다. 경상남도 유형문화재 제133호 일주문은 원래 창원객사의 문이었다고 하나 확실하지 않으며, 웅천향교에 있던 문을 1943년에 이곳으로 옮겼다고 한다.

보물 제436호 석조 비로자나불좌상은 귀는 짧고 목에는 삼도(三道)가 분명하게 표시되어 있다. 양어깨에 걸쳐 입은 옷은 불상 전체에 걸쳐 있고 옷주름은 다리까지 부드러운 곡선을 이루며 흐르고 있다. 대좌(臺座)는 8각형으로 연꽃무늬와 보살상 등이 조각되어 있다. 조각수법으로 보아 통일신라 후기 9세기 불상으로 추정된다.

성주사 聖住寺

경남 창원시 천선동 102. 성주사는 통일신라 흥덕왕 10년(835)에 무염(無染)국사가 세운 절이다. 당시 해안 지대에는 왜구의 침략이 잦아 왕이 몹시 고민하였는데, 지리산에 있던 무염이 이 산에 와서 신통력으로 신병(神兵)을 불러 물리쳤다고 한다. 이에 왕이 밭 360결(結)과 노비 100호(戶)를 내려 절을 창건하게 하고, 성인이 상주하는 곳이라는 뜻으로 성주사라 이름 지었다고 한다. 1592년 임진왜란 때 불에 탄 것을, 선조 37년(1604)에 진경(眞鏡)이 중건했다. 숙종 7년(1681)에 다시 짓고 순조 17년(1817)에 크게 수리하였다. 현존 건물로는 대웅전을 비롯하여 보타전, 명부전, 영산전, 설선당염화실, 불모당(佛母堂) 요사채 등이 있다. 성주사를 곰절이라고도 하는데 소실된 성주사를 재건하려 할 당시 하룻밤 사이에 곰이 목재를 옮겨 놓았다는 전설에서 유래되었다고 한다. 경상남도 유형문화재 제134호 대웅전과 유형문화재 제25호 고려시대 삼층석탑, 유형문화재 제335호 관음보살입상이 있다. 관음보살입상은 성주사 입구에 용화전 안에 모셔져 있으며, 고려시대에 만든 것으로 추정된다. 유형문화재 제336호 감로왕탱은 조선 영조 5년(1729) 당시 화원이었던 비구 인행 등이 그린 것이다.

문화재자료 제267호 동종(銅鐘)은 정조 7년(1783)에 제작된 것으로 음통은 없으며, 종을 매다는 고리는 2마리의 용으로 되어 있다. 몸체 가운데에 4개의 유곽이 독립적으로 배치되어 있고, 유곽 사이의 빈 공간에는 보살상이 새겨져 있다. 영조 49년(1773)에 세운 원혜(園慧)의 부도와 정조 5년(1781)에 세운 경세(慶世)의 부도 4기가 있다.

우곡사 牛谷寺

경남 창원시 동읍 단계리 7 전단산에 있는 우곡사는 인근의 성주사(聖住寺)·성흥사(聖興寺)와 함께 무염(無染) 스님이 흥덕왕 7년(832)에 창건한 고찰로 알려져 있다. 경내를 들어서는 초입에는 벼락 맞은 은행나무 한 그루가 서 있다. 이 절은 피부병에 약효가 있다는 약수가 유명하여 많은 사람들이 찾는다고 한다. 대웅전에는 지장탱 앞에 석조로 된 보살좌상 1기가 있는데, 양식적인 특징으로 볼 때 17~18세기에 조성된 것으로 보이며 원래 삼존상으로 봉안되었을 것이나, 본존불과 또 하나의 보살상은 유실된 것으로 여겨진다.

봉림사지 鳳林寺址

경남 창원시 봉림동 165일대 봉림사지는 봉림산 중턱에 있는 주머니 모양의 분지에 있다. 통일신라 진성여왕 7년(894)에 심희(854~923)가 지었고, 구산선문(九山禪門)의 하나로 번창하였으나, 1592년 임진왜란 때 없어진 것으로 추측되고 있다. 이곳에는 건물터, 연못, 탑의 흔적이 남아 있다. 또한 국립중앙박물관 내에 있는 진경대사 보월능공탑(보물 제362호)과 탑비(보물 제363호)는 물론 상북 초등학교 내의 삼층석탑(유형문화재 제26호)이 여기에서 반출된 것으로 알려져 있다.

▶▶ 진해시

성흥사 聖興寺

경남 진해시 대장동 5. 성흥사는 신라 흥덕왕 8년(833)에 무염국사가 세운 절이다. 흥덕왕 초년에 무염국사가 웅동 지방에 침입한 왜구를 물리친 기념으로 왕이 무염에게 재물과 전답을 시주하여 구천동에 터를 골라 이 사찰을 지었다고 한다. 세울 당시에는 500여 명이 머물렀던 대사찰이었으나, 고려 예종 4년(1109) 무렵 화재로 소실된 뒤 대장동으로 옮겨 지었다. 조선 현종 9년(1668)에 또다시 화재를 입어 구천동으로 옮겼다가 정조 13년(1789)에 현재의 위치에 세웠다.

창건에 관해서는 다음과 같은 설화가 전한다. 흥덕왕 1년(826) 이 지방에는 왜구의 피해가 극심하여 왕이 몹시 근심하였는데, 어느 날 왕의 꿈에 백수노인이 나타나 지리산에 있는 도승(道僧)을 불러 왜구를 평정하게 하라고 당부했다. 왕은 곧 사신을 보내 도승을 모셔 오게 해 간절히 부탁했다. 도승이 팔판산 위로 올라가 한 손에 지팡이를 잡고 다른 한 손으로 자신의 배를 몇 번 두드리니 뇌성벽력이 천지에 진동하므로 왜구들은 신라 군사들의 함성으로 착각하고 달아났다. 그 도승이 곧 무염이었으며, 왕은 무염에게 재물과 전답을 시주하여 절을 창건하게 했다고 한다. 경상남도 유형문화재 제152호 대웅전은 조선 후기의 건물이나 많이 수리되었다. 절 옆에는 수령이 600년 된 느티나무가 있다.

정암사 淨岩寺

경남 진해시 경화동 3가 920. 현재 경상남도 유형문화재 제434호 아미타후불탱 및 초본은 주지실에 보관되어 있는 아미타 극락회상도이다. 경상남도 유형문화재 제435호 신중탱 및 초본도 있다.

▶▶ 김해시

은하사 銀河寺

경남 김해시 삼방동 882. 은하사는 당초에는 서림사가 있었으나

가락국 수로왕 때 장유(長遊) 화상이 중건하고 은하사라 하였다고 전하며, 1592년 임진왜란 때 절 건물 전부가 불에 타 소실되어 그 후에 재건하였다 한다. 구전에는 지금부터 약 380년 전에 세웠다고 하지만 확실치 않으며 대웅전(경상남도 유형문화재 제238호)은 조선시대 후기 건물이다. 전하는 설에 따르면 신어산 서쪽에 인도불교가 들어온 것을 기념하여 이 절을 지었으며, 동쪽에 동림사(東林寺)를 지어 구야국의 번영을 기원했다고 한다. 경상남도 유형문화재 제402호 대웅전 벽화가 유명하다.

장유사 長游寺

경남 김해시 장유면 대청리 산68-1. 장유사는 장유화상(허보옥)이 창건하였다고 전하며, 1592년 임진왜란 때 불에 타 많은 건물들이 소실되었다. 이후 1994년 대웅전을 짓고 오늘에 이른다. 경상남도 문화재자료 제31호 장유화상(長游和尙) 사리탑은 가락국 수로왕의 처남인 장유화상(허보옥)의 사리를 봉안하고 있다. 가락국 제8대 질지왕(451~492) 재위 중 장유암 재건 당시 세워진 것으로 전하고 있다. 제작 수법으로 보아 고려 말 조선 초의 작품으로 보인다.

흥덕사 興德寺

경남 김해시 한림읍 신천리 471-2-1. 흥덕사에는 경상남도 문화재자료 제262호 신천망월석탑(新泉望月石塔)이 있다. 원래 망천 부락의 남쪽 탑골에 암자터에 있던 것을 1982년 흥덕사를 세워 석탑을 경내에 옮겨 두고 있다. 허왕후의 고향을 기리기 위해서 망월석탑을 만들었다고 전해지고 있으나 고려 후기의 것으로 추측된다.

선지사 仙地寺

경남 김해시 주촌면 선지리 501. 선지사에는 경상남도 문화재자료 제330호 목조 아미타여래좌상 및 복장물이 있는데, 불상은 보존 상태가 양호하며 복장 유물을 통해 볼 때, 만력33년(1605)에 조상된 것으로 확인되었다. 복장유물은 범자기원문 2매, 조성기 1매, 경문 1매가 있다. 조성기는 한지 3매를 각각 연결하여 1매로 만들고 그 위에 해서체로 조성연대와 시주자, 화원 등에 기록이 있다.

▶▶ 밀양시

표충사 表忠寺

경남 밀양시 단장면 구천리 산31-2. 표충사는 신라 무열왕 원년(654) 원효(元曉)대사가 터를 잡아 세운 죽림사(竹林寺)이다. 흥덕왕 4년(829) 셋째 왕자가 몹쓸 병을 얻어 전국의 명산과 명의를 찾던 중 이곳의 약수를 먹고 병이 낫게 되자 탑을 세우고 약수 이름을 영정약수라 불렀다고 한다. 이때부터 절 이름을 재약산 영정사라 부르고 절을 크게 부흥시켰다. 신라 때는 보우국사가, 고려시대 때는 해린국사가 이곳에 머물렀다고 하며 그 뒤 폐사가 되었는데, 조선 헌종 5년(1839)에 영축산 백하암에 있던 사명대사의 사당을 이곳에 옮기면서 표충사라 하였는데, 이 사당을 절에서 관리하면서 사(祠)자가 사(寺)로 바뀌었다. 그 뒤 인조 14년(1636)에 병자호란이 일어나 승려들이 흩어지고 폐허가 되었는데, 숙종 40년(1714)에 밀양군수 김창석(金昌錫)이 조정에 계(啓)를 올려 제수(祭需)를 내릴 것을 청했다. 그리하여 사당을 다시 세워 유정과 그의 스승인 청허 휴정(淸虛 休靜), 임진왜란 때 금산(錦山) 싸움에서 전사한 기허 영규(騎虛 靈圭)의 영정을 모셨다. 1926년에 응진전(應眞殿)을 제외한 모든 건물이 화재로 소실된 것을 재건하였다. 지정 문화재로는 국보 제75호 청동함 은향완(銅含銀), 보물 제467호 삼층석탑, 경상남도 유형문화재 제14호 석등, 제15호 표충비(表忠碑), 제131호 대광전(大光殿), 제268호 영정 및 탱화, 유품 전시관에는 선조 38년(1604) 일본에 갔다 오면서 선물로 받은, 대형 목탁과 북을 포함하여 200여 점의 전시물이 있는데, 대부분 사명대사가 사용하던 유품(경상남도 유형문화제 제293호)이다. 유형문화재 제457호 목조 삼존여래좌상, 제458호 석조 석가여래좌상, 제459호 목조 지장상 및 석조시왕상, 제460호 목조관음보살좌상, 제461호 석조 지장보살반가상, 제466호 아미타 삼존탱, 제467호 아미타 구품탱, 경상남도 문화재자료 제141호 팔상전, 제142호 만일루(萬日樓), 제143호 명부전(冥府殿) 등 많은 문화재들이 있다.

무봉사 舞鳳寺

경남 밀양시 내일동 37. 무봉사는 영남루와 인접해 있으며 신라 혜공왕 9년(733)에 법조가 영남사의 부속암자로 창건하였다고 전해진다. 대웅전에 모셔진 보물 제493호 석조여래좌상은 어깨는 넓고 둥근 편으로 가슴이 다소 움츠러들어 보인다. 양어깨에 걸쳐 입은 옷은 너무 두꺼워서 옷주름과 신체의 굴곡을 나타내지 못하고 있다. 광배(光背)는 2줄의 볼록한 선으로 두광과 신광을 구분하고, 그 안에 넝쿨무늬와 연꽃무늬를 새겨 넣었다. 바깥 부분에는 화염문을 묘사하고 있다. 광배의 뒷면에는 연꽃무늬 대좌(臺座) 위에 앉아 있는 약사여래를 조각하였다. 광배 뒷면에 불상이 새겨진 매우 드문 불상이다.

천황사 天皇寺

경남 밀양시 산내면 남명리 산95-6 천황산 얼음골에 자리 잡은 천황사에는 보물 제1213호 석불좌상이 모셔져 있다. 현재는 비로자나불이나 예전에는 석가모니불로 추정된다. 대좌는 독특한 사자좌(獅子座)인데, 상대·중대·하대의 3부분으로 구성되어 있다. 하대에는 복판연화문 위에 11마리의 사자를 환조로 새기고 있는데 정면에는 향로와 같은 공양구를 끼웠을 것으로 보이는 구멍받침이 있다. 조각수법으로 보아 8세기 후반에서 9세기 초의 작품으로 추정된다.

만어사 萬魚寺

경남 밀양시 삼랑진읍 용전리 4. 만어사는 수로왕 5년(46)에 창건되었다고 전한다. 신라시대에는 왕이 불공을 드리는 장소로서 이용되었다고 하며, 명종 10년(1180)에 중창되었고, 1879년에 중건되었다. 현재 대웅전·미륵전·삼성각·요사채·객사(客舍)가 있으며, 보물 제466호로 삼층석탑이 있다. 미륵전 밑에는 고기들이 변하여 돌이 되었다는 만어석(萬魚石)이 첩첩이 깔려 있는데, 두드릴 때마다 맑은 소리가 나기 때문에 종석(鐘石)이라고도 한다. 석탑의 뒤편에 건물터로 보이는 널찍한 대지가 있어 이곳이 본래의 법당터로 여겨진다. 미륵전에는 소원을 들어준다는 거대한 미륵돌이 있는데 용왕의 아들이 변해서 된 것이라고 전한다. 전해지는 이야기로 만어사의 옛 이름은 자시산이라 불리었다. 근처에 옥지(玉池)라는 연못이 있어 못된 독룡 한 마리가 살고 있었다. 독룡은 성질이 사악하여 농민들이 농사를 지으면 모두 뜯어 먹고 짓밟아서 농사를 망치게 만들었다. 때는 수로왕 시절이었다. 수로왕은 자시산에 큰 절을 창건하여 그 낙성식에 참석하러 자시산으로 행차를 하였다. 왕의 행차가 낙동강에 이르렀는데 수많은 새 떼가 날아와 지저귀는 것이었다. 왕이 저 새는 무슨 새인가 하고 좌우에 물으니, 좌우의 한 사람이 까치라는 새로서 자고로 길조라고 전해온다고 아뢰었다. 왕이 다시 그곳 지명을 물으니 그곳은 아직 이름이 없다는 대답이었다. 그래서 수로왕은 그곳을 까치두들(지금의 작원(鵲院))이라 부르도록 명을 내렸다. 수로왕의 행차는 다시 길을 재촉하여 마침내 자시산에 이르렀다. 이때 인근의 백성들이 몰려와서 왕에게 옥지에 사는 독룡의 폐단을 고하고 퇴치해 줄 것을 청하였다. 왕은 백성들의 간청을 부처님께 기원하였다. 부처님은 수로왕의 기원을 받아들여 옥지의 독룡을 불러 꾸짖었다. 독룡은 부처님의 꾸짖음에 자신은 본시 부처님의 제자 되는 것이 소원이었는데, 그 소원을 이루지 못하여 그동안 해코지를 하였다고 하고, 이제 부처님께서 제자로 받아 주신다면 다시는 백성들의 농사를 망치는 일이 없겠다고 하는 것이었다. 이에 부처님은 쾌히 독룡을 제자로 받아 주었다. 그런데 이러한 소문이 멀리 동해 용궁에까지 전해지게 되었다. 그곳 용왕의 아들 역시 이 소문을 듣게 되었는데 내가 못될 것이 없다 생각하고 수만 명의 물고기 부하들을 이끌고 이 자시산 부처님을 찾아와 제자 되기를 간청하였다. 그리하여 자시산에는 온갖 물고기들이 불공을 드리며 불도를 닦게 되었다. 이런 연유로 자시산은 만어산이라 이름하게 되었고, 수로왕이 창건했던 절은 만어사라 불리게 되었다.

천주사 天柱寺

경남 밀양시 청도면 소태리 1138. 주변에는 보물 제312호 소태리 오층석탑이 있다. 지붕돌은 처마끝이 위로 들린 정도가 경쾌하고 밑면에는 3단의 받침을 두었다. 네 귀퉁이에는 독특하게도 작은 연꽃무늬 조각이 있으며 그 가운데에는 장식을 달았던 큼직한 구멍이 있다.

1919년 탑 상륜부에서 고려 예종 4년(1109)이라 기록되어 있는 당 탑조성기가 발견된 바 있어 조성연대를 알 수 있는 탑이다.

영원사지 瑩源寺址

경남 밀양시 용활동 2-1. 현재 경상남도 유형문화재 제12호 보감국사부도(寶鑑國師浮屠), 제13호 보감국사묘응탑비(寶鑑國師妙應塔碑)가 있다. 각 부분이 흩어져 있던 것을, 1974년 11월 현재의 자리로 옮겨 세운 것이다. 주변에 석불(石佛)과 광배석(光背石)도 있다.

영천암 靈泉庵

경남 밀양시 교동 산17-1. 백운사는 고려 초 도선국사가 창건하고 보조국사 지눌이 중건했다고 한다. 규모가 작은 절로 현재는 영천암이다. 경상남도 유형문화재 제57호 범종(梵鐘)이 있는데 중국 원나라의 영향을 받아 철로 만들어진 종이다. 용뉴는 두 마리의 용이 서로 얽힌 모습으로, 안정감을 느끼게 한다. 1945년 광복 직후에 부산 영도(影島)의 한 고철야적장에서 이 절의 주지가 발견하여 구입한 것으로 일제에 의해서 전쟁물자로 징발당한 것으로 추정된다.

홍제사 弘濟寺

경남 밀양시 무안면 무안리 903-2. 주변에 경상남도 유형문화재 제15호 표충비가 있어 유명하다. 사명대사비라고 흔히 말하는 비는 네모난 받침돌 위로 비 몸을 세우고, 맨 위에 머릿돌을 얹은 구조로, 특이하게도 비 몸은 까만 대리석을 사용하였다. 비문에는 표충사(表忠寺)의 내력, 서산대사의 행적, 사명대사의 행적 등을 4면에 고루 새겨 놓아, 서산대사의 제자이기도 한 사명대사가 임진왜란 당시 스승의 뒤를 이어 의병을 일으켜 활약한 사실, 가토 기요마사와의 담판내용, 정유재란 이후 선조의 어명을 받들어 일본에 건너가 포로 3천여 명을 데리고 온 사실 등을 적고 있다. 조선 영조 18년(1742)에 세웠으며 국가의 큰 사건이 있을 때에는 땀방울이 맺혀 구슬땀처럼 흐르는 신비로운 현상을 보이고 있어 땀 흘리는 비석으로 불린다.

영산정사 靈山精舍

경남 밀양시 무안면 가례리 1003. 조계종 사찰로 탑의 형태로 지어진 7층 성보박물관이 있다. 박물관에 소장하고 있는 유물은 진신사리 100만 과와 10만 패엽경 그리고 2천여 점의 각국의 불상이 전시되어 있고, 높이 3.9m, 둘레가 8.5m, 무게 27톤인 우리나라 최대의 범종이 있다. 경상남도 유형문화재 제387호 석조여래좌상이 있다.

▶▶ 통영시

안정사 安精寺

경남 통영시 광도면 안정리 1888 벽발산 기슭에 위치한 안정사는 신라 무열왕 원년(654)에 원효대사가 처음 지었다고 한다. 1592년 임진왜란으로 불타 없어진 것을 조선 영조 27년(1751)에 다시 지었다.

경상남도 유형문화재 제80호 대웅전(大雄殿)은 단청으로 채색한 화려한 공포는 일반적인 다포계 후기의 경향을 잘 나타내고 있고 내부에는 고려 공민왕 7년(1358)에 조성한 삼존불이 모셔져 있다. 유형문화재 제282호 괘불(掛佛)은 영산회상도로서 인도의 영취산에서 석가가 법화경을 설법할 때의 모습을 담고 있고 조선 숙종 28년(1702)에 제작된 것이다. 그 후 고종 12년(1875)과 1934년 등 2차례에 걸쳐 수리했다는 기록이 있다. 유형문화재 제283호 범종(梵鐘)은 조선시대 종으로 전남 담양군의 추월산 용천사에서 만든 것인데, 임진왜란으로 폐허가 된 이후 이곳으로 옮겨진 것이다. 유형문화재 제284호 연 및 금송패(輦 禁松牌) 연이란 왕이 거동할 때 타고 다니던 가마로서 불교의식에 사용되기도 하였다. 문화재자료 제145호 만세루는 조선 숙종 12년(1686)에 처음 지었고 헌종 7년(1841)에 고쳐 지었다.

용화사 龍華寺

경남 통영시 봉평동 404. 용화사는 조선 광해군 8년(1616) 성화선사가 세운 절로 광해군 14년(1622) 폭풍우로 허물어진 것을 다시 세워 정수사(淨水寺), 천택사(天澤寺)로 불리기도 하였다. 그 뒤 인조 6년(1628) 다시 화재로 타버린 것을 행선선사가 자리를 옮겨 짓고 용화사로 이름을 바꾸어 오늘에 이르고 있다. 경상남도 유형문화재 제249호 보광전(普光殿)에는 아미타삼존불을 모시고 있으며 건물은 다포 양식이다. 유형문화재 제363호 금고(金鼓)는 옆면에는 시주자명과 건륭 49년에 제작되었다는 내용의 글이 새겨져 있어 정조 8년(1784)에 만들어진 것임을 알 수 있다. 유형문화재 제364호 목조지장시왕상은 조선말 고종 연간에 함양 영은사에서 옮겨 온 것이다. 유형문화재 제438호 석조관음보살좌상은 조성발원문에 의해 강희(康熙) 22년 계해(癸亥 1683년)에 제작되었고, 조각승은 전라도 지역에서 활동한 사례가 확인된 금어(金魚) 색난(色難) 비구와 그 제자들임을 알 수 있다.

경상남도 문화재자료 제296호 현왕도는 화면 하단의 오른쪽에 쓰인 기록에 의하면 진해(震海) 염학비구(念學比丘)가 은사와 선망부모를 위하여 조선 고종 12년(1875)에 조성했음을 알 수 있다. 경내에는 보광전을 비롯하여 명부전, 용화전, 요사채와 해월루라는 누각과 탐진당(探眞堂), 적묵당(寂默堂) 등이 있다.

약수암 藥水庵

경남 통영시 도천동 414-4. 약수암에는 경상남도 유형문화재 제465호 목조 아미타여래좌상이 무량수전 내 중앙 수미단의 향좌측에 봉안되어 있다. 사측에 의하면 약수암을 건립할 때 통도사에 있던 것을 이운해 왔다고 한다. 통견에 아미타 구품인을 결한 채 결가부좌하고 있는 모습이다. 1998년에 개금불사를 하였다고 하며, 17세기 후반에서 18세기 전반에 조성된 것으로 추정된다.

도솔암 兜率庵

경남 통영시 봉평동 404. 용화사의 산내 암자인 도솔암은 고려 태조 26년(943) 도솔선사(兜率禪師)가 지은 것이다. 근대 한국불교선종(禪宗)의 거봉인 효봉선사(曉峰禪師)가 6·25전란 때에 상좌 구산(九山)을 데리고 통영에 와 이 암자에 머물면서 통영 땅에 선종의 뿌리를 내렸고, 뒤에 미래사를 지어 옮기자 미래사가 한국불교선종의 산실이 되었다. 도솔암의 창건에 얽힌 전설이 있는데 다음과 같다.

도솔선사는 법호를 방장산인(方丈山人)이라 했는데 선사가 참선수도(參禪修道)할 때에는 날짐승과 길짐승들도 동화되어 함께 노닐었다.

암자 뒤 바위굴에 호랑이 한 마리가 있었는데 여러 해 동안 함께 살았다. 어느 날 호랑이가 밖에 와서 입을 벌리고 쪼그리고 앉아 눈물을 흘리므로 선사가 호랑이의 입 안을 들여다보니 목구멍에 비녀가 가로 꽂혀 있었다. 선사가 가엽게 여겨 뽑아 주었더니, 그 후 어느 날 호랑이가 처녀 하나를 업어 와서 선사 앞에 내려놓았다. "네 이놈, 전날 비녀 뽑아 준 은혜를 어찌 이처럼 괴이한 방법으로 갚으려 하느냐?" 하고 호랑이를 꾸짖은 후, 혼절한 처녀를 일깨워 물었다. "낭자는 어디 사는 누구인고?"

"소녀는 전라도 보성군 배이방(裵吏房)의 딸이옵니다."

선사는 처녀를 보성 땅 그녀의 집에 데려다 주었더니 그녀의 부모는 선사의 은혜를 감사하며 3백금을 보내주었다. 선사는 그 돈으로 암자를 지었다고 한다. 도솔암 위쪽에는 도솔선사가 호랑이와 함께 기거했다는 바위굴이 지금도 있다.

미륵불사 彌勒佛寺

경남 통영시 광도면 황리 1466. 현재 경상남도 문화재자료 제379호 석조보살좌상이 모셔져 있다. 머리가 없어진 것을 새로 만들었으나 상태이나 신체에 표현된 장신구나 법의(法衣) 처리 등 조각수법으로 보아 14～15세기 작품으로 추정된다.

▶▶ 거제시

신광사 新光寺

경남 거제시 사등면 오량리 산73－1. 경상남도 유형문화재 제48호 오량 석조여래좌상이 석굴 법당에 모셔져 있다. 1950년경에 오량리 절골의 석불암 앞산에서 발견된 불상이다. 1170년에 고려 의종이 거제도에 폐왕성(廢王成)을 쌓고 3년간 머물면서 만들었다고 전해진다. 손모양은 오른손을 무릎 위로 올리고 손가락이 아래로 향한 항마촉지인(降魔觸地印)으로 석가모니불이다. 조각수법으로 보아 고려시대 초기 불상으로 추정된다.

장흥사 長興寺

경남 거제시 아주동 1250. 현재 경상남도 유형문화재 제454호 지장보살시왕탱이 있다. 지장보살을 중심으로 시왕과 판관 등 인물이 자세라든지, 전체적인 구도가 짜임새 있게 이루어져 있다. 주색을 위주로 하여 녹색과 청색을 사용하였는데 자칫 화면이 어두워 보일 수도 있으나 금분으로 칠해진 홀, 금관, 장신구들이 화면에 고르게 분포되어 화면 전체가 화사한 시각적 효과를 나타낸다. 불화는 2단 구도로, 화면의 중앙 상단에 지장보살이 앉아 있으며, 지장의 두광 양편으로 공양물을 든 천동자와 천동녀, 판관, 나찰이 도설해 있다. 향좌측 하단에 마련된 화기에는 도광(道光) 2년(1822)에 의낭(義銀)이라는 금어(金魚)에 의해 제작된 것으로 기록되어 있다.

세진암 洗塵庵

경남 거제시 거제면 동상리 270-1, 2. 세진암은 1900년대에 조성된 사찰이다. 대웅전에는 경상남도 문화재자료 제325호 목조여래삼존불좌상이 모셔져 있다. 약 300년 전에 고성군 하이면의 옛 절터에서 옮겨 온 향나무 조립식 삼존불상이다. 불신(佛身) 내부의 복장품 중 발원문에는 "康熙四十二年癸未五月日華功安干臥龍山深寂菴"이라고 쓰여 있어 숙종 29년(1703)에 와룡산 심적암에서 제작되었음을 알 수 있다.

다솔사 多率寺

경남 사천시 곤명면 용산리 86 와룡산 기슭에 있는 다솔사는 신라 지증왕 4년(503)에 연기(緣起)조사가 처음 짓고 영악사(靈嶽寺)라 하였다. 선덕여왕 5년(636)에 자장율사가 절을 늘려 짓고 다솔사라고 부르다가 문무왕 16년(676) 의상(義湘)대사가 영봉사(靈鳳寺)라 하였다. 경문왕(861~875) 때 도선국사에 의해 다시 다솔사로 부르게 하였다. 충숙왕 13년(1326) 나옹(懶翁)이 중수한 뒤에도 조선시대 여러 번 고쳐 지었으며, 1592년 임진왜란으로 불타 없어진 것을 조선 숙종 6년(1680)에 다시 지었다. 영조 24년(1748)에 일부 다시 짓고, 1915년 다시 중수하였다. 1930년에 만해 한용운이 응진전을 중수하고, 1960년대에 일부 건물들을 중수하여 오늘에 이른다. 김동리(金東里)가 한동안 머물러 소설 『등신불』을 쓴 곳으로 유명하다. 현재 건물로는 적멸보궁, 극락전, 응진전, 안심료, 대양루, 요사 등이 있다. 대양루에는 추사 김정희의 필적으로 유천희애라는 편액이 있었으나 행방이 묘연하다.

경상남도 유형문화재 제39호 보안암 석굴(普安庵石窟), 제83호 대양루(大陽樓), 경상남도 문화재자료 제148호 극락전(極樂殿), 제149호 응진전(應眞殿) 등이 있다. 부도군도 있는데 도명(道明), 낙화(樂華), 성진(聖眞), 세진(洗塵), 풍운(風雲) 등 5인의 부도이다.

▶▶ 의령군

보천사지 寶泉寺址

경남 의령군 의령읍 하리 797-1. 보천사는 수암사(水巖寺)라고도 전해지고 있으며, 통일신라시대 경덕왕 때 창건되었던 사찰이다. 전해지는 바에 의하면, 이 절에 빈대가 많아 살기가 힘들자 승려들이 다른 절로 떠나게 되었고 곧바로 폐사되었다고 하는데, 조선 중기 이전에 이미 없어진 것으로 보인다. 현재 절터에는 보물 제373호 삼층석탑과 제472호로 부도가 남아 있다. 주변에는 용국사(龍國寺)라는 절이 있다.

백련암 白蓮庵

경남 의령군 가례면 개승리 792. 현재 경상남도 유형문화재 제416호 목조 보살좌상과 복장유물일괄이 지정되어 있다. 목조 보살좌상은 방형 얼굴과 중간이 갈라진 보계, 법의 주름표현과 군의의 부채꼴 표현 등에서 조선 후기 특징을 보이고 있다.

수도사 修道寺

경남 의령군 용덕면 이목리 636. 수도사는 신라 문무왕 2년(662)에 원효대사가 창건했다고 전하며, 1592년 임진왜란으로 불탄 것을 사명대사가 중창하였다고 한다. 현재 극락전과 칠성각, 산신각, 만세루, 부도 10기가 있다. 신덕산의 중턱에 있는 병풍처럼 둘러선 바위가 있어 사람들은 이 바위를 병풍바위라 하는데 당시 원효대사는 이곳에서 백여 명의 불제자와 함께 수도를 하였다고 하며 이 때문에 수도사로 부르게 된 것이라고 한다. 경상남도 유형문화재 제417호 석조 아미타여래삼존상과 복장유물일괄이 지정되어 있다. 석조여래삼존상은 우협시 지장보살상의 복장물에서 발견된 개분기를 통해 1786년 이전에 제작되었음을 알 수 있다. 특히 우협시 지장보살상의 경우, 착의와 지물 등을 통해 조선중기 17세기 이후 불상 제작이 지방화가 이루어지면서 나타나는 현상으로 볼 수 있다. 유형문화재 제418호 감로탱(甘露幀)은 2m 크기의 비단에 채색한 것으로, 화면에 칠여래(七如來)와 인로왕보살(引路王菩薩), 아귀, 지옥과 현실의 모습을 담은 인물군 등을 표현하고 있다. 화면 하단에 묵서로 기술된 화기에 의하면 건륭(乾隆) 51년(1786)에 제작되었고, 화사인 평삼(評三), 유성(惟性), 성윤(性允), 제민(祭敏) 등이 관여하였음을 알 수 있다. 경상남도 문화재자료 제255호 석탑 및 부도군이 있는데, 석탑은 극락전 앞에 서 있는 4층석탑이다. 부도는 절의 동쪽 산기슭에 남아 있다. 문화재자료 제363호 칠성탱(七星幀)은 조선 후기에 제작된 것으로 추정된다.

천지사 天地寺

경상남도 의령군 칠곡면 내조리 29-3. 현재 경상남도 문화재자료 제424호 석조여래좌상이 있는데, 신체에 비해 머리가 큰 편이나 어깨와 다리 폭은 좁으며, 팔과 다리가 빈약한 편이다. 허리를 세우고 결가부좌하여 앉은 자세로, 양손은 무릎 위에 얹어 선정인을 결하였다. 머리 위의 육계는 낮고 작은데, 그 경계에는 중간계주가 있고 정수리에는 정상계주를 두었다. 얼굴은 갸름하고 긴 편으로, 턱은 도톰하게 조각하였으며, 입가에는 미소가 있다. 그러나 큰 백호, 콧방울의 음각선을 생략하고 턱 위의 원형의 음각선 선각한 것은 18세기 불상과는 다른 점으로 조선 후기 불상으로 보인다. 경상남도 문화재자료 제428호 독성탱은 민화풍의 산수 배경과 독성의 수도 장면으로 구성되어 있는 조선 후기 일반적인 독성도의 형식을 갖고 있다.

▶▶ 창녕군

관룡사 觀龍寺

경남 창녕군 창녕읍 옥천리 292 구룡산(九龍山) 중턱에 있다. 신라시대 8대 절 중의 하나로서 경치가 좋기로 널리 알려졌지만, 역사 기록이 뚜렷하지 않다. 원효가 제자 송파와 함께 이곳에서 백일기도를 드리다 갑자기 연못에서 아홉 마리의 용이 하늘로 올라가는 것을 보고, 그때부터 절 이름을 '관룡사'라 하고 산 이름을 구룡산이라 불렀다는 전설이 있다. 사기(寺記)에 의하면 신라 흘해왕 40년(349)에 창건했다고 하며 진평왕 5년(583)에 증법(證法)이 중창했다. 삼국 통일 뒤에는 원효(元曉)가 대도량으로 중축했다. 경덕왕 7년(748)에 추담(秋潭)이 중건했고, 조선 태종 1년(1401)에는 대웅전을 중건했다. 선조 25년(1592) 임진왜란 때 대부분의 건물이 소실되어 광해군 9년(1617)에 중창했다. 숙종 33년(1704) 가을의 대홍수로 금당과 부도 등이 유실되고 승려 20여 인이 익사하는 참변을 당한 뒤 1712년에 대웅전 등 건물들을 재건했다. 영조 25년(1749)에 부분적인 보수를 거쳐 오늘에 이르고 있다. 산내 암자로는 청련암(靑蓮庵), 삼성암(三聖庵)이 있고, 절 아래에는 극락암, 도성암(道成庵)이 있다. 지정 문화재로는 보물 제146호 약사전, 제212호 대웅전, 제295호 용선대 석조석가여래좌상, 제519호 석조여래좌상, 경상남도 유형문화재 제11호 약사전 삼층석탑, 민속자료 제6호 석장승, 문화재 자료 제19호 부도, 제140호 원음각 등이 있다.

법화암 法華庵

경남 창녕군 영산면 구계리 산37-1. 법화암은 신라 헌덕왕 때 창건했다고 전해진다. 1592년 임진왜란 때 소실되어 1910년대에 중수하고 2003년에 중축하였다. 경상남도 유형문화재 제69호 다층석탑은 고려시대 청석탑(靑石塔) 원래 영취산 위 보림사 소속 암자에 있던 것을 현재의 위치로 옮겨 놓은 것이라 전한다.

보림사지 寶林寺址

경남 창녕군 영산면 구계리 산86-2. 보림사는 통일신라 말 또는 고려 초에 창건되어 1592년 임진왜란 이후 폐허가 되었다. 경상남도 유형문화재 제327호 부도(浮屠)는 조선 초기에 것으로 추정된다. 경상남도 문화재자료 제246호 삼층석탑은 현재 영산면 성내리 591-4 영산 초등학교에 옮겨져 있다.

창녕포교당 昌寧布敎堂

경남 창녕군 창녕읍 말흘리 123 - 2. 경상남도 유형문화재 제374호 목조 석가여래좌상은 원래 창녕 관룡사에서 삼존상으로 조성 봉안했던 것을, 6·25전쟁 후 지금의 창녕 포교당으로 이 불상 1구만을 옮겨 왔다고 한다. 복장에서 발견된 불상조성기에 의하면, 조선 영조 6년(1730)에 수화사 하천, 부화사 득찰·성찬·종혜 등이 참여하여 만들어졌으며 창녕 관룡사에 봉안했던 것을 알 수 있다.

삼성암 三聖庵

경남 창녕군 계성면 산60 - 1. 경상남도 유형문화재 제414호 목조 관음보살좌상은 도광(道光) 18년(1838)에 조성된 것임을 알 수 있다.

도성암 道成庵

경남 창녕군 창녕읍 송현동 8. 도성암은 신라 41대 헌덕왕 때 창건되었다고 전해지며, 1592년 임진왜란 때 전소되어 1910년대에 중수하였고 2003년에 중창하였다. 경상남도 유형문화재 제437호 석조 아미타여래좌상은 대웅전의 본존불로 안치되어 있으며, 좌우 협시보산상은 1991년에 현재의 대웅전을 신축하면서 새로 조성된 것이다. 양식적 특징으로 보아 17세기 후반에 제작된 것으로 추정된다.

청련사 青蓮寺

경남 창녕군 계성면 사리 852. 경상남도 유형문화재 제463호 목조 아미타삼존여래좌상은 청련사가 1628년에 창건된 기록과 도광 22년 (1842)에 대흥사에서 옮겨 왔다는 기록, 이 불상의 옷주름 표현, 자세 등 조각 양식으로 보아 17세기 말경에 조성된 것으로 보인다.

경상남도 유형문화재 제464호 영산회후불탱은 1863년에 조성된 작품으로 비단바탕에 채색하였으며 일부 안료가 박락된 부분이 보이나 비교적 보존 상태는 아주 양호하다. 전형적인 조선 후기 불화이다.

석불사 石佛寺

경남 창녕군 창녕읍 말흘리 산20-3. 석불사는 1910년에 창건되었다고 전해진다. 경상남도 문화재자료 제20호 석불입상은 원래 요바꼴 언덕 위에 서 있는 불상을 법당에 옮겨 놓았는데, 석불사의 명칭도 이로 인한 것이라 한다. 이 불상은 통일신라 말이나 고려 초에 것으로 추정된다. 2008년 8월 답사결과 현재 법당을 보수하는 관계로 따로 옮겨 보관 중이다.

관음사 觀音寺

경남 창녕군 도천면 송진리 562. 경상남도 문화재자료 제18호 도천 삼층석탑, 제21호 미륵존불상, 제22호 석등 등이 있다. 석등은 보광사의 옛터에 있던 것을 일본인이 소장하고 있다가 1928년 5월에 옮겨진 것으로 통일신라 후기나 고려 전기에 세운 것으로 추정된다.

▶▶ 함안군

마애사 磨崖寺

경남 함안군 군북면 하림리 산131. 현재 보물 제159호 방어산 마애불이 인근에 있는데 삼존불 입상으로 통일신라 애장왕 2년(801)에 만든 것이다. 본존은 왼손에 약그릇을 들고 있어서 약사여래상임을 알 수 있으며 얼굴이 타원형으로 길게 표현되었다. 어깨는 거대한 몸에 비해 좁게 표현되었고, 힘없이 표현된 신체에서는 긴장감을 느낄 수 없다. 양쪽의 협시보살은 왼쪽은 일광보살로 남성적인 강렬한 인상이고, 오른쪽은 월광보살로 눈썹 사이에 달무늬가 새겨져 있다. 확실한 연대를 알 수 있어 통일신라 조각사 연구에 귀중한 자료이다.

장춘사 長春寺

경남 함안군 칠북면 영동리 산2. 장춘사는 통일신라 흥덕왕 7년(832)에 무량국사가 세운 절로 대웅전은 1979년에 새로 지은 건물이다.

경상남도 유형문화재 제7호 석조여래좌상은 왼손에는 약그릇을 들고, 오른손은 손가락 끝이 땅을 향하게 하고 있는 전형적인 석조약사불상으로 현재는 도금 처리하였다. 통일신라 후기 또는 고려 초기에 만들어진 것으로 보인다. 유형문화재 제68호 오층석탑과 문화재자료 제16호 대웅전이 있다.

원효암 元曉庵

경남 함안군 군북면 사촌리 산70-1. 원효암은 원효대사(元曉大師)와 의상대사(義湘大師)가 수도한 곳이라 전한다. 의상대(義湘臺)가 있는 것으로 보아 의상대사(義湘大師)가 창건한 것으로 추정된다. 고려 공민왕 때 중창하였다고 전하며, 1990년대 이후 다시 건물들을 세워 오늘에 이른다. 경상남도 문화재자료 제15호 칠성각은 원효암이라는 절 이름과 의상대가 있는 것으로 보아 의상대사가 세운 것으로 추정되나 건물의 양식으로 보면 조선시대 후기 건물이다.

능가사 楞伽寺

경남 함안군 칠서면 계내리 1151. 경상남도 문화재자료 제396호 칠성탱(七星幀)은 치성광여래(熾盛光如來)를 위시한 칠성여래(七星如來)와 일광·월광보살 및 칠원성군(七元星君)과 8권속을 비단 바탕 위에 먹과 채색안료를 사용하여 제작한 불화이다.

▶▶ 양산시

통도사 通度寺

경남 양산시 하북면 지산리 583 영축산(靈鷲山)에 있다. 신라 선덕여왕 15년(646) 자장(慈藏)율사가 창건했다. 절 이름을 통도사라 한 까닭은 전국의 승려는 모두 이곳의 금강계단(金剛戒檀)에서 득도한다는 뜻이며, 만법을 통달하여 일체 중생을 제도한다는 뜻이고, 산 모양이 인도의 영축산과 통한다는 뜻이다. 우리나라 3보 사찰 중 불보사찰이다. 산내 암자로 극락암, 비로암, 자장암, 백운암, 축서암, 취운암, 수도암, 사명암, 옥련암, 보타암, 백련암, 안양암, 서운암 등이 있다.

국보 제290호 대웅전 및 금강계단, 보물 제11-6호 통도사 동종, 제74호 국장생석표, 제334호 은입사동제향로, 제471호 봉발탑, 보물 제1041호 영산전 팔상도, 제1042호 대광명전삼신불도, 제1350호 석가여래괘불탱, 제1351호 괘불탱, 제1352호 화엄탱, 제1353호 영산회상탱, 보물 제1471호 삼층석탑, 제1472호 아미타여래설법도가 있고, 경상남도 유형문화재 제70호 석등, 제94호 대광명전, 제193호 만세루, 제194호 극락전, 제195호 명부전, 제196호 응진전, 제197호 약사전, 제203호 영산전, 제204호 용화전, 제250호 사천왕문, 제251호 관음전, 제252호 불이문, 제403호 석당간 등 많은 문화재들이 있다.

신흥사 新興寺

경남 양산시 원동면 영포리 268. 신흥사는 신라시대 원효대사가 창건한 것으로 전한다. 조선 선조 15년(1582)에 중창하였고, 선조 25년(1592) 임진왜란 때는 승병의 거점이 되었으나 대광전을 제외한 모든 건물이 불에 타 없어졌다. 순소 1년(1801)에 중창하고, 1983년에 화엄전과 지장전·칠성각 등을 새로 지었으며, 대광전도 중수하였다.

보물 제1120호 대광전은 비로자나불을 모시고 있는 건물로 1988년 부분 해체·보수 때 발견한 기록에 따르면 조선 효종 8년(1657)에 지은 것임을 알 수 있다. 창건설화에 의하면, 만어사(萬魚寺: 신흥사의 옛 이름)에서 기도를 하던 가야국 수로왕에게 말하기를 양주 땅에 옥지가 있는데 그곳에 독룡(毒龍)이 살고 있으므로 이를 쫓아내지 않으면 안 될 것이라 하였다. 수로왕이 정성을 다하여 기도를 함에 부처가 육신통의 주술을 발휘하니 만어사에 있던 돌들이 모두 고기로 변하여 옥지에 있는 독룡을 동해로 쫓아버렸다고 한다. 지금도 신흥사에 있는 돌들을 두드리면 쇳소리가 나는데 그때 이후부터라고 한다. 그곳에 절을 지으니 지금의 신흥사라 한다.

용화사 龍華寺

경남 양산시 물금읍 물금리 596. 용화사에는 보물 제491호 석조여래좌상이 모셔져 있다. 원래 이 불상은 김해시 상동면 감로리 절터에 있던 것을 한말에 부근의 강변으로 옮겼으며, 1947년 2월에 법당을 다시 지으면서 현재의 장소로 옮겼다. 대좌(臺座)와 광배(光背)를 갖춘 완전한 불상이며, 최근에 호분과 채색을 벗겨냈다. 통일신라 후기 9세기 불상으로 추정된다.

미타암 彌陀庵

경남 양산시 웅상읍 소주리 산171. 미타암은 신라 선덕여왕 때 원효대사(元曉大師)가 창건했다고 전해진다. 석굴사원 안에는 보물 제998호 석아미타불입상이 모셔져 있다. 전체적으로 감산사 석조아미타불입상(국보 제82호)의 양식을 이어받은 것으로 보인다. 옷은 U 자형의 옷주름을 이루면서 흘러내려 발목에서 좌우 대칭을 이루고 있다.

광배(光背)는 끝이 뾰족한 배[舟] 모양으로 안에 2줄의 굵은 선으로 두광과 신광을 구분하였다. 그 사이에는 좌우대칭으로 꽃무늬를 배치하였으며 가장자리에는 불꽃무늬를 새겨 넣었다. 통일신라시대에 전성기에 만들어진 작품으로 추정된다.

석굴암 石窟庵

경남 양산시 호계동 404. 석굴암은 원효대사가 수도했던 '반고굴(磻高窟)'이라고 전해지지만 아직 확실한 근거는 없다. 경상남도 유형문화재 제96호 호계리 마애불은 신체는 풍화가 심해 뚜렷하지 않은데, 양어깨에 걸친 옷이 두툼하게 선각되었고, 손·발 역시 투박하게 표현되었다. 대좌(臺座)는 연꽃이 활짝 핀 모양의 평면형을 선으로 새겼고, 광배(光背)는 타원에 가까운 모양으로 희미하게 선만 남아 있다. 조각수법으로 보아 조선시대 불상으로 추정된다.

안적암 安寂庵

경남 양산시 하북면 용연동 4 원적산 능선 위에 있는 조선시대의 암자로 내원사 계곡에 있었다는 89암자 중의 하나이다. 선덕여왕 15년(646)에 원효대사가 지었으며, 인조 24년(1646)에 영훈대사(永勳大師)가 다시 지었다. 그 후 여러 차례의 수리를 거쳐 오늘에 이르고 있다.

내원사 内院寺

경남 양산시 하북면 용연리 291. 내원사는 신라시대 원효대사가 대둔사를 지으면서 주위에 세운 89개의 암자 중 하나이다. 폐사되어 절터만 남아 있었는데 최근 '내원사'라는 이름으로 절을 세워 비구니의 도량으로 유명하다. 주변에는 성불암, 금봉암, 안적암, 등의 암자가 있다.

경상남도 문화재자료 제342호 석조보살좌상은 고개를 약간 숙인 채 양손을 무릎 위에 각각 가지런히 두고 정면을 향해 가부좌한 보살상이다. 머리에는 두건(頭巾)을 쓰고 있으며, 어깨 뒤와 등 부분을 1/3 정도 덮고 있다. 법기보살이라 부르고 있으며 법기보살은 화엄경 보살주처품에 나오는 보살이다. 특히 우리나라에는 금강산 일대에서 법기보살들이 다수 제작된 것으로 알려져 있다. 상호 및 착의법 등 전체적인 조각수법으로 보아 조선 후기에 조성된 것으로 추정된다.

노전암 露田庵

경남 양산시 하북면 용연리 291. 노전암은 신라시대에 원효대사가 천성산 계곡에 세운 내원사의 암자 중 하나이다. 세워진 시기는 알 수 없으나 조선 후기 순조(1800~1834) 때 태희선사가 보수했다고 전한다. 일반적으로 건물 옆면에 큰 기둥 2개를 세우나 노전암은 건물 뒷면에만 큰 기둥을 세웠다. 조선 말기의 건물로 추정된다.

안양암 安養庵

경남 양산시 하북면 지산리 8. 안양암은 통도사 산내 암자로 8경 중의 하나인 안양 동대에 위치하며, 처음 세워진 시기는 알 수 없으나 고려 충렬왕 21년(1295)에 찬인대사가 다시 지었고 조선 고종 2년(1865)에 보수되었다고 한다. 법당은 보상암이라고도 불리며, 조선 후기의 건축물이다. 작은 건물이지만 북극전이 유명하다.

천태정사 天台精舍

경남 양산시 원동면 용당리 산1003. 경상남도 문화재자료 제387호 목조 아미타여래좌상 및 복장유물일괄이 지정되어 있다. 아미타여래 좌상은 소형 목불로, 머리를 앞으로 약간 숙이고 등을 구부린 자세이다. 수인은 엄지와 중지를 맞대어 왼손은 손바닥을 위로 하여 무릎 위에 두고, 오른손은 가슴 앞으로 들었다. 머리는 신체에 비해 작은 편이며, 상반신에 비해 무릎 폭이 좁아 보인다. 지발과 육계의 구분이 분명하지 않고 완만하게 처리하였으며, 반원형의 중간 육계주와 원통형 정상계주를 두고 있다. 부착된 나발은 비교적 크며, 정연하지 못하고 불규칙적으로 나열되어 있다.

홍룡사 虹龍寺

경남 양산시 상북면 대석리 1. 홍룡사는 신라 문무왕 때(661~681) 원효(元曉)대사가 창건했다고 전한다. 옛날 천룡(天龍)이 폭포 아래에 살다가 무지개를 타고 하늘로 올라갔다는 전설이 전하는 홍룡 폭포로 유명하며 바로 그 아래 노천에 약사여래불을 모셨다. 관음전, 대웅전, 무설전, 용왕각, 산신각 등이 있다.

▶▶ 고성군

옥천사 玉泉寺

경남 고성군 개천면 북평리 408 연화산에 있는 옥천사는 신라 문무왕 16년(676)에 의상대사(義湘大師)가 창건했다고 전한다. 대웅전 뒤에 맑은 물이 나오는 샘이 있어 옥천사라고 불리게 되었다. 고려 희종 4년(1208)에 진각국사(眞覺國師) 혜심(慧諶)이 중창했고, 1592년 임진왜란 때 소실된 것을 조선 인조 18년(1640)에 학명(學明)과 의오(義悟)가 다시 중창하였다. 고종 20년(1883)에 중건하였고 1919년에 두 차례 중수하였다. 화엄 10대 사찰로서 이곳에는 청연암, 백연암, 연대암 등 3개의 암자와 청담 스님의 사리탑이 있다. 보물 제495호 임자명반자(壬子銘飯子), 경상남도 유형문화재 제53호 자방루, 제59호 향로(香爐), 제60호 대종, 경상남도 문화재자료 제146호 명부전(冥府殿)이 있다.

운흥사 雲興寺

경남 고성군 하이면 와룡리 441 와룡산 중턱에 있는 운흥사는 통일신라 문무왕 16년(676)에 의상대사(義湘大師)가 처음 지었다고 전한다. 일설에는 고려 충정왕 2년(1350)에 창건되었다고도 한다. 조선 선조 25년(1592) 임진왜란 때 사명대사 유정(惟政)이 6천 명의 승병을 거느리고 이곳에서 왜군과 싸웠다. 또 이때 이순신이 작전을 세우기 위해 이곳을 세 번이나 방문했다고 한다. 효종 2년(1651)에 중창하였고, 영조 7년(1731)에 다시 지어져 오늘에 이르고 있다. 보물 제1317호 괘불탱은 조선 영조 6년(1730)에 승려 화가 의겸 등에 의해 그려졌다.

경상남도 유형문화재 제82호 대웅전 내부에는 괘불과 조선 후기에 제작한 경판(경상남도 유형문화재 제184호) 등이 보관되어 있다. 경상남도 문화재자료 제147호 영산전은 조선 영조 때 다시 지었다. 제288호 명부전 목조각상, 제289호 목제원패 등이 있다.

대무량사 大無量寺

경남 고성군 대가면 양화리 567. 대무량사에는 있는 경상남도 유형문화재 제121호 양화리 석조여래좌상은 고성읍의 우방사 절터에 있던 것을 1964년에 이곳으로 옮겨 왔다. 조각수법, 안정된 자세, 얼굴 세부의 표현 등으로 보아 통일신라시대에 만들어진 작품으로 추정된다.

석불암 石佛庵

경남 고성군 고성읍 교사리 301-4. 현재 경상남도 유형문화재 제122호 교사리 삼존석불은 중앙에 앉아 있는 본존불을 중심으로 오른쪽에 지장보살, 왼쪽에 관음보살이 서 있는 삼존불(三尊佛)이다.

▶▶ 남해군

용문사 龍門寺

경남 남해군 이동면 용소리 868. 용문사는 신라 애장왕 3년(802)에 창건되었다고 전하며, 일설에는 신라시대 원효대사가 금산에 세웠다는 보광사(普光寺)를 후에 이곳에 옮겨 지은 것이라 전한다. 처음에는 첨성각만이 있었으나, 조선 현종 2년(1661)에 탐진당과 적묵당을 지었다. 이렇게 절의 규모가 커지자 이곳이 보광사보다 좋은 곳이라 하여 보광사의 대웅전과 봉서루를 옮기고 용문사라 이름하였다. 1592년 임진왜란으로 불탄 것을 다시 지은 것이며, 승병을 일으켜 왜군과 싸운 절이라 하여 숙종 때 왕실의 보호를 받았다. 철종 8년(1857), 1970년, 1982년에 각각 중수하였다.

현존하는 건물로는 대웅전과 천왕각·명부전·칠성각·봉서루·산신각·요사 등이 있으며, 산내 암자로 백련암(白蓮庵)과 염불암(念佛庵)이 있다. 보물 제1446호 괘불탱(掛佛幀)은 본존불상 좌·우에 협시보살상만을 배치시켜 삼존도 형식을 보여주고 있는 그림이다. 중앙의 본존불상을 위시하여 좌측[向右]에는 정면을 향한 채 똑바로 서서 여의(如意)를 들고 있는 보살상이 자리하고 있으며, 오른쪽[向左]에는 좌협시보살상과 동일한 자세로 서서 연꽃가지를 받쳐 든 보살상이 배치되어 있다. 18세기 후반에 제작된 것으로 보인다. 경상남도 유형문화재 제85호 대웅전, 제138호 석불은 용화전에 모셔져 있는데 현재는 하얀 호분을 한 상태여서 본래의 모습을 자세히 알수 없으나 고려시대 불상으로 추정된다. 제425호 부도군, 제426호 목조 지장시왕상, 제427호 용문사목조, 제428호 목조사천왕상, 제429

호 건륭이십오년명운판, 제446호 목조아미타삼존불좌상, 경상남도 문화재자료 제150호 천왕각, 제151호 명부전, 제347호 건양2년 영산회상탱, 제351호 용문사소장문헌, 제352호 삼장보살탱, 제353호 건양2년 신중탱, 제377호 동종, 제378호 청동반자, 제394호 봉서루, 제406호 아미타여래오존탱, 제407호 동치3년 신중탱, 제408호 현왕탱, 제409호 건양2년 독성탱, 제410호 독성탱, 제411호 산신탱, 제412호 영정일괄이 있다.

화방사 花芳寺

경남 남해군 고현면 대곡리 1448 망운산 기슭에 자리 잡고 있는 화방사는 신라 문무왕 때 원효대사가 세워 연죽사라 부른 절이다. 이후, 인조 14년(1636)에 지금 있는 자리로 옮겨 넓혀 짓고 화방사라 불렀다.

경상남도 문화재자료 제152호 채진루(埰眞樓)는 일주문을 통해 경내로 들어서기 전 대웅전과 마주보고 있는 건물로서, 인조 16년(1638)에 계원대사가 지었다. 임진왜란 때 왜군의 침략으로 절이 불타 버리자 곧 다시 지어 오늘에 이르고 있다.

보리암 菩提庵

경남 남해군 이동면 상주리 2065. 보리암은 신문왕 3년(683) 원효가 이곳에 초당을 짓고 수도하면서 관세음보살을 친견한 뒤 산 이름을 보광산, 초암의 이름을 보광사라 지었다고 한다. 조선시대에는 태조 이성계가 이곳에서 백일기도를 하고 조선을 연 것에 감사하는 뜻에서 현종 1년(1660) 왕이 이 절을 왕실의 원당으로 삼고 산 이름을 금산, 절 이름을 보리암이라고 바꾸었다. 1954년에 중수하였고, 1969년에 중건하였다. 양양 낙산사 홍련암, 강화 보문사와 함께 3대 관세음보살 기도도량으로 유명하다. 경상남도 유형문화재 제74호 삼층석탑은 주변의 경치와 잘 어울리며 고려시대 조성된 것으로 추정된다.

신흥사지 新興寺址

경남 남해군 남면 당항리 872-1. 신흥사는 신라 신문왕 때 원효대사가 창건한 절이다. 현재는 터만 남아 마을로 변해버렸다. 절터에 마을이 들어서면서 탑을 몇 차례 옮기다 1957년에 마을 주민들이 지금의 자리로 옮겨 놓았는데, 옮길 때마다 각 부분의 돌들이 없어지거나 훼손되었다. 고려 말에 세운 석탑으로 추측되는데, 탑신의 2·3층 몸돌은 후에 보충해 놓은 것이다. 삼층석탑은 경상남도 문화재자료 제43호로 지정되어 있다.

망운암 望雲庵

경남 남해군 남해읍 아산리 1413-1 망운산(望雲山) 정상 아래에 위치한 관음기도도량 망운암은 고려시대 창건되었다고 하며, 여러 차례 중건·중수되었다. 경상남도 문화재자료 제333호 석조보살좌상은 관음전에 봉안되어 있다. 8·15해방을 전후한 시기에 망운암에 왕래가 많았던 지역 노인들의 구전에 따르면, 경주 옥돌로 조성된 영험 높은 부처님이라 전해왔다는 것이다. 보관의 형태, 방형의 얼굴, 의습처리 등으로 보아 18세기 이후에 만들어진 불상으로 추정된다. 문화재자료 제334호 건륭을사명 동종은 종신 하단에 명문을 통해 1785년에 남해 화방사(花芳寺)에서 제작된 것임을 알 수 있다.

운대암 雲坮庵

경남 남해군 창선면 옥천리 1024. 경상남도 문화재자료 제416호 제석신중탱은 화면이 상하로 이분되어 상단에는 합장한 제석천이 천자와 천녀·동자를 거느리고 모두 서서 향우측을 향해 나아가는 모습이며, 하단에는 합장한 위태천이 용왕과 신중 등의 3위와 함께 역시 향우측을 향하여 서 있는 모습이다. 문화재자료 제417호 지장시왕탱, 제418호 아미타후불탱 등이 있다.

▶▶ 하동군

쌍계사 雙磎寺

경남 하동군 화개면 운수리 207. 신라 성덕왕 21년(722)에 지어진 쌍계사는 의상(義湘)대사의 제자인 대비(大悲)와 삼법(三法)이 유학을 마치고 돌아와 도를 닦은 곳이다. 처음에는 절 이름이 옥천사(玉泉寺)였다. 그 뒤 문성왕 2년(840)에 진감(眞鑑)국사 혜소(慧昭)가 중국에서 차[茶]의 종자를 가져 와서 절 주위에 심고 대가람으로 중창했다. 정강왕 1년(886) 쌍계사로 이름을 바꾸었으며, 선조 25년(1592) 임진왜란 때 소실된 것을 벽암(碧巖)이 인조 10년(1632)에 중건하여 오늘에 이르고 있다. 국사암(國師庵), 불일암(佛日庵) 등 4개의 부속 암자가 있다. 국보 제47호 진감선사대공탑비, 보물 제380호 부도, 제500호 대웅전, 제925호 팔상전 영산회상도, 제1364호 대웅전 삼세불탱, 제1365호 팔상전 팔상탱, 제1378호 목조 삼세불좌상 및 사보살입상, 경상남도 유형문화재 제28호 석등, 제86호 일주문, 제87호 팔상전, 제123호 명부전, 제124호 나한전, 제125호 육조정상탑전, 제126호 천왕문, 제127호 금강문, 제384호 삼장보살탱, 제385호 팔상전 신중탱,제386호 국사암아미타후불탱, 경상남도 문화재자료 제45호 청학루, 제46호 적묵당, 제48호 마애불, 제74호 팔영루, 제153호 설선당이 있다.

칠불사 七佛寺

경남 하동군 화개면 범왕리 1605. 지리산 칠불사는 가락국의 시조 김수로왕의 일곱 왕자가 외삼촌인 장유 보옥선사를 따라 이곳에 와서 수도한 지 2년 만에 모두 부처가 되었다고 하여 칠불사(七佛寺)라 이름 지었다. 그 후 신라 효공왕(897~912) 때 담공선사가 이중 온돌방을 지었는데 그 방 모양이 亞 자와 같아 아자방이라 하였다. 1951년 화재로 불에 타 초가로 복원하였다가 지금과 같이 새로 지었다. 경상남도 유형문화재 제144호 아자방지(亞字房址)는 네 모서리의 높은 곳은 스님들이 좌선하는 곳이며 중앙의 낮은 곳은 불경을 읽는 곳으로 100여 명을 수용할 수 있다.

강선암 降仙庵

경남 하동군 악양면 정서리 산100-2. 경상남도 유형문화재 제45호 정서리 석조여래입상이 용화전에 봉안되어 있다. 약 40여 년 전 근처에 있던 것을 옮겨 온 것이라 한다. 광배와 반원형의 받침대가 하나의 돌로 이루어져 있다. 양쪽 손목이 떨어져 나가 보완한 것을 제외하고는 원형이 비교적 잘 보존되어 있다. 머리는 민머리이며, 육계가 크고 양쪽 귀는 길게 늘어져 있다. 양쪽 어깨에 걸쳐진 옷자락은 좌우대칭으로 옷주름 선이 약하게 표현되어 있다. 조각수법으로 보아 고려 초기의 작품으로 추정된다.

한산사 寒山寺

경남 하동군 악양면 평사리 47. 경상남도 문화재자료 제286호 탱화(幀畵)는 대웅전에 봉안되어 있는 영산회상도로서 19세기 중엽 1854년에 제작된 것이다. 석가불이 영축산에서 법화경을 설법하는 장면을 그린 것으로 가섭존자 아난존자 등 18제자가 석가불을 에워싸고 문수보살과 보현보살을 하단에 시립한 모습으로 구성하였다. 원래 구례 화엄사 나한전에 봉안되었던 것이며 해운당 익찬이 증사로 감독하였고 여러 승려와 신도들의 참여에 의해 제작된 것이다. 대웅전 신중단에 봉안되어 있는 신중탱화도 화엄사에 봉안되었던 것으로 1700년 것이다. 가운데 위태천을 중심으로 전봉, 팔부중, 사천왕 등 불법의 수호신을 그린 것이다.

금성사 金城寺

경남 하동군 진교면 고룡리 산80. 금성사에는 경상남도 문화재자료 제372호 목조보살좌상이 있다. 전체적으로 안정감이 있는 비례와 원만한 얼굴의 표현을 통해 조화를 잘 이루고 있으며, 방형에 가까운 둥근 얼굴과 양감이 억제된 밋밋한 육신표현, 중간이 갈라지는 낮은 보계 등은 조선 후기의 특징을 보이고 있으며 17세기 경상도 지역 불상의 특징이 잘 나타나 있다.

▶▶ 산청군

단속사지 斷俗寺址

경남 산청군 단성면 운리 333. 단속사는 경덕왕 7년(748) 왕의 총신(寵臣) 이준(李俊)이 조연소사(槽淵小寺)를 개창(改創)하였다. 일설에는 경덕왕 22년(763)에 현사(賢士) 신충(信忠)이 벼슬에서 떠나 지리산에 들어가 삭발하고 왕을 위하여 단속사를 창건하였다고도 한다. 선조 1년(1568)에 유생들에 의해 불상·경판 등이 파괴되고, 이어서 정유재란(丁酉再亂)으로 불타 버린 후 재건되었으나 이후 폐사되었다.

현재 동삼층석탑(보물 제72호)과 서삼층석탑(보물 제73호)이 있고, 주변에는 당간지주와 석조물들이 남아 있다.

율곡사 栗谷寺

경남 산청군 신등면 율현리 1034. 율곡사는 신라 경순왕 4년(930)에 감악조사(感岳祖師)가 창건하였다. 2003년 대웅전 해체과정에서 어칸 종도리 하부에서 "강희십팔년기미월일상량기(康熙十八年己未月日上樑記)"의 묵서명 기록이 나와, 조선 숙종 4년(1679)에 대대적으로 중수되었음이 확인되었다. 보물 제374호 대웅전은 다포 양식의 조선시대 건물이다. 보물 제1316호 괘불탱(掛佛幀)은 조선 숙종 10년(1684)에 그려졌으며, 그림 아래쪽에 화기(畵記)가 마련되어 있어 영조 5년(1729)에 중수된 기록까지 확실히 알 수 있다. 경상남도 유형문화재 제373호 목조 아미타삼존불좌상은 가운데 아미타여래상을 중심으로 왼쪽에는 관음보살상이 배치되고 오른쪽에는 대세지보살상이 있다. 조각수법으로 보아 조선 전기 불상으로 추정된다. 전해지는 전설로 법당을 중건할 때 어떤 목수가 찾아와 절 짓는 일을 맡겠다고 자청하였다. 그런데 석 달 동안 오로지 목침만 만들고 있었다. 이를 답답하게 여긴 스님이 목수를 시험하기 위하여 목침 하나를 몰래 숨겼다. 목침을 다 만든 목수가 목침을 세어 보니 하나가 모자랐다. 안색이 변한 목수는 "내 정성이 부족하니 귀중한 법당을 지을 수 없다." 하며 연장을 챙겨 절을 떠나려 하였다. 이에 스님이 숨긴 목침을 내놓으며 사죄를 하니 목수가 마음을 돌리고 목침을 조립하기 시작했다. 못 하나 사용하지 않고 짜 올리는 기술이 신기(神技)에 가까웠다고 한다. 이러한 전설을 간직하고 있으므로 율곡사를 '목침절'이라고도 부른다. 또한 대웅전에 단청을 할 때 단청하는 이가 7일 동안 절대로 안을 들여다보아서는 안 된다고 하였는데 그가 안으로 들어간 뒤 아무런 기척이 없으므로 궁금증을 이기지 못한 스님이 마지막 7일째 되는 날 결국 참지 못하고 안을 들여다보게 되었다. 대웅전 안에는 새 한 마리가 붓을 물고 다니면서 벽화를 그리고 있었는데 인기척을 느낀 새가 단청을 완성하지 못하고 날아가 바위가 되었다. 이것이 대웅전 오른쪽 3개의 암봉 중 가운데 위치한 새신바위이다.

법계사 法界寺

경남 산청군 시천면 중산리 산208. 법계사는 지리산 천왕봉 동쪽 중턱에 자리 잡고 있으며 신라 진흥왕 5년(544)에 연기조사(緣起祖師)가 창건하였다고 전한다. 1405년에 정심선사(正心禪師)가 중창하였다.

해발 1400m로 우리나라에서 가장 높은 곳에 위치한 사찰로 유명하다. 6·25전쟁 때 불에 탔지만 워낙 높은 곳에 있어 재건을 못 하고 토굴로 명맥을 이어 오다 최근에야 법당이 세워졌다. 보물 제473호 삼층석탑은 법당 왼쪽에 위치하고 있는데 바위 위에 3층의 탑신(塔身)을 올렸다. 탑신부의 몸돌과 지붕돌은 각각 하나의 돌로 만들었으며, 몸돌 각 모서리에는 기둥을 넓게 새겼다. 각 층의 지붕돌은 두터운 편이며, 지붕돌 밑면 층급받침이 3단으로 보아 고려시대 탑으로 보인다.

내원사 內院寺

경남 산청군 삼장면 대포리 535. 내원사는 신라 말기 무염(無染)국사가 창건하였고 당시에는 덕산사(德山寺)라고 하였다. 이후의 언제 사찰명이 내원사로 바뀌었는지는 알 수 없다. 1959년 중건하였다. 보물 제1021호 석남암수 석조비로자나불좌상은 지리산 중턱에 있던 석남암사지에서 옮겨 놓은 불상이다. 신라 혜공왕 2년(766)에 조성된 것으로 보는 이 불상은 비로자나불상 가운데 가장 빠른 시기 불상이다. 보물 제1113호 통일신라 후기의 삼층석탑이 있다.

대원사 大源寺

경남 산청군 삼장면 유평리 21. 대원사는 신라 진흥왕 때 연기조사가 처음 지었다고 전한다. 그 후 1948년 여순반란 사건으로 불탄 것을 1959년에 다시 지었다. 사찰 안에는 대웅전, 사리전, 종각들의 건물과 조선 전기의 다층석탑(보물 제1112호)이 남아 있다. 다층석탑은 전해지는 바에 따르면 나라의 경사가 있을 때 탑에서 서광이 비치고 향기가 경내에 가득했다고 하며, 마음이 맑은 사람은 근처 연못에 비친 탑의 그림자로 탑 안의 사리를 볼 수 있었다고도 한다. 자장율사가 처음 세웠던 탑이 임진왜란 때 파괴되자 조선 정조 8년(1784)에 다시 세워 놓은 것이다. 주변 계곡마다 전설이 있는데, 용이 100년간 살다가 승천했다는 용소, 가락국 마지막 구형왕이 와서 소와 말의 먹이를 먹였다고 하는 소막골, 왕이 넘었다는 왕산, 망을 보았다는 망덕재, 군량미를 저장했다는 도장굴이 있다. 경상남도 유형문화재 제361호 신중도, 제362호 강희신사명 반자가 있다.

삼장사지 三壯寺址

경남 산청군 삼장면 평촌리 432. 삼장사의 옛터에 경상남도 유형문화재 제31호 삼층석탑이 있다. 무너져 흩어져 있던 것을 일부 수습하여 세워 놓았다. 주변은 밭으로 변해 있으나 건물의 기단을 비롯한 여러 석조물이 남아 있다.

심적정사 深寂精舍

경남 산청군 산청읍 지리 2878. 심적사는 신라 경순왕 3년(929)에 창건하였다고 전해지는 사찰이다. 경상남도 유형문화재 제310호 나한전 석불상은 16나한상을 삼봉산으로 옮겨 놓았다가 1976년에 새로 절을 짓고 나한상을 옮겨 오고 26구의 불상이 모셔져 있으며, 조선시대에 만들어진 것으로 보인다. 현재는 심적정사에 옮겨져 있다.

심적사(산청읍 지리 1127)에는 경상남도 유형문화재 제388호 추파당대사부도 및 석비, 제389호 한암대사부도 및 석비가 있다.

문수암 文殊庵

경남 산청군 시천면 사리 155-1. 경상남도 유형문화재 제439호 석가영산회후불탱은 1901년에 조성된 것으로 본존을 중심으로 보살상, 사천왕, 제자상과 그 외 권속들이 좌우대칭을 이룬 군집 구도이다.

지곡사지 智谷寺址

경남 산청군 산청읍 내리 772-4 일대. 지곡사는 신라 응진 스님이 처음 지어 국태사라 이름하였다가 고려 혜월선사를 거쳐 진관선사에 이르러 다시 고쳐 지었다고 전한다. 고려 대각국사 의천이 천태종을 다시 세울 때 기반이 된 선종 5산문 가운데 하나가 지곡사인 것으로 나타나고 있어 고려 불교계에 중요한 위치를 차지했던 사찰로 짐작된다. 조선시대도 지곡사에 대한 기록이 각종 지리서에 나타나고 있다. 1912~1913년 사이에 조선총독부에서 사찰에 대해 신청 인가할 때 지곡사의 이름이 빠진 것과 성안 스님과 홍유 스님의 비와 묘탑이 조선 헌종 2년(1845)에 세워진 것을 보아 20세기 초반에 사찰로서의 운명을 다한 것으로 추정된다. 2003년 8월 국립창원문화재연구소 발굴조사 결과 8~9세기 통일신라시대에 창건되었을 것으로 추정하였다.

재 건물지의 초석을 비롯하여 축대, 우물, 탑의 재료, 석 수조, 묘탑 10여 기, 귀부, 배례석 등 불교 관련 유물들이 있다.

정취암 淨趣庵

경남 산청군 신등면 양전리 산78 대성산(大聖山) 중턱 해발 580m 지점에 있는 정취암은 신라 신문왕(神文王) 6년(686)에 의상조사(義湘祖師)가 창건하였다. 현재 원통보전, 응진전, 삼성각, 요사채 등이 있다.

경상남도 문화재자료 제243호 산신탱화는 일반탱화에 비하여, 첫째, 호랑이 옆에 앉아 있는 것이 아니라 산신이 호랑이를 타고 행차하는 모습이다. 둘째, 좌우(左右) 협시(脇侍) 동자(童子)를 표현하고 있다. 조성 기록이 있는데 조선 순조(純祖) 33년 계사(癸巳)(1833, 도광(道光)이다. 경상남도 문화재자료 제314호 목조관음보살좌상은 원통보전에 모셔져 있는데 17세기 후반의 불상으로 추정되며, 1996년에 개금하였으며, 보관 상태는 전체적으로 매우 양호한 편이다.

▶▶ 거창군

가섭암지 迦葉庵址

경남 거창군 위천면 상천리 산6-2. 현재 금원산 자연휴양림 문바위 내에 있으며 보물 제530호 마애삼존불상이 있다. 이 마애불은 바위 면 전체를 배[舟] 모양으로 광배(光背)를 만들고 그 안에 삼존불 입상을 얕게 새겨 넣었다. 신체의 표현은 각 지게 처리된 어깨, 굴곡 없이 밋밋한 가슴, 막대 같은 다리와 좌우로 벌린 발 등에서 고려시대 불상으로 추정된다. 주변 위천 초등학교 내에는 석탑이 옮겨져 있다.

고견사 古見寺

경남 거창군 가조면 수월리 산1 우두산에 있다. 고견사는 신라 문무왕 7년(677)에 원효대사가 창건하였다고 전한다. 조선 숙종(1675~1720)이 하사했다는 강생원 편액이 있는 것으로 보아 조선시대에 중창된 듯하다.

경상남도 유형문화재 제263호 석불은 머리는 육계가 뚜렷한 소발형이며, 두광은 단판연화문과 연주문으로 처리되어 있다. 화강암의 바위에 불상과 광배를 한 몸에 조각하였고, 조각수법으로 보아 고려시대 석불로 추정된다. 경상남도 문화재자료 제170호 동종(銅鐘)은 몸체 명문을 통해서 볼 때 조선 인조 8년(1630)에 만들어진 것이다.

연수사 演水寺

경남 거창군 남상면 무촌리 40. 연수사는 신라 헌안왕 때 창건되었다고 한다. 경상남도 기념물 제124호 무촌리 은행나무가 대웅전 앞뜰에 있는데, 나무 나이는 600여 년 정도로 추정되며, 전하는 말에 의하면 신라의 원효대사가 심은 나무라고 전해지며, 또한 젊은 여승이 아들과의 이별을 아쉬워하면서 심었다는 이야기도 있다. 서로의 안녕을 기원하며 10살 된 아들은 전나무를, 어머니는 이 은행나무를 심었다고 하는데, 전나무는 부러져 없어지고 은행나무만 자라고 있다.

심우사 尋牛寺

경상남도 거창군 거창읍 대동리 92. 심우사는 거창포교당으로 경상남도 유형문화재 제375호 목조 아미타여래좌상이 봉안되어 있는데 조선시대 17세기의 전형 양식을 띠는 불상이다. 복장(腹藏)에서 발견된 불상조성기(佛像造成記) 1매가 현존하는데, "숭정십삼년 경진오월일시역팔월……연수불상삼존안우……(崇禎十三年 庚辰五月日始役八月……演水佛像三尊安于……)" 봉안 사찰 및 시주자 등을 파악할 수 있는 작품이다. 경상남도 문화재자료 제318호 삼장보살탱은 상·하 2단으로 구분지어 상단에는 삼장보살과 협시보살 및 그 권속을, 하단에는 천룡과 팔부중을 배치하였고 1881년에 조성된 불화이다. 화면 하단 중앙에 화기란(畵記欄)이 위치하는데 해서체로 화기가 기술되어 있다. "광서칠년신사칠월십오일신중탱조성우합천해인사관음전잉안우본암연화질추담정행……(光緒七年辛巳七月十五日神衆幀造成于陜川海印寺觀音殿仍安于本庵緣化秩秋潭井幸……)"

▶▶ 함양군

승안사지 昇安寺址

경남 함양군 수동면 우명리 263. 현재 삼층석탑과 석조여래좌상이 있다. 보물 제294호 고려시대 초기 삼층석탑은 원래의 위치에서 두 번 옮겨졌는데, 1962년 탑을 옮길 당시 1층 몸돌에서 발견된 사리장치를 통해 처음 탑을 옮겨 세운 시기가 조선 성종 25년(1494)인 것을 짐작할 수 있다. 경상남도 유형문화재 제33호 석조여래좌상은 고려시대 석불로 추정된다.

고담사 古潭寺

경남 함양군 마천면 덕전리 766. 현재 보물 제375호 마천면 마애여래입상이 있다. 커다란 바위의 한 면을 깎아 만들었으며 귀는 어깨까지 내려오고 목에는 삼도(三道)가 보인다. 직사각형의 거대한 체구와 여기에 걸맞은 큼직한 발 등은 거대한 불상의 면모를 과시하고 있다. 그러나 상체에 비하여 하체가 너무 길며, 손은 신체의 다른 부분, 특히 발에 비하여 매우 작은 편이어서 몸의 균형이 고르지 못하다. 원통형의 굵은 통다리 또한 조금은 어색하다. 목 중간에서 뒤집어진 스카프형 옷깃과 배와 두 다리로 규칙적으로 접어내린 U자형의 옷 주름이 보인다. 조각수법으로 보아 고려 초기 불상으로 추정된다.

벽송사 碧松寺

경남 함양군 마천면 추성리 산18-1 지리산 칠선계곡(七仙溪谷)에 있는 벽송사는 조선 중종 15년(1520)에 벽송(碧松)이 창건한 사찰이다. 보물 제474호 삼층석탑은 조선시대에 만들어진 것으로 추정되며, 신라석탑 양식을 그대로 전승하였다. 일부에서는 고려시대 탑으로도 추정한다. 입구에는 경상남도 민속자료 제2호 목장승이 있다. 구전에 의하면 약 70년 전에 세운 것이라고 하는데, 목장승으로서는 시대가 오래되어 보기 드문 모습이다. 현존하는 건물로는 보광전(普光殿), 방장선원, 간월루(看月樓), 종루, 산신각이 있다.

금대사 金臺寺

경남 함양군 마천면 가흥리 산17-1. 금대암(金臺庵)이라 불리며 신라 때 도선국사가 창건했다고 전하며, 조선 태종 3년(1403)에 행호조사(行乎祖師)가 중창하였다고 한다. 지리산 3봉이 지척에 보이는 절경 때문에 서산대사(西山大師) 등 고승들이 수없이 거쳐 간 나한 기도 도량으로서 1950년 6.25전쟁 때 불에 타 없어졌던 것을 최근에 건물을 다시 지었다. 경상남도 유형문화재 제34호 삼층석탑은 커다란 바위 위에 서 있는데, 바위가 탑의 기단부를 대신하여 그 위로 3층의 탑신(塔身)이 쌓여 있다. 조선시대 전기에 세운 것으로 추정된다.

경상남도 기념물 제212호 전나무는 금대암 입구에 두 그루가 서 있다. 나무의 나이는 500여 년 정도로 추정되며, 우리나라 전나무 중에서는 가장 오래되었다고 한다. 경상남도 문화재자료 제268호 금대암 동종(銅鍾)은 종의 고리에는 용머리가 정교하게 새겨져 있다.

종 몸체에는 한 줄의 선을 가로로 긋고, 7자의 법어를 새겨 넣었다. 밑으로 사각형 모양의 유곽에는 빗살무늬를 새겼고, 그 안에 유두를 9개씩 두었다. 두 손을 모아 합장하는 보살상을 4면에 새겼다. 조선 영조 10년(1734)에 쌍계사에서 제작되었다는 명문이 남아 있다. 명문(銘文)은 "옹정(雍正) 십이년(十二年) 갑인년월일(甲寅年月日) 조성(造成), 중종중칠십근(中鐘重七十斤)) 산음 쌍계사(雙溪寺)"로 기록되어 있다.

경상남도 문화재자료 제269호 신중탱화(神衆幀畵)는 그림에 적힌 기록 "건륭오십년을사(乾隆五十年乙巳)"로 보아 조선 정조 9년(1785)에 제작한 것임을 알 수 있다.

안국암 安國庵

경남 함양군 마천면 가흥리 1131. 경상남도 유형문화재 제35호 부도(浮屠)는 안국암에 남아 있는 4기의 사리탑 중의 하나로, 기단(基壇)에서부터 지붕돌에 이르기까지 모두 8각의 평면을 기본으로 삼고 있고 고려시대의 것으로 추정된다.

용추사 龍湫寺

경남 함양군 안의면 상원리 962 덕유산에 있는 용추사는 원래 신라 소지왕 9년(487) 각연대사가 창건한 장수사에 속해 있던 암자이다. 장수사는 1950년 6·25 전쟁 때 불타 버리고 문만 남아 있다가 1975년에 복원되었다.

경상남도 유형문화재 제54호 일주문은 2개의 기둥만으로 지붕을

지탱하는 건물이며, 조선 숙종 28년(1702)에 호남사혜가 세웠다고
한다.

현판은 남쪽으로 향한 정면에만 있는데, 덕유산장수사조계문(德裕
山長水寺曹溪門)이라 새겨져 있다. 경상남도 유형문화재 제379호 건
륭18년 천룡탱, 제380호 지장시왕상, 경상남도 문화재자료 제326호
무학대사영정, 청허대사영정, 송운대사영정, 각연대사영정이 있다.

건물로는 대웅전, 명부전, 삼성각이 있으며, 대웅전과 명부전에 모
셔진 불상과 지장 보살상은 18세기 전후의 것으로 추정된다.

보림사 寶林寺

경남 함양군 함양읍 운림리 289. 보림사는 1912년에 창건된 절인
데, 현재 경상남도 유형문화재 제318호 용산사지 석조여래입상이 모
셔져 있다. 원래는 옛 용산사 절터 근처에서 발견되어 민가에 모셨
으나 1990년 초에 이곳으로 옮겨 왔다. 풍만한 얼굴에 목에는 삼도
(三道)가 뚜렷하고, 양어깨에 걸친 옷자락은 아래까지 굵은 옷주름으
로 표현하였다. 손모양은 항마촉지인(降魔觸地印)을 하고 있다. 전체
적으로 풍만한 체구인 데 반해 키가 작고 어깨가 좁으며 양발은 어
색하게 표현된 조각수법으로 보아 고려시대 불상으로 추정된다.

안국사 安國寺

경남 함양군 마천면 가흥리 1131. 현재 경상남도 유형문화재 제
337호 은광대화상부도가 있다. 국태민안(國泰民安)을 비는 사찰인
전국의 3안국(지리안국, 서산안국, 금산안국) 중 지리산의 안국사에

있는 것으로, 명당의 혈(血)에 해당하는 곳에 자리 잡고 있다. 통일 신라의 부도 양식을 따르고 있으나, 기단에 새겨 놓은 연꽃무늬로 보아 통일신라 말에서 고려 초에 세운 것으로 짐작된다. 경상남도 유형문화재 제444호 목조 아미타여래좌상은 극락전 중앙 불단 위에 삼존불로 봉안되어 있는데 그중 주존불이다. 2004년에 개금불사를 하였다. 수인은 아미타인으로 양손을 무릎 위에서 살짝 들어 오른손은 손등을 위로 하고, 왼손은 손바닥을 위로 하여 엄지와 중지를 맞댄 하품중생을 결하였다. 법의는 변형 통견식으로, 오른쪽 어깨에 편삼을 걸치고 그 위에 대의를 입었는데 대의는 오른쪽 어깨를 살짝 걸쳐 내리고 그 자락은 배 앞으로 돌려 왼쪽 어깨 뒤로 길게 늘어 뜨렸다. 특히 오른쪽 어깨 대의 주름은 하나만 깃처럼 따로 된 듯 강조된 점은 특징으로 조선 후기 불상으로 추정된다.

법인사 法印寺

경남 함양군 안의면 금천리 177-3. 법인사에는 경상남도 유형문화재 제441호 목조 아미타여래좌상이 모셔져 있다. 신체에 비해 머리가 작은 편이고, 어깨는 좁고 아래로 처져 다소 왜소하다. 수인은 중품하생을 결하였는데 왼손은 손바닥을 위로 하고 오른손은 손등을 위로 하여 중지와 엄지를 맞대고 있다. 조선 후기 불상으로 추정된다. 경상남도 유형문화재 제442호 감로탱(甘露幀)은 화면 하단 중앙의 화기에는 묵서로 된 31행의 화기가 적혀 있다. 첫머리의 "옹정사년병오사월일경상우도함양군방장산금대암하단정조성봉안우안국암(雍正四季丙午四月日慶尙右道咸陽郡方丈山金臺庵下壇幀造成奉安于安國庵)"라는 기록으로 보아 1726년 함양군의 금대암에서 하단탱으로 조성되어 안국암에 봉안되었음을 알 수 있다. 이 외에도 경상남도 문화재자료 제397호 지장탱(地藏幀)이 있다.

영원사 靈源寺

경남 함양군 마천면 삼정리 산 161. 이곳에는 부도군이 있는데, 경상남도 유형문화재 제445호로 지정되어 있다. 영암당부도(靈巖堂浮屠), 설파당부도(雪坡堂浮屠), 중봉당부도(中峯堂浮屠), 청계당부도(淸溪堂浮屠), 벽허당부도(碧虛堂浮屠) 등이 있다.

상연대 上蓮臺

경남 함양군 백전면 백운리 78-1. 통일신라 말 경애왕 때 창건되었다고 전해진다. 경상남도 유형문화재 제456호 목조관음보살좌상은 복장기에 의해 1612년 현진(玄眞), 학문(學文), 명은(明隱), 의능(義能) 등의 금어에 의하여 조성되고, 1677년에 중수되었음을 알 수 있다.

수인은 아미타인으로, 엄지와 중지를 둥글게 맞댄 채 오른손은 가슴까지 올리고 왼손은 무릎 위에 가지런히 올려놓았으며, 오른쪽 손가락에는 정병이 걸려 있다.

백운암 白雲庵

경남 함양군 백전면 백운리 115-3. 현재 입구에는 경상남도 민속자료 제19호 영은사지 석장승(石長丞)이 마주 보고 서 있다. 각각 우호대장군, 좌호대장군이 되어, 사냥과 어로를 금하고 잡귀의 출입을 막는 수문장 기능을 하였던 것으로 보인다. 제작연대는 좌호대장군 우측하단에 새긴 건륭 삼십년 을유윤이월일(乾隆 三十年 乙酉閏 二月日)이라는 간기(刊記)가 있어 영조(英組) 41년(1765)임을 알 수 있다.

▶▶ 합천군

해인사 海印寺

경남 합천군 가야면 치인리 10. 해인사는 대한불교조계종 제12교구 본사로 가야산(伽倻山) 서남쪽 기슭에 있다. 신라 애장왕 3년(802)에 순응(順應)과 이정(利貞)이 창건했다고 한다. 화엄10찰(華嚴十刹) 중 하나로 꼽히기도 하며, 삼보사찰 중 법보사찰(法寶寺刹)로 유명하다. 고려 태조(918~943)의 복전(福田)이었던 희랑(希朗)이 이곳에서 화엄의 사상을 펼쳤다. 태조는 고려의 국찰로 삼았고, 조선 태조 7년(1398)에는 강화도 선원사(禪源寺)에 있던 팔만대장경판을 지천사(支天寺)로 옮겼다가 이듬해 이곳으로 옮겨 왔다. 세조는 장경각(藏經閣)을 확장하고 개수했으며, 성종 14년(1483) 세조의 비 정희왕후(貞熹王后)가 해인사 중건의 뜻을 이루지 못하자, 1488년 인수왕비(仁粹王妃)와 인혜왕비(仁惠王妃)가 등곡 학조(燈谷 學祖)에게 공사를 감독할 것을 명하고 대장경판당(大藏經板堂)을 중건했다. 숙종 21년(1695)에 실화하여 만월당(滿月堂), 원음루(圓音樓)가 불탔으나 그 이듬해 중건했다. 영조 19년(1743)에 큰 축대 아래 수백 칸이 불탔으며, 당시 경상도관찰사 김상성(金尙星)이 도와 능운(凌雲)이 중건했다. 현재는 말사 80여 개와 부속 암자 14개를 거느리고 있는 대찰이다. 건물로는 대적광전, 명부전, 삼성각, 응진전, 조사전, 퇴설당, 응향각, 관음전, 궁현당, 구광루, 경학원, 명월당, 사운당, 해탈문, 국사단, 봉황문, 일주문 등이 있다. 부속 암자로는 원당암(願堂庵), 백련암(白蓮庵), 지족암(知足庵), 희랑대(希朗臺), 국일암(國一庵), 약수암(藥水庵), 용탑암(龍塔庵), 삼선암(三仙庵), 금선암(金仙庵) 등이 있다. 문화재로 국보 제32호 대장경판, 제52호 장경판전, 제206호 고려각판, 보물 제128호 반야사 원경왕사비(般若寺 元景王師碑), 제518호 원당암 다층석탑 및 석등, 제999호 목조희랑대사상, 제1242호 길상탑, 제1253호 대적광전 홍치4년명 동종, 제1273호 영산회상도, 경상남도 유형문화재 제38호 대적광전 비로자나불삼존상, 제41호 법보전 비로자나불좌상, 제254호 삼층석탑(정중탑), 제255호 석등, 제256호 대적광전, 제329호 경학원, 경상남도 문화재자료 제154호 봉황문 등 많은 문화재와 성보박물관에 많은 문화재가 전시되어 있다.

홍제암 弘濟庵

경남 합천군 가야면 치인리 21. 홍제암은 해인사에 속해 있는 산내 암자로 임진왜란(1592)과 정유재란 때 승병장으로 큰 공을 세운 사명대사(四溟大師)가 수도하다 세상을 떠난 곳이다. 홍제암이라는 이름은 사명대사 입적 후 광해군이 내린 '자통홍제존자'라는 시호에서 따왔다. 광해군 6년(1614)에 혜구대사(慧球大師)가 사명대사의 초상을 모시기 위해 건립하였으며, 1979년 10월에 해체·보수공사를 실시하였다. 사명대사부도 및 석장비(보물 제1301호)와 영정이 모셔져 있다.

월광사 月光寺

경남 합천군 야로면 월광리 369. 현재 이곳에는 월광사란 근래 절이 있다. 대가야가 신라 진흥왕(眞興王) 12년에 신라에 함락되어, 대가야의 마지강왕 월광태자(月光太子)가 인질로 잡혀와 이곳 태자암(太子巖)에서 고국을 그리워하다가 죽었다고 한다. 후에 태자의 명복을 빌기 위해 태자암이 있는 곳에 월광사(月光寺)를 세웠다고 한다. 일설에는 월광태자가 창건한 절이라고도 한다. 절터에는 보물 제129호 삼층석탑이 있는데 동서로 세워진 쌍탑으로 통일신라 후기 탑이다.

연호사 烟湖寺

경남 합천군 합천읍 합천리 203. 연호사는 신라 성덕왕 11년(712)에 창건하였다고 전한다. 조선 영조 때 중수하였고, 1940년에 일부 중수하였다. 절 바로 앞에는 경상남도 문화재자료 제59호 함벽루(涵碧樓)가 있는데 고려 충숙왕 8년(1321)에 창건되어 여러 차례 중건되었다. 건물은 2층으로 되어 있으며 정면 3칸, 측면 2칸 구조로 처마의 물이 황강에 바로 떨어지는 배치로 유명하였으나 2008년 6월 8일 함벽루 축대와 닿아 있는 황강 바닥을 3m 정도 폭으로 매립해 산책로 길을 내어 경관이 훼손되었다고 기사화되기도 했다. 누각 뒤 암벽에는 함벽루(涵碧樓)라고 각자(刻字)한 글씨가 있는데, 우암 송시열이 썼다.

청량사 清凉寺

경남 합천군 가야면 황산리 973. 청량사는 신라 말에 창건되었다고 전해진다. 『삼국사기』에 최치원(崔致遠)이 이곳에서 즐겨 놀았다고 한다. 구전에 의하면, 해인사보다 먼저 창건되었다고 한다. 오랫동안 폐사가 되었다가 순조 11년(1811)에 중건했다. 그 후 여러 차례 중건을 거치고 법당을 중수하였다. 보물 제253호 석등, 보물 제265호 석조 석가여래좌상, 제266호 삼층석탑이 남아 있는데 모두 통일신라 후기의 작품으로 추정된다.

영암사지 靈岩寺址

경남 합천군 가회면 둔내리 1659 황매산(黃梅山) 남쪽 기슭에 있는 영암사지는 절의 창건연대는 알려지지 않았으나 고려 현종 5년(1014)에 적연선사(寂然禪師)가 이곳에서 83세에 입적했다는 기록이 있어 그 이전에 세워진 것으로 짐작된다. 1984년에 동아대학교 박물관에서 절터의 일부 지역을 발굴 조사하였다. 발굴조사에서는 금당지, 서금당지, 회랑지와 기타 여러 건물터가 조사되어 가람의 규모를 부분적으로 확인할 수가 있었다. 절터는 중앙 부분이 돌출된 장대석으로 쌓은 축대에 의하면 계단형의 대지를 형성하고 자리한다. 아랫단 축대 위에는 초석, 계단 석재 등이 남아 있다. 상단 축대에는 금당이 있었던 것으로 추정되는데 기단이 비교적 잘 남아 있으며 본래의 위치에 있는 것으로 보이는 초석도 있다. 보물 제480호 삼층석탑과 보물 제353호 쌍사자석등이 자리하고 있다. 금당지의 서남쪽 60여 미터 지점에 건물지가 있고 주변에 보물 제489호 귀부(龜趺) 2기가 있다. 경상남도 유형문화재 제360호 적연선사 부도가 인근 마을에 있다.

대동사지 大同寺址

　경남 합천군 대양면 백암리 102. 이곳에는 보물 제381호 백암리
석등, 경상남도 유형문화재 제42호 석조여래좌상이 있다.
　석등은 8각의 긴 가운데 기둥을 세워 신라석등으로 보이며 그 위
로 꽃봉오리 같은 위 받침돌은 안에 얕은 홈을 파서 화사석(火舍石)
을 고정시키는 역할을 하도록 하였다. 화사석은 8각으로, 4면은 창
을 내고 4면은 사천왕입상을 도드라지게 새겼다. 조각수법으로 보아
통일신라시대 작품으로 추정된다. 석불좌상은 상체에서부터 흘러내
린 옷 주름은 무릎을 감싸고 있으며 손모양은 오른손을 무릎 위에
올리고 손끝이 아래를 향하고 있는 항마촉지인(降魔觸地印)이다. 대
좌는 상・중・하대를 갖추고 있는데, 중대의 8면에는 각각 신장상
(神將像)을 새겨 넣었다. 통일신라시대 작품으로 추정된다.

광주광역시 · 전라남도

광주광역시 · 전라남도

증심사 證心寺

광주광역시 동구 운림동 56 무등산 서쪽 기슭에 있는 증심사는 기록에 따르면 철감선사 도윤(澈鑑禪師 道允, 798~868)이 신라 헌안왕 4년(860)에 지었다고 한다. 고려 선종 10년(1094)에 혜조국사(慧照國師)가 중건한 후 조선 세종 25년(1443), 광해군 1년(1609)에 중수하였고, 1950년 6·25 전쟁 때 대부분의 건물이 불타 버려 1970년에 대웅전을 시작으로 각종 부속 건물들을 차례로 복원하여 오늘에 이르고 있다. 현존하는 건물로는 대웅전, 오백전, 지장전, 비로전, 요사채가 있다.

보물 제131호 철조비로자나불좌상은 광주시 서방면 동계리에 있던 것을 1934년에 옮겨 온 것이다. 철원 도피안사 철조비로자나불좌상(국보 제63호), 장흥 보림사 철조비로자나불좌상(국보 제117호) 등과 함께 통일신라 후기인 9세기경에 만들어진 것으로 추정된다. 광주광역시 유형문화재 제1호 삼층석탑, 제13호 오백전, 제14호 석조보살입상은 범자 7층석탑과 나란히 서 있는데 원래 담양군 남면 정곡리 서봉사 터에 있던 것을 이곳으로 옮겨 온 것으로 고려시대의 작품으로 추정된다.

약사암 藥師庵

광주광역시 동구 운림동 11. 약사암은 증심사의 부속 암자로 철감선사 도윤이 증심사를 세우기 직전인 850년 인왕사(人王寺)라는 이름으로 지었고, 고려 충렬왕 32년(1306)에 절을 고쳐 세우면서 약사암으로 이름을 바꾸었다. 1950년 6·25 전쟁 때 불 탄 것을 1974~1984년에 복원하여 오늘에 이르고 있다. 현존 건물로는 대웅전, 운림당, 운림선원, 강원(講院) 등이 있다. 대웅전에는 석조여래좌상(보물 제600호)과 대웅전 앞에는 삼층석탑이 있는데 9세기경 작품으로 추정된다.

자운사 紫雲寺

광주광역시 동구 지산2동 95-3. 보물 제1507호 목조 아미타불좌상 및 복장유물은 불상 1구, 전적류 10건, 직물류 57점, 금속 14점 등이다. 아미타불좌상은 복장품에서 1388년 중수 개금한 내용의 기문이 발견되어 그 이전에 조성되었음을 알 수 있는데, 조각기법이 자연스럽고 자태가 수려하며 신체비례가 적당하여 원만상을 보이는 등 뛰어난 조형성을 보여준다. 1276년에 제작된 개운사 목조아미타불좌상을 비롯하여 수국사 목조아미타불좌상, 화성 봉림사 목조아미타불좌상 등 대체로 12세기 말에 제작된 것으로 추정되며 현재 송광사 성보박물관에 소장되어 있다.

운천사 雲泉寺

광주광역시 시구 쌍촌동 99-7. 광주광역시 유형문화재 제4호 마애여래좌상은 신라 원효대사가 무등산 원효사에 머물던 어느 날, 서쪽 하늘에 상서로운 기가 가득함을 보고 제자 보광화상을 그곳에 보냈더니 뜻밖에 큰 바위에서 빛이 솟아 나오므로 그곳에 이 불상을 새겼다고 한다. 자연 암벽을 다듬어 불상을 도드라지게 표현하고 그 위에 건물을 지어 전각(殿閣)을 이루고 있는 일종의 석굴사원 형태이다. 형식화된 옷 주름, 어색하게 표현된 손가락 등 고려시대 마애불로 추정된다.

원효사 元曉寺

광주광역시 북구 금곡동 209-13. 신라 선덕여왕 때 원효대사가 창건했다고 전해진다. 1980년 5월 6일 대웅전 신축을 위해 정지작업 중 청동불상과 여러 점의 유물이 출토되자 국립광주박물관에서 발굴 조사하였다. 광주광역시 유형문화재 제7호 동부도, 제8호 원효사 출토 유물(금동·청동불상 12점, 소조불두(塑造佛頭) 18점, 동경(銅鏡) 2점 등 모두 32점), 제15호 만수사 범종은 유곽 아래에 새긴 글로 보아 이 종이 숙종 36년(1710)에 만수사에서 만들었음을 알 수 있다.

청룡사 青龍寺

광주광역시 광산구 사호동 산136. 현재 광주광역시 문화재자료 제11호 용진산 마애여래좌상이 청룡사 가는 길 왼편 암벽에 새겨져 있다. 대좌(臺座)와 광배(光背)를 마련하지 않고 불신만을 선으로 새겨 놓았다. 불상 위쪽 암벽에는 佛堂日月(불당일월), 聳珍水石(용진수석)이라는 글씨가 세로로 뚜렷하게 새겨져 있다

덕림사 德林寺

광주광역시 남구 304-7. 광주광역시 유형문화재 제27호 지장보살

상과 시왕상 및 그 권속은 1680년 수은이 화주가 되고 색난과 그의 제자들이 조성하여 사찰에 봉안된 신앙대상물이다. 조성연대와 화주 및 조각승이 밝혀진 점과 독립적인 전각에 모셔지는 명부신앙의 초기 자료란 점에서 중요하다.

▶▶ 목포시

달성사 達聖寺

전남 목포시 죽교동 317 유달산의 동남쪽 중턱에 있는 달성사는 목포에서 가장 유명한 사찰이며, 대원사(大願寺)라 불렸다고도 전해진다. 절의 창건에 대해서는 1913년 4월 초파일 대둔사에 있던 노대련(大蓮) 선사가 이곳에 와서 창건했다고 한다. 1932년 노대련 선사가 백일기도 중에 굴착을 시작해서 기도의 영험으로 30척의 바위 속에서 생수가 용출되었다 한다. 극심한 가뭄에도 마르는 법이 없고 더운 여름에는 빙수처럼 차고 물맛이 좋으며 아무리 마셔도 복통이 없다 한다. 만일 부정한 사람이 급수하면 옥정물이 없어진다고 한다. 전라남도 유형문화재 제228호 목조 아미타삼존불좌상은 적색의 필사본인 조성발원문에 따르면 숙종 4년(1678) 만덕산 백련사에서 조성하였다.

유형문화재 제229호 목조 지장보살반가상은 조성발원문에 따르면 명종 20년(1565) 나주 웅점사(운흥사)에서 조성하였음을 알 수 있다.

2005년 3월 19일 새벽에 도난당했다가 회수되기도 하였다. 동종은 영조 36년(1760)에 주조한 것으로 1915년 노대련 선사가 해남 대흥사의 만일암(挽日庵)에 있던 것을 가져온 것이라고 한다. 종에는 '주상전하수만세(主上殿下壽萬歲)', '왕비전하수천추(王妃殿下壽千秋)', '세자저하수제년(世子邸下壽齊年)' 등의 명문이 새겨져 있다.

▶▶ 여수시

흥국사 興國寺

전남 여수시 중흥동 17 영취산 기슭에 있는 흥국사는 여수의 유명 사찰로 고려 명종 25년(1195)에 보조국사(普照國師)가 호국 사찰로 세웠다. 그 후 여러 번 고쳐 지었는데, 인조 2년(1624)에 계특대사(戒特大師)가 건물을 고쳐 세워 지금에 이른 것이다. 경내에는 대웅전, 팔상전, 불조전, 응진당 등이 있다. 보물 제396호 대웅전, 보물 제578호 대웅전 후불탱은 숙종 19년(1693)에 왕의 만수무강과 나라의 평안을 기원하기 위해 천신(天信)과 의천(義天) 두 승려화가가 그렸다. 보물 제1331호 노사나불괘불탱, 제1332호 수월관음도, 제1333호 십육나한도, 제1550호 목조석가여래삼존상, 제1556호 강희4년명 동종, 제1566호 목조지장보살삼존상·시왕상 일괄 및 복장유물, 전라남도 유형문화재 제45호 원통전, 전라남도 문화재자료 제258호 팔상전과 입구에는 보물 제563호 홍교(虹橋)가 있다. 홍교는 홍예(虹霓)의 한복판에는 양쪽으로 마룻돌이 튀어나와, 그 끝에 용머리를 장식하여 마치 용이 다리 밑을 굽어보고 있는 듯하다. 조선 인조 17년(1639)에 세워진 다리이다.

은적암 隱寂庵

전남 여수시 돌산읍 군내리 4. 은적암은 고려 명종 25년(1195)에 보조국사(普照國師)가 세운 암자이다. 현재 남아 있는 건물로는 대웅전, 관명루, 칠성각 등이 있다. 1656년 중창 때 만들어진 것으로 보이는 목불이 대웅전에 있다. 관명루는 광해군 10년(1618), 정조 14년(1790), 철종 8년(1857)에 걸친 수리를 기록한 상량문이 전하고 있다. 유물로는 1918년에 조성된 후불탱, 칠성탱, 산신탱 등이 있다.

향일암 向日庵

전남 여수시 돌산읍 율림리 7. 향일암은 해를 바라본다고 해서 붙여진 사찰이다. 원효대사(元曉大師)가 창건하고 창건 당시의 이름은 원통암(圓通庵)이었다. 광종 9년(950)에 윤필거사가 이곳에 수도하면서 원통암을 금오암(金鰲庵)이라 개칭하였다. 조선 숙종 39년(1713)에 당시 돌산 주민들이 논과 밭 52두락을 헌납하여 그로부터 3년 뒤인 숙종 41년(1715) 인묵대사가 현 위치로 옮겨 향일암이라 이름을 고쳐 오늘에 이르고 있다고 한다. 건물로 대웅전과 관음전, 칠성각, 취성루, 요사채 등이 있는데 이들 건물은 모두 1986년에 새로 지은 것이다.

한산사 寒山寺

전남 여수시 봉산동 936. 한산사는 구봉산(九鳳山) 동쪽 능선에 위치하고 있다. 고려시대 보조국사 지눌(1158~1210)이 세웠다고 전한다. 최근 기록들은 보광사(普光寺)라는 이름으로 창건된 것으로 적고 있다. 1592년 임진왜란 때에는 수군과 의승군(義僧軍)의 주둔처였다.

▶▶ 순천시

송광사 松廣寺

　전남 순천시 송광면 신평리 12 조계산(曹溪山) 북서쪽 자락에 있는 송광사는 삼보(三寶) 사찰 가운데 승보(僧寶) 사찰이다. 도의국사(道義國師)가 창건하였다고 하며, 신라 말기에 체징이 세웠다고도 한다. 일설에는 신라 말기에 혜린(慧璘)이 마땅한 절을 찾던 중, 이곳에 이르러 산 이름을 송광이라 하고 절 이름을 길상(吉祥)이라 하였는데, 사찰의 규모는 불과 100여 칸에 지나지 않았고 승려의 수효도 겨우 30~40명을 넘지 못하였다. 고려 인종(仁宗) 3년(1125)에 석조(釋照)가 대찰을 세울 뜻을 품은 채 세상을 뜨자, 명종 27년(1197)에 승려 수우(守愚)가 사우(寺宇) 건설을 시작하였다. 3년이 지난 뒤 보조국사(普照國師) 지눌(知訥)이 정혜사(定慧社)를 이곳으로 옮겨 와 수선사(修禪社)라 칭하고, 도(道)와 선(禪)을 닦기 시작하면서, 대찰로 중건하였고, 공민왕 18년(1369)에 중수되었다. 송광(松廣)이라는 절 이름은 조계산의 다른 명칭인 송광산(松廣山)에서 비롯된 것으로, 송광산이라 부르게 된 데는 몇 가지 있다. 전설에 따르면 이곳에서 장차 18공(公)을 배출하여 불법을 널리 펴게 될 것이기 때문에, 소나무 송(松) 자를 십팔공(十八公)으로 파자(坡字)하고, 불법을 널리 펼친다는 의미의 '廣' 자를 더하여 송광(松廣)이라 이름하였다는 것이다. 암자로는 광원암(廣遠庵), 천자암(天子庵), 감로암(甘露庵), 부도암(浮屠庵), 불일암(佛日庵), 판와암(板瓦庵), 오도암(悟道庵) 등이 있다.

국보 제42호 목조삼존불감, 제43호 고려고종제서, 제56호 국사전, 보물 제263호 하사당, 보물 제302호 약사전, 제303호 영산전, 제1043호 십육조사진영, 제1366호 화엄전 화엄탱, 제1367호 응진당 석가모니후불탱・십육나한탱, 제1368호 영산전 후불탱・팔상탱, 제1376호 티베트문법지, 제1467호 소조사천왕상, 제1468호 소조사천왕상 복장유물일괄, 전라남도 유형문화재 제59호 삼청교 및 우화각, 제91호 보조국사비, 제97호 진영당, 제254호 응진당, 제256호 보조국사 감로탑이 있다.

선암사 仙岩寺

전남 순천시 승주읍 죽학리 802 조계산(曹溪山)에 있는 선암사는 신라 진평왕 3년(542) 아도(阿度)화상이 창건하여 비로암(毘盧庵)이라고 했다는 설이 있으며, 헌강왕 5년(875) 도선(道詵)국사가 창건하여 선암사라고 했다는 설이 있다. 절 서쪽에 높이가 10여 장(丈)이나 되고 면이 평평한 큰 돌이 있는데, 사람들은 옛 선인이 바둑을 두던 곳이라고 하여, 선암(仙岩)이라는 절 이름이 생겼다고도 한다.

고려 선종 6년(1088) 대각(大覺)국사 의천(義天)이 중창했다. 그 뒤 수많은 건물이 있었으나, 조선 선조 30년(1597) 성유새란 때 석종(石鐘), 철불(鐵佛), 보탑(寶塔), 부도, 문수전, 조계문(曹溪門) 등만 남기고 모든 건물이 병화에 소실되었다. 헌종 1년(1660)에 경준(敬俊), 경잠(敬岑), 문정(文正)이 중건했고, 그 뒤에 침굉 현변(枕肱 懸辯, 1616~1684)이 많은 건물들을 보수했다. 숙종 24년(1698)부터 8년 동안 원통각, 약선궁, 대법당, 오십전 등을 짓고, 관음상 1위, 소상(塑像) 61위, 화상(畵像) 등을 조성하여 이 절을 중창했다. 순조 19년(1819) 봄 불에 타자 곧 상월(霜月)이 중건했고, 당시의 산내 암자로는 대각암(大覺庵), 대승암(大乘庵), 청련암(靑蓮庵), 운수암(雲水庵), 선조암(禪助庵), 향로암(香爐庵), 비로암(毘盧庵)이 있었다. 1950년 6·25전쟁 이전에는 모두 65동의 건물이 있었으나, 전쟁 중에 대부분 불에 탔다.

현존하는 건물로는 대웅전, 원통전, 팔상전, 전불각, 장경각, 강선루(降仙樓) 등이 있다. 보물 제395호 삼층석탑, 제400호 승선교, 제1044호 대각국사진영, 제1117호 대각암부도, 제1184호 북부도, 제1185호 동부도, 제1311호 대웅전, 제1419호 석가모니불 괘불탱 및 부속유물일괄, 제1553호 서부도암 감로왕도, 제1554호 33조사도, 제1558호 강희39년명 동종, 제1561호 순치14년명 동종, 전라남도 유형문화재 제92호 선암사 중수비, 제96호 일주문, 제169호 원통전, 제262호 금동관음보살좌상, 제263호 대각암 동종, 전라남도 문화재자료 제157호 마애여래입상, 제177호 각황전, 제214호 측간 등 많은 문화재가 있다.

향림사 香林寺

전남 순천시 석현동 230 비봉산에 자리 잡은 향림사는 통일신라 경문왕 5년(865)에 도선국사(道詵國師)가 세웠고, 조선 현종 10년(1669)에 고쳐 지어 오늘에 이르고 있다. 광해군 10년(1618)에 지봉 이수광이 편찬한 『승평지』 사찰조를 보면 향림사는 순천 북5리에 있으며 겨울이면 동백이 무성하였다. 갑신년에 순천 사람들이 공동으로 제력을 모아 중창하였는데 이 부근의 지형이 새가 알을 품고 있는 형상으로 그 기운이 너무 강하여 지세를 누르기 위해 이곳에 향림사를 지었다고 한다. 경내의 건물로는 대웅전과 삼성각, 요사채가 있다. 절 주변에는 작설차 재배 단지가 있다. 전라남도 유형문화재 제116호 삼층석탑은 대웅전 앞마당에 동서로 나란히 2기가 있다. 제287호 향림사 동종은 원래 순천 선적사(善積寺)에서 제작된 것으로 언제 이곳으로 옮겨졌는지는 알 수 없으나, 향림사와 선적사의 관련은 선암사 중수비(1703년)의 기록을 통해 추정해 볼 수 있다. 종의 양식을 보면 종정부는 단용의 용뉴와 반구형의 천판을 갖추고 있으며, 종신부는 상대·유곽·보살입상이 장식되어 있다. 전방의 좌측에 위패에는 주상삼전하수만세(主上三殿下壽萬歲)의 8자가 세로로 양각되어 있다.

정혜사 定慧寺

전남 순천시 서면 청소리 711. 정혜사는 신라 경덕왕(景德王) 때 혜조국사(慧照國師)가 건립하였다. 중국 당(唐)나라 천봉(天奉) 원년(元年)에 중수하였다는 기록이 있다. 오랜 절이라는 뜻에서 고사(古寺)라 불러 왔다. 보물 제804호 대웅전(大雄殿)이 있고, 대웅전 앞마당 나무 아래에는 부도의 상륜부와 지대석으로 추정되는 석재들이 모아져 있다. 입구 산자락에는 3기의 부도가 있는데, 어느 고승의 부도인지 알 수 없으며, 원래 이 자리에 있었는지도 알 수 없다.

동화사 桐華寺

전남 순천시 별량면 대룡리 282 개운산(開雲山)에 있는 동화사는 고려 문종 2년(1048)에 대각(大覺)국사 의천(義天)이 창건했다. 의천이 남쪽 지방을 유람하다가 승주 낙안면에 이르렀는데, 동쪽 하늘에서 상서로운 구름이 피어나는 것을 보고 산 이름을 개운산이라 했으며, 구름이 일어난 곳에 절을 짓고 동화사라 했다 한다. 조선 중기에 법홍(法弘)이 향로전(香爐殿)을 지었고, 법홍이 다시 계환(戒環)에게 권하여 숙종 22년(1696)에 법당, 선당(禪堂), 정문루(正門樓), 요사채 등을 중건하여 오늘에 이르고 있다. 현존하는 건물로는 대웅전(전라남도 유형문화재 제61호), 선당, 범종루, 요사채 등이 있다. 삼층석탑(보물 제831호)과 고려시대로 추정되는 부도 1기가 있다.

금둔사 金芚寺

전남 순천시 낙안면 상송리 산2-1. 금둔사는 백제 위덕왕 30년(583)에 담혜화상(曇惠和尙)이 창건하였다고 전한다. 통일신라 신문왕 2년(682)에 의상대사(義湘大師)가 중창하고 산내에 금강암(金剛庵)을 짓고 주석하였다. 헌안왕 1년(857) 철감국사(澈鑒國師)와 징효대사(澄曉大師)가 중창하였고, 고려 말 1385년에 고봉화상(高峰和尙)이 중창한 뒤 산내에 수정암(水晶庵)을 짓고 주석하였다.『동국여지승람』에 "금전산에 금둔사가 있다."라는 기록이 있어 이 주변 절을 금둔사라고 추정하고 있다. 순천대학교 박물관에서 발굴조사를 통해서 4동의 건물지를 확인했고, 초석·기단·연화문 수막새·주름무늬병 등의 유물을 발굴했다. 박물관 측은 발굴유물을 토대로 금둔사는 9세기경 창건된 사찰임을 확인했다. 보물 제945호 삼층석탑은 1979년 7월 10일에 완전 도굴되어 흩어져 있던 것을 복원하였는데, 1층 몸돌의 앞뒷면에는 자물쇠가 달린 문짝을, 양 옆면에는 불상을 향하여 공양상을 새겨 놓았다. 지붕돌은 밑면의 받침이 5단씩이고, 처마는 평평하며, 낙수면은 완만하게 경사지다가 네 귀퉁이에서 힘차게 치켜 올려져 있다. 통일신라시대 후기 9세기경에 조성된 것으로 추측된다. 보물 제946호 석불비상(石佛碑像)은 불상의 뒷면에 글이 새겨져 있는 것으로 보이나 마멸이 심해서 읽어내기 어려운 상태이다. 뒷면의 윗부분에는 보살상을, 아랫부분에는 코끼리상을 조각하였던 것으로 추정된다.

▶▶ 나주시

불회사 佛會寺

전남 나주시 다도면 마산리 999 덕룡산(德龍寺) 중턱에 있다. 불회사는 백제 침류왕 1년(384) 인도의 승려 마라난타(摩羅難陀)가 백제에 불교를 전래함과 동시에 창건했다. 그 뒤 신라 말에 도선(道詵, 827~898)국사가 중건했고, 조선 정조 22년(1798) 중창 되었고, 창건 당시 불호사였던 이름이 순조 8년(1808) 지금과 같이 불회사로 이름이 바뀌었다. 1950년 6·25전쟁 때 일부 전각이 피해를 보았고, 1983년 나한전과 명부전을 해체 보수하였다. 현존하는 건물로는 대웅전, 명부전, 나한전, 칠성각, 응진각 등이 있다.

전설로 불회사는 원진국사에 의해 크게 중창되었는데 그전까지만 해도 대웅전이 비좁고 낡아 있었다. 국사는 어떻게 하면 대웅전을 크게 지을 수 있을까 하고 매일 시주를 다니고 있었는데 어느 날 저녁 절로 돌아오는 길이었다. 산길에서 갑자기 호랑이가 나타나 그를 가로막았다. 그는 겁내지 않고 함부로 살생하지 말라고 호랑이를 꾸짖었는데 호랑이는 가지 않고 입을 벌리며 뭔가 애걸하는 것 같았다. 그는 입속에 뭐가 걸렸구나 생각하며 걸린 것을 꺼내 보니 여자의 금비녀였다. 호랑이는 고맙다는 표정으로 사라지고 몇 달이 지났다.

추운 겨울날 밤 절 마당에 호랑이가 소복차림의 처녀를 데려다 놓고 가버리는 것이었다. 처녀는 경상도 안동고을의 김상공의 딸이라 하였다. 국사는 처녀를 비구승으로 변장시켜 같이 안동으로 떠났다. 그 집에 당도하니 딸이 호식당한 지 일 년이 되는 날이라 온통 슬픔에 잠겨 있었다. 딸이 살아 돌아오자 온통 잔치분위기로 변했고 그 아비는 국사에게 보답하겠다고 했다. 국사는 "바랑에 하나 가득 시주해 주는 것으로 족하다." 하니 처녀의 아버지는 그러마 하고는 곡식을 부었는데 아무리 부어도 가득 차지가 않는 것이었다. 이상하여 이유를 물으니 국사가 웃으며 "소승의 절이 헐어서 대웅전을 신축하려는데 이왕 주려면 건축비용만큼 시주하면 바랑이 찰 것이오." 라고 했다. 그리고는 바랑에 부어지는 곡식을 도술로써 불회사로 단번에 옮겼다 한다. 그래서 사람들은 호랑이의 보은으로 지었다 하여 '호랑이가 지은 절'이라 불렀다. 보물 제1310호 대웅전은 1402년에 건립되었으며, 상량문 및 건축수법 등으로 볼 때 정조 23년(1799)에 중건된 정면 3칸, 측면 3칸의 장식성이 돋보이는 조선 후기의 화려한 다포집이다. 대웅전 안에는 보물 제1545호 건칠비로자나불좌상이 모셔져 있는데, 고려 말 조선 초에 특히 많이 조성된 불상이다. 명부전은 1402년에 건립되어 18세기 말에 중수했는데, 원래 이 절에는 청허 휴정(淸虛 休靜)과 사명 유정(四溟 惟政)의 영정도 봉안되어 있었다고 한다. 입구에는 중요민속자료 제11호 불회사 석장승 2기가 서 있다. 숙종 45년(1719) 전후에 제작된 것으로 추정된다. 전라남도 유형문화재 제225호 원진국사부도는 고려 충숙왕 4년(1317)에 세워졌다.

미륵사 彌勒寺

전남 나주시 봉황면 철천리 산124-2. 이곳 봉황면 지역은 백제 때는 실어산현(實於山縣), 통일신라 이후 조선 초까지 철야현(鐵冶縣)이 있었던 지역이다. 544년에 연기조사가 창건하였다고 한다. 인근에는 보물 제461호 철천리 칠불석상, 보물 제462호 철천리 석불입상이 있다.

다보사 多寶寺

전남 나주시 경현동 629 금성산(金城山) 기슭에 있는 다보사는 신라 문무왕 1년(661)에 원효(元曉)가 창건했다. 일설에는 백제 무왕 28년(627)에 임제종(臨濟宗)의 절로 창건되었다고도 한다. 그 뒤 고려 명종 14년(1184)에 보조 지눌(普照 知訥)이 중건했다. 지금 있는 건물들은 조선 후기인 19세기에 세운 것으로 추정한다. 절 경내에는 대웅전을 비롯하여 명부전, 영상전, 칠성각, 요사채 등의 건물들이 있다. 전라남도 문화재자료 제87호 대웅전은 원래 문평면의 신로사(薪老寺)에 있었던 것이나, 신로사가 폐사됨에 따라 이건했다. 보물 제1343호 다보사 괘불탱은 원래는 보흥사(普興寺)에 봉안되었던 것이다. 구성은 석가삼존불입상을 중심으로 윗부분에 관음보살과 대세지보살, 다보여래와 아미타여래가 짝을 이루고 있는데, 당시에 성행하였던 형식이다. 조선 영조 21년(1745)에 조선 후기의 대표적 승려화가인 의겸을 비롯하여 9명의 화원이 함께 그렸다. 경현동 향토문화회관에 보관 중이라 한다. 대웅전 앞에는 삼층석탑과 동종(銅鐘), 조선시대의 것으로 추정되는 석등이 있다. 절의 뒷산에는 왕건(王建)이 견훤(甄萱)과 싸우기 위해 쌓은 금성산성(錦城山城) 터가 있다.

심향사 尋香寺

전남 나주시 대호동 825 금성산(錦城山)에 있다. 통일신라시대에 원효(元曉 617~686)가 창건했다. 고려 공민왕 7년(1358)에 중수했으며, 정조 13년(1789)에 몽수(夢守)가 중창하여 미륵원(彌勒院), 신왕사(神王寺)라고 불렀다가 심향사로 되었다. 미륵전 건물에서 발견한 기록에 따르면 정조 13년(1789) 무렵까지는 신황사로 불렸던 듯하다. 현존하는 건물로는 미륵전과 극락보전, 요사채 등이 있다.

전해오는 말로는 옛날 심향사의 경내가 현 동문의 석당간(보물 49호)까지이며 옛 나주 군청 내에 있는 북내외 3층석탑(보물 제50호)도 심향사에 있었던 것이라 한다. 미륵전 앞에는 500년 전에 심었다는 팽나무와 모과나무 두 그루가 있다. 보물 제1544호 건칠아미타여래좌상은 13세기 후반에 조성된 개운사 목조아미타여래좌상(1276년), 화성 봉림사 목조아미타불좌상(1362년 이전) 등에서도 확인되는 공통적 양식으로 보아 고려시대 13~14세기경에 제작된 것이다.

운흥사 雲興寺

전남 나주시 다도면 암정리 954. 운흥사는 신라 헌강왕 12년(885) 도선국사가 창건하였다고 한다. 입구에는 중요민속자료 제12호 석장승이 마주보고 서 있는데 좌측은 남자, 우측은 여자의 모습이다. 여장승 뒷면의 조선 숙종 45년(1719)이라는 기록으로 정확한 제작연대를 알 수 있다. 남장승은 상원주장군(上元周將軍) 여장승은 하원당장군(下元唐將軍)이라는 글자가 새겨져 있다. 전라남도 유형문화재 제260호 금동여래입상은 전남문화재연구원에서 2001년 9월 16일에 이 일대를 발굴 조사하여 출토된 통일신라시대 불상이다.

죽림사 竹林寺

전남 나주시 남평읍 풍림리 산1. 죽림사는 신라시대 아도화상이 창건하였다고 전한다. 1983년 극락전 보수 때 통일신라시대 사리 16과와 청동불두가 발견되어 고찰임을 알 수 있었다. 건물로 극락보전, 영산전, 청향각, 삼성전 등이 있다. 보물 제1279호 세존괘불탱(世尊掛佛幀)은 석가불을 단독으로 그린 비교적 작은 크기의 괘불이다. 석가의 모습이 오른손이 크고 팔이 유난히 가늘고 긴데 이것은 안심사의 영산회괘불탱(국보 제297호)과 곡성도림사의 영산괘불탱(1683년 작)에서도 볼 수 있는 표현으로 조선 중기 괘불의 흐름을 알 수 있게 하는 귀한 작품이다. 전라남도 문화재자료 제92호 극락보전에는 조선 초에 조성된 건칠불이 있으며, 입구에는 조선시대 부도 2기가 있다.

▶▶ 광양시

중흥사 中興寺

전남 광양시 옥룡면 운평리 산23 중흥산성 내에 있는 중흥사는 신라 경문왕 때(861~875)에 도선(道詵)국사가 창건했다. 조선 선조 25년(1592) 임진왜란 때에는 승병과 의병이 주둔하여 중흥산성을 지켰으며, 왜병과의 격전 끝에 절은 소실되었다. 그 뒤 비구니들이 작은 암자를 건립하여 명맥을 이어 오다가 1943년에 다시 폐허가 되었으며, 1963년에 중창하여 오늘에 이른다. 현재 남아 있는 건물로는 대웅전을 비롯하여 산신각, 요사채 등이 있다. 보물 제112호 삼층석탑은 원래 쌍사자석등(국보 제103호)과 함께 있었으나, 석등은 현재 국립광주박물관으로 옮기고 석탑만이 남아 있다. 상층기단은 한 면을 둘씩 나누어서 앞면에는 인왕상(仁王像)을, 양 측면에는 사천왕상(四天王像)을, 뒷면에는 보살상(菩薩像)을 도드라지게 새겼다. 탑신부는 몸돌과 지붕돌이 각각 하나의 돌로 되어 있으며, 각 층 몸돌에는 두꺼운 모서리기둥을 조각하였다. 1층 몸돌의 각 면에는 연꽃대좌 위에 여래상(如來像)을 조각하였고, 상륜부에는 노반(露盤)만 남아 있고 그 위에 보주(寶珠)가 있다. 통일신라시대의 석탑으로 추정된다. 전라남도 유형문화재 제142호 석조지장 보살반가상은 왼발을 올리고 오른발을 내린 형태이다. 두건을 쓰고 있어서 지장보살상으로 보인다. 조성연대는 고려 말 조선 초로 추정된다. 전라남도 기념물 제178호 중흥산성은 중흥사 입구 세심정에 남문, 옥룡면 추산리로 넘어가는 오솔길에 북문 터가 남아 있다. 임진왜란 때는 의병과 승병을 양성하는 훈련장으로 사용하였다.

옥룡사지 玉龍寺址

전남 광양시 옥룡면 추산리 302외 백계산에 있는 옥룡사는 신라 경문왕 4년(864)에 도선국사(道詵國師)가 세운 절이다. 전설에 의하면 이 절터는 큰 연못이었는데 이 연못에 9마리의 용이 살면서 사람들을 괴롭혔다. 이에 도선국사가 용을 몰아냈는데 유독 백룡만이 말을 듣지 않자, 지팡이로 용의 눈을 멀게 하고 연못의 물을 끓게 하여 쫓아낸 뒤 숯으로 절터를 닦아 세웠다고 한다. 주위의 동백나무 숲은 절을 세울 때 땅의 기운이 약한 것을 보충하려고 꾸몄으며, 제자들의 심신수련을 위해 차밭을 일궜다는 일화도 전한다. 조선 후기에 화재로 타 버려 폐사되었다. 1997년 순천대 박물관 조사결과 건물터와 명문비 조각 90여 점을 찾았고, 도선국사의 것으로 생각되는 유골과 관을 발견하였다. 2007년에 옥룡사지 진위여부로 파문이 있었다.

『동문선東文選』 도선국사 비음기에는 도선국사가 옥룡사라는 조그마한 절에 와서 보니 주변 풍경이 좋아서 거주하였다고 한다.

무등암 無等庵

전남 광양시 다압면 신원리 산20−1 불암산의 북동쪽 경사면에 위치하고 있는 무등암은 1959년에 건립된 근래의 사찰이다. 전라남도 문화재자료 제211호 목조대세지보살좌상은 전남지방에서는 대세지보살좌상에서 처음으로 복장물(발원문, 진신사리보치진언문, 후령통 등)이 발견되었으며, 보살상의 절대연대, 봉안처, 조성동기, 시주자 등의 중요 내용을 알 수 있다. 보살상은 조선 후기의 양식이나, 법의에서 반단(半袒)형식이 없고 군의(裙衣)의 상단이 띠매듭 없는 일자형이며 상현좌를 이루고 있는 특징이 있다.

▶▶ 담양군

개선사지 開仙寺址

전남 담양군 남면 학선리 593. 현재 절터에는 보물 제111호 석등(石燈)이 남아 있다. 아래 받침돌에는 엎어 놓은 연꽃 모양이 새겨졌고, 사이기둥은 장고모양이며, 위 받침돌에는 솟은 연꽃모양을 새겼다. 화사석(火舍石)은 8각이며 창이 8면에 뚫렸다. 지붕돌은 아랫면에 낮고 널찍한 고임이 있고, 8각의 끝부분에는 꽃모양을 둥글게 조각하였다. 창 사이 공간에는 통일신라 진성여왕 5년(891)에 만들었다는 글이 새겨져 있는데, 신라시대 석등 가운데 글씨를 새긴 유일한 예이다.

용화사 龍華寺

전남 담양군 담양읍 남산리 106. 보물 제737호 불조역대통재(佛祖歷代通載)는 석가여래 탄생부터 원통 2년(충숙왕 복위 3년, 1334) 사이 학덕이 높은 스님들의 전기(傳記)를 연대순으로 적어 놓은 책이다.

용흥사 龍興寺

전남 담양군 월산면 용흥리 574. 용흥사에는 보물 제1555호 순치원년명 동종(順治元年銘 銅鍾)이 있다. 이 종은 조선시대 주종장(鑄鍾匠) 중 김애립(金愛立), 김성원(金成元) 등과 함께 사장계(私匠系)를 대표하는 김용암(金龍岩)이 주가 되어 인조 22년(1644)에 주성한 종으로, 규모도 비교적 클 뿐만 아니라 비례감과 조형성이 뛰어나다.

전라남도 유형문화재 제139호 용흥사 부도군은 용흥사로 들어가는 입구 왼쪽에 7기의 부도가 나란히 있다.

영은사 靈隱寺

전남 담양군 고서면 금현리 133. 1976년에 지은 사찰로 주변은 원래 영은사 옛 절터였다. 현재 전라남도 유형문화재 제143호 석조여래좌상과 문화재자료 제135호 석불좌상이 있다. 석조여래좌상은 중앙에 있으며 불신과 광배(光背)를 하나의 돌에 새겼다. 이 불상은 영암군의 도갑사 석조여래좌상(보물 제89호)과 비슷한 양식으로 신라 말 고려 초에 불상으로 추정된다. 석불좌상(전라남도 유형문화재 제143호) 옆으로 석불좌상이 오른쪽을 보고 있다. 목 부분이 떨어져 나간 것을 시멘트로 붙여 놓았으며, 만든 연대는 고려 전기로 추정된다.

연동사지 煙洞寺址

전남 담양군 금성면 금성리 산91-3 금성산성 내에 있다. 전라남도 문화재자료 제188호 지장보살입상과 삼층석탑이 있다.

『신증동국여지승람(新增東國輿地勝覽)』, 『범우고(梵宇攷)』, 『동국여지지(東國輿地志)』 등의 문헌에 의하면 연동사는 17세기 이후에 폐찰된 것으로 보인다. 이 석불은 금성산성 남쪽 높이 약 20m쯤 되는 암벽 바로 밑에 있다. 사각형의 돌기둥 앞뒷면을 약간 다듬어 머리 부분을 조각하고, 신체에는 손과 형식화된 옷주름을 표현했다. 머리는 민머리이며 얼굴은 둥글넓적하다. 오른손은 팔을 구부려 위로 올린 상태에서 중지와 엄지를 맞대고 있으며, 왼손은 신체의 균형에 맞지 않게 길게 내려뜨렸다. 몸체 아랫부분은 땅속에 묻혀 있어 자세히는 알 수 없으나 약간 앞을 향해 고개를 숙인 듯하다. 고려 후기 불상으로 추정된다. 문화재자료 제200호 삼층석탑은 무너져 각 부재들이 흩어져 있던 것을 1996년에 복원한 것이다. 담양읍 오층석탑(보물 제506호)과 곡성 가곡리오층석탑(보물 제1322호) 등과 같이 백제계 석탑 양식을 이어받은 것으로, 고려 후기에 세운 것으로 추정된다.

언곡사지 彦谷寺址

전남 담양군 무정면 봉안리 68. 전라남도 문화재자료 제20호 삼층 석탑이 남아 있다. 탑은 1927년 무정초등학교로 옮겨 세웠다가 1996 년에 다시 복원해 놓은 것이다. 전체적으로 통일신라 석탑 양식을 따 르고 있다. 3층 몸돌 앞뒷면에는 여래상을 도드라지게 조각해 놓았 다. 지붕돌은 급한 경사를 이루는 낙수면의 네 지붕 선이 뚜렷하고, 밑면에 각각 1·2층은 4단, 3층은 3단의 받침을 두었다. 지붕돌 밑면 의 받침 수가 4~3단으로 줄어든 점으로 보아 고려시대의 것으로 추 정된다. 1995년에 해체복원 작업을 하면서 시 주민의 신고에 따라 원 래 탑이 있던 곳을 발굴하게 되었고, 이 과정에서 아래층 기단을 발 견할 수 있었다. 그 후 학교에 남아 있던 위층 기단 및 탑신부를 모 아 복원해 놓았다.

보리암 菩提庵

전남 담양군 용면 월계리 산81-1. 보리암은 조선 숙종 20년(1694) 에 쓴 『보리암중수기』에 따르면 고려시대 보조국사가 세운 뒤 정유 재란으로 불탄 것을 선조 40년(1607)에 승려 신찬이 고쳐 지었고, 효종 1년(1650)에 다시 지었다고 한다. 1983년 주지 성묵 스님이 현 법당을 복원하였다. 이곳은 임진왜란 때 충장공 김덕령 장군의 부인

흥양 이씨가 순절한 곳이기도 한데 임진왜란 당시 흥양 이씨는 왜적에게 쫓기자, 절벽에서 몸을 던져 순절하였다. 지금도 암벽에는 헌종 6년(1840)에 담양부사 조철영이 이 사실을 새겨 놓은 명문이 남아 있다.

호국사 護國寺

전남 담양군 담양읍 만성리 70. 호국사에는 전라남도 문화재자료 제267호 목조 아미타여래좌상이 소장되어 있는데, 조선 후기 불상으로 추정된다. 2005년 2월에 확인된 복장물의 발원문을 통하여 1660년 5월 15일 담양 용구산 회적암에서 아미타불 1구를 조성하여 봉안(順治十七年庚子五月十三日造成彌陀一軀畢功安于龍龜山晦迹庵)했다.

▶▶ 곡성군

태안사 泰安寺

전남 곡성군 죽곡면 원달리 20. 태안사는 통일신라 경덕왕 원년(742)에 이름 모를 스님 세 분이 세웠다고 전한다. 그로부터 1배여 년이 지난 뒤 혜철선사가 당나라 서당지장에게 법을 전수받고 문성왕 원년(839)에 귀국한 후 이곳에 신라 하대 선문의 동리산파를 이룬 것은 문성왕 9년(847)이다. 도선국사도 이곳에서 20세 때부터 23세까지 혜철에게 가르침을 받고 크게 깨쳤다. 고려시대에는 광자대사가 크게 늘려 지었는데 이때 절의 규모는 총 40여 동에 110칸이었고, 법당에는 높이 1.4m되는 약사여래 철불좌상을 모셨던 듯하다. 고종 10년(1223)에는 당시 집권자인 최우가 고쳐 지었으며, 조선시대에는 숙종 10년(1684)에 주지 각현이 창고를 새로 지었다는 기록이 보이고 있다. 조선 초에 태종의 둘째 아들 효령대군(1396~1486)이 이곳에 머물렀던 인연이 있는 곳이다. 1950년 6·25 전쟁 때 많은 피해를 입어서 지금 있는 건물은 대부분이 복원된 것이다. 보물 제273호 적인선사조륜청정탑, 제274호 광자대사탑, 제275호 광자대사비, 제956호 대바라, 제1349호 동종은 종 몸체에 새겨진 명문에 의하면, 조선 세조 3년(1457)에 이 종을 처음 주조했으나 파손되어 선조 14년(1581)에 다시 만들어졌음을 알 수 있다. 전라남도 유형문화재 제82호 능파각, 제83호 일주문, 전라남도 문화재자료 제170호 삼층석탑 등 많은 문화재가 있다.

도림사 道林寺

전남 곡성군 곡성읍 월봉리 327. 도림사는 신라 무열왕 7년(660)에 원효대사(元曉大師)가 세웠다고 한다. 통일신라 헌강왕 2년(876) 도선국사(道詵國師)가 고쳐 세웠는데 이때 도인들이 숲같이 모여들어 절 이름을 도림사(道林寺)라 하였다고 한다. 일설에는 모여든 도인이 도선국사, 사명대사, 서산대사라고 전한다. 또 일설에는 태조의 계비 신덕왕후(?~1396)가 이 절을 후원한 연유로 이름을 신덕사(神德寺)로 부른 적도 있었다고 한다. 건물로 보광전을 비롯하여 응진당, 지장전, 약사전, 칠성각, 요사채 등이 있다. 보물 제1341호 괘불탱(掛佛幀)은 중앙에 석가불과 좌우에 보살상을 배치한 석가삼존도 형식으로 화기의 기록에 조선 숙종 9년(1683)에 계오·삼안·신균

등의 세 화원 비구가 그렸다. 전라남도 유형문화재 제271호 보광전 목조아미타 삼존불상은 조선시대 17세기에 조성한 목조불로 본존불은 1665년, 좌우 보살상은 1680년에 조성하였다. 도림사 계곡 정상 부근에는 신선이 쉬어 간다고 전하는 높이 4m, 넓이 30평에 달하는 신선바위가 있다.

2006년 7월 집중호우로 사찰 전체가 많은 피해를 입어 복구하였다.

관음사 觀音寺

전남 곡성군 오산면 선세리 2 성덕산에 있는 관음사는 백제 분서왕 3년(300)에 성덕보살이 세운 절이다. 절 이름은 성덕보살이 낙안포에서 금동관세음보살상을 모셔 와 절을 짓고 이름을 관음사라 부른 데서 비롯되었다고 한다. 고려 공민왕 23년(1374)에 넓혀 지었고, 조선시대에는 1592 임진왜란으로 피해를 입어 선조 37년(1604) 5년 동안 모든 건물을 복원하였다. 근세에 와서는 1912년에 영담화상이 전가람을 고쳐 세웠으나 1950년 6·25 전쟁으로 모두 불타 버렸다. 이때 국보로 지정되어 있던 원통전과 금동관음보살이 소실되었다. 현존 건물로는 무량수전, 원통전, 천왕문, 금랑각, 만월당, 요사채 등이 있다.

수도암 修道庵

전남 곡성군 옥과면 설옥리 613. 수도암은 신라시대 설두화상이 수도한 곳으로 전해지나, 확인할 수 없다. 현재는 1928년에 임공덕 보살이 창건한 암자로 원통전과 산신각 등이 있다. 원통전에는 건륭 19년(1754) 목조관음보살좌상이 모셔져 있었으나 현재는 화엄사 성보박물관에 모셔져 있다. 주변에 설산 등산로도 유명하고 정상에는 '금샘'과 '은샘'이 있으며, 전북 순창군 풍산면과 경계를 이루고 있다. 수도암 마당에는 전라남도 문화재자료 제147호 잣나무 및 매화나무가 있다.

화장사지 華藏寺址

전남 곡성군 죽곡면 당동리 460. 현재 이곳에는 대좌의 연화문, 법의 자락과 넓고 높은 무릎 등의 전체적인 형식으로 보아 고려시기에 조성된 것으로 보이는 불상이 남아 있다.

화엄사 華嚴寺

전남 구례군 마산면 황전리 12. 지리산 자락에서 가장 대표적인 사찰인 화엄사는 백제(百濟) 성왕 22년(544)에 인도에서 온 연기(緣起) 스님에 의해 창건되었다. 신라 선덕여왕 때(632~647) 자장(慈藏)이 증축하고, 그 후 의상(義湘)대사가 화엄사에 주석하면서, 문무왕 10년(670)에 3층의 장육전을 건립하고, 사방벽면을 화엄석경으로 둘렀는데, 이로써 화엄사는 대도량의 기틀을 마련하였고, 신라 말 고려 초에 화엄사에 주석하였던 도선국사가 도참설에 의하여 대대적인 중창을 하였고, 고려 광종 때(949~975) 선사 홍경(洪慶)은 퇴락한 건물을 중수했다. 이어 문종(1046~1083)이 전라도 및 경상도에서 이 절에 매년 곡물을 헌납하는 것을 허락함으로써 이를 저장하기 위한 2채의 큰 창고를 일주문 밖에 짓기도 했다. 숙종 때(1095~1105)에는 왕사 조형(祖衡)이 대대적인 보수를 했으며, 인종(1123~1146)은 왕사 정인(定仁)으로 하여금 중수하게 하고 도선국사의 비를 세우도록 했다. 임진왜란(1592) 당시 완전히 불타 버린 것을 1630년에 각성 스님이 지금 남아 있는 건물의 대부분을 다시 세웠다. 지정 문화재로는 국보 제12호 각황전 앞 석등, 제35호 사사자삼층석탑, 제67호 각황전, 제301호 영산회괘불탱, 보물 제132호 동오층석탑, 제133호 서오층석탑, 제299호 대웅전, 제300호 원통전 앞 사자탑, 제1363호 대웅전 삼신불탱, 제1548호 목조비로자나삼신불좌상, 전라남도 유형문화재 제49호 보제루, 제132호 구층암 석등, 문화재자료 제36호 남악사(南岳祠) 등이 있다.

연곡사 鷰谷寺

전남 구례군 토지면 내동리 산54-1. 연곡사는 신라 진흥왕 5년(544), 연기조사(緣起祖師)가 창건하였고, 1592년 임진왜란 때 병화로 인하여 불탄 것을 중건하였다. 1907년에 의병장 고광순(高光洵)이 당시 광양만에 주둔하고 있는 일본 정규군을 격퇴하기 위해 의병을 일으켜 이 절로 집결시켰으나 그 정보를 입수한 일본군에 의해 고광순과 의병들은 모두 순절했고, 절은 왜병들에 의해 불에 탔다. 1950년 6·25 전쟁 때 다시 불탔고, 그 후 중건하였다가 1981년에 구법당을 헐고 새 법당을 세웠다.

국보 제53호 동부도, 제54호 북부도, 보물 제151호 삼층석탑, 제152호 연곡사 현각선사탑비, 제153호 동부도비, 세154호 서부도 등이 있다.

천은사 泉隱寺

전남 구례군 광의면 방광리 70. 천은사는 지리산 3대 사찰 중 하나로 통일신라 흥덕왕 3년(828) 덕운선사(德雲禪師)가 세워 절 이름을 감로사(甘露寺)라 하였다. 그 뒤 통일신라 헌강왕 원년(875)에 보조선사가 고쳐 지었고, 고려 충렬왕 때에는 남방 제일 사찰로 승격되기도 하였다. 정유재란의 피해를 입은 뒤 광해군 2년(1610)에 혜정대사가 중수, 숙종 5년(1679)에는 단유대사(袒裕大師)가 건물을 복원하였는데, 영조 49년(1773)에 화재로 모든 건물이 불타 버렸다. 그 이듬해부터 혜암 스님이 복원하면서 오늘의 천은사로 이름을 고쳐 불렀다고 한다. 현존하는 건물은 극락보전, 팔상전, 응진전 등 20여 동의 건물이 있다. 전해지는 이야기로 조선시대 임진왜란으로 피해를 입어 불탄 뒤 중건할 때, 샘에 큰 구렁이가 자꾸 나타나 잡아 죽였더니 샘이 솟아나지 않았다고 한다. 그래서 이름을 샘이 숨었다는 뜻으로, 천은사라고 바꾸자 그 뒤로 원인 모를 화재와 재앙이 끊이지 않았다. 사람들은 절을 지키는 구렁이를 죽였기 때문이라고 두려워했다. 이 소식을 들은 조선 4대 명필의 한 사람인 이광사가 지리산 천은사라는 글씨를 물 흐르는 듯한 서체로 써서 일주문 현판으로 걸었더니 그 뒤로 재앙이 그쳤다고 한다. 보물 제924호 극락전아미타후불탱화, 제1340호 괘불탱, 전라남도 유형문화재 제50호 극락보전이 있다.

사성암 四聖庵

전남 구례군 문척면 죽마리 산4. 사성암은 해발 500m의 오산(鰲山)에 있는 암자로 고승들이 수도하던 곳이다. 원효·의상·도선·진각 등 네 명의 고승들이 이곳에서 수도했다 하여 사성암이라 한다.

전라남도 유형문화재 제220호 마애여래입상은 머리에는 넓적하고 낮게 육계가 있다. 옷은 양어깨에 걸쳐 입었는데 왼쪽 어깨의 옷주름이 촘촘한 격자무늬를 하고 있는 모습이다. 오른손은 가슴 위에 있고 왼손은 가슴 아래에 대어 뭔가 받치고 있는 듯한 모습이다. 광배(光背)가 표현되었고, 전체적인 조각수법으로 보아 9세기 말에서 10세기 초에 만들어진 것으로 추정된다.

▶▶ 고흥군

능가사 楞伽寺

전남 고흥군 점암면 성기리 369. 사적비문에 의하면, 신라 눌지왕 3년(419)에 아도화상(阿度和尙)이 창건하였고, 창건 당시에는 보현사(普賢寺)라 이름 지었다 한다. 1592년 임진왜란으로 불에 타 버린 것을 인조 22년(1644)에 정현대사가 다시 건물을 지어 능가사라 고쳐 부르게 되었다. 숙종 16년(1690)에 목덕 스님이 절 안에 사적비를 세웠다. 영조 44년(1768)과 철종 14년(1863)에 중수하였다. 현존하는 건물로는 대웅전과 천왕문, 산신각, 요사채 등이 있다. 보물 제1307호 대웅전, 제1557호 강희37년명 동종은 현존하는 김애립(金愛立)의 작품 가운데 가장 뒤늦은 시기인 1698년에 제작된 작품이다. 전라남도 유형문화재 제70호 능가사 사적비, 제224호 목조사천왕상, 제264호 추계당 및 사영당부도가 있다.

금탑사 金塔寺

전남 고흥군 포두면 봉림리 700. 금탑사는 천등산 기슭에 있는 절로 신라 문무왕(661~681) 때 원효대사(元曉大師)가 지었으며, 처음 이곳에 절을 지을 때 금탑이 있었다 하여 금탑사라 불렸다고 한다. 그 뒤 정유재란(1597) 때 불탄 것을 선조 37년(1604)에 다시 지었으며, 수백 인의 승려가 머물렀다고 한다. 그 후 헌종 11년(1845)에 천재지변에 의해 절이 기울어 그다음 해 절을 다시 고쳤다는 기록이 있다.

보물 제1344호 괘불탱은 옆으로 긴 폭에 삼세불과 주요 협시보살을 그린 독특한 화면구성을 이루고 있는 괘불이다. 괘불탱을 보관하고 있는 괘불궤는 1697년에 제작된 것으로, 괘불보다는 약100여 년 전에 만든 이른 시기의 것이다. 조선 정조 2년(1778)에 비현과 쾌윤이 함께 그린 것이다. 천연기념물 제239호 금탑사 비자나무 숲, 전라남도 유형문화재 제102호 극락전 등이 있다.

성불사 成佛寺

전남 고흥군 도화면 봉룡리 1124-1. 성불사는 예전부터 미륵골, 절골로 불리는데, 이곳에는 현재 고려 말에 조성된 곳으로 보이는 석조아미타여래입상과 조선 후기 불화로 추정되는 불화가 미륵전에 있다.

봉래사 蓬來寺

전남 고흥군 봉래면 신금리 산66. 전라남도 유형문화재 제269호 고흥신중탱화(神衆幀畵)가 있는데, 조선 후기(1776년)에 제작된 불화로 절대연대를 알 수 있다.

수도암 修道庵

전남 고흥군 두원면 운대리 산47 운암산 중턱에 자리 잡은 수도암은 고려 공민왕 19년(1370)에 세운 절로 수도사라고도 한다. 일설에는 신라 흥덕왕 때 영헌대사가 창건했다고도 한다. 전라남도 문화재자료 제156호 무루전(無漏殿)은 조선 중종 12년(1517)에 지었으며 광해군 9년(1617), 순조 14년(1814), 1910년 등 여러 차례 고쳐 세운 건물이다. 현판에는 무루전이라 써 있으나 나한전처럼 안쪽에는 나한상을 모시고 있다. 단청은 1977년에 하였다고 한다. 대웅전에는 조선 후기 조성된 것으로 보이는 목조불상이 있다.

수도암에는 다음과 같은 전설이 전해 내려온다. 옛날, 여기저기 떠돌아다니던 홍씨 성을 가진 총각이 전라도 고흥 땅에 이르렀다. 기골이 장대하고 이목은 수려했지만 초라하기 짝이 없었다. 그도 그럴 것이 수차에 걸쳐 과거를 보았지만 불행히도 낙방만 거듭하여 벼슬길을 놓친 처지였다. 홍 총각이 길을 나선 것은 과거에의 꿈을 잠시 잊고 조급한 마음을 가다듬어 보자는 다짐에서였다. 한려수도란 말로만 들어온 아름다운 절경이었다. 그림 같은 섬들과 나무, 그리고 유리같이 맑은 바다는 온갖 잡념을 잊게 만들었다. 홍 총각은 난생처음으로 구경하는 아름답고 상쾌한 풍경에 도취되고 말았다. 무더운 여름철인데도 더위가 느껴지지 않을 정도로 바닷바람은 시원했다. 크고 작은 포구들을 둘러보던 홍 총각은, 마침내 풍남이라고 하는 포구에 이르렀다.

서산낙조의 아름다움에 도취되어 황홀함을 느끼면서도, 한편으로 어쩌면 이것이 인생의 마지막 순간이 될지도 모른다는 생각이 교차하면서 갈피를 잡지 못하고 있는데 갑자기 소나기가 쏟아지기 시작했다. 비를 피할 곳을 찾아 이곳저곳을 둘러보던 홍 총각의 눈에 대나무 숲이 우거진 저쪽 언덕에 조그마한 초가 한 채가 보였다. 홍 총각은 구세주라도 만난 것처럼 허둥지둥 그 집으로 뛰어들었다. "주인양반 죄송하오나 길 가던 나그네가 돌연히 비를 만나 잠시 비를 좀 피하려고 이렇게 무례하게 들렀습니다. 용서하십시오." 하고 인사치레를 하고는 마루에 걸터앉았다. 방 안에서 바느질을 하고 있던 주인 여인은 깜짝 놀란 얼굴이었다. 아름답고 순박한 모습의 그 여인은 "길 가는 행인이신 모양인데 걱정 마시고 비가 그칠 때까지 잠시 쉬어 가십시오." 하고 친절히 승낙하였다. 여인은 목소리조차 아름다웠다. 그러나 그 여인의 목소리에는 어딘지 쓸쓸함과 외로움이 깃들어 있는 듯했다. 홍 총각은 그 목소리를 듣고 가슴속에 이상한 충동이 뭉클거리는 것을 느꼈다. "식구들은 모두 어디 가셨습니까?" 하고 물으면서도 속으로 얼굴을 붉혔다. "이 집에 다른 식구는 없고 저 혼자 있습니다." 무슨 사연이 있기에 이렇게 아름다운 여인이 홀로 살게 되었단 말인가. 고개를 숙이고 있던 여인은 자초지종을 말하기 시작했다. 그녀의 성은 임이라고 했다.

그 여인은 어릴 적부터 마을에서는 물론 온 고을에서도 손꼽히는 미인이었다. 아무개 집 딸 하면 모든 총각들이 입맛을 다시고 장가들기를 원하지 않는 사람이 없었다. 아리따운 미모로 평판이 자자하던 그 여인도 마침내 결혼을 하고 말았다. 그러나 출가한 지 일 년 만에 그 남편은 사랑하는 아내를 남겨두고 세상을 떠나고 말았다. 남편을 잃고 청상과부가 된 그녀는 절세가인이라는 미모마저 자랑스러운 것이 못 된다고 생각하고 세상만사가 귀찮아졌다. 그래서 외딴 대밭 가운데에 초가삼간을 짓고 그럭저럭 이렇게 살아간다는 것이었다.

홍 총각은 그 말을 듣고 "앞길이 만 리 같은 청춘이 못내 안타깝다"고 말은 하면서도 마음속으로는 이런 미인을 만난 것이 결코 우연이 아니며 천재일우의 기회가 온 것이라고 생각하며 싱글벙글해졌다.

소나기는 더욱 세차게 퍼부었으며 좀처럼 그칠 것 같지 않았다. 그리고 차차 어둠이 깔리기 시작했다. 홍 총각은 마음속으로는 일이 잘되어 간다고 쾌재를 부르면서도 겉으로는 난처한 표정을 지었다. '체통을 잃어서는 안 된다. 어디까지나 의젓하게 보여야 한다'고 속으로 되뇌었다. "어허, 이거 참 큰일 났는걸. 갈 길은 먼데 비는 그치지를 않으니 어쩌면 좋단 말인가." 하고 홍 총각은 혼잣말처럼 중얼거렸지만 그녀에게는 또렷하게 들리는 목소리였다. 여인으로서도 딱하지 않을 수 없었다. 비는 오고 날은 어두웠으니 말이다. 그렇다고 어두워지는 빗속으로 손님을 내모는 것도 사람의 도리가 아니지 않는가. "누추하지만 여기서 하룻밤 주무시고 가시지요. 어서 방으로 올라오시지요." 여인이 말하자, 홍 총각은 "남녀가 유별한데 한방에서 쉴 수도 없고 그렇다고 길을 나설 수도 없으니 정말 난처합니다." 하고 사양하였지만 여인은 방을 치우면서 올라오라고 하니 그 마음씨나 언동이 너무나 곱고 아름다워 보였다. "저는 부엌에서 하룻밤 지내면 됩니다. 염려 말고 방으로 드십시오." 홍 총각은 거듭 사양하였지만 여인 역시 물러서지 않았다. 결국 두 사람은 한방에서 자기로 했다. 홍 총각은 아랫목에서, 여인은 윗목에서 자기로 한 것이다. 막상 잠자리에 들었지만 홍 총각은 도무지 잠이 오지 않았다. 밖에서는 세찬 빗소리가 들려오는 가운데 이리 뒤척 저리 뒤척 할 뿐이었다. 옆에 아름다운 여인이 있으니 잠이 올 리가 없었다. 이따금 가냘픈 한숨 소리 같은 것이 흘러나오는 것을 보면 청상과부의 설움이 사무치는 모양이었다. 홍 총각의 가슴이 후들거렸다. 더운 피가 금방이라도 끓어오를 것 같았다.

그는 떨리는 손을 뻗었다. 그리고는 여인의 손목을 가만히 잡았다. 그녀는 깜짝 놀라면서 손을 뿌리치려 했다. "아이 망측해라. 왜 이러시는 거예요." "부인, 나는 부인을 첫눈에 보고 설레는 가슴을 가눌 길이 없었소. 부인, 나와 혼인해 주시오. 이렇게 우연히 만나 신세를 지는 처지이지만 이것도 큰 인연인가 합니다." 홍 총각의 목소리는 떨리고 가슴은 달아오를 대로 달아올랐다. "네? 혼인을요? 그런 농담은 거두십시오. 어찌 총각의 몸인데 불행한 과부를 아내로 맞겠다는 것입니까?" 여인의 목소리는 침착했다. "그게 무슨 상관이란 말이오. 총각은 꼭 처녀를 맞아 결혼해야 한다는 법도 없잖소." "아니 됩니다. 이 몸은 홀로 지내야 할 운명입니다. 한 여자가 두 남편을 섬길 수 없다 함은 예로부터 도리가 아니었던가요. 물론 남편을 잃었다지만 홀로 수절하는 것이 이 몸의 굽힐 수 없는 결심입니다." 여인은 상냥하면서도 단호하게 말했다. 이렇게 되자 홍 총각은 더욱 달아오를 수밖에 없었다. 결국 홍 총각은 참지 못하고 덥석 여인을 안았다.

그리고 간절한 말을 여인의 귀에 대고 속삭였다. "하늘을 두고 나의 사랑을 맹세하오. 장부 일언은 중천금이라고 했소. 이 마음 결코 변하지 않으리다." 달콤하면서도 위협적인 말이었다. 여인의 눈에서는 하염없이 눈물이 흘렀다. 슬픔과 기쁨의 엇갈림 속에서 솟아오르는 눈물이었다. 절개를 지키려는 몸부림이 슬픔이었다면 잃어버린 젊음을 되찾는 혼인의 기쁨일 수도 있었기 때문이다. 홍 총각은 여인에게 결심해 줄 것을 촉구했다. 더 이상 뿌리칠 수 없는 상황이었다. "분명 하늘을 두고 맹세하는 것입니까?" "하늘이 무너져도 결코 변하지 않겠소." 여인은 눈물을 거두고 홍 총각의 우람한 가슴을 파고들었다. "만일 당신이 나를 버리면 이 몸은 구렁이가 되어 당신을 말려 죽일 것입니다." 여인은 장난스런 목소리로 이렇게 속삭였다. "어허, 공연한 걱정을 다 하는구려. 날이 새면 당장 고향에 가서 혼인 차비를 해 가지고 올 텐데." 밤이 깊어 가고 한 몸이 된 홍 총각과 여인의 달콤한 꿈은 무르익어 갔다. 다음날 홍 총각은 고향을 향하여 길을 떠났다.

  비록 하룻밤의 사랑이었지만 여인으로서는 십 년을 같이 산 남편을 떠나보내는 기분이었다. 홍 총각도 부모님께 잘 말씀드려 꽃가마를 가지고 모시러 오겠다며 큰소리를 쳤다. 홍 총각이 떠난 지 열흘이 되었다. 이제나 저제나 하고 기다리는 여인의 마음은 초조해지기 시작했다. 그렇게 날이 가고 달이 가고 해가 바뀌었다. 홍 총각의 소식은 점점 아득하기만 했다. 뒷동산에 올라가 하염없이 흐르는 눈물을 삼키면서 먼 산과 바다를 바라보며 눈이 빠지게 기다렸지만 별수 없었다. 여인의 마음속에 걷잡을 수 없는 증오의 불길이 일고 있으면서도, 한편으로는 돌아오기만 하면 뛰어가서 안기고 싶은 심정이기도 했다. 그런 어느 날 여인은 기다리다 지쳐서 그만 자리에 눕고 말았다. 식음을 전폐하고 있었던 터라 꼴이 말이 아니었다. 의원들이 와서 보고는 누구나 고개를 흔들었다. 상사병이어서 백약이 무효라고 했다. 홍 총각과 만난 지 꼭 일 년이 되는 날, 여인은 숨을 거두고 말았다. 한편, 고향으로 돌아온 홍 총각은 여인과의 관계는 까맣게 잊어버리고 책만 열심히 읽고 있었다. 그러다가 운이 트였는지 그 이듬해에 과거에 급제를 해서 함평현감으로 부임하게 되었다. 그는 양가의 규수를 맞아 장가도 들고 팔자 좋게 거들거리며 살고 있었다. 어느 날 밤이었다. 현감은 술에 취해 잠자리에 들어 있었다. 그런데 이상한 소리가 현감의 잠을 깨우는 것이었다. 스르륵, 그것은 커다란 구렁이가 방으로 기어드는 소리였다. "아니 구렁이가……. 게 누구 없느냐. 빨리 저 구렁이를 때려잡아라." 현감의 호령에 놀라 사령들이 뛰어들었다. 현감의 침실 방문을 열려고 했으나 문은 꼼짝도 하지 않았다.

현감의 황급한 호령 소리에 다급해진 사령들이 한꺼번에 달려들었지만 소용이 없었다. 몽둥이로 문을 부수고 들어가려 했으나 이번에는 모두 손에 쥐가 나서 손을 움직일 수조차 없었다. "이놈들 무엇하고 있느냐. 빨리 구렁이를 때려잡지 못할까. 아악!" 현감은 말을 미처 마치지도 못하고 비명을 질렀다. 구렁이가 부들부들 떨고 있는 현감의 몸뚱이를 칭칭 감기 시작했던 것이다. 숨이 꽉꽉 막혀 오는 것을 이기지 못하고 현감은 거의 정신을 잃고 있었다. 스산한 바람과 함께 징그러운 구렁이가 대가리를 치켜들고 혀를 날름거리는 것이 아닌가. 현감은 마음속으로 관세음보살만을 찾으면서 꼼짝도 하지 못하고 있었다.

그런데 이상한 여인의 목소리가 구렁이의 입에서 흘러나오는 것이었다. "여보, 나를 모르겠소?" 괴이한 일이었다. 구렁이가 말을 하고 게다가 자기를 모르겠냐는 것이 아닌가. "나는 당신의 언약을 믿고 기다리다가 상사병으로 죽은 임녀요. 맹세를 저버리면 구렁이가 되어 당신을 죽이겠다는 말을 잊었구려. 기다리다 지쳐 죽은 나는 상사뱀이 되었소." 구렁이의 목소리는 바로 고흥 땅에서 하룻밤을 같이한 여인의 목소리였다. "아! 내가 지은 죄의 업보를 이렇게 받는구나!" 현감은 과거의 잘못을 뉘우치면서 탄식했다.

그날부터 밤이 깊어지면 이 상사뱀은 현감의 잠자리로 찾아왔다. 물론 새벽녘이 되면 온데간데없이 구렁이는 자취를 감추었다. 밤마다 구렁이에게 몸을 칭칭 감긴 채 날을 새워야 하는 현감의 소름끼치는 생활은 이루 말할 수 없었다. 몸은 누렇게 메말라가고 만사가 징그럽고 끔찍하게 생각되었다. 유명하다는 무당들을 불러 굿을 한다, 처방을 한다, 하고 법석을 떨었지만 구렁이는 밤마다 찾아오는 것이었다. 생각다 못해 어느 도승을 찾아가 간곡히 사정을 고했다. 도승은 그 여인이 살았던 초가집을 헐어 아담한 암자를 짓고 크게 위령제를 올리라고 했다. 도승의 가르침대로 현감은 암자를 짓고 위령제를 정성껏 모셨다. 그랬더니 그 뒤로는 구렁이가 나타나지 않았다고 한다. 그때 그 현감이 지은 암자가 수도암이다.

▶▶ 보성군

대원사 大原寺

전남 보성군 문덕면 죽산리 831 천봉산 기슭에 있는 대원사는 백제 무령왕(武寧王) 3년(503)에 신라 고승 아도화상(阿度和尙)이 창건하였다고 전한다. 고려 원종(元宗) 원년(1260)에 원오국사(圓悟國師)가 중창하고 조선 영조(英祖) 7년(1731)에 탁오(卓悟) 스님이 중건하였으나 영조 33년(1757) 대화재로 거의 소실되어 그 뒤 4년간의 역사로 극락전(極樂殿) 등 16동의 건물을 복원하였다 한다. 1950년 6·25로 또다시 소실되고 극락전(전라남도 유형문화재 제87호)만 남아 있던 것을 1982년에 해체복원하였다. 전라남도 유형문화재 제35호 자진국사부도(慈眞國師浮屠)는 고려 원종 원년(1260) 대원사를 크게 중창한 바 있고, 한때 이곳에 머물렀던 자진국사의 사리탑이다. 자진국사는 고려 고종 2년(1215)에 태어나 충열왕 12년(1286) 72세로 입적할 때까지 조계산 송광사에서 그 이름을 떨쳤다. 유형문화재 제266호 지장·시왕·사자탱화는 지장보살도 1점, 시왕도 10점, 사자도 2점 등 13점이 별도로 제작된 것이다. 1946년에 대원사 지장전이 붕괴될 위험에 처하자 광주 덕림사 명부전에 봉안하였다가 2003년 4월

10일 다시 대원사로 모셔 와 현재 티벳 박물관에 봉안되어 있다.

월림사 月林寺

전남 보성군 노동면 옥마리 348. 고려 성종 15년(966)에 창건하였다고 전하는 월림사 터에는 현재 전라남도 유형문화재 제141호 옥마리 오층석탑이 남아 있는데 벽옥탑(碧玉塔)이라고도 한다. 조성 시기는 고려 후기로 추정된다.

▶▶ 화순군

쌍봉사 雙峰寺

전남 화순군 이양면 증리 195-1 계당산(桂棠山)에 있다. 신라 경문왕 때(861~875) 철감 도윤(澈鑑 道允)이 산수의 수려함을 보고 창건하여 쌍봉사라 했다. 문성왕 9년(847) 중국에서 귀국한 도윤의 법력과 덕망이 널리 퍼지자, 경문왕이 그를 궁으로 불러 스승으로 삼았다. 도윤이 이 절에 머물며 구산선문(九山禪門) 하나인 사자산문(獅子山門)의 기초를 마련하자, 여기 그의 종풍을 이어 받은 징효 절중(澄曉 折中)이 영월의 흥녕사(興寧寺, 지금 法興寺)에서 사자산문을 개산했다. 고려 문종 35년(1081)에 국사 혜소(慧昭)가 창건 당시의 모습대로 중건했고, 공민왕 때 전라도 관찰사 김방(金倣)의 시주로 중창했다. 조선 선조 25년(1592) 임진왜란으로 소실된 뒤 인조

6년(1628)에 중건했다. 현종 8년(1667)과 경종 4년(1724)에 중창하여 오늘에 이르고 있다. 건물로는 대웅전, 극락전, 명부전, 요사 등이 있다. 대웅전은 숙종 16년(1690)의 두 번째 중건에 이어 1724년에 세 번째 중건되었으며, 삼층 목탑의 유일한 건물이었으나, 1984년 4월 촛불 실화로 소진되어 1986년 말에 새로이 만든 건물로 복원 전과 후의 모습이 달라진 듯한 느낌이다. 국보 제57호 철감선사탑, 보물 제170호 철감선사탑비, 전라남도 유형문화재 제251호 대웅전 목조삼존불상, 제252호 극락전 목조아미타여래좌상, 제253호 지장전 지장보살상일괄, 전라남도 문화재자료 제66호 극락전 등 많은 문화재가 있다.

운주사 雲住寺

전남 화순군 도암면 대초리 20, 용강리 산3. 운주사는 신라 말 도선(道詵, 827~898)국사가 하룻밤 사이에 천불천탑을 세워 창건했다는 설과 운주(雲住)가 세웠다는 설, 마고(麻姑) 할머니가 세웠다는 설이 전해지고 있다. 운주사(雲住寺)는 구름이 머무는 곳이라는 뜻인데, 운주사(運舟寺)라고도 한다. 이것은 풍수설에 따라 움직이는 배 모양의 땅이라는 데서 연유되었다. 조선 선조 25년(1592) 임진왜란 때 법당을 비롯한 석불과 석탑이 크게 훼손되어 폐사로 남아 있었다. 1918년에 박윤동(朴潤東), 김여수(金汝水) 등 16명이 시주하여 중건하였다.

현재 돌부처 70구와 석탑 18기만이 남아 있으나, 조선 초기까지는 천 여 구의 불상과 탑이 있었던 것으로 여겨진다. 누운 부처(와불)가 있어 더욱 유명한데, 도선이 천불천탑을 하룻밤에 세울 때 맨 마지막으로 와불을 일으켜 세우려고 했는데, 공사에 싫증 난 동자승이 닭이 울었다고 거짓말을 하여 불상을 세우지 못하였다는 전설이 전해진다.

보물 제796호 구층석탑, 제797호 석조불감, 제798호 원형다층석탑, 제273호 와형석조여래불, 제274호 광배석불좌상, 전라남도 유형문화재 제275호 마애여래좌상, 제276호 칠층석탑, 제277호 쌍교차문 칠층석탑, 제278호 석조불감 앞 칠층석탑, 제279호 거북바위 교차문 칠층석탑, 제280호 대웅전 앞 다층석탑, 제281호 칠성바위 앞 칠층석탑, 제282호 발형다층석탑, 전라남도 문화재자료 제256호 거북바위 오층석탑, 제257호 수직문 칠층석탑 등이 있다.

유마사 維摩寺

전남 화순군 남면 유마리(남계리) 421−1. 유마사에는 보물 제1116호 해련부도(海蓮浮屠)가 있다. 탑신의 몸돌에는 앞뒷면에 문짝 모양을 새겨 두었는데, 앞면에 새긴 문에는 문고리까지 장식되어 있고 그 윗부분에 해련지탑(海蓮之塔)이라는 글자가 새겨져 있다. 도굴범들에 의해 훼손되어 구조물이 흩어져 있던 것을, 1981년에 복원하였다. 기단부의 모습이나, 탑신에 새긴 여러 조각의 양식으로 보아 고려 전기에 만들어진 것으로 추정된다. 보안 처녀와 그를 겁탈하려는 젊은 승과의 한판 승부에서 제월천에 잠긴 달을 건져 젊은 승을 굴복게 한 이야기, 그리고 보안 처녀가 치마로 싸다가 놓았다는 보안교의 전설이 있다.

만연사 萬淵寺

전남 화순군 화순읍 만연리(동국리) 179. 만연사는 고려시대 희종

4년(1208)에 만연선사에 의해 창건되었다고 전한다. 만연선사가 무등산 원효사에서 수도를 마치고 조계산 송광사로 돌아가는 도중에 무등의 주봉을 넘어 남으로 내려오다가 만연사 중턱에 이르러 피곤한 몸을 잠시 쉬어 가고자 앉은 사이 언뜻 잠이 들어 꿈을 꾸었는데 16나한이 석가모니불을 모실 역사를 하고 있는 꿈이었다. 잠을 깨 사방을 둘러보니 어느새 눈이 내려 주위가 온통 백색인데 신기하게도 선사가 누운 자리 주변만 녹아 김이 모락모락 올라가고 있었다. 그 길로 이곳에 토굴을 짓고 수도를 하다가 만연사를 세웠다는 것이다. 6·25 이전까지 대웅전, 시왕전. 나한전, 승당, 선당, 동상실·서상실·동병실·서별실·수정료, 송월료 등 3전 8방과 대웅전 앞의 큰 설루, 설루 아래 사천왕문과 삼청각이 있던 대찰이었다. 또 부속 암자로는 학당암, 침계암, 동림암, 연혈암이 있었는데 6·25로 전소되었다가 1978년 이후 대웅전, 나한전, 명부전, 한산전, 요사채가 복원되었고 암자로는 선정암과 성주암이 있다. 한때 다산 정약용 선생이 젊은 시절 부친이 화순현감으로 부임하던 때에 동림암에 거처한 적이 있으며 국창 임방울이 소리를 가다듬기 위해 이곳을 찾아 연습을 하였던 곳이기도 한다.

보물 제1345호 괘불탱(掛佛幀)은 중앙에 석가불과 좌우에 문수·보현보살을 배치한 석가삼존불 형식이다. 그림 아랫부분에 있는 기록에 의하면, 조선 정조 7년(1793)에 금어 비현과 편수 쾌윤·도옥 등 3명이 그렸다.

개천사 開天寺

전남 화순군 춘양면 가동리 산151 천태산 중턱에 있다. 통일신라 헌덕왕 말기(809~825년)에 도의선사가 보림사를 창건하고 이어 창건했다고 전하며, 일설로 도선국사가 창건 했다는 설도 있다. 정유재란으로 소실되었다가 복구되었으며 일제강점기에는 용화사(龍華寺)로 불렸다. 천불전이 있었는데 1950년 6·25 전쟁으로 소실되었다가 1963년에 주지 김태봉이 대웅전과 요사를 중건하였다. 사찰 입구에는 나무 벅수와 비자나무숲(천연기념물 제483호)이 있는데 수령이 400년 이상이라 한다. 현재 부도, 대웅전, 요사가 있다. 5개의 부도는 석종형 또는 팔각원당형의 변형된 모습으로 청직당탑, 도암당탑, 응서당탑, 고봉당탑, 지일당탑편으로 18~19세기 것으로 보인다.

▶▶ **장흥군**

보림사 寶林寺

전남 장흥군 유치면 봉덕리 45 가지산(迦智山) 남쪽 기슭에 있다. 신라 선문구산(禪門九山) 중에서 제일 먼저 개산한 가지산파(迦智山派)의 개조 보조 체징(普照 體澄)이 헌안왕 4년(860)에 헌안왕의 권유로 창건하여 가지산파의 중심적 도량으로 발전시켰다. 그 뒤 끊임없는 중창과 중수를 거쳐 1950년 6·25전쟁 때 소실되기 전까지는 20여 동의 전각을 갖춘 큰 절이었다. 국보 제44호 삼층석탑 및 석등, 제117호 철조비로자나불좌상, 보물 제155호 동부도, 제156호 서부도, 제157호 보조선사창성탑, 제158호 보조선사창성탑비, 제1254호 목조사천왕상, 전라남도 유형문화재 제191호 장흥 전의상암지 석불입상은 1994년에 보림사로 옮겨 온 것인데 통일신라시대 후기 불상이다.

용화사 龍華寺

전남 장흥군 장동면 북고리 산43. 이곳에는 장흥의 야산 계곡에 있는 불상을 옮겨 와 모시고 있다. 전라남도 유형문화재 제46호 약사여래좌상은 불상과 광배(光背)를 하나의 돌에 만든 것이다. 옷은 양어깨를 감싸고 있으며, 옷주름이 도식적으로 표현되었다. 오른손은 어깨 높이로 올리고 손바닥을 밖으로 향하고 있으며, 왼손은 무릎 위에 얹었는데 약병을 들고 있는 형태를 취했으나 약병은 없어졌다. 조각수법으로 보아 고려시대의 불상으로 추정된다.

천관사 天冠寺

전남 장흥군 관산읍 농안리 740. 천관사는 신라 진흥왕(540~576) 때 통령(通靈)이 보현사(普賢寺), 탑산사(塔山寺), 옥룡사(玉龍寺) 등의 암자와 함께 창건했으며, 천관보살(天冠菩薩)을 모셨다 하여 이름을 천관사라 했다. 바닷가에 위치한 관계로 신라 말 이후부터 조선시대에 이르기까지 왜구의 침입이 잦아 차차 그 규모가 축소되었다.

보물 제795호 삼층석탑, 전라남도 유형문화재 제134호 석등, 제135호 오층석탑이 남아 있다.

신흥사 新興寺

전남 장흥군 장흥읍 연산리 89. 현재 대웅전에는 조선영조 27년(1751)에 해방 정방사에서 조성되어 옮겨진 범종이 있다.

고산사 高山寺

전남 장흥군 장평면 용강리 산29-5. 고산사에는 전라남도 유형문화재 제161호 석불입상이 있다. 원래는 절터만 남아 있고 석불입상은 파손된 채 땅속에 묻혀 있었는데, 1966년에 새로 지은 법당 안에 모셔 놓았다. 석불 아랫부분과 광배 일부가 파손된 것을 시멘트로 보수하였다. 조각수법으로 보아 고려 초기에 작품으로 추정된다.

미륵사 彌勒寺

전남 장흥군 안량면 기산리 632-1. 전라남도 문화재자료 제171호 미륵사 석불이 있다. 이 불상은 원래 논밭에 버려져 있던 것으로, 법염(法炎) 비구니가 미륵사를 세우고 불상을 수습해 모신 것이다. 현지 마을 주민들이 이 불상을 미륵댕이라 부르고 있어 옛날에는 석불과 관련된 사찰이 있었던 것으로 보인다. 고려시대 후기 불상으로 추정된다.

탑산사 塔山寺

전남 장흥군 대덕읍 연지리 산109-1. 탑산사는 신라 애장왕 1년(800) 통령(通靈)이 창건하였다. 조선 선조 25년(1592) 임진왜란 전만 해도 대웅전과 시왕전·공수청·향적각 등 많은 건물이 있었던 절이었으며, 800근의 대종도 있었다고 한다. 영조 21년(1745) 화재로 소실되어 작은 암자로 명맥을 이어 왔다. 1923년에 화재로 소실되었다가 1925년에 복원되었다. 전라남도 문화재자료 제196호 탑산사지 석등

(石燈)은 탑산사에서 위쪽으로 1㎞쯤 오르다 보면 있다. 고려 전기에 세운 것으로 추측되며, 현재 해남 대흥사 성보박물관으로 옮겨진 탑산사 동종(보물 제88호)과 함께 옛 탑산사의 중요 자료이다. 동종은 몸체에 있는 글과 양식으로 보아 제작 시기는 고려 명종 3년(1173)이나 고종 20년(1223)으로 추정된다.

▶▶ 강진군

무위사 無爲寺

전남 강진군 성전면 월하리 1174 월출산 동남쪽에 있는 사찰로, 신라 진평왕 39년(617)에 원효(元曉)가 창건하여 관음사라 하였다. 헌안왕 1년(875) 연기 도선(烟起 道詵)이 중건하였고, 명종 5년(1550) 태감(太甘)이 4번째로 세우면서 무위사라 하였다. 이 절에서 가장 오래된 건물인 극락전은 세종 12년(1430)에 지었으며, 안에는 아미타삼존불과 29점의 벽화가 있었지만, 지금은 불상 뒤에 큰 그림 하나만 남아 있고 나머지 28점은 보존각에서 보관하고 있다. 이 벽화들에는 전설이 전하는데, 극락전이 완성되고 난 뒤 한 노인이 나타나서는 49일 동안 이 법당 안을 들여다보지 말라고 당부한 뒤에 법당으로 들어갔다고 한다. 49일째 되는 날, 절의 주지 스님이 약속을 어기고 문에 구멍을 뚫고 몰래 들여다보자, 마지막 그림인 관음보살의 눈동자를 그리고 있던 한 마리의 파랑새가 입에 붓을 물고는 어디론가 날아가 버렸다고 한다. 지금도 그림 속 관음보살의 눈동자가 없다. 보물 제507호 선각대사 편광탑비는 고려 정종 원년(946)에 건립되었다.

보물 제1312호 목조아미타삼존불좌상, 제1313호 극락전 아미타후불벽화, 제1314호 극락전 백의관음도, 제1315호 극락전내벽 사면벽화, 전라남도 문화재자료 제76호 삼층석탑이 있다.

월남사지 月南寺址

전남 강진군 성전면 월남리 852. 『신증동국여지승람』에 의하면, 월남사는 고려시대에 진각국사(1178~1234)가 세운 것으로 되어 있다. 1597년 정유재란 때 소실된 것으로 추정하고 있다. 마을 입구로 들어서면 양쪽 편으로 보물 제298호 삼층석탑과 제313호 진각국사비가 있다.

금곡사 金谷寺

전남 강진군 군동면 파산리 산143-1. 금곡사에는 보물 제829호 삼층석탑이 있다. 석탑은 고려 초기 것으로 추정되며, 1988년 해체 보수할 때 탑신 윗면에서 사리공이 발견되었고, 사리 32과가 발견되었다.

백련사 白蓮寺

전남 강진군 도암면 만덕리 246 만덕산에 있는 백련사는 만덕사라고도 하며, 통일신라 문성왕 1년(839)에 무염(無染)이 창건하였다. 고려 때에는 팔국사(八國師)의 도량(道場)이었다고 하고, 1170년경

주지 원묘(圓妙)에 의해 중수되었고, 조선 세종 때 주지 행호(行乎)가 2차 중수를 하였으며, 효종 때 3차 중수를 하면서 탑과 사적비(事蹟碑)를 세웠다. 보물 제1396호 백련사 사적비는 귀부(龜趺), 비신, 이수로 구성되어 있는데, 귀부는 고려시대의 조성으로, 비신과 이수는 조선 숙종 7년(1681)에 조성되어 각기 서로 다른 건립연대이다. 천연기념물 제151호 동백나무 숲, 전라남도 유형문화재 제136호 대웅전, 유형문화재 제223호 원구형부도가 남아 있다.

정수사 淨水寺

전남 강진군 대구면 용운리 26 천개산에 있는 정수사는 통일신라 말 애장왕 6년(805)에 도선국사(道詵國師)가 세웠다고 한다. 세울 당시에는 계곡을 중심으로 양쪽에 묘적사(妙寂寺)와 쌍계사(雙溪寺) 두 절이 있었는데 후에 쌍계사는 수정사(水淨寺)라 이름을 바꾸었다. 한동안 폐허가 되었던 것을 중종 19년(1524)에 다시 지으면서 정수사라 이름을 바꾸었고, 인조 22년(1644) 중창 불사 이후 여러 차례 수리를 하였다. 전라남도 유형문화재 제101호 대웅전이 있고, 임진왜란의 격전지로 이순신의 승전지로 알려져 있다.

옥련사 玉蓮寺

전남 강진군 강진읍 덕남리 산7. 옥련사에는 전라남도 유형문화재 제188호 목조여래좌상이 대웅전에 모셔져 있다. 삼존불 가운데 본존불이 지정 문화재이다. 이 불상은 정수사에서 1951년에 옮겨 온 것이라고 전해진다. 불상 속에서 발견된 복장물 기록을 통해 1684년에 정수사의 16나한을 만들면서 함께 만든 것임을 알 수 있다.

▶▶ 영암군

도갑사 道岬寺

　전남 영암군 군서면 도갑리 8 월출산에 있는 도갑사는 통일신라 말 도선국사(道詵國師)가 지었다고 한다. 원래 이곳은 문수사(文殊寺)라는 절이 있던 터로 도선국사가 어린 시절을 보냈던 곳인데, 도선이 자라 중국을 다녀온 뒤 이 문수사 터에 도갑사를 지었다고 한다.

　『신증동국여지승람』에 의하면 월출산에 있는데 일찍이 도선이 머물렀다고 하였다. 입구에 고려 선종 7년(1090)에 만들어진 국장생이 있는 것으로 보아 그 이전에 세웠고 11세기 후반에 번성한 것으로 추측된다. 조선 세조 3~10년(1457~1464)에 수미왕사가 크게 다시 세웠으며, 성종 4년(1473)에 중수, 광해군(1608~1623) 때 낡고 허물어진 건물을 새롭게 고쳤고 이후 여러 차례 수리·복원하여 현재 모습에 이르고 있다. 현존하는 건물로는 대웅전, 명부전, 미륵전, 요사채, 해탈문 등이 있다. 국보 제50호 해탈문(解脫門)은 도갑사에서 가장 오래된 건물이다. 보물 제89호 석조여래좌상은 미륵전에 모셔져 있다. 보물 제1395호 도선·수미비, 제1433호 오층석탑, 전라남도 유형문화재 제150호 석조(石槽), 제176호 도선국사진영, 제177호 수미왕사진영이 있다. 또한 주위에는 마애여래좌상(국보 제144호), 도선이 디딜방아를 찧어 도술로 조화를 부렸다는 구정봉(九井峰)의 9개 우물이 전한다.

천황사 天皇寺

　전남 영암군 영암읍 개신리 449-1 월출산 사자봉 아래 자리 잡은 천황사는 삼국시대 이래로 천년고찰이다. 천황사의 목탑지 주변 공간들을 1995년 12월부터 2004년 7월까지 발굴 조사한 결과 많은 양의 기와가 출토되었다. 그중에는 사자사(師子寺)라는 명이 새겨진 평기와가 출토되어 천황사의 옛 사명이 사자사라고 밝혀졌다. 통일신라시대에 창건된 것으로 파악되었다. 대각국사문집의 보월산 사자사라는 대목이 있어 고려전기에 대각국사 의천이 사찰을 찾아온 듯하다. 현재 일부 석재들이 절 주변에 남아 있다. 전라남도 기념물 제197호 사자사 목탑지는 그동안 천황사라고 불리어 오다가 발굴 조사에서 '사자사'라는 명문이 출토됨으로써 절 이름이 밝혀졌다. 목탑지에서 통일신라 후기에 조성된 기와들이 발견되었다.

망월사 望月寺

　전남 영암군 신북면 이천리 산159-7. 전라남도 유형문화재 제259호 석불좌상이 미륵전 오른쪽의 벽면에 봉안되어 있다. 이 불상은 불신 뒤에는 배[舟] 모양의 광배가 있으며, 목에는 삼도(三道)가 뚜렷하고 양어깨를 덮은 옷은 옷주름이 섬세하지 못하고 듬성듬성하게 묘사되었다. 손모양은 오른손은 오른쪽 무릎 가장자리에 대고 있고 왼손은 가슴 위로 올려 보병을 감싸고 있는 듯한 모습을 하고 있다. 조각수법으로 보아 고려시대 말에 조성된 것으로 추정된다.

축성암 祝聖庵

전남 영암군 삼호면 용당리 1841-1. 축성암은 1920년대 일제 초기에 창건된 전통사찰로서 목포시에 인접한 해안가에 위치하고 있었다. 그러나 이 일대가 1990년대 초 한라 조선소 조성단지로 편입되면서 원래 위치에서 남쪽으로 1.5㎞ 떨어진 현 장소로 1994년에 이전하였다.

전라남도 문화재자료 제210호 목조나반존자상(木造那畔尊者像)은 한지에 묵서한 조성발원문에 따르면 숙종 26년(1770) 해남 성도암에서 조성하였음을 알 수 있다. 소발의 머리에 상호는 원만하며, 눈과 코 입 등이 사실적으로 표현하였고, 수인은 선정인을 취하였다. 표면의 채색은 주로 적색과 녹색이 주류를 이루고 있어 고풍스럽게 보인다.

▶▶ 해남군

대흥사 大興寺

전남 해남군 삼산면 구림리 799 대둔산 북쪽 기슭에 있는 대흥사는 대둔사로도 불리는 사찰로 백제 무령왕 14년(514)에 창건된 것으로 전한다. 그 외 일설로 신라 눌지왕 10년(426) 정관(淨觀)이 창건하여 만일암이라 하고, 지증왕 9년(508) 이름을 알 수 없는 선행비구(善行比丘)가 중건했다는 설, 법흥왕 1년(514) 아도(阿度)가 창건했다고 하는 설, 헌강왕 1년(875) 연기 도선(烟起 道詵)이 창건했다는 설, 신라시대 자장(慈藏)율사가 창건했다는 설이 있다. 조선 선조

25년(1592) 임진왜란 이전에는 아직 큰 절의 면모를 갖추지 못했으나, 서산(西山) 대사 청허 휴정(淸虛 休靜)이 선조 37년(1604) 이 절에 자신의 의발(衣鉢)을 전할 것을 부촉하였다. 1665년에 대웅전을 중창했고, 현종 10년(1669)에 표충사(表忠祠)를 건립했다. 1811년에 천불전이 불타자 순조 13년(1813)에 완호 윤우(玩虎 倫佑)와 제성(濟醒)이 중건하여 오늘에 이르고 있다. 대웅전 앞쪽의 백설당에는 김정희가 쓴 무량수전 현판이 걸려 있다. 보물 제320호 응진전 앞 삼층석탑, 제1347호 서산대사부도, 제1357호 서산대사유물, 제1547호 금동관음보살좌상, 제1552호 영산회괘불탱, 전라남도 유형문화재 제48호 천불전, 제52호 천불상, 제93호 용화당, 제94호 대광명전, 제179호 관음보살도, 국보 제308호 북미륵암 마애여래좌상, 보물 제301호 북미륵암 삼층석탑, 전라남도 문화재자료 제245호 북미륵암 동삼층석탑, 제246호 만일암지오층석탑 등 많은 문화재가 있다.

미황사 美黃寺

전남 해남군 송지면 서정리 산247 달마산 기슭에 있는 미황사는 통일신라 경덕왕 8년(749)에 처음 지었다고 한다. 1592년 임진왜란과 선조 30년(1597) 정유재란으로 절이 소실되자, 선조 31년(1598)에 다시 지었고, 현종 원년(1660)에 중창했으며, 영조 30년(1754)에 수리하였다고 한다. 우리나라 육지의 최남단에 위치한 절이다. 보물 제947호 대웅전, 제1183호 응진당, 제1342호 괘불탱(掛佛幀)은 조선 영조 3년(1727)에 탁행·설심·희심·임한·민휘·취상·명현 등이 그렸다.

창건설화로 사적비에 전하는 내용은 다음과 같다. 신라 경덕왕 8년(749) 돌배[石船] 한 척이 사자포(땅끝마을) 앞 바다에 나타났다.

며칠 동안 사람들이 다가가면 멀어지고 돌아서면 다가오기를 반복하였다. 이에 의조(義照)화상이 제자들과 함께 목욕재계하고 기도를 하자 배가 육지에 닿았다. 배 안에는 금인(金人)이 노를 잡고 있었고 금함(金函)과 검은 바위가 있었다. 금함 안에는 화엄경·법화경과 비로자나불·문수보살·보현보살 등이 들어 있었고, 검은 바위가 깨지면서 검은 소 한 마리가 튀어나왔다. 그날 밤 의조화상의 꿈에 금인이 나타나 "나는 우전국(인도)의 왕이다. 경전과 불상을 소에 싣고 가다 소가 멈추는 곳에 절을 짓고 안치하면 국운과 불교가 크게 일어날 것이다."고 하였다.

다음 날 의조화상이 경전과 불상을 소에 싣고 가다가 달마산 중턱에서 한 번 넘어지고, 다시 일어나 한참을 가다가 다시 넘어지더니 소는 일어나지 못했다. 의조화상은 소가 처음 멈췄던 곳에 통교사(通教寺)를 짓고 마지막 멈춘 곳에 미황사를 세웠다. 절 이름은 소의 울음소리가 매우 아름다워 '미' 자를 넣고 금인의 빛깔에서 '황' 자를 따 '미황(美黃)사'라 했다고 한다.

은적사 隱跡寺

전남 해남군 마산면 장촌리 산44-3. 은적사는 신라 진흥왕 21년(560) 덕륭(德隆)이 창건했다. 연기 도선(烟起 道詵, 827~898)이 중창했다고 전하며, 원래는 다보사(多寶寺)의 부속 암자로 은적암이라 불렀으나, 다보사가 폐허가 된 뒤 은적사로 이름을 바꿨다. 조선 선조 25년(1592) 임진왜란 때 병화로 응진각(應眞閣)만 남고 폐허가 되었다. 숙종 34년(1708)에 희간(熙侃)이 약사전의 종을 주조했다. 정조 19년(1795)에서 이듬해까지 약사전을 중수했다. 헌종 9년(1839)에 노전을 중창했고, 철종 7년(1856)에 약사전을 중건했으며, 1858년에 중창했다. 1970년대 일부 건물들을 보수하여 오늘에 이른다. 전라남도 유형문화재 제86호 철조 비로자나불좌상은 통일신라 말 고려 초의 불상으로 추정된다.

철불을 모실 무렵 이곳 은적사로 들어오는 포구인 산막리의 공세포에 어느 날 불상이 나타났다. 이에 여러 사람들이 공양을 드리며 서로 모셔 가고자 하였으나 불상은 조금도 움직이지 않았다. 그러나 은적사에서 스님이 와 옮기려 하자 그때까지 끔쩍 않던 불상이 들려 대웅전에 모시게 되었다 한다. 그런데 처음부터 한쪽 다리가 떨어져나간 상태여서 불상 주위에 불단을 만들어 다리가 보이지 않게 하고 허리 윗부분만 사람의 눈에 보이게 했다 한다.

서동사 瑞洞寺

전남 해남군 화원면 금평리 571 운거산(雲車山) 사동(寺洞)마을 어귀에 있다. 통일신라 진성여왕(887~896) 때 최치원이 지었다고 전하고 있다. 1592년 임진왜란으로 대부분의 건물이 불탔으나 대웅전만은 칡뿌리 등이 건물을 감싸고 있어 화를 면하였다고 하여 당시에는 갈천사(葛天寺)로 불렀다고 한다. 1980년대 초 현 대웅전의 지붕 보수 시 발견된 서동사 중수상량문(1870)과 대웅전 입구 창문 위에 걸려 있는 현판기에 의해 어느 정도 서동사의 창건 내용을 추정할 수 있는 기록들이 보인다. 전라남도 문화재자료 제174호 대웅전 안에는 전라남도유형문화재 제227호 목조 삼존불좌상이 모셔져 있는데 1650년에 작성된 불상조성 발원문이 발견되어 절대연대를 알 수 있다. 본존불인 석가여래상은 충남 서산 문수사 금동여래좌상(충청남도 유형문화재 제34호)과 유사하다.

▶▶ 무안군

약사사 藥師寺

  전남 무안군 무안읍 성동리 842-9. 약사사는 고려 태조 1년(918)에 남악사라는 이름으로 창건하였다고 한다. 현재의 건물은 1972년 세운 것이다. 전라남도 유형문화재 제178호 석불입상은 왼손에 큰 약 항아리를 들고 있고, 비교적 좁은 얼굴, 움츠린 듯한 어깨와 짧은 목 등의 표현으로 볼 때 고려 후기에 만든 것으로 추정된다.

법천사 목우암 法泉寺 牧牛庵

  전남 무안군 몽탄면 달산리 956. 법천사는 원나라 승려인 원명이 세웠다는 기록과, 신라 성덕왕 24년(725)에 서역 금지국의 승려인 정명이 세우고 남송 임천사의 승려 원명이 고쳐 세웠다는 기록이 있지만 지은 시기를 정확하게 밝히기는 어렵다. 법천사의 부속 암자인 목우암은 원나라 승려인 원명이 지었다고 한다. 현재 목우암 내에는 법당, 요사채, 축성각이 있다. 법당 내부에는 전라남도 문화재자료 제172호 목조 아미타 삼존불이 있는데 조성 시기는 조선시대 17~18세기경으로 추정된다. 그 앞에 숙종 7년(1681)에 만든 석등이 있으며, 목우암 입구에는 조선 후기에 만든 부도 5기와 전라남도 민속자료 제24호 법천사 석장승이 있다.

원갑사 圓甲寺

전남 무안군 해제면 산길리 676. 원갑사는 영광 불갑사, 영암 도갑사와 함께 남도의 3갑사라 불린다. 통일신라 때 의상대사(義湘大師)가 세웠다고 전한다. 1908년에 새로 고쳐 세워 오늘에 이른다. 절의 자리도 세 차례 옮겼는데 그에 따라 이름도 강산사, 당산사, 원갑사로 바뀌었다. 절 경내에는 무량전과 요사채가 있다. 무량전에는 고종 16년(1897)에 만든 탱화 1점이 있다. 조선 후기 범종도 있었으나 함평 보광사에 현재 옮겨져 있다.

▶▶ 함평군

용천사 龍泉寺

전남 함평군 해보면 광암리 415. 용천사는 백제 무왕 1년(600)에 존자 행은(幸恩)이 창건했다. 용천사라는 이름은 현재 대웅전 층계 밑에 있는 샘에서 유래되었다. 전설에 의하면, 서해로 통하는 이 샘에 용이 살다가 승천했다고 하여 용천이라 불렀으며, 용천 옆에 지은 절이라 하여 용천사라 했다 한다. 의자왕 5년(645)에 각진(覺眞)이 중수했고, 고려 충렬왕 1년(1275)에 국사 각적(覺積)이 중수했다. 조선 세조 때(1455~1468)와 명종 때(1545~1567)의 중수를 거쳐 큰 절로서의 면모를 갖추었으나, 선조 30년(1597) 정유재란 때 전소되었다. 선조 33년(1600)에 중창하여 이전의 규모를 갖추었다. 1938년에 다시 중수했으나, 1950년 6·25 전쟁 때 전소되어 이후 중수하였다. 보광전(普光殿)의 층계석과 부도전(浮屠殿) 문루의 양쪽 돌기둥에서 옛 자취를 찾아볼 수 있다. 전라남도 유형문화재 제84호 석등은 가운데 기둥에 새겨진 기록을 통해 조선 숙종 11년(1685)에 비를 세웠음을 알 수 있다. 크기나 짜임새가 투박하고 정감 있어 조선시대의 4각 석등 중에서도 뛰어난 작품으로 손꼽힌다.

보광사 普光寺

전남 함평군 함평읍 함평리 288. 보광사는 1942년에 개인이 별장으로 지은 건물을 개조하여 사찰로 운영하고 있다. 전라남도 유형문화재 제172호 보광사 범종은 법당 좌측의 범종각에 보관되고 있는데, 원래는 무안 당산사(원갑사)의 종이었으나 폐찰되자 함평의 용천사를 거쳐 1950년 6·25 전쟁의 혼란을 피해 1967년에 현 위치에 옮겨진 것이라 한다. 몸통 아래쪽에는 넓은 두 줄의 도드라진 선을 두르고 그 사이에 글이 있는데, 영조 43년(1767)에 만든 것이다.

▶▶ 영광군

불갑사 佛甲寺

전남 영광군 불갑면 모악리 8. 불갑사는 침류왕 1년(384) 백제에 불교를 전한 인도의 승려 마라난타(摩羅難陀)가 진(晉)나라로부터 인근 법성포(法聖浦)를 통해 백제에 들어오면서 이곳에 창건했다 한다. 그러므로 백제 최초의 절이 되었다. 그러나 조선 영조 17년(1741)에 이만석(李萬錫)이 쓴 사적비에는 언제 창건했는지 알 수 없다 했으며, 또 다른 일설로 문주왕 때(475~477) 행은(幸恩)이 창건했다 한다. 백제 무왕(600~640) 때 창건하였다고도 한다. 고려의 각진(覺眞) 국사 복구(復丘, 1270~1355)가 머무르면서부터 크게 번창하였다. 당시 이 절에는 수백 인의 승려가 머물렀고, 사전(寺田)이 10리에 미쳤다. 그 뒤 많은 중수를 거쳐 오다가 선조 30년(1597) 정유재란 때 전소되었다. 이어 다시 중건했으며, 1938년에 중수하여 오늘에 이르고 있다. 부속암자로는 전일암(餞日庵), 해불암(海佛庵), 수도암(修道庵), 불영암(佛影庵) 등이 있다. 복구가 심었다고 전해지는 수령 700여 년의 참식나무(천연기념물 제112호)가 있는데, 전설에 의하면, 이 나무는 삼국시대에 이 절에 있던 정운이라는 스님이 인도로 유학을 떠나 공부하던 중 인도의 공주를 만나 사랑을 하게 되었다. 이 사실을 알게 된 인도의 국왕은 정운 스님을 인도에서 떠나게 했다. 정운 스님과의 이별을 슬퍼한 공주는 두 사람이 만나던 곳의 나무 열매를 따서 주었고, 스님이 그 열매를 가져와 심었는데 그것이 자라서 참식나무가 되었다고 한다. 이 자생지의 나무들은 그 나무의 씨앗들이 퍼져 자란 것이라고 전해진다. 보물 제830호 대웅전, 제1377호 목조삼세불좌상, 제1470호 불복장전적, 전라남도 유형문화재 제159호 사천왕상, 전라남도 문화재자료 제166호 만세루 등이 있다.

연흥사 烟興寺

전남 영광군 군남면 용암리 890. 연흥사는 백제에 불교를 전한 인도의 승려 마라난타(摩羅難陀)가 진(晋)나라로부터 인근 법성포(法聖

浦)를 통해 백제에 들어오면서 창건했다 한다. 불갑사와 거의 동일한 시기에 창건되었다. 일설에는 불갑사 창건 이전 이곳에서 은거했다고도 전한다. 각진국사(覺眞國師)가 처음 지었다고도 하며, 정유재란(1597) 때 화재로 소실되었고, 조선 현종 8년(1667)에 다시 지은 뒤 여러 차례의 수리를 거쳐 오늘에 이르고 있다. 전라남도 유형문화재 제175호 연흥사소장 묘법연화경, 제258호 목조삼세여래좌상은 중앙에 석가여래좌상, 왼쪽에 약사여래좌상, 오른쪽에 아미타여래좌상인데, 복장물에서 나온 『묘법연화경』과 건물 상량문을 통하여 1628년부터 1667년 사이 17세기 중반에 조성된 것으로 추정된다.

▶▶ 장성군

백양사 白羊寺

전남 장성군 북하면 약수리 26. 백양사는 백제 무왕 33년(632)에 여환(如幻)이 창건하였다. 고려 덕종 3년(1034)에 중연(中延)이 중창하면서 정토사라 이름을 바꿨고, 1350년에 각진(覺眞)국사 복구(復丘)가 중창했다. 선조 7년(1574)에 환양(喚羊)이 절을 중건하면서 절 이름을 다시 백양사라 고쳤다. 1917년에 만암 종헌(曼庵 宗憲)이 중건하여 오늘에 이르고 있다. 산내 암자로는 약사암과 영천굴(靈泉窟), 청류암(淸流庵), 물외암(物外庵) 등이 있다. 입구 부도전에는 보물 제1346호 소요대사(逍遙大師 1562~1649) 부도가 있다. 전라남도 유형문화재 제32호 극락보전, 제43호 대웅전, 제44호 사천왕문,

제289호 극락보전 목조아미타여래좌상, 제290호 각진국사복구진영, 제291호 극락전 아미타회상도가 있다. 이 중 목조 아미타여래좌상은 2005년 2월에 발견된 복장물에서 영조 17년(1741) 명부전의 시왕상 중수와 함께 개금불사를 시행했다는 복장기와 1978년 개금불사를 시행했다는 중수기문도 함께 발견되었다.

청류암 清流庵

전남 장성군 북하면 약수리 112. 청류암은 백양사에 소속된 암자로 고려 충정왕 2년(1350)에 각엄왕사(覺嚴王師)가 세웠다. 이곳 청류암은 마음을 청청한 맑은 물에 비유하여 맑고 깨끗한 심성으로 선(禪)에 든다고 하여 청류암이라 하였다고 한다. 전라남도 문화재자료 제179호 관음전과 요사채가 있다. 이 암자에서는 백양사 제15대 주지 청수선사를 비롯하여 제25대 환양선사, 제26대 소요대사, 제35대 도암선사, 제43대 금해선사, 제47대 환웅선사, 제50대 만암대종사(1930~1942년)에 이르기까지 백양사의 고승대덕 스님이 주석하여 선도를 이룩한 청정도량이다.

봉정사 鳳停寺

전남 장성군 삼계면 신기리 산131. 봉정사에는 전라남도 문화재자료 제208호 석조여래입상이 있다. 석불은 대좌(臺座)와 불신을 각기 다른 돌로 만들었다. 고려 중기에 만들어진 것으로 여겨지며 인근에 있는 영광 신천리 삼층석탑(보물 제504호)과 함께 당시의 조각사 연구에 자료가 된다.

▶▶ 완도군

법화사지 法華寺地

전남 완도군 완도읍 장좌리 461. 장도 청해진으로부터 서북쪽으로 약 2㎞ 떨어진 상왕산 아래에 있다. 법화사는 주민들에 의해 전해진 구전내용과 문헌기록으로 미루어 보아 통일신라 말 장보고(?~846)가 지은 절로 그의 해상활동과 긴밀한 관련이 있었던 것으로 추정된다.

현재 논과 밭으로 경작되고 있으며 주위에서는 기와조각이 많이 발견되고 있다. 법화사지는 청해진 장도와 함께 국립문화재연구소에서 1989~1990년도 2회에 걸친 발굴조사를 하여 유물들이 출토되었다.

신흥사 新興寺

전남 완도군 완도읍 군내리 168-1. 전라남도 문화재자료 제213호 목조약사여래좌상이 있다. 이 불상은 원래 해남 대흥사 소속암자인 심적암(深寂庵)에 있었던 것인데 초의 스님이 현 대광명전에 옮겨 모셨으며, 그 뒤 응송(박영희) 스님이 신흥사로 옮겨 봉안한 것이다. 불상에서 나온 복장물의 발원문에 의하면 불상 명칭은 약사여래좌상으로 호칭되었고 1628년에 처음 조성하였으며 1802년에 중수, 1845년에 개금불사, 1865년에 중수 개금을 하였음을 알 수 있다.

▶▶ 진도군

용장사 龍藏寺

전남 진도군 군내면 용장리 산90. 용장사에는 전라남도 유형문화재 제17호 석불좌상이 모셔져 있다. 전하는 말로는 왕족인 승화후 온을 왕으로 추대하고 강화도에서 진도로 항몽 근거지를 옮긴 삼별초가 조성했다고 전해진다. 용장사가 있는 용장산성에는 삼별초 쌓은 궁궐터가 있다. 불상은 사각형의 대좌(臺座) 위에 광배(光背)로 등에 붙이고 앉아 있는 약사불상이다. 불상 좌우에는 본존불과 비슷한 인상으로, 상체는 벗고 하체에 치마를 입은 신라식의 보살상이 서 있으나, 조각수법으로 보아 고려시대에 만들어진 것으로 추정된다.

쌍계사 雙溪寺

전남 진도군 의신면 사천리 76 점찰산 서쪽 기슭에 있는 절로 문성왕 19년(857)에 도선국사가 지었으며, 인조 26년(1648)에 의웅이 다시 지어서 오늘에 이르고 있다. 전라남도 유형문화재 제121호 대웅전은 1982년 수리할 때 발견된 기록에 숙종 23년이라 쓰여 있어 1697년에 세워졌음을 알 수 있다. 유형문화재 제221호 목조삼존불좌상, 제222호 시왕전 복조지상보살상이 있다. 1993년에 지장보살삼존상을 수리하던 중 도명존자상 속에서 조선 현종 7년(1666)에 만들었다는 기록이 발견되었다.

전라북도

남고사 南固寺

전북 전주시 완산구 동서학동 2가 24. 남고사는 보덕화상(普德和尙)의 수제자인 명덕화상(明德和尙)이 창건한 사찰로서, 원래는 남고연국사(南固燕國寺)라 하였으나, 후일에 남고사라 했는데, 언제부터 칭하게 되었는지는 알 수 없다. 문헌상으로는 영조 때에 편찬된 『여지도서(與地圖書)』에 의하면 남고사(南高寺)라 되어 있는 것으로 보아, 남고사(南固寺)라 부르게 된 것은 18세기 후반 이후인 것으로 추정된다. 남고사는 고려시대까지는 교종계통의 사찰로 내려오다가, 조선조 세종 때 모든 종파의 불교가 교·선양종(敎·禪兩宗)으로 통합되어 48개의 사찰만 공인하게 되었을 때 탈락되어 사세가 크게 위축된 것으로 추정된다. 1592년 임진왜란 이후 선종이 크게 신장하자 선종계(禪宗系)의 사찰이 되었다. 현재 남고사 대웅전 우측(서쪽) 전방의 건물이 있는 곳이 옛터이다. 현재 건물의 건립 연대는 약 100년 전 정도로 추정된다.

동고사 東固寺

전북 전주시 완산구 교동1가 산10 기린봉 기슭에 있는 동고사는 신라 경문왕 때 도선국사(道詵國師)가 세웠다고 전한다. 1592년 임진왜란으로 소실된 것을 조선 헌종 10년(1844)에 허주대선사(虛舟大禪師)가 지금 있는 자리에 다시 세운 것이다. 경내에는 대웅전을 비롯하여 여러 부속 건물과 요사채가 있다.

학소암 鶴巢庵

　전북 전주시 완산구 평화동 2가 산51. 학소암은 조선 정조 10년 (1786) 광혜화상(廣惠和尙)이 창건하고, 춘곡화상(春谷和尙)과 이만선(李萬善) 씨에 의해 중수되었다. 자음전(慈蔭殿)은 익공계 구조의 맞배지붕으로서, 정면 3칸, 측면 1칸의 건물이다. 기단은 자연석기단이며, 그 위의 초석은 자연석으로 된 주초석을 사용하였다.

미륵암 彌勒庵

　전북 전주시 완산구 서서학동 345. 현재 전라북도 문화재자료 제9호 서서학동 석불입상이 모셔져 있다. 불상은 목에는 삼도(三道)가 표현되었다. 옷은 양어깨를 감싸고 있는데 옷주름이 어깨에서 가슴과 양팔에 곡선을 그리며 흘러내리고 있다. 옷소매는 길게 드리워 있고, 양다리에도 옷주름이 새겨져 있다. 손은 나중에 끼운 것으로, 현재 오른손은 아래로 내리고 왼손은 굽히고 있는 모습이다.

용화사 龍華寺

　전북 전주시 덕진구 인후동 1가 146-1. 용화사에는 전라북도 문화새자료 제10호 인후동 석불입상이 있다. 1592년 임진왜란 때 가등청정(加藤淸正)이 오른쪽 귀를 칼로 쳤다는 전설이 있다. 귀는 어깨까지 길게 표현되었고 목에는 삼도(三道)가 새겨져 있다. 왼쪽 어깨로부터 흐르는 옷주름은 왼쪽 팔에서 아래로 늘어져 있으며, 하반신에는 대나무 마디 모양의 옷주름이 새겨져 있다. 팔꿈치를 굽힌 오른손은 가슴 앞에서 손등을 보이고 있고, 같은 높이의 왼손은 손바닥을 밖으로 하고 있다. 전체적인 양식으로 볼 때 고려 말기의 것으로 보인다.

천고사 天高寺

전북 전주시 덕진구 만성동 822. 천고사는 고려 전기에 원광국사가 창건했다고 전해진다. 미륵전 안에는 전라북도 문화재자료 제145호 석불좌상이 모셔져 있다. 불상의 얼굴은 둥글고 귀가 유별나게 긴 편이며, 어깨가 다른 신체 부분보다 너무 작게 표현되어 약간 움츠러든 모습이다. 옷은 왼쪽 어깨에만 걸치고 오른쪽 어깨를 드러내고 있으며, 손발은 평평하게 표현하여 부피감이 없다. 손은 항마촉지인(降魔觸地印)이다. 전체적인 조각수법으로 보아 만들어진 연대는 고려 후기로 추정되며, 당시 지방화된 불상 양식이다.

극락암 極樂庵

전북 전주시 덕진구 우아동 1가 산3. 현재 전라북도 문화재자료 제151호 목조여래좌상이 모셔져 있다. 단정한 신체와 안정된 자세 등에서 조선 후기 불상의 양식적 특징을 보여주고 있다. 완주 송광사 지장보살좌상 및 정수사 삼존불좌상 등 인근 지역의 17세기 불상들과 동시에 만든 목조불상으로 연구 가치가 높다.

▶▶ 군산시

상주사 上柱寺

전북 군산시 서수면 축동리 544 취성산 기슭에 있는 상주사는 신라 진평왕(眞平王) 28년(606)에 혜공대사(惠空大師)가 창건하였다. 고려 공민왕(恭愍王) 11년(1362)에 나옹대사(懶翁大師)가, 조선 인조(仁祖) 19년(1641)에는 취계대사(鷲溪大師)가, 영조(英祖) 38년(1762)에는 학봉선사(鶴峰禪師)가 중수하였다 한다. 전라북도 유형문화재 제37호 대웅전은 조선 중기의 건물이다.

불주사 佛住寺

전북 군산시 나포면 장상리 836 망해산에 있는 절로 백제 의자왕(641~660) 때 지어졌다고는 하나 그 뒤의 역사가 전해지지 않고 있다. 전라북도 유형문화재 제117호 대웅전은 석가모니를 모시는 법당으로 높은 기단 위에 세워진 앞면 3칸·옆면 2칸 규모의 건물이다. 조선시대 후기에 지어진 건물로 한말에 수리해서 오늘에 이르고 있다.

전라북도 유형문화재 제193호 목조관음보살좌상, 제194호 목조아미타여래좌상이 모셔져 있다. 목조관음보살좌상은 조성연대가 1647년으로 원만한 얼굴, 당당한 어깨, 안정감 있는 무릎 등 균형미가 있다. 목조아미타여래좌상은 개금불사 시 발견된 복장기록에 의하면, 조선 현종 7년(1666)에 조성되었음을 알 수 있다.

은적사 隱寂寺

전북 군산시 소룡동 1332. 은적사는 백제 제30대 무왕(600~641) 때 원종화상이 창건했다고 전한다. 신라 진평왕 때 문광법사가 지었다고도 한다. 고려 광종 3년(952)에 정진 국사가 중창, 공민왕 때 나옹화상이 중창, 1937년과 1947년에 중창하여 오늘에 이르고 있다고 한다. 이 절 개창에 관한 또 다른 일설은 여지승람에 보이는 설화이다. 당나라가 신라와 손을 잡고 백제를 쳐들어왔을 때 침공장인 소정방이 13만 대군을 이끌고 이곳 금강 하류에 상륙하여 백제를 공략하려 할 적에, 짙은 안개가 끼어 시계가 막힌 고로, 이 산에 올라 산신에게 기도하면서 안개를 걷혀 주면 이 자리에 천사를 짓겠다고 서약했는데 과연 안개가 걷혔다는 것이다. 이에 절 지을 자리를 돌아보았으나 워낙 지세가 협소하므로 부득이 주춧돌만 천개를 여기저기 세우고 1사만을 지어, 이름을 천방사라고 하였다는 것이다. 전라북도 유형문화재 제184호 석가여래 삼존상은 인조 7년(1629)에 조성한 것으로, 석가여래상을 중심으로 문수, 보현보살을 협시로 하고 있다.

▶▶ 남원시

실상사 實相寺

전북 남원시 산내면 입석리 50 지리산 북쪽 기슭에 자리 잡은 실상사는 신라의 증각대사(證覺大師) 홍척(洪陟)이 흥덕왕 3년(828)에 창건하였다. 헌덕왕 때 당(唐)나라에 유학하였던 홍척이 선종(禪宗)의 도(道)를 깨치고 돌아오자 왕이 국승으로 초빙하여 설법을 듣고 선종을 받아들이며 선종구산(禪宗九山) 중 처음으로 이 절을 세우게 되었다. 제자인 수철대사(秀澈大師)와 편운대사(片雲大師) 또한 여기서 배출되어 이 무렵 선종은 성황을 이루었다. 조선시대에 정유재란(丁酉再亂)으로 소실된 것을 숙종 때 고쳐 지었으나 고종 때에 화재를 입어 소규모로 재건하여 현재에 이른 것이다. 현존하는 건물로는 보광전·약사전·명부전 등이 있다. 암자로는 약수암, 백장암 등이 있다.

문화재로는 백장암 삼층석탑(국보 제10호), 수철화상능가보월탑(보물 제33호)과 탑비(보물 제34호), 실상사 석등(보물 제35호), 부도(보물 제36호), 삼층석탑(보물 제37호), 증각대사응료탑(보물 제38호)과 그 탑비(보물 제39호), 백장암 석등(보물 제40호), 철제여래좌상(보물 제41호), 백장암 청동은입사향로(보물 제420호), 약수암 목조탱화(보물 제421호), 전라북도 유형문화재 제45호 극락전, 제137호 동종, 제166호 백장암 보살좌상 등이 있다. 절 입구에는 상원주장군(중요민속자료 제15호)을 비롯한 석 장승들이 있다.

만복사지 萬福寺址

전북 남원시 왕정동 481. 만복사는 고려 문종(1046~1083) 때 지어진 것으로 전한다. 신라 말 연기 도선(烟起 道詵, 827~898)이 창건했다고도 한다. 도선은 당나라 군사를 묘한 언변으로 세압한 뒤 이곳에 절을 짓고 불상을 봉안하고 탑을 건립했다 한다. 또 철우(鐵牛)와 철환(鐵環)을 설치하고 호산(虎山)과 용담(龍潭)에도 탑을 세웠다고 전한다. 만복사 귀승(萬福寺 歸僧)은 예로부터 남원 8경 중의 하나로 손꼽혔다. 조선 세조 때(1455~1468)의 김시습(金時習)은 이 절을 배경으로 불교소설 만복사 저포기(萬福寺 樗浦記)를 지었다. 정유재란 때인 선조 30년(1597) 8월 14일 왜적이 남원 서문을 통과하여 이 절에 와 방화를 했으므로 2칸의 불전과 석불만 남은 채 모두 불탔다. 숙종 4년(1678) 남원부사 정동설(鄭東卨)이 중창을 꾀했으나, 규모가 워낙 방대하여 예전처럼 꾸미지는 못하고 승방 1동을 지어 불전에 올리는 향이 끊이지 않게 했다. 절터는 1979년부터 1985년까지 발굴 조사한 결과 중문지, 목탑지, 동금당지, 서금당지, 북금당지, 강당지와 회랑지 등이 드러났고 많은 수량의 기와 쪽, 청자, 백자 등의 유물이 출토되었다. 창건 이후 여러 번 고쳐 지어서 건물 배치에 변화가 있었음도 알 수 있었다. 만복사는 고구려식 절의 배치를 계승한 고려시대의 대표적인 사찰 중 하나이다. 고려시대에 만들어진 오층석탑(보물 제30호), 불상좌대(보물 제31호), 당간지주(보물 제32호), 석불입상(보물 제43호) 등이 남아 있다.

용담사 龍潭寺

전북 남원시 주천면 용담리 292. 용담사는 백제 성왕 때 창건되었다고 전해지는 사찰로, 전설에 의하면 용담천 깊은 물에 이무기가 살면서 온갖 행패를 부리자 이를 막기 위해 신라 말 도선국사가 절을 창건하여 용담사라 이름을 지으니, 그 뒤로는 이무기의 나쁜 행동이 없어졌다고 한다. 전설을 뒷받침하듯 절 안의 대웅전은 북쪽을 향하여 용담천 쪽을 바라보고 있다. 보물 제42호 용담사지 석불입상은 불상과 광배(光背)를 하나의 돌에 매우 도드라지게 새긴 거구의 석불입상으로 높이가 6m에 이른다. 정수리에 육계가 높고 큼직하며, 얼굴은 바위의 손상으로 분명하지는 않으나 힘차고 박력 있는 표정임을 알 수 있다. 목에는 삼도(三道)가 있다. 몸은 어깨와 가슴이 떡

벌어져 있고, 다리는 돌기둥처럼 강인해 보인다. 고려 초기의 불상으로 추정된다. 전라북도 유형문화재 제11호 칠층석탑과 석등이 있다.

심경암 心鏡庵

전북 남원시 신촌동 124-1. 용담사(龍潭寺) 부근의 심경암에는 전라북도 유형문화재 제46호 석불좌상이 모셔져 있다. 얼굴은 심하게 훼손되어 잘 알아볼 수가 없지만 목에는 삼도가 표현되었다. 왼쪽 어깨에만 걸쳐 입은 옷은 배 부분에서 곡선을 그리며 무릎까지 흘러내렸다. 오른손은 무릎 위에 올려 손끝이 땅을 향하고 왼손은 배 부분에서 손끝이 하늘을 향하고 있는 모습이다. 배[舟] 모양의 광배(光背) 안에는 굵은 선을 도드라지게 둘러서 각각 연꽃잎이 새겨진 두광과 신광을 구분하였다. 광배 가장자리에는 불꽃무늬가 새겨져 있고 좌·우와 중앙에는 몸광배가 표현된 작은 부처가 새겨져 있다.

선원사 禪院寺

전북 남원시 도통동 395. 선원사는 남원시에 있는 절로 통일신라시대에 도선이 남쪽 산천을 둘러본 후 헌강왕 1년(875)에 이곳에 지었다. 선조 30년(1597) 정유재란 때 만복사와 함께 불타 버린 것을 영조 30년(1754)에 다시 짓고 천불을 약사전에 모셨다. 처음 지어졌을 당시에는 규모가 대단히 컸다고 한다. 전라북도 유형문화재 제119호 약사전 안에는 보물 제422호 철조여래좌상이 모셔져 있는데 고려시대 작품으로 추정된다. 전라북도 문화재자료 제45호 대웅전이 있고, 대웅전 안에는 전라북도 유형문화재 제25호 조선시대 범종이 있다.

선국사 善國寺

　전북 남원시 산곡동 419. 선국사는 교룡산성 안에 있는 절로 산성 내에 있다고 산성절이라 부르기도 한다. 신문왕 5년(685)에 세워졌으며, 이곳에 용천(龍泉)이 있다고 하여 용천사라 하였다. 선국사로 이름이 바뀐 시기는 분명하지 않다. 절의 건물은 교룡산성을 지키는 군 본부로 사용되었으며, 전성기에는 300여 명의 승려가 머물렀다고 한다. 조선 순조 3년(1803)에 다시 지었다. 건물은 교룡산성을 지키는 군 본부로 사용되어 수성장과 별장(別將)이 배치되어 있었으며, 전성기에는 3백여 명의 승려가 머물렀다고 한다. 고종 30년(1893) 동학란 때 동학군들이 이곳을 점령하여 일대 접전을 벌였는데, 이때 건물의 일부가 파괴되었다 한다. 1917년에 대웅전을 중수하여 오늘에 이르고 있다. 지금은 대웅전, 칠성각, 요사채, 보제루 등의 건물이 남아 있다.

　문화재로 전라북도 유형문화재 제114호 대웅전, 보물 제1517호 건칠아미타불좌상 및 복장유물, 전라북도 민속자료 제5호 대북이 있다.

대복사 大福寺

　전북 남원시 왕정동 283. 대복사는 신라 진성여왕 7년(893)에 창건했다. 이후 폐사되었던 것을 1938년에 신자 박경찬(朴敬贊)과 그 부인 황(黃)씨가 중건했다고 한다. 현존하는 건물로는 극락전과 요사채 등이 있다. 창건에 얽힌 전설이 있다. 어느 날 남원의 벼슬아치 대복(大福)이 새로 부임하는 군수를 맞이하기 위해서 집을 나간 사이에 한 비구니가 와서 그의 처에게 가사 한 벌을 시주하도록 청했다. 이에 그의 처는 대복과 집안의 복락을 위해서 옷감 한 필을 시주했다. 대복이 신임 군수를 배영하고 돌아오는 길에 읍의 다리에 이르자, 다리 아래에서 자신을 부르는 소리가 들렸다. 내려가서 보니 귀와 뿔을 지닌 큰 구렁이가 머리만 드러낸 채 사람의 말을 했다. 뱀은 "대복이 이달 안으로 반드시 죽어서 뱀의 몸을 받을 것이나 집에서 가사불사에 시주한 공덕으로 죽음을 면하게 하겠다. 그러나 계속해서 재물에 탐착하고 절을 짓지 않으면 그 후 뱀의 과보를 30년 동안 받으리라."고 했다. 그리고 절을 지으면 뱀이 대복의 과보를 천년 동안 대신해서 받을 것이니, 절을 지어서 이 추한 과보에서 벗어나기를 부탁했다. 대복은 자기도 모르는 사이에 약속을 했으나, 집에 돌아온 뒤에는 아내에게 가사불사의 사실을 추궁하여 가장이 출타 중에 마음대로 시주한 것을 분하게 여겨 아내를 죽이려고 활을 쏘았다. 그러나 도리어 대복이 정신을 잃고 말았다. 그때 절에서는 가사를 만들고 있었는데, 화괴(火塊)가 날아와서 가사에 두 구멍을 내었다. 이를 이상히 여긴 비구니가 대복의 집에 와서 전후 사실을 듣고 대복을 감화시켜 큰 구렁이를 위해 절을 짓고 대복사라 했다 한다. 전라북도 유형문화재 제23호 철불좌상, 제24호 동종, 문화재자료 제48호 극락전이 있다.

귀정사 歸政寺

　전북 남원시 산동면 대상리 1042. 귀정사는 백제 무녕왕 15년(515)에 현오국사(玄悟國師)가 지은 사찰로 원래 만행사(萬行寺)라 불렀던 것을 후에 귀정사라 고쳐 불렀다고 한다. 사찰 이름을 바꾼 유래에 대해서는 백제의 왕이 3일간 승려의 설법을 들으며 귀정사에서 국정을 살폈기 때문이라고 전한다. 고려 목종 5년(1002)과 세조 14년(1468)에 두 차례에 걸쳐 크게 고쳐 지었는데, 이때가 귀정사의 전성시대였다. 그 후 1592년 임진왜란과 정유재란으로 파손된 것을 현종 5년(1664)에 설제대사(雪霽大師)가 비교적 옛 모습대로 고쳐 짓고, 순조 4년(1804)에 현일대사(玄一大師)가 다시 보수하였으나, 6·25전쟁 이후 공비토벌 작전상의 이유로 유엔군이 모두 불태워 버렸다. 기록에 의하면 옛 귀정사에는 법당, 정루, 만월당, 승당, 연화당, 삼광전, 문수전, 상실, 명월당이 있었으며, 부속암자로는 남암, 대은암, 영당, 낙은암이 있었다 하나 모두 소실되고, 현재는 대웅전, 승당, 산신각 등이 있고, 1968년에 전체 보수되었다.

창덕암昌德庵

　전북 남원시 산동면 부절리 산107(중절마을). 창덕암은 1933년에 선덕화고음(善德華苦蔭) 김 여사가 건립한 암자로서 부녀자들이 기도드리는 곳으로 유명하였다. 이 암자에는 법당 외에 4동의 부속 건물이 있으며, 전라북도 문화재자료 제60호 삼층석탑이 있다. 전설에 의하면 기도한 사람은 신의 도움을 받아 소원 성취하였다 하여 음력 4월 8일이면 지방 부녀자들로 일대장관을 이루었다고 전한다.

연화사蓮花寺

　전북 남원시 이백면 효기리 123. 통일신라 후기에 도선국사(道善國師)가 미륵암을 창건하였다고 전해지는 곳이다. 전라북도 문화재자료 제62호 미륵암 석불입상이 모셔져 있다. 이 석불입상은 둥글넓적한 얼굴에 코는 납작하게 표현되어 있다. 귀는 긴 편으로 뒤쪽에 치우쳐 붙어 있으며, 긴 목에는 삼도(三道)가 뚜렷하다. 옷은 양쪽 어깨에 걸쳐 있고, 양손 부분에는 구멍이 뚫려 있다. 전체적으로 볼때 어깨에 비하여 몸이 간략하게 처리된 느낌이 든다. 조각수법으로보아 조선시대에 만들어진 것으로 추정된다.

덕음암 德蔭庵

전북 남원시 노암동 176(어현부락). 전라북도 문화재자료 제64호덕음암 석불좌상이 미륵전에 모셔져 있다. 긴 얼굴은 경직되어 있고목에는 삼도(三道)가 새겨져 있으며, 어깨는 직각으로 처리되었고 수직으로 내려오는 몸은 경직된 표현을 보여준다. 무릎 위에 올려놓은왼손에는 약 항아리를 들고 있으며, 오른손은 무릎 아래로 향하게하여 손끝으로 땅을 가리키고 있다. 대좌(臺座)는 연꽃이 새겨진 하대석 위에 정사각형의 중대석이 놓인 특이한 형태를 하고 있다. 광배(光背)는 다른 돌로 만들었으며, 크게 표현된 두광은 상단부가 절단되었고 둘레에는 넝쿨무늬가 장식되어 있다.

미륵암 彌勒庵

전북 남원시 노암동 751. 미륵암은 통일신라 말기에 도선국사(道詵國師)가 이곳에 절을 창건한 것으로 전해지고 있다. 전라북도 문화재자료 제65호 미륵암 석불은 목에는 삼도(三道)가 있고, 불상 뒤편에는 주형광배(舟形光背)가 있다. 지금은 왼쪽 윗부분과 오른쪽의1/3 정도가 절단되어 없어졌으며 불꽃무늬가 조각되어 있다. 전체적인 모습으로 보아 고려시대에 만들어진 작품으로 추정된다.

가덕사 加德寺

전북 남원시 송동면 송내리 143-3. 전라북도 문화재자료 제150호 석조여래 입상은 대웅전 안에 모셔져 있다. 얼굴은 훼손이 심해 잘 알아볼 수가 없지만 작고 풍만한 것으로 보인다. 양어깨를 감싸고 입은 옷은 굴곡 없이 직사각형에 가까운 몸에 평면적으로 흐르고 있다. 고려 초기 남원 지역의 석불 가운데 대표작으로 손색이 없다.

▶▶ 김제시

금산사 金山寺

전북 김제시 금산면 금산리 39. 금산사는 백제 법왕 2년(600)에 지은 절로 법왕이 그의 즉위년(599)에 칙령으로 살생을 금하고, 그 이듬해 이 절에서 38인의 승려를 득도시켰다. 신라시대 진표(眞表) 율사가 경덕왕 21년(762)에 중창을 시작하여 혜공왕 2년(766)에 완공을 봄으로써 절의 면모를 갖췄다. 이때 진표는 미륵장륙상(彌勒丈六像)을 조성하여 주존불로 모셨고, 금당의 남쪽 벽에는 미륵보살이 도솔천(兜率天)에서 내려와서 그에게 계법을 주었다는 모습을 그렸다. 이 절은 법상종(法相宗)의 근본 도량이 되었다. 후백제시대에는 견훤의 숭봉을 받아 부분적인 보수가 있었다. 고려시대에는 법상종의 혜덕 소현(慧德 韶顯)이 문종 33년(1079)에 주지로 부임하여 퇴락한 절을 보수하고 새로운 법당을 증축하여 창건 이후 가장 규모가 큰 절의 면모를 갖추었다. 선조 25년(1598) 임진왜란 때 왜병의 방화로 모든 건물과 산내의 40여 개 암자가 완전히 소실되었다. 선조 34년(1601)에 수문(守文)이 복원 공사를 시작하여 인조 13년(1635)에 낙성을 보았다. 고종 때(1863~1907)에는 용명(龍溟)이 미륵전, 대장전, 대적광전 등을 보수했고, 1934년 다시 대적광전과 금강문, 미륵전 등을 보수했다. 근래에 일주문을 비롯하여 금강문, 보제루, 미륵전, 대적광전, 대장전, 명부전, 승당, 서전(西殿) 등의 건물을 중수 또는 중건했다. 산내 암자로는 심원암(深遠庵), 용천암(龍天庵), 청련암(靑蓮庵), 부도전(浮屠殿)이 있다.

국보 제62호 미륵전은 정유재란 때 불탄 것을 조선 인조 13년(1635)에 다시 지은 뒤 여러 차례의 수리를 거쳐 오늘에 이르고 있다. 거대한 미륵존불을 모신 법당으로 용화전·산호전·장륙전이라고도 한다. 1층에는 대자보전(大慈寶殿), 2층에는 용화지회(龍華之會), 3층에는 미륵전(彌勒殿)이라는 현판이 걸려 있다. 내부에는 입멸 후 56억 7천만 년이 지난 후에 이 땅에 출현하여 성불한 뒤 중생을 교화한다는 미륵불로 그 규모가 장대하다. 협시보살은 왼쪽이 법화림보살(法花林菩薩)이고 오른쪽이 대묘상보살(大妙相菩薩)이다.

보물 제22호 금산사 노주, 제23호 석련대, 제24호 혜덕왕사진응탑비, 제25호 오층석탑, 제26호 방등계단, 제27호 육각 다층석탑, 제28호 당간지주, 제29호 심원암 북강삼층석탑, 제827호 대장전, 제828호 석등(石燈) 등 많은 문화재들이 있다.

귀신사 歸信寺

전북 김제시 금산면 청도리 81. 귀신사는 신라 문무왕 16년(678)

에 의상(義湘)대사가 세운 절로 국신사(國信寺)라 하였고, 8개의 암자가 있었다고 전한다. 최치원(崔致遠)은 이곳에서 법장화상전(法藏和尙傳)을 편찬했다. 고려시대에 들어서서 국사 원명(圓明 1262∼1330)이 중창했다. 고려 말에는 왜병 3백여 기(騎)가 성을 함락하고 이 절에 주둔했는데, 병마사 유실(柳實)이 격퇴했으며, 당시에는 건물과 암자가 즐비했던 큰 절이었다고 전한다. 조선 선조 25년(1592) 임진왜란으로 폐허화된 것을 고종 10년(1873)에 중창한 뒤 현재의 이름으로 바꾸었다.

보물 제826호 대적광전(歸信寺大寂光殿)은 비로자나불을 모시고 있으며, 17세기경에 다시 지은 것으로 짐작된다. 보물 제1516호 소조 비로자나 삼불좌상은 지권인(智拳印)의 비로자나불을 본존으로 하고 좌우에 약사불(向右)과 아미타불(向左)을 배치한 삼불형식이다. 이 삼불좌상은 조선시대 1633년에 작성된 귀신사 나한전 낙성문에 1633년 이전에 삼불상이 만들어진 것으로 기록되어 있다. 전라북도 유형문화재 제62호 석탑, 제63호 부도, 제64호 석수(石獸) 등 문화재가 많다.

청룡사 青龍寺

전북 김제시 금산면 금산리 산4−1. 전라북도 유형문화재 제156호 관음보살좌상이 모셔져 있다. 나무로 만든 보살상으로 만든 시기, 만든 사람, 시주자 등을 알 수 있는 불상에 관한 기록을 비롯하여 『법화경』, 『다라니경』 등의 유물이 발견되었고, 조각수법으로 보아 17세기 중엽의 불상으로 추정된다.

문수사 文殊寺

전북 김제시 황산동 6 봉황산(鳳凰山)에 있는 문수사는 백제 무왕 25년(624) 혜덕(惠德)선사가 꿈에서 문수보살을 보고 이 절을 지었다고 전해온다. 고려 광종 원년(950) 불에 타고 현판만이 지금의 장소로 날아와 고려 광종 8년(957)에 혜림(慧林)이 원래의 장소에서 약 350m 거리에 있는 지금의 위치에 중창했다. 혜림의 중창 당시 어디선가 문수암이라고 쓴 현판이 날아와서 떨어졌으므로 그곳에 중창했다고 하며, 날아온 현판은 신필(神筆)이라 하여 지금도 절에 보관되어 있다. 그 뒤 조선 숙종 31년(1705)에 청원(淸元)이 폐허화된 이 절을 중창했고, 고종 29년(1892)에 인계(仁溪)가, 1914년에 보룡(寶龍)이 중창했다. 1967년에 주지 김창법(金暢法)이 중창하여 면모를 혁신했다. 암벽 옆에는 고려시대 마애불상이 있고, 절 앞에 있는 느티나무는 고려 신종 5년(1202)에 무불(無佛)이 문수보살을 친견하고 심었다고 한다.

산신각 옆에는 전라북도 유형문화재 제175호 마애여래좌상이 새겨져 있다. 유형문화재 제177호 목조 석가여래좌상은 불상 속에서 발견된 기록을 통해 1610년에 만들었음을 알게 되었다. 제178호 목조 아미타여래좌상은 조선 숙종 41년(1715)에 만든 작품이다.

흥복사 興福寺

전북 김제시 흥사동 263. 흥복사는 백제 의자왕 10년(650)에 고구려 승려 보덕(普德)이 창건하였다. 당시 이름은 승가사(僧伽寺)이다. 보덕은 이곳에 극락전을 짓고 삼존불을 모셨다고 한다. 선조 30년(1597) 정유재란 때 불에 타 완전히 없어진 것을 인조 3년(1625)에 흥복(興福)거사가 중창하고 흥복사라 불렀다. 1943년에 법운(法雲)이 극락전과 관음전을 중수하였다. 1969년에 중창 불사하여 오늘에 이른다. 건물로는 대웅전, 관음전, 미륵전, 삼성각, 정혜원 등이 있다.

전라북도 유형문화재 제181호 대웅전 목조삼존불좌상은 가운데에는 석가모니불이 있고, 왼쪽에는 아미타불, 오른쪽에는 약사불이 모셔져 있다. 최근에 개금을 할 때 석가모니 불상에서 1676년에 만들어졌다는 글이 발견되었다.

망해사 望海寺

전북 김제시 진봉면 심포리 1004. 망해사는 통일신라 경덕왕 때 통장대사(通藏大師)가 지었다고 전하는데, 지금 있는 건물은 조선 인조(1623~1649) 때 진묵대사(震默大師)가 지은 것이라고 한다. 1933년과 1977년에 고쳐 지었다. 전라북도 기념물 제114호 팽나무 두 그루는 조선 인조 때에 진묵대사가 낙서전(樂西殿 전라북도 문화재자료 제128호)을 창건한 것과 그 역사를 같이한다고 전하고 있어, 수령은 400년 이상으로 추정되고 있다.

▶▶ 정읍시

천곡사지 泉谷寺址

전북 정읍시 망제동 산10. 보물 제309호 칠층석탑은 고려시대에 석탑으로 추정된다. 전라북도 유형문화재 제118호 망제동 석불입상이 있어 이 주변 일대가 절터로 추정된다.

내장사 內藏寺

전북 정읍시 내장동 588. 옛 내장사는 백제 의자왕 20년(660)에 세워졌으며, 현재의 사찰은 본래 영은사(靈隱寺) 자리라 한다. 백제 무왕 37년(636)에 영은조사(靈隱祖師)가 50여 동의 대가람으로 창건한 절이었다. 고려 숙종 3년(1095)에 건물을 중창했는데, 명종 12년(1557)에 희묵(希黙)이 법당과 요사를 수축하여 선조 25년(1592) 임진왜란 때 다시 소실되었는데, 인조 17년(1639)에 건물을 개축하였다. 1938년에 대웅전을 중수하고 명부전을 신축하였는데, 6·25전쟁 때 전소되었다. 1958년에는 대웅전을 중건하여 오늘에 이른다. 전라북도 유형문화재 제49호 조선동종(朝鮮銅鐘)은 조선 후기 범종으로 내장사가 중건되자 전남 보림사에서 옮겨 왔는데, 일제시대 후기에 원적암에 은닉하였고, 1950년 6·25 전쟁 때 정읍시내 포교당에 피난시켜 보전하였다.

해정사 海鼎寺

전북 정읍시 고부면 용흥리 산14. 전라북도 유형문화재 제96호 해정사지 석탑은 성황산 북쪽 기슭에 자리하고 있다. 주변에서 해정사라고 새긴 기와조각이 발견되어 이 절의 옛터로 전하고 있다. 전라북도 유형문화재 제97호 용흥리 석불입상은 해정사 절터 서북쪽 탑동 마을 동편에 있으며 용화전이란 보호각에 모셔져 있다. 전체적으로 풍화가 심하며, 머리 부분은 절단된 것을 시멘트로 보수하였다. 내려뜨린 오른손은 떨어져 나갔으며, 왼손은 가슴 부근에서 들고 있다. 고려시대 불상으로 추정된다.

미륵암 彌勒庵

전북 정읍시 고부면 남복리 산6-4. 전라북도 유형문화재 제99호 미륵암 석불은 현재 대웅전에 모셔져 있다. 몸에 비해 큰 머리에는 작은 소라 모양의 머리칼을 붙여 놓았으며, 그 위에는 육계가 큼직하다. 얼굴은 풍만한 인상이고 이목구비는 섬세하게 표현되지 않았다. 두 손은 큼직하게 표현하였는데 오른손은 위를 향하고 왼손은 엄지손가락과 새끼손가락을 맞대어 아래로 내리고 있다. 전체적인 조각수법, 옷주름 등의 표현으로 보아 고려시대 불상으로 추정된다.

미륵사 彌勒寺

전북 정읍시 칠보면 무성리 434-1. 전라북도 유형문화재 제157호 무성리 석불입상이 모셔져 있다. 불상은 민머리이며 머리에 마치 두건을 쓴 것처럼 보인다. 얼굴은 긴 타원형이며 입은 불룩하게 튀어나오게 조각되었다. 귀는 길어 목 부분까지 이어지며, 목은 짧게 표현되어 있다. 고려시대에 만든 것으로 추정된다. 전라북도 유형문화재 제158호 무성리 삼층석탑도 인근 마을의 논 가운데 자리하고 서 있다. 무성서원을 찾아 주변에 문의하면 쉽게 찾을 수 있다.

정혜사 定慧寺

전북 정읍시 연지동 148. 전라북도 유형문화재 제195호 석조 보살 입상이 대웅전의 왼쪽에 봉안되어 있다. 얼굴은 귀 옆 부분이 마멸되었고 코 부분이 떨어져 나갔는데, 머리에는 높은 보관(寶冠)을 쓰고 있다. 보관은 원통형의 단순한 형태로서, 고려 초기에 조성된 것이다.

미륵사 彌勒寺

전북 정읍시 상동 산32. 전라북도 유형문화재 제196호 석불좌상은 1930년대까지 야산의 산속에 묻혀 머리 부분만 노출되어 있던 것을 옮겨 봉안하고 있다. 거대한 자연석을 다듬어 앞 부분에는 불상을 조각하고 뒷면은 아무런 조각 없이 그대로 처리하였다. 고려시대 후기 불상으로 추정된다.

영은사지 靈隱寺址

전북 정읍시 내장동 590. 영은사는 백제 무왕 37년(636)에 영은조사가 지은 절로, 이때의 규모는 50여 동이었다고 한다. 고려 숙종 3년(1098)에 행안선사가 새로 고쳐 지었다고 했을 뿐 그동안의 연혁은 밝혀지지 않고 있다. 그 후, 조선 명종 22년(1567)에 희묵대사가 법당과 요사(중들이 기거하던 집)를 지었다고 전한다. 인조 17년(1639)에 부용대사가 사당을 고치고 불상을 도금했으며, 정조 3년(1779)에 영운대사가 대웅전십왕전과 요사를 또다시 고쳤다. 1938년에 매곡선사가 대웅전을 보수하고, 명부전과 요사를 새로 지었으나,

한국전쟁에 전부 불타 없어져서 요사, 대웅전을 다시 지었다. 1979년 에는 인도로부터 석가모니의 진신사리를 봉안하기도 했다. 정혜루라 는 유명한 문루가 있는데, 세조 12년(1467)에 시작하여 다음 해에 준 공되었으며, 절이 한창 번창할 때 세운 것으로 추정된다.

내장사지(벽연사지) 內藏寺址(碧蓮寺址)

전북 정읍시 내장동 576외. 『신증동국여지승람(新增東國輿地勝覽)』 에 의하면, 백련사(白蓮寺)는 내장사(內藏寺)라고도 이르며 내장산(內 藏山)에 있다고 하였다. 원래는 백련사로 백제 의자왕 20년(660)에 유 해선사(幼海禪師)가 세웠다. 근래에 와서 추사 김정희(秋史 金正喜)가 백련(白蓮)을 벽련사(碧蓮寺)로 개칭하고, 현판을 써 걸었으나 6·25 전쟁 때 소실되었다. 1925년 학명선사(鶴鳴禪師)가 극락보전을 개축 하였으나, 1951년에 전소되고 말았다. 서편에는 부도(浮屠)가 남아 있 으며, 후편의 암벽에는 몽련당 김진민(夢蓮堂 金鎭珉)의 석란정(石蘭 亭)이라는 각자가 새겨져 있다.

백운암 白雲庵

전북 정읍시 이평면 산매리 산54. 전라북도 문화재자료 제139호 석불입상은 민머리이며 목에는 삼도(三道)가 새겨져 있다. 얼굴 부분 은 잘려진 것을 새로 붙여 원래의 모습을 알아보기 힘든 상태이다. 대좌(臺座)와 광배(光背)를 불상과 함께 붙여서 조각하였다. 노천에 있던 것을 보호각에 보존하고 있고 고려시대 불상으로 추정된다.

▶▶ 익산시

미륵사지 彌勒寺址

전북 익산시 금마면 기양리 32-2. 미륵사는 『삼국유사』에 의하면 백제 무왕 때 왕이 왕비와 사자사(師子寺)에 가던 도중 용화산 밑의 연못에서 미륵 삼존이 나타났는데, 왕비의 부탁에 따라 이 연못을 메우고 3곳에 탑, 금당, 회랑을 세웠다고 한다. 기록에 따르면 미륵사는 백제 무왕 때 지어져 조선시대에 폐사되었음을 알 수 있다.

절의 배치는 동·서로 석탑이 있고 중간에 목탑이 있으며 탑 뒤에는 부처를 모시는 금당이 각각 자리한다. 이것이 회랑으로 구분되어 특이한 가람배치를 하고 있다. 1980년부터 1995년까지 발굴조사가 이루어졌고, 출토된 유물로는 기와·토기·금속·목재 등 다양하며 글자를 새긴 기와도 많이 발견되었다. 서쪽 금당 앞에는 국보 제11호 석탑이 지정되어 있는데 현재 가장 오래된 것으로 목조 건축의 기법을 사용하여 만들었다. 전시관에는 미륵사의 복원된 모형이 있다. 1993년 복원된 동탑이 있고, 동·서원의 남회랑 앞에는 당간지주가 각 한 기씩 있는데 이 중 서쪽의 것은 보물 제236호로 지정되었다. 전라북도 문화재자료 제143호 석등 하대석이 있다.

왕궁리사지 王宮里寺址

전북 익산시 왕궁면 왕궁리 산80. 미륵사지(彌勒寺址)와 함께 최대 규모의 백제 유적이다. 백제 무왕 때(639년)에 건립하였다는 제석정사(帝釋精舍) 터를 비롯해 그 안에 관궁사(官宮寺), 대궁사(大宮寺) 등의 절터와 대궁(大宮) 터가 남아 있는 것으로 알려진 토성 터 등이 있다. 국보 제289호 오층석탑이 남아 있으며, 아직 주변 발굴 조사 중이다.

석불사 石佛寺

전북 익산시 삼기면 연동리 산220-2. 보물 제45호 익산 연동리 석불좌상이 모셔져 있다. 새로 만든 머리 외에 불신(佛身), 대좌(臺座), 광배(光背)까지 남아 있다. 당당한 어깨, 균형 잡힌 몸매, 넓은 하체 등에서 서툰 듯하면서도 탄력적이고 우아한 면을 보여주고 있다. 왼손은 엄지와 가운데 손가락을 구부려 가슴에 대고 오른손은 세 번째와 네 번째 손가락을 구부려 다리에 올려놓은 특이한 손모양이다. 백제시대 불상으로 추정되나 학자마다 다소 견해차가 있다.

숭림사 崇林寺

전북 익산시 웅포면 송천리 5. 숭림사는 신라 경덕왕(742~765) 때 진표(眞表)율사가 창건하였다. 일설에는 고려 충목왕 1년(1345)에 창건했다고도 하며, 절 이름은 달마가 숭산 소림사(少林寺)에서 9년 동안 벽을 바라보며 좌선한 것을 기리는 뜻에서 지은 것이라고 한다. 조선 선조 25년(1592) 임진왜란 때 보광전을 제외한 대부분의 건물이 불에 탔다. 숙종 23년(1697)과 고종 29년(1892)에 각각 전각을 중수하였고, 1957년에 시왕전과 나한전을 중수하여 오늘에 이른다.

보물 제825호 보광전(普光殿)은 비로자나불을 모신 조선 후기 건축물이다. 전라북도 유형문화재 제188호 보광전 목조석가여래좌상, 제189호 영원전 지장보살좌상 및 권속이 있다.

혜봉원 慧峰院

전북 익산시 모현동 1가 719-1. 전라북도 유형문화재 제190호 목조석가여래삼존상은 불이정사(不二精舍)에 모셔져 있는 삼존상 가운데 석가여래좌상과 보현보살상이다. 문수보살은 잃어버려 최근에 만들어 놓은 것이다. 오른손을 무릎 위에 올리고 손끝이 땅을 향한 손모양을 하고 있다. 보현보살상은 머리에 화려한 보관을 쓰고 있으며, 얼굴은 석가여래좌상과 비슷한 모습이다. 화려한 보관 아래로 흘러내린 머리칼은 양어깨까지 내려와 있다. 오른손은 어깨 부근으로 올려 엄지와 중지를 맞대고 있으며, 왼손은 왼쪽 무릎 위에 놓고 역시 엄지와 중지를 맞대고 있다. 조선 숙종 38년(1712)에 부안의 도솔암에서 만들어진 것으로, 특히 보현보살의 경우 흔히 연꽃가지를 들고 있는 데 비해 불상과 같은 손 모양을 하고 있어 주목된다.

제석사지 帝釋寺址

전북 익산시 왕궁면 왕궁리 247-1. 백제 무왕이 수도를 왕궁평으로 옮기려고 지은 궁궐 근처에 불교의 수호신인 제석천을 중심 불상으로 모신 절이 있던 자리이다. 무왕 40년(639)에 벼락으로 절이 모조리 불에 탔을 때 탑 아래 넣어 두었던 동판에 새긴 금강반야경과 불사리만은 보존되어 다시 절을 지은 후 보관하였다고 한다. 탑터로 생각되는 지역에서 제석사라고 적힌 기와소각이 발견됨으로써 절의 이름이 밝혀졌다. 1965년 백제 무왕의 궁터라고 전하는 왕궁평 성안의 석탑에서 발견한 유물과 이곳에서 발견된 유물이 비슷하다. 2008년 7월 국립부여문화재연구소가 발굴한 결과 목탑 기단은 3중 구조를 이루고 있는 것으로 처음 확인되었다.

태봉사 胎峰寺

전북 익산시 삼기면 연동리 147. 태봉사는 백제 때 창건되었다고 전해진다. 전설에 의하면, 마한의 기준(箕準)이 이곳에서 기도하여 세 왕자를 얻고, 그 태를 묻었다 하여 산 이름을 태봉산이라 했다 한다. 1934년 심묘련화(沈妙蓮華)는 삼대독자인 아들의 수명(무병) 장수를 기원하는 산신기도를 드리다가 산신의 현몽으로 아미타삼존석불을 발견하고 그 자리에 지금의 절을 중창했으며, 산 이름을 따서 태봉사라 했다. 1987년에 중창하여 오늘에 이르고 있다. 전라북도 유형문화재 제12호 삼존석불은 대웅전에 모셔져 있는데 부채꼴 모양의 거대한 광배(光背)에 3구의 석불을 돋을새김한 것이다. 왼쪽은 보관을 쓰고 있는 관음보살로 생각되며, 동자승 형태의 오른쪽 보살상은 지장보살을 표현한 것으로 보인다. 중앙을 석가모니불, 오른쪽은 문수보살, 왼쪽은 관세음보살상으로 보는 견해도 있다. 이곳에서 백제시대 수막새가 발견되어 현재 국립부여박물관에 보관 중이다.

심곡사 深谷寺

전북 익산시 낭산면 낭산리 176. 심곡사는 신라 문성왕(839~857) 때 무염대사(無染大師)가 처음 지었다고 한다. 전라북도 유형문화재 제191호 명부전 지장보살좌상 및 권속은 지장보살을 중심으로 그 양옆에 도명존자, 무독귀왕이 자리하고 있으며 주위에 시왕상 각 3구씩 6구와 동자상 3구가 있다. 26구 모두 흙으로 만든 소조상으로서 지장보살과 시왕상은 앉은 모습이며, 사자상, 금강역사, 동자상은 서 있다. 전라북도 유형문화재 제192호 칠층석탑, 전라북도 문화재자료 제87호 대웅전은 조선 순조 19년(1819)에 세웠다고 한다. 안쪽

가운데에 석가모니불을 그 좌우에 지장보살과 관음보살을 모시고 있는데, 불상의 수법과 양식으로 보아 조선시대 작품으로 추정한다. 전라북도 문화재자료 제152호 목조 삼존불좌상이 모셔져 있는데, 조선 후기에 만들어진 불상으로 추정된다. 이 외 7기의 조선시대 석종형 부도가 있다.

사자사지 師子寺址

전북 익산시 금마면 신용리 609-1 미륵산 정상 부근에 있는 사자사 터는 미륵사보다 앞서 창건된 사찰로, 백제의 무왕과 선화비가 이 사자사로 행차하던 중 용화산 아래 연못에서 미륵삼존불이 나타나자 이를 계기로 미륵사를 창건하였다고 한다. 이 절은 위치에 있어서 논란이 있어 왔지만 1993년 발굴조사에서 기와조각들이 발견됨으로써 사자사 터임이 확인되었다.

남원사 南原寺

전북 익산시 여산면 제남리 224. 남원사는 통일신라 흥덕왕 6년 (831)에 진감국사(眞鑑國師)가 세운 절로 전한다. 원래는 건물이 수십 동에 이르는 큰 규모의 절로 법당사(法堂寺)라고 불렸는데 이후 폐사되었다. 현재 경내에는 미륵전, 종각, 요사가 있다. 전라북도 문화재자료 제88호 미륵전(彌勒殿) 앞에는 오층석탑이 있다.

문수사 文殊寺

전북 익산시 여산면 호산리 69 천호산(天壺山) 바로 남서 기슭에
위치하고 있다. 신라 헌덕왕(憲德王) 7년(815)에 혜감대사(惠鑑大師)
가 창건하였다. 전라북도 문화재자료 제89호 대웅전은 맞배지붕으로
꾸몄다. 안쪽에는 목조 아미타여래좌상 1구, 탱화 5점, 목조 사자상
1구 등을 모시고 있다. 명부전에는 지장보살 1구, 시왕상, 동자상,
인왕상 2구 등이 안치되어 있다.

▶▶ 완주군

위봉사 威鳳寺

전북 완주군 소양면 대흥리. 위봉사는 백제 무왕 5년(604)에 서암
대사가 지었다는 설과 신라 말기에 최용각이라는 사람이 절터에서
세 마리 봉황새가 노는 것을 보고 위봉사(圍鳳寺)라 이름 지었다는
이야기도 있다. 고려 공민왕 8년(1358)에 나옹화상이 절을 크게 넓
혀 지었고 조선 세조 12년(1466)에 석잠대사가 수리하였다고 한다.
보광명전 현판기에는 이 절의 건물 수가 32동이었다고 기록하고 있
다. 보물 제608호 보광명전은 아미타삼존불상을 보시고 있다. 건축
수법으로 보아 17세기경에 지은 건물로 추정하며 보광명전(普光明
殿)이라 적힌 현판은 조선 순조 28년(1828)에 쓴 것이라고 한다. 전
라북도 유형문화재 제69호 요사(寮舍)와 작은 삼층석탑이 있다.

화암사 花巖寺

전북 완주군 경천면 가천리 1078. 화암사 중창비에 원효(元曉)와 의상(義湘)이 이 절에 머무르면서 수도했다는 기록이 있는 것으로 보아 신라 문무왕(661~681) 이전에 창건한 것으로 추정된다. 조선 세종 7년(1425)에 관찰사 성달생(成達生)의 뜻을 따라 주지 해총(海聰)이 중창했다. 선조 25년(1592) 임진왜란 때 극락전 등 몇 개의 건물을 제외한 대부분의 건물이 소실되었다. 1981년 해체·수리 때 발견한 기록으로 조선 숙종 37년(1711)까지 여러 번에 걸쳐 수리가 있었음을 알 수 있었다. 현존하는 건물로는 극락전, 명부전, 산신각, 우화루(雨花樓), 적묵당(寂默堂) 등이 있다. 보물 제662호 우화루(雨花樓)는 조선 광해군 3년(1611)에 세운 것으로 그 뒤에도 여러 차례 수리한 건물이다. 제663호 극락전, 전라북도 유형문화재 제40호 동종, 제94호 화암사 중창비(重創碑) 등이 있다.

송광사 松廣寺

전북 완주군 소양면 대흥리 569. 송광사는 통일신라 경문왕 7년(867)에 도의가 처음으로 세운 절이다. 그 뒤 고려 중기 보조국사가 제자를 시켜서 그 자리에 절을 지으려고 했지만, 오랫동안 짓지 못하다가 광해군 14년(1622)에 응호·승명·운정·덕림·득순·홍신 등이 지었다고 한다. 인조 14년(1636)에 이르기까지 계속해서 절의 화장공사가 있었고 큰 절로 번창하였다. 보물 제1243호 대웅전은 조선 인조 14년(1636)에 벽암국사가 다시 짓고, 철종 8년(1857)에 제봉선사가 한 번의 공사를 더하여 완성하였다고 한다. 제1244호 종루(鍾樓), 제1255호 소조사천왕상, 제1274호 소조삼불좌상 및 복장유물이 있는데, 소조삼불좌상 가운데 오른쪽에 있는 아미타여래좌상은 국가에 나쁜 일이 생길 때마다 땀을 흘리는 불상으로 유명하다. 전라북도 유형문화재 제4호 일주문, 제5호 사사적비, 제138호 동종(銅鐘)은 숙종 42년(1716)에 광주 무등산 증심사에서 만들어졌으며, 그 뒤 영조 45년(1769)에 보수하였음을 알 수 있다. 동종 명문 강희 55년 병신 4월 전라우도 광주무등산증심사대종조성(康熙 五五年 丙申 四月 全羅右道 光州無等山證心寺大鐘造成)……으로 시작하여 시주자의 이름이 양각되어 있고 '대시주 계묘 채구 건륭 34년 기축 9월 중수 문광득(大施主 癸卯 蔡龜 乾隆 三四年己丑 九月 重修 文光得)'이란 글이 음각되어 있다.

전라북도 유형문화재 제168호 명부전 소조지장보살 삼존상 및 권속상일괄, 제169호 오백나한전 목조석가여래삼존상 및 권속상일괄, 제170호 목조삼전패, 제172호 나한전, 제173호 금강문, 전라북도 문화재자료 제144호 송광사 벽암당부도 등 많은 문화재가 있다.

안심사 安心寺

전북 완주군 운주면 완창리 26. 안심사는 선덕여왕 7년(638) 자장(慈藏)율사가 세우고 부처의 사리 10과와 치아사리 1과를 이 절에 봉안하였다고 한다. 창건설화에 따르면, 자장이 기도하던 중 부처가 나타나 열반성지 안심입명처로 가라고 하였다. 자장이 마침 이곳에 와 보니 산세가 부처의 열반상을 닮았으므로 절을 짓고 안심사라 하였다고 한다. 헌강왕 1년(875)에 도선(道詵)이 중창하였다. 안심사 사적비문에는 고려 태조(918~943) 때 활동하던 조구(祖求)가 세웠다고 한다.

이후 조선 선조 34년(1601), 숙종 36년(1710)에 각각 중창하였다.

당시 이 절에는 대웅전과 약사전 등 30여 동의 건물과 석대암(石臺庵)·문수암 등 20여 개의 암자가 있었다고 한다. 1950년 6·25전쟁으로 불에 탄 것을 다시 중창하였고, 1991년에 적광전과 요사를 지었다.

보물 제1434호 안심사 계단(戒壇)은 17세기 중반 이후 1759년 이전에 조성된 부처의 치아사리(齒牙舍利)와 의습(衣襲)을 봉안한 불사리탑으로, 중앙의 불사리탑이나 네 구의 신장상, 그리고 넓은 기단을 형성한 방단의 석조 조형물들은 그 조형 수법이 매우 뛰어나다. 전라북도 유형문화재 제109호 계단 및 승탑군, 제110호 사적비, 제205호 동종, 전라북도 문화재자료 제186호 부도군이 있다.

봉서사 鳳棲寺

전북 완주군 용진면 간중리 산2. 서방산(西方山) 봉서사는 봉황새의 형상이라고도 하는 이 산의 남쪽 골짜기는 특히 그 깊고 수려한 경치로 이름이 높은데 절이 있어 봉서사(鳳棲寺)라 불렸다. 성덕왕 26년(727)에 해철이 창건하고 고려시대에 보조국사 지눌과 나옹 혜근(慧勤)이 각각 중창하였다고 전한다. 16세기 말~17세기 중기에는 진묵 일옥(一玉)이 오랫동안 머물면서 절을 중창하였다. 6·25전쟁 때 모두 불타 폐사되었다가 1963년에 대웅전과 요사채를 중건하였다. 1975년에 삼성각을 신축하고, 1979년에 대웅전, 관음전, 진묵전을 새로 지었다. 전라북도 유형문화새 제108호 진묵대사부도(震默大師浮屠)가 있다.

대원사 大院寺

전북 완주군 구이면 원기리 997. 대원사는 신라 문무왕 10년(670)에 일승(一乘)이 심정(心正)·대원(大原) 등과 함께 창건하였다. 일승 등은 고구려 보장왕 때 백제에 귀화한 보덕(普德)의 제자들이다. 이들은 모두 열반종의 교리를 익힌 뒤 보덕이 머물고 있는 고대산(孤大山) 경복사(景福寺)가 보이는 곳에 절을 짓고 대원사(大原寺)라 하였다. 고려 문종 20년(1066)에 원명국사(圓明國師) 징엄(澄嚴)이 중창하였고, 공민왕 23년(1374)에는 나옹(懶翁) 혜근(惠勤)이 중창하였고, 고종 23년(1886)에는 건봉사(乾鳳寺) 승려 금곡(錦谷)이 중창하였다. 금곡은 함수산(咸水山) 거사와 함께 대웅전과 명부전을 중건하였으며, 칠성각을 짓고 산내 암자인 내원암(內院庵)에 있던 염불당을 옮겨 왔다. 1950년 6·25전쟁으로 불에 탔으며, 1990년 장마로 무너진 산신각을 삼성각으로 다시 세웠다. 건물로는 대웅전과 원통보전·응향각·삼성각·봉익루·범종각·객실 등이 있다. 전라북도 유형문화재 제71호 용각부도(龍刻浮屠)는 대원사 경내에는 동북쪽 4기와 계곡에 6기 등 총 10기의 부도가 있는데, 동북쪽에 있는 4기 중 3번째에 자리하고 있다. 조각수법으로 보아 고려시대 것으로 추정된다.

정수사 淨水寺

전북 완주군 상관면 마치리 137. 정수사는 통일신라 진성여왕 2년(889)에 도선국사가 세웠다고 한다. 1592년 임진왜란과 정유재란 때 소실돼 최근 복원되고 있으며, 극락전에는 전라북도 유형문화재 제167호 목조아미타여래 삼존상이 있다. 최근 아미타여래좌상 속에서 발견된 기록에 의하여 효종 3년(1652)에 만들었음을 알 수 있게 되었다.

2000년에 산신각을 건립하고, 2008년 3월에 극락전이 개축 복원되어 중창 불사하였으나 문화재 공사에서 전통기법을 따르지 않고 공법을 멋대로 변경해서 문화재 원형이 심하게 훼손된 사례로 보도되었다.

▶▶ 진안군

금당사 金塘寺

전북 진안군 마령면 동촌리 41. 금당사는 헌덕왕 6년(814)에 중국 승려 혜감(惠鑑)이 창건하였다. 마이산으로 오르는 입구에 위치해 있다. 여러 차례 중수하였는데, 근래 대웅보전이 중수되었다.

보물 제1266호 괘불탱(掛佛幀)은 조선 숙종 18년(1692)에 화가 명원(明遠) 등 4인이 그렸으며 전체적으로 화려하고 은은한 무늬와 색상이 17세기 후반 불화의 대표작이다. 전라북도 유형문화재 제18호 목불좌상은 중앙의 본존불을 중심으로 좌우에 협시보살을 배치한 삼존불상으로 17세기 후반기에 제작된 것으로 추정된다. 전라북도 문화재자료 제122호 석탑은 현재 남아 있는 부재들로 보아 오층석탑이었을 것으로 추정된다.

은수사 銀水寺

전북 진안군 마령면 동촌리 3. 은수사는 조선 초기에는 상원사라 했고, 숙종 무렵에 상원사는 없어지고 사지만 남아 있었는데 그 뒤 누군가 암자를 지어 정명암이라 했다. 정명암도 퇴락하여 없어졌다 가 1920년에 중창되었고, 이때 은수사로 개칭되었다. 은수사란 이름 은 한글학회의 지명총람에 의하면, 태조가 이곳의 물을 마시고 물이 은같이 맑다고 하였으므로 지어진 것이라 한다. 국내 최대 크기 법 고(1982년 제작)가 소장되어 있다. 한편, 조선 초기에 제작된 것으로 추정되는 석상, 삼신 할머니상이 상원사지에서 출토되었다. 경내에는 마이산 줄사철군락(천연기념물 380호), 청실배나무(천연기념물 386호) 는 나이가 약 650살로 추정되며, 조선 태조(1392~1398)가 마이산을 찾아와 기도를 하고 그 증표로 씨앗을 심었는데, 그것이 싹 터 자란 것이라고 전해지고 있다.

천황사 天皇寺

전북 진안군 정천면 갈용리 1428. 천황사는 신라 헌강왕(憲康王) 원 년(元年 875)에 무염선사(無染禪師)가 창건하였다. 고려시대에 대각국 사 의천(義天)이 중창하였으며, 조선시대에는 학조(學照), 애운(愛雲), 혜명대사(慧明大師) 등이 중창하였다. 1965년에 증축했다고 한다.

천연기념물 제495호 전나무는 천황사에서 남쪽으로 산 중턱 남암 (南庵) 앞에 사찰의 번성을 기원하며 식재한 나무로 전해지며, 수령이 400년 정도로, 현재 우리나라 전나무 중 규격이 가장 크다고 한다.

전라북도 유형문화재 제17호 대웅전은 조선 후기에 지은 건물로 추정하고 있다. 전라북도 문화재자료 제123호 부도(浮屠)가 있다.

보흥사 寶興寺

전북 진안군 마령면 강정리 23. 보흥사는 신라 때 창건하여 광덕사(廣德寺)라 했다. 조선 세종 30년(1448)에 중창했다. 그 뒤 폐허화한 것을 1914년에 신자민(閔) 씨가 옛 절터에 법당과 산신각을 신축하고 북수사(北水寺)라 했다. 최근에 절터에서 1448년 중수 때의 상량문이 발견되어, 그 기록에 따라 보흥사로 고쳐 부르게 되었다. 현존하는 건물로는 대웅전을 비롯하여 산신각, 요사채 등이 있다. 문화재로는 전라북도 유형문화재 제73호 강정리 오층석탑이 있는데 고려시대의 작품으로 추정된다. 절 입구에는 용이 승천했다는 전설이 얽힌 용소와 육탕폭포가 있고, 절 뒤쪽에는 피부병에 좋다는 약수와 귀를 밝게 한다는 이명천(耳明泉)이 있으며, 절 옆의 북수골에는 선조 25년(1592) 임진왜란 때 5인의 공(公)이 왜병을 크게 물리쳤다는 설화가 전해진다.

탑사 塔寺

전북 진안군 마령면 동촌리 8. 마이산에서 가장 알려진 사찰로 천지탑이 유명하다. 1920년에 거사 이갑룡(李甲龍)이 창건했다. 이갑룡은 1900년대 초부터 만중생이 지은 죄를 속죄하는 고행을 하기 위해 적수공권으로 30년을 하루같이 주변의 돌을 배낭에 날라 와 수많은 자연석탑을 쌓았다. 이 탑들은 모진 강풍에도 흔들리거나 무너지지 않으며, 조형미도 일품이다. 1986년에 대웅전과 산신각을 건립하여 오늘에 이르고 있다. 건물로는 대웅전과 산신각이 있다. 자연석탑들은 전라북도 기념물 제35호로 지정되어 있다. 조선 전기에 나라를 보호할 풍수지리적 목적으로 태조의 명에 의해 쌓았다는 주장도 있다.

안국사 安國寺

전북 무주군 적상면 괴목리 산184－1. 안국사는 적상산 적상산성
(赤裳山城)의 고찰이다. 고려 충렬왕(忠烈王) 3년(1277)에 월인화상
(月印和尙)이 창건하였다 하며, 원래는 승병(僧兵)이 수직(守直)하는
숙소로 지어진 절인데 이 산성에 사고(史庫)를 설치하였고, 인조(仁
祖)(1623〜1649) 때 선원록(璿源錄)을 두기 위해 지었던 선원각(璿源
閣) 6칸을 후일 이곳에 옮겨 세웠다. 1990년 댐 건설로 절 지역이
수몰 지구에 포함되자 1993년에 절을 완전히 옮겼다. 경내에는 극락
전, 천불전, 부도전, 산신각 등이 있다. 전라북도 유형문화재 제42호
극락전은 아미타불을 모시고 있으며 내부에는 이 지역의 신앙물로
천재지변을 몰아낸다고 전하는 괘불이 있다. 광해군 5년(1613)과 고
종 원년(1864)에 중수되었다. 보물 제1267호 괘불은 영조 4년(1728)
에 의겸(義謙)·의윤(義允) 등 비구니 5명이 그린 것이다. 전라북도
유형문화재 제85호 적상산성 호국사비, 제201호 목조아미타삼존불상,
전라북도 기념물 제88호 적상산 사고지 유구가 있다. 범종은 정조
12년(1788)에 제작된 것으로 요사 옆에 걸려 있고, 사찰 입구에는
조선 후기로 추정되는 석종형 부도 4기가 있다. 절의 주변에는 조선
왕조실록을 보관하던 사고(史庫)의 옛터가 남아 있다.

백련사 白蓮寺

전북 무주군 설천면 삼공리 산936－1. 백련사는 구천동을 대표하

는 절로 신라 신문왕 때 백련선사(白蓮禪師)가 숨어 살던 곳이다. 전해 내려오는 말에 의하면 백련이 솟아 나와서 절을 지었다고 한다. 이 절터에서는 광무 4년(1900)에 이하섭이 고쳐 지으면서 세운 기념비 흔적을 볼 수 있다. 1950년 6·25 전쟁 때 건물들은 불에 타 없어졌으나, 경종 3년(1723)에 만들어진 것으로 전하는 백련사 종은 자리를 옮겨 두어 남아 있다. 지금의 건물은 1962년에 새로 지은 것이다. 전라북도 유형문화재 제102호 정관당부도(靜觀堂浮屠)는 천왕문 앞에 자리한 정관당 일선선사(1533~1609)의 사리탑이다. 일선선사는 조선 중기의 승려로 서산대사(西山大師)의 4대 제자 중 한분이다. 탑신의 아래에 정관당 일선탑(靜觀堂 一禪塔)이라는 탑 이름이 있고, 바닥돌 윗면에 만력 37년건(萬曆三十七年建)이라 적혀 있어, 조선 광해군 원년(1609)에 세운 것임을 알게 되었다. 계단은 전라북도 기념물 42호로 소원성취로 유명한 장소로 알려져 있는데, 계단은 불교의 계(戒: 승려가 지켜야 할 계율) 의식을 행하는 곳이다.

북고사 北固寺

전북 무주군 무주읍 읍내리. 북고사는 고려 공민왕(1351~1374) 때 이성계(李成桂)의 명을 받고 무학 자초(無學 自超)가 복지(卜地)인 적상산성을 축성하고 절을 세우기 위해 무주를 방문했다가 북쪽의 산세가 너무 허하다 하여 이곳에 절을 짓고 탑을 세워 북고사라 했나 한다. 현존하는 건물로는 극락전과 칠성각, 신왕각, 요사채 등이 있다. 극락전 안에는 전라북도 유형문화재 제183호 아미타여래좌상이 모셔져 있다. 전라북도 유형문화재 제187호로 순조 31년(1831)에 제작된 신중탱화가 있다. 산왕당 앞에는 고려시대 삼층석탑이 남아 있고 칠성각 안에는 광무 3년(1899)에 조성된 칠성탱화가 있다.

원통사 圓通寺

전북 무주군 안성면 죽천리 2 덕유산 남쪽 기슭에 있는 원통사는 원통사 중창비문에 의하면 신라 때 지어진 사찰로, 절이 지어졌을 당시의 규모에 대하여 정확히는 알 수 없으나, 법당, 종각, 누각 등의 건물이 있었던 것으로 기록되어 있다. 조선 숙종 24년(1698) 탄언, 도영, 혜옥선사들이 당과 종각을 고쳐 짓고, 동종을 만들었으며, 불상을 보수하였으나, 광무 9년(1905) 일제에 의해 강제로 체결된 을사조약 이후 일본군에 항거하던 의병들이 항일투쟁의 본거지로 삼았던 호국도량이다. 1949년 여순사건으로 모두 불타 버렸다. 1985년에 대웅전, 선초당, 초연교를 새로 고쳤다. 절 입구에는 석종형 부도 2기가 있다.

▶▶ 장수군

신광사 新光寺

전북 장수군 천천면 와룡리 16 성수산에 있는 신광사는 신라 흥덕왕(興德王) 5년(830)에 무염국사(無染國師)가 창건하였다고 전해지고 있으며, 조선 헌종(憲宗) 6년(1840)에 현감 조능하(趙能夏)가 중수하였다. 전라북도 유형문화재 제113호 대웅전은 석가모니불을 모시고 있으며, 다포계 양식을 사용했던 당시 시대상을 엿볼 수 있다.

미륵암 彌勒庵

전북 장수군 산서면 오산리 산406-1. 이곳에는 전라북도 유형문화재 제206호 석불좌상이 모셔져 있는데, 고려시대 작품으로 추정되며 바위에 선각으로 새겨진 마애불 좌상이다.

원흥사 元興寺

전북 장수군 산서면 마하리 477-1 팔공산 기슭에 있는 원흥사는 백제 무왕 때 창건되었다고 전해진다. 고려 중기에 중창하여 조선시대 폐허가 되었다가 1904년에 지금의 모습으로 갖추어졌다.

인법당 안에는 높이 4m의 거대한 석불입상이 모셔져 있다. 원래 노천에 방치되어 있었는데, 1904년 이 마을에 살던 이 처사 부부가 꿈을 꾼 뒤 불상을 만들어 모셨으며, 그 뒤 딸 청신과 손자 김귀수가 현재의 원흥사를 세웠다고 한다. 전라북도 문화재자료 제41호 석불입상은 얼굴은 살찐 모습이며 눈과 입이 작은 편이나 코는 큰 편이다. 목은 매우 짧게 표현되었으며 삼도(三道)는 분명하지 않다. 신체는 어깨와 하부의 너비가 같아 둔한 느낌을 준다. 머리 위에 모자가 얹혀 있었다고 하는 이 불상은 손모양이 특이하며 삼국시대에 만들어진 것이라고 전해진다. 불상이 발견된 경위는 원흥 마을에 화웅처사(化雄 處士)와 부인 허 씨가 가난하지만 천심으로 살고 있었는데 어느 날 밤 꿈에 미륵부처가 선연히 니타나서 내가 오랫동안 헐벗고 비바람에 씻기니 괴롭구나, 움막이라도 좋으니 몸을 가려다오. 그러면 너는 생불이 될 것이다. 하며 부처는 사라지고, 깨어 보니 꿈이었다. 생각할수록 기이한 꿈이어서 허씨 부인은 날이 새기가 바쁘게 석불이 서 있는 밭으로 달려갔다. 꿈에 본 미륵불이 분명했다.

부인은 그 자리에 엎드려 합장을 하고 몇 번이고 다짐을 했다. 마을에서는 미륵불이라 한다.

▶▶ 임실군

용암리사지 龍岩里寺址

전북 임실군 신평면 용암리 189. 현재 보물 제267호 용암리 석등이 있다. 용암리 석등은 우리나라에서 손꼽힐 정도로 큰 석등으로 가운데 받침돌을 제외한 각 부분 모두 신라시대 석등의 8각을 이루고 있다. 화사석(火舍石)을 중심으로 아래에는 3단의 받침을 두고 위로는 지붕돌을 올리고 있다. 우리나라 석등 중 대표적인 석등으로 알려져 있다. 전라북도 유형문화재 제82호 석조비로자나불상이 인근(신평면 용암리 76−1)에 있다.

1900년경 중기사 터로부터 약 30m 떨어진 곳에서 발견되어 지금의 자리로 옮겨 온 것이다. 통일신라시대의 작품으로 추정되며, 2기 모두 규모나 무늬로 보아 위 받침이 서로 바뀐 것으로 보인다. 현재 비로자나불과 석가모니불을 그 위에 모시고 있다.

신흥사 新興寺

전북 임실군 관촌면 상월리 360 사자산 남쪽 기슭에 있는 신흥사는 백제 성왕(聖王) 7년(529)에 지었다는 설과 신라 말기에 진감국사가 지었다는 설이 있다. 여러 차례 수리가 있었으며 전성기에는 300여 명의 승려가 머물렀던 큰 절이었다. 전라북도 유형문화재 제112호 대웅전은 2008년 4월에 보수되었다.

운수사雲水寺

전북 임실군 임실읍 이도리 210-2. 운수사는 백제시대에 창건된 것으로 추정하고 있다. 전라북도 유형문화재 제145호 이도리 미륵불상이 있는데, 풍수지리설에 의해 산세의 재난을 막기 위해 만든 것이라고 한다. 목 아랫부분부터는 조각이 희미하다. 몸에는 흰색이 칠해져 있고 머리와 눈썹, 수염은 검은색이다. 입술은 악귀가 싫어하는 붉은 칠을 하고 있어 토속적인 느낌을 강하게 풍긴다.

상이암上耳庵

전북 임실군 성수면 성수리 산85. 상이암은 신라 헌강왕 1년(875)에 도선(道詵)국사가 창건했다. 조선 태조 3년(1394)에 각여(覺如)선사가 중수했으며, 고종 31년(1894) 동학혁명으로 불탄 것을 1909년에 대원(大圓)선사가 중건했다. 그 뒤 의병대장 이석용(李錫庸, 1878~1914)이 이곳을 근거지로 삼고 항일운동을 전개했으므로 왜병들에 의해 소각되었고 중건했지만 1950년 6·25전쟁 때 다시 소실되었다.

전라북도 유형문화재 제150호 상이암 부도(浮屠)는 아직 사리의 주인공이 아직 확실히 밝혀지지 않고 있다. 조선시대에 세운 것으로 추정되며, 각 부분을 이루는 조각이나, 만든 솜씨가 섬세하면서도 뛰어나다. 이 암자에는 이 부도 외에 2기의 부도가 더 전하고 있는데 전라북도 문화재자료 제124호로 지정되어 있다. 부도는 상이암의 뒷마당에 자리하고 있는 이 부도는 각각 '해월당', '두곡당'이라는 호를 가진 두 승려의 사리를 모시고 있다.

해월암 海月庵

전북 임실군 오수면 대명리 715. 해월암은 고려 공민왕 원년(1352) 경 해경대사(海鏡大師)와 월산대사(月山大師)가 창건하였다 하여 두 사람의 이름을 따서 해월암(海月庵)이라고 했다고 전한다. 조선명종 11년(1556) 7월 20일에 남원부사가 중건했고, 영조 23년(1747) 5월 15일에는 거사 양정봉(居士 梁正峰)이 중수했으며, 철종 9년(1858), 1915년에 계속하여 중수하여 오늘에 이르고 있다. 현존하는 건물로는 인법당(因法堂)을 비롯하여 산식각, 요사채 등이 있다. 전라북도 문화재자료 제24호로 지정되어 있다.

죽림암 竹林庵

전북 임실군 임실읍 성가리 525 용모산에 있는 죽림암은 통일신라시대 진감국사(眞鑑國師)가 신흥사(新興寺)를 세운 후에 수행과 더불어 불교를 전파하기 위해 지었다. 당시 암자 주위에 대나무가 있어 명칭이 죽림암(竹林庵)이 되었다고 전한다. 연산군 10년(1504) 에 벽송 지엄선사(碧松 智嚴禪師)가 중창하였으나, 임진왜란 때 소실되었고, 현종 5년(1664) 전남의 어느 민가를 해체하여 복원한 것이 현재의 죽림암이다.

▶▶ 순창군

강천사 剛泉寺

전북 순창군 팔덕면 청계리 996. 강천사는 진성여왕 1년(887)에 도선국사가 창건하였다. 고려 충숙왕 3년(1316)에 덕현이 오층석탑과 12개 암자를 창건하여 사세(寺勢)를 확장하였으며, 조선 성종 13년 (1482)에는 신말주(申末舟)의 부인 설(薛) 씨의 시주를 얻어 중창하였다. 명적암(明寂庵), 용대암(龍臺庵), 연대암(連臺庵), 왕주암(王住庵), 적지암(積智庵) 등 5개의 부속 암자가 남아 있다고 한다. 임진왜란 때 소실된 것을 1604년에 중창하였다. 철종 6년(1855)에 재건하였으나 6·25전쟁으로 칠성각, 첨성각, 보광전이 불탔다. 1977년에 관음전을 신축하고 오늘에 이르고 있다. 현존 건물로 대웅전과 보광전, 관음전, 요사채 등이 있다. 대웅전 앞에 있는 전라북도 유형문화재 제92호인 석탑과 삼인대(三印臺: 전라북도 유형문화재 27) 등이 있고, 전라북도기념물 제97호 300년 된 것으로 보이는 모과나무가 있다.

순평사 淳平寺

전북 순창군 순창읍 순회리 637. 전라북도 유형문화재 제165호 금동여래좌상이 대웅전에 모셔져 있다. 원래는 남원시의 한 사찰에 모셔져 있었는데, 담양으로 옮겨져 개인이 보관하다가 다시 이곳 순평사로 옮겨 왔다. 얼굴과 가슴에 부분적으로 금칠이 벗겨져 있으며 얼굴 표정은 근엄한 편이며 귓불이 목 중간까지 길게 늘어져 있다.

양어깨에 걸친 두꺼운 옷에는 탄력이 줄어든 U 자형 옷주름이 표현되었고, 속옷의 띠매듭은 X 자를 이루고 있다. 양손 모두 엄지와 가운데 손가락을 맞잡은 모습이다. 조선 전기에 만들어진 것으로 추정된다.

▶▶ **고창군**

선운사 禪雲寺

전북 고창군 아산면 삼인리 500. 선운사는 신라 진흥왕(540~576)이 창건했다는 설과 위덕왕 24년(577)에 백제 스님 검단(檢旦, 黔丹)이 창건했다는 설이 있다. 고려 공민왕 3년(1354)에 효정(孝正)이 중수했고, 조선 성종 3년(1472)부터 10여 년 동안 극유(克乳)가 크게 중창했다. 성종 12년(1481)에 모든 건물의 단청을 마쳤고, 지장전, 동상실(東上室), 금당, 능인전(能仁殿) 등을 지었으며 189채나 되는 웅장한 옛 모습을 되찾았다. 선조 30년(1597) 정유재란 때 어실(御室)을 제외한 모든 건물이 소실되었다. 숙종 33년(1707)에 이르기까지 일관, 원준 등이 불사를 계속했다. 현재 동운암(東雲庵), 석상암(石床庵), 참당암(懺堂庵), 도솔암(兜率庵) 등 4개 암자가 남아 있다.

창건 설화가 전해지는데, 진흥왕은 왕위를 버린 첫날 밤에 좌변굴(左邊窟 진흥굴)에서 잠을 잤다. 꿈속에 미륵 삼존불이 바위를 가르고 나오는 것을 보고 감동하여 중애사를 창건했다. 왕은 다시 이를 크게 일으켰는데, 이것이 이 절의 시초라고 했다. 검단과 바닷가 마을인 검단리(檢旦里)와 관련된 설화가 있다. 옛날 선운사 일대는 도적의 소굴이었는데, 그가 선운사를 창건하고 이들을 바닷가에 정착시켜 소금과 종이 만드는 기술을 가르쳐 양민으로 살아가도록 했다 한다. 그러므로 이들이 1945년 8·15해방 전까지만 해도 선운사에 소금을 보시했다는 것이다. 문화재로 보물 제279호 금동보살좌상, 제280호 지장보살좌상, 보물 제290호 대웅전, 제803호 참당암 대웅전, 제1200호 도솔암 마애불, 천연기념물 제184호 선운사 동백나무숲, 제354호 도솔암 장사송, 전라북도 유형문화재 제28호 영산전 목조삼존불상, 제29호 육층석탑, 제31호 범종, 제33호 약사여래불상, 제53호 만세루, 제122호 백파율사비, 제136호 참당암 동종, 제155호 선운사 사적기, 전라북도 문화재자료 제110호 나한전, 제125호 도솔암 내원궁이 있다.

상도솔암 上兜率庵

선운사의 산내 암자로 내원궁(內院宮)이라고도 부른다. 신라 진흥왕 때 창건했다. 순조 15년(1815)의 중건을 거쳐 오늘에 이르고 있다. 이곳에는 지장보살상이 봉안되어 있는데, 조선 초기의 불상 중 대표작이다.

문수사 文殊寺

전북 고창군 고수면 은사리 48 취령산 중턱에 있는 문수사는 백제 의자왕 4년(644)에 자장율사가 창건하였다. 전해오는 이야기에 따르면, 당나라의 청량산에서 열심히 기도하던 자장은 꿈속에서 문수보살을 만나 부처님의 뜻을 깨닫고 돌아왔다. 그리고 우연히 이곳을 지나가다가 땅의 형세가 당나라의 청량산과 비슷하다고 하여 절을 짓고 문수사라 이름 지었다고 한다. 그 뒤 조선 효종 4년(1653)과 영조 40년(1764)에 다시 지어 오늘에 이르고 있다. 전라북도 유형문화재 제51호 대웅전은 고종 13년(1876)에 고창현감 김성로의 시주로 묵암대사가 다시 지었다고 한다. 천연기념물 제463호 단풍나무숲은 문수산 입구에서부터 중턱에 자리한 수령 100년에서 400년으로 추정되는 것으로 500여 그루가 자생하고 있다. 전라북도 유형문화재 제52호 문수전은 조선 영조 40년(1764) 신화화상이 이 절을 다시 지을 때, 이곳에서 발견된 문수보살상을 모신 건물이다. 석조 문수보살상은 상체가 큰 불상으로 좌대와 하반신 일부가 땅에 묻혀 있는 것이 특색이다.

전라북도 유형문화재 제154호 부도(浮屠)는 절 내에 마련된 두 군데의 부도밭 중 서쪽에 있는 부도밭에 2기가 놓여 있다. 이곳에는 6기의 부도들이 나란히 자리 잡고 있는데, 앞에서 보아 두 번째와 세 번째에 해당하는 것이다. 전라북도 유형문화재 제207호 목조삼세불상, 제208호 목조지장보살좌상 및 시왕상, 전라북도 문화재자료 제181호 석조승상(石造僧像)은 문수전에 봉안되어 있으며, 문수사 사적기에 의하면 신라 승려 자장율사가 당나라에 건너가 청량산에서 기도를 거듭한 끝에 문수보살의 계를 깨닫고 돌아와 우연히 이곳을 지나다 보니 산세가 당나라의 청량산과 비슷하여 굴속에 들어가 7일 기도를 하자 문수보살이 나타나서 이곳에 문수도량을 개설하였다고 한다.

상원사 上院寺

전북 고창군 고창읍 월곡리 480-10 방장상 동남쪽 기슭에 자리 잡고 있는 상원사는 백제 성왕 24년(546)에 고봉(高峯), 발용(發龍) 두 법사가 창건하였다. 고려 태조 25년(942)에 은장(隱藏)이 중건하였다. 조선 효종 원년(1650), 영조 10년(1734), 헌종 14년(1848) 등의 중수를 비롯하여, 1939년에는 최지연(崔智蓮), 1947년에는 송용헌(宋龍憲)이 중수하여 오늘에 이르고 있다.

전라북도 유형문화재 제210호 목조삼세불좌상은 석가모니불과 아미타불, 약사불로 이루어져 있다. 숙종(1623~1725) 때에 유행하였던 목조불상 중 하나로서 전체적으로 안정된 신체비례와 원만한 상호표현, 오뚝한 코, 양감 있는 얼굴, 자연스러운 옷자락의 표현 등 조선 후기 불상의 양식적 특징을 잘 보여주고 있다. 전라북도 문화재자료 제126호 대웅전 내부에는 비로자나불, 석가모니불, 노사나불 및 후불탱화, 지장탱화, 신중탱화가 모셔져 있다.

운선암雲仙庵

전북 고창군 성송면 계당리 산27. 전라북도 유형문화재 제182호 마애여래상은 주변에 마애여래입상과 마애여래좌상 2구가 거리를 두고 서 있다. 마애여래입상은 자연암벽에 돋을새김으로 조각하였고 마애여래좌상은 선으로만 새겼다.

용화사龍華寺

전북 고창군 대산면 연동리 75-1. 전라북도 문화재자료 제183호 미륵불상이 미륵전에 모셔져 있다. 이 미륵불상은 무릎 이하 아랫부분이 땅속에 묻혀 있으며, 머리에는 관을 썼듯이 돌을 얹어 놓았다.

고려시대 불상으로 보는 견해와 조선 후기의 석불로 추정하는 견해가 있으며 미륵불이라 하나 자세히 알 수 없다.

▶▶ 부안군

내소사 來蘇寺

전북 부안군 진서면 석포리 268. 내소사는 백제 무왕 34년(633)에 혜구두타(惠丘頭陀)가 창건한 절로 처음에는 소래사(蘇來寺)라 하였다가 내소사로 바뀌었다. 소래사가 내소사로 바뀐 것은 중국의 소정방(蘇定方)이 석포리에 상륙한 뒤, 이 절을 찾아와서 군중재(軍中財)를 시주했기 때문에 이를 기념하기 위해 고쳐 불렀다고 전한다. 인조 11년(1633)에 청민(靑旻)이 중건했고, 1902년에 관해(觀海)가 수축한 뒤 오늘에 이르고 있다. 문화재로 보물 제277호 고려동종은 고려 고종 9년(1222)에 청림사 종으로 만들었으나, 조선 철종 원년(1850)에 내소사로 옮겼다. 보물 제291호 대웅보전은 아미타여래를 중심으로 우측에 대세지보살, 좌측에 관세음보살을 모시고 있다. 보물 제1268호 영산회괘불탱은 숙종 26년(1700)에 그려진 것이다. 전라북도 유형문화재 제124호 삼층석탑, 제125호 설선당과 요사 등이 있다.

개암사 開岩寺

전북 부안군 상서면 감교리 714. 개암사는 백제 무왕 35년(634)에 묘련(妙蓮)대사가 세웠다고 전해진다. 개암이라는 이름은 기원전 282년 변한의 문왕이 진한과 마한의 공격을 피해 이곳에 성을 쌓을 때, 우(禹)장군과 진(陳)의 두 장군으로 하여금 좌우 계곡에 왕궁의 전각을 짓게 하였는데 동쪽을 묘암(妙巖), 서쪽을 개암이라고 한 데서 비롯되었다고 한다. 신라 문무왕 16년(676)에 원효(元曉)와 의상(義湘)이 이곳에 이르러 우금암(禹金巖) 밑의 굴(우금굴) 속에 머물면서 중수했다. 고려 충숙왕 1년(1314)에 원감(圓鑑)국사가 이곳에 와서 절을 다시 지어 큰 절의 면모를 갖추게 되었으며, 조선 태종 14년(1414)에 중창했다. 정조 7년(1783)에 중수하여 오늘에 이르고 있다. 절 위로는 500미터 정도 떨어진 곳에 울금바위라는 큰 바위가 있다. 이 바위에는 세 개의 동굴이 있는데, 그중 원효방이라는 굴 밑에는 조그만 웅덩이가 있어 물이 괸다. 전설에 의하면 원래 물이 없었으나 원효가 이곳에 수도하기 위해 오면서부터 샘이 솟았다고 하며, 이 주변의 주류성은 백제 부흥운동을 폈던 사적지로도 유명하다. 보물 제292호 대웅전은 석가모니불상을 모시고 있으며, 조선 중기의 대표적인 건축물이다. 보물 제1269호 영산회 괘불탱 및 초본, 전라북도 유형문화재 제123호 청림리 석불좌상은 청림사(靑林寺) 절터로 불리는 곳에 있었던 것으로 개암사 경내로 옮겨져 있다. 원래 목과 몸체 부분이 떨어져 있었는데 복원하였고 고려시대 불상으로 추정된다.

유형문화재 제126호 동종은 종의 아랫부분에 숙종 15년(1689)에 주조했다는 명문이 있다. 유형문화재 제179호 응진전 16나한상은 조선 숙종 3년(1677)에 만들었다고 한다.

용화사 龍華寺

전북 부안군 행안면 역리 336-1. 용화사 뒤편 인근 야산에는 전라북도 유형문화재 제171호 미륵불 입상이 있다. 백제 의자왕 2년에 묘련선사가 미륵사를 창건하고 미륵 석불입상을 만들었다고 하나 불상의 양식을 볼 때 고려시대 후기의 작품으로 추정된다. 불상은 전체적으로 머리 부분을 크게 하고 하체를 빈약하게 처리하였다. 사각형에 가까운 얼굴에는 잔잔한 미소를 머금고 있으며, 귀가 어깨까지 길게 늘어져 있는 모습이다. 옷은 양어깨에 걸쳐 입고 있으며, 두 손이 모아지는 가슴 아랫부분까지 V 자형의 주름을 이루고 그 아래로는 U 자형의 주름을 이루고 있다. 머리에는 조선시대에 새로 만든 원형(圓形)의 보개형(寶蓋形) 관(冠)이 씌워져 있다.

실상사지 實相寺址

전북 부안군 변산면 중계리 164. 실상사는 통일신라 신문왕 9년(689)에 초의선사(草衣禪師)가 세운 절로 조선시대에 양녕대군(讓寧大君)이 고쳐 지었다고 전하나 1950년 6·25 전쟁으로 불타 버렸다. 내변산의 4대 사찰 중의 하나였고, 현재 절터에서 조선시대 것으로 추정되는 기와조각이 출토되고 있으며, 석조부도가 3기 남아 있다. 3기의 부도 중 2기는 종 모양으로 비교적 양호한 상태이다. 1998년에 원광대학교 마한·백제문화연구소에서 발굴 조사하였다. 내변산 직소폭포로 가는 길에 천왕봉과 인장봉 사이에 위치해 있고, 현재 미륵전 등 건물이 있는 실상사가 있으며 전라북도 기념물 제77호로 지정되어 있다.

제주도

보물 제1187호

불탑사 오층석탑(佛塔寺 五層石塔)

제주특별자치도 제주시 삼양1동 696.

원당사의 옛터에 세워져 있는 석탑이다. 원당사는 조선 중기에 폐지되었고, 1950년대 이후 절터에 새로이 지은 불탑사가 대신 자리 잡고 있다. 탑신의 1층 몸돌 남쪽 면에는 감실(龕室)을 만들어 놓았다. 지방색이 강했던 고려 후기에 만들어진 것으로 추정된다. 오랫동안 쓰러져 있었던 것을 6·25전쟁 후 복원하였다고 하며, 현재 위치가 원위치라고 전하고 있다.

제주시 유형문화재 제16호

관음사 목조관음보살좌상(觀音寺 木造觀音菩薩座像)

제주특별자치도 제주시 아라1동 387 관음사 경내.

이 관음보살좌상은 1698년에 만들어져 전라남도 해남의 대흥사에서 모시다가 1925년에 안봉려관 스님이 제주 관음사로 옮겨 온 것이다.

제주시 유형문화재 제18호

보림사 목조관음보살좌상(寶林寺 木造觀音菩薩坐像)

제주특별자치도 제주시 건입동 388 보림사.

꽃문양과 불꽃 문양으로 이루어진 화려한 보관(寶冠)을 쓰고 결가부좌한 불상이다. 전체적으로 화려한 보관과 균형 잡힌 몸체, 옷 주름 등의 표현기법으로 보아 조선 후기 작품으로 추정된다.

제주시 유형문화재 제24호

월계사 소장 목조아미타불좌상

제주특별자치도 제주시 한림읍 옹포리 4.

제주시 유형문화재 제25호

삼광사소장 목조보살좌상

제주특별자치도 제주시 월평동 1198.

조선시대

제주시 유형문화재 제26호

용문사소장 목조석가여래좌상

제주특별자치도 제주시 구좌읍 하도리 3142.

조선시대

제주시 문화재자료 제4호

월정사소장 불상(月正寺所藏 佛像)

제주특별자치도 제주시 오라2동 652-2 월정사 내.

제주시 문화재자료 제6호

월영사소장 목조여래좌상

제주특별자치도 제주시 애월읍 상귀리 329.

제주시 문화재자료 제7호

보덕사소장 목조여래좌상(普德寺所藏 木造如來坐像)

제주특별자치도 제주시 도남동 80-2.

서귀포시 시도유형문화재 제23호

정방사소장 석조여래좌상 및 복장유물일괄

불상 1기, 복장유물일괄(발원문 1매, 다라니 51, 후렴통 1조)

제주특별자치도 서귀포시 정방동 236 정방사.

서귀포시 시도기념물 제13호

법화사지(法華寺址)

제주특별자치도 서귀포시 하원동 1071.

법화사는 12~15세기에 제주도에서 번창했던 절이다. 18세기 전기에 제주목사 이형상이 제주도의 절 3곳을 불태워 없앨 때 완전히 불타 버렸으며, 지금의 건물들은 1987년에 다시 세운 것이다.

서귀포시 문화재자료 제8호

선덕사 대적광전

제주특별자치도 서귀포시 상효동 1156-6.

참고문헌

강릉대학교박물관, 『강릉의 역사와 문화유적』, 1995.

강원대학교박물관, 『철원군의 역사와 문화유적』, 1995.

강원도 · 고성군 · 강릉대학교박물관, 『고성군의 역사와 문화유적』, 1995.

관동대학교박물관 · 태백시, 『태백시의 역사와 문화유적』, 1997.

국립대구박물관, 『軍威郡文化遺蹟地表調查報告書』, 1997.

국립전주박물관, 『全羅北道의 佛教遺蹟』, 2001.

국립목포대학교박물관 · 전라남도 무안군, 『무안군의 문화유적』, 1986.

국립창원문화재연구소, 『고성군 문화유적』, 2004.

권상노, 『한국사찰사전』, 이화문화출판사, 1994.

길떠나기, 『강릉문화유산답사기행』, 2003.

김천시, 『김천의 문화재』, 2002.

김현길, 『중원의 역사와 문화유적』, 청지사, 1984.

김환대, 『경주의 불교문화유적』, 한국학술정보, 2008.

단양문화재총람 편찬위원회 · 단양문화원, 『단양문화재총람』, 1999.

대한불교진흥원, 『한국의 사찰』(上) · (下), 2006.

문경문화원, 『내고장 전통가꾸기』, 1999.

문화재관리국, 『문화유적총람』, 1976.

문화재청, 『한국의 사찰문화재』(충청남도 / 대전광역시 편), 2004.

봉화군, 『奉化文化遺蹟總覽』, 2000.

부여군, 『전통문화의 고장 부여』, 1985.

부안문화원, 『부안의 문화유산』, 2001.

부여군, 『백제의 고도 부여 그 역사와 문화의 발자취』, 꿈이있는집,
        1998.

사찰문화연구원, 『전통사찰총서』5 － 21, 2006.

삼척시립박물관, 『삼척의 전통사찰』, 2006.

상주시·상주대학교상주문화연구소, 『尙州의 文化財』, 2003.

서문성, 『전통사찰의 창건설화』, 창, 1997.

서수용, 『安東의 文化遺産』, 2000.

서울역사박물관, 『서울의 사찰불화Ⅰ』, 2007.

세종대왕기념사업회, 『세종문화유적총람』, 1989.

세종대학교박물관·과천시, 『과천시의 역사와 문화유적』, 2000.

세종대학교박물관, 『하남시의 역사와 문화유적』, 1999.

속초시·속초문화원, 『한권으로 읽는 속초문화유산』, 2005.

아산시, 『아산길라잡이』, 2004.

안국승 외, 『의정부 역사여행』, 의정부 문화원, 2000.

안성시·단국대학교중앙박물관, 『안성시의 역사와 문화유적』, 1999.

양양군, 『양양의 문화재』, 양양군 문화관광과, 2005.

양평군, 『양평군의 역사와 문화유적』 한국토지공사 토지박물관 편, 1999.

용인시·용인문화원, 『용인의 불교유적』, 용인시사 총서 7, 2001.

우리사찰답사회, 『강원도로 떠나는 사찰기행』, 문예마당, 2004.

우리사찰답사회, 『경기도로 떠나는 사찰기행』, 문예마당, 2004.

우리사찰답사회, 『경상도로 떠나는 사찰기행』, 문예마당, 2005.

우리사찰답사회, 『전라도로 떠나는 사찰기행』, 문예마당, 2005.

우리사찰답사회, 『충청도로 떠나는 사찰기행』, 문예마당, 2005.

이기영, 『통도사』, 대원사, 2003.

이인영, 『내고장의 얼』, 용인문화원, 1986.

익산문화원, 『古都益山巡禮』, 1997.

연기군, 『연기군의 문화재현황』, 2002.

전북전통문화연구소, 『순창의 역사와 문화』, 신아출판사, 2002.

전정중, 『구미문화재탐방』, 한국학술정보, 2007.

정영호, 『도의국사와 진전사』, 학연문화사, 2005.

정읍시, 『정읍문화재답사 길라잡이』, 2005.

조명화 외, 『마곡사』, 대원사, 1998.

충주시, 『충주의 문화재』, 2002.

청원군·청주대학교박물관, 『문화유적분포지도−청원군』, 2000.

파주시, 『파주문화유산』, 2005.

횡성군, 『橫城의 脈』, 1983.

한국문연편집부, 『명찰』, 한국문원, 1996.

한국문화재보호재단, 『새문화유적지도』, 2003.

한국토지공사 토지박물관, 『화성시의 역사와 문화유적』, 2006.

한림대학교박물관, 『춘천의 역사와 문화유적』, 1997.

한림대학교박물관·강원도·영월군, 『영월군의 역사와 문화유적』, 1995.

향토사교육연구회, 『대구역사기행』, 나랏말, 1998.

· 저자 ·

김환대 · 약 력 ·
(金煥大)
경북 경주 출생
동국대학교 고고미술사학과 졸업
대학원에서 역사교육 전공
경주문화유적답사회장, 관광칼럼리스트,
문화재 전문 해설사로서
문화유적답사 관련 단체에서 활동
현재 어린이 문화체험 학습과 삼국유사 현장기행 답사 진행
전국의 석조 문화재를 비롯하여 문화유적을 답사

· 주요논저 ·
연구논문
「경주지역 십이지신상에 관한 연구」
「한국 석탑의 장엄조식」
「경주 문화재에 대한 이해」

저서
『신라왕릉』
『경주의 불교문화유적』
『경주남산』
『경북지역 통일신라 9세기 불상연구』

사찰 문화재 총람

· 초판 인쇄 2008년 10월 10일
· 초판 발행 2008년 10월 10일

· 엮 은 이 김환대
· 펴 낸 이 채종준
· 펴 낸 곳 한국학술정보㈜
경기도 파주시 교하읍 문발리 513-5
파주출판문화정보산업단지
전화 031) 908-3181(대표) · 팩스 031) 908-3189
홈페이지 http://www.kstudy.com
e-mail(출판사업부) publish@kstudy.com
· 등 록 제일산-115호(2000. 6. 19)
· 가 격 45,000원

ISBN 978-89-534-0017-7 93900 (Paper Book)
      978-89-534-0248-5 98900 (e-Book)